Literarisches Lernen im Anfangsunterricht

Theoretische Reflexionen
Empirische Befunde
Unterrichtspraktische Entwürfe

Herausgegeben von
Anja Pompe

3. unveränderte Auflage

Schneider Verlag Hohengehren GmbH

Umschlag: Christiane Reinke, Neubrandenburg

Gedruckt auf umweltfreundlichem Papier (chlor- und säurefrei hergestellt).

Leider ist es uns nicht gelungen, die Rechteinhaber aller Texte und Abbildungen zu ermitteln bzw. mit ihnen in Kontakt zu kommen.
Berechtigte Ansprüche werden selbstverständlich im Rahmen der üblichen Vereinbarungen abgegolten.

Bibliografische Information der Deutschen Nationalbibliothek

Die Deutsche Nationalbibliothek verzeichnet diese Publikation in der Deutschen Nationalbibliografie; detaillierte bibliografische Daten sind im Internet über ›http://dnb.d-nb.de‹ abrufbar.

ISBN: 978-3-8340-1102-2

Schneider Verlag Hohengehren, Wilhelmstr. 13, D-73666 Baltmannsweiler
Homepage: www.paedagogik.de

Inhaltsverzeichnis

Unterrichtspraktische Entwürfe

Schon bevor wir mit der Lektüre beginnen,
sind wir in der Lage zu lesen.

Alberto Manguel

ANJA POMPE

Literarisches Lernen im Anfangsunterricht
Didaktische Bedeutung – Einführung

Dass es neben dem Erlernen der ersten Buchstaben, dem mühevollen Entziffern einfacher Sätze und dem sinnerfassenden Lesen im elementaren Deutschunterricht auch um das Verstehen von Bildern, Gedichten und Geschichten in unterschiedlicher medialer Gestalt geht, ist der Ausgangspunkt, der alle Beiträge des vorliegenden Bandes vereint. Dieser verbindende Ansatz ist weit weniger selbstverständlich, als er erscheinen mag. Das zeigt ein zentraler Diskurs, der in den vergangenen Jahren die literaturdidaktische Auseinandersetzung um den Lese- und Literaturunterricht der Grundschule bestimmt hat. Im Zentrum stand dabei zum einen die Dominanz des sehr stark pragmatisch ausgerichteten Lesekompetenzbegriffs, zum anderen ein imaginäres Stufenmodell, nach dem es zunächst um den Erwerb der Lesekompetenz geht, also um das Erlernen der Kulturtechnik Lesen an sich, und erst im Anschluss daran um den Erwerb der literarischen Kompetenz, mithin das Erlernen dessen, was notwendig ist, um literarisch-ästhetische Texte verstehen zu können.

Zu Recht wurde in diesem Zusammenhang angemerkt, dass der Begriff der Lesekompetenz, der seit der PISA-Studie die aktuelle Bildungsdiskussion bestimmt, vor allem „allgemeine Fähigkeiten der Informationsentnahme, des Verstehens von Aussagen sowie der Deutung und Bewertung von Texten" (Kammler 2006, S. 12) bezeichnet, dass er sich „unterschiedslos sowohl auf literarische als auch auf nichtliterarische Texte bezieht" (Spinner 2006, S. 6) und der Begriff der literarischen Kompetenz darin keinesfalls aufgeht (vgl. Abraham 2005). Denn dieser erfasst Fähigkeiten zur Rezeption von Literatur als Kunst und schließt neben schriftsprachlichen Texten auch visuelle und auditive Rezeptionsformen ein. Er bezeichnet also Fähigkeiten, die „zur Teilhabe an der literarischen Kultur befähigen" (Eggert/Garbe 2003, S. 10).

Führte die Auseinandersetzung mit dem Lesekompetenzbegriff der PISA-Studie unter anderem zu einem Strukturierungsvorschlag für die Beantwortung der Frage, was Kinder genau lernen sollen, um literarische Kompetenz zu erwerben (vgl. Spinner 2006 und 2007) – ein Vorschlag, der hinsichtlich des Symbolverstehens bereits aufgegriffen und fortgeführt worden ist (vgl. Kammler 2006; Kammler/Noack 2011) –, rückte die Auseinandersetzung mit dem imaginären Stufenmodell in den Blick, dass der Erwerb der literarischen Kompetenz dem Lesekompetenzerwerb vorausgeht (vgl. Rosebrock 1999; Härle/Rank 2004; Abraham 2005). Dies insofern, als visuelle und auditive Rezeptionsformen lange vor dem Schriftspracherwerb eine große Rolle spielen. Die kindlichen Erfahrungen mit ästhetisch konstruierten Texten sind vielfältig und reichen weit zurück. In diesem Zusammenhang wurde auch betont, dass der Versuch, die Lesekompetenz zur Voraussetzung für literarische Lernprozesse zu machen, die Gefahr in sich birgt, Literaturbegegnungen zu verfehlen, die nicht an die stille Lektüre schriftlicher Texte gebunden sind.

Vor diesem Hintergrund ist der verbindende Ausgangspunkt aller Beiträge von didaktischer Relevanz. Sie fragen im Anschluss an den Diskurs um das Verhältnis von Lesekompetenz und literarischer Kompetenz danach, wie sich die Vorerfahrungen der Schulanfänger aus verschiedenen Vorlese- und Medienrezeptionssituationen für literarische Lernprozesse im Anfangsunterricht aufgreifen und weiterentwickeln lassen (vgl. Büker 2002; Waldt 2003; Spinner 2006, Kruse 2007; Büker/Vorst 2010). Damit gehen sie nicht nur der Frage nach, auf welchen methodischen Wegen eine intellektuelle wie ästhetische Unterforderung in den beiden ersten Schuljahren verhindert werden kann, sondern fragen auch, über welche Erfahrungen Vorschulkinder in aller Regel selbst dann verfügen, wenn sie in Elternhäusern aufwachsen, die der Buchkultur fernstehen, wobei es nicht zuletzt darum geht zu klären, welche Erfahrungen sich auf die Rezeption von auditiven und audiovisuellen Medien zurückführen lassen, welche auf das Spiel, das Vorlesen, Bildbetrachten, das mündliche Erzählen oder das Spielen mit Wörtern und Lauten.

Zur Beantwortung dieser Fragen reflektieren die Beiträge im ersten Teil des Bandes die Voraussetzungen für literarische Lernprozesse vor dem Hintergrund theoretisch fundierter Überlegungen. Dabei stellt *Gerhard Härle* eingangs die These auf, dass die Anfänge literarischer Verstehensprozesse, die bis in die früheste Kindheit zurückreichen, gesprächsförmig organisiert sind. Vor diesem Hintergrund plädiert er für einen literarischen Anfangsunterricht, der zum einen von den Gesprächskompetenzen der Kinder profitiert und zum anderen die Gesprächsfähigkeiten in partnerschaftlichen Dialogsituationen fördert und entwickelt.

Im Anschluss daran setzt sich *Anja Pompe* mit den Wurzeln des kindlichen Symbolverstehens auseinander und kommt in Übereinstimmung mit neueren Arbeiten zu dem Ergebnis, dass sich die kindliche Fähigkeit zur Vorstellung, dass etwas, was gegenwärtig ist, auch etwas sein kann, was eigentlich fehlt, frühzeitig weiterentwickeln lässt. Dafür eignen sich – das macht ihr Beitrag exemplarisch deutlich – neben offenen literarischen Gesprächen, wie sie Gerhard Härle zuvor beschreibt, aktiv-entdeckende Textbegegnungen, die der dialogischen Annäherung an die symbolische Gesamtbedeutung vorausgehen oder als ästhetische Anschlusskommunikation gestaltet sein können.

Auch *Kaspar Spinner* weist auf die enorme Bedeutung hin, die den frühkindlichen Erfahrungen für das literarische Lernen im elementaren Lese- und Literaturunterricht zukommt. Dabei zeichnet er mit Blick auf die vielfältigen Begegnungen von Kindern mit oralen Poesieformen und vor dem Hintergrund einschlägiger Forschungsarbeiten die Entwicklung vom Säuglingsalter bis zum Zeitpunkt des Schuleintritts nach. Zur Beantwortung der Frage, wie sich die dargestellten kindlichen Vorerfahrungen mit Kindervers und Sprachspiel in literarischen Lernprozessen fördern lassen, hebt er die methodische Relevanz hervor, die das szenische Vortragen von Gedichten vor allem in den beiden ersten Schuljahren besitzt.

Mit den beiden abschließenden Beiträgen des ersten Teils rücken vor allem die Unterschiede in den Blick, die zwischen dem literarischen Lernen und dem Erwerb der Lesekompetenz bestehen, und zwar nicht nur hinsichtlich der Textsorten, sondern auch im Hinblick auf die Rezeptionsformen. Denn die folgenden Beiträge heben insbesondere die Bedeutung hervor, die auditive und visuelle Rezeptionsweisen für literarische Lernprozesse besitzen. So erläutert *Bettina Kümmerling-Meibauer* basale visuelle Codes, die Kinder beim Betrachten von Bilderbüchern beherrschen müssen. Die Komplexität der dabei zugrunde liegenden Anforderungen verdeutlicht ihr Beitrag in der exemplarischen Analyse.

Beantwortet *Bettina Kümmerling-Meibauer* damit die Frage, welche Teilkompetenzen erworben werden müssen, damit Kinder in der Lage sind, bildlich vermittelte Botschaften zu verstehen, betonen *Volker Frederking* und *Tanja Römhild* die grundsätzliche Notwendigkeit, sowohl der veränderten kindlichen Mediensozialisation als auch dem medialen Wandel der Lerngegenstände selbst Rechnung zu tragen. Entsprechend plädiert ihr Beitrag dafür, dass technische Medien und technisch generierte symmediale Texte wie Hörbücher, Filme und interaktive computerbasierte Lernumgebungen frühzeitig eingesetzt werden. Wie das gelingen kann, macht der Beitrag ebenfalls beispielhaft deutlich.

Die Aufsätze des zweiten Teils stehen mit den theoretisch fundierten Überlegungen des ersten Abschnitts insofern in Verbindung, als sie einige Gegenstandsbereiche vor dem Hintergrund empirischer Befunde erneut aufgreifen und beleuchten. So nimmt der Forschungsbericht zum Bilderbuch von *Claudia Vorst* auf die Darlegungen von Bettina Kümmerling-Meibauer Bezug, indem er vor dem Hintergrund ausgewählter empirischer Studien noch einmal betont, dass das Bilderbuch im elementaren Literaturunterricht stärker als bisher für die Entwicklung der Bildkompetenz als einer zentralen literarischen Rezeptionskompetenz berücksichtigt werden sollte.

Auch der Beitrag von *Iris Kruse* impliziert die Bedeutung visueller Kompetenzen. Im Zentrum stehen hier die Beschreibung eines empirischen Instruments zur Analyse des schulischen Umgangs mit Bilderbüchern und die Erläuterung, wie sich auf der Grundlage der ermittelten Daten Lehreraktivitäten beim Vorlesen hinsichtlich ihrer Wirksamkeit für literarische Lernprozesse bewerten lassen. Auf diese Weise erhellt der Beitrag von Iris Kruse, was gutes Vorlesen von Bilderbüchern eigentlich bedeutet und wie das im Einzelnen konkret gelingen kann.

Mit zwei einschlägigen Aspekten des literarischen Lernens beschäftigen sich im Anschluss daran die Beiträge von *Heike M. Buhl* und *Anja Ballis*. So stellt Ersterer vor dem Hintergrund einer empirischen Erhebung die Zusammenhänge dar, die zwischen der Fähigkeit zur Perspektivenübernahme und dem Textverstehen bestehen, während sich Anja Ballis der Fähigkeit von Grundschulkindern zuwendet, mit Fiktionalität bewusst umzugehen. Vor dem Hintergrund der Analyse von Gesprächssequenzen mit Neunjährigen diskutiert sie in ihrem Beitrag das Potenzial, das insbesondere die phantastische Literatur zur Stärkung dieser kindlichen Fähigkeit besitzt.

Dass durch die Arbeit mit Lesepaten und Lesepatinnen immer auch Erfahrungen mit Literatur vermittelt und insofern literarische Lernprozesse befördern werden können, impliziert der Beitrag von *Natascha Naujok*, der sich mit offenen und geschlossenen Lesekulturen auseinandersetzt und im Anschluss daran die Gestaltung von Lesepatenschaften für die außerunterrichtliche Arbeit in den beiden ersten Schuljahren diskutiert.

Die unterrichtspraktischen Entwürfe im dritten Teil des Bandes eröffnet *Juliane Eckhard* mit einem Beitrag zum produktiven Umgang mit Weltliteratur. Dieser thematisiert nach einem Überblick über die historische Entwicklung und die wissenschaftliche Diskussion zu diesem Genre Möglichkeiten und Grenzen produktionsorientierter Verfahren. Anschließend stellt der Beitrag literarische, didaktische und methodische Analysen zum Textbilderbuch *Romeo liebt Julia* von Wolfram Hänel und Christa Unzner vor und veranschaulicht konkrete Umsetzungsmöglichkeiten der produktiven Verfahren anhand von Schülerergebnissen.

Dass sich literarische Verstehensprozesse neben einem produktiven Umgang mit Textbilderbüchern, die Weltliteratur kindlich aufbereiten, auch durch Theaterspiele entwickeln lassen, rückt der Beitrag von *Gabriele Czerny* in den Blick. Dabei verweist er darauf, dass Theaterspiele nicht nur für die kindliche Imaginationsfähigkeit förderlich sind, mithin einen grundlegenden Aspekt des literarischen Lernens berücksichtigen, sondern Kinder im Theaterspiel auch für das Spannungsverhältnis zwischen Fiktionalität und Wirklichkeit sensibilisiert werden können. Vor diesem Hintergrund skizziert der Beitrag von Gabriele Czerny einen Unterrichtsentwurf für das Bilderbuch *mutig, mutig* von Lorenz Pauli und Kathrin Schärer.

Annemarie Niklas greift die Bedeutung auf, die Zeichentrickfilme im Fernsehen für viele Schulanfänger besitzen. Daher stellt sie für *Jim Knopf, Janoschs Traumstunde* und den *Grüffelo* methodische Zugangsweisen vor, die zeigen, wie über den Bezug auf verschiedene mediale Formen der Geschichten ein anspruchsvoller Erstunterricht möglich ist, der nicht nur, aber auch für Kinder, die in ihren Elternhäusern nur wenig Unterstützung in medialen Rezeptionssituationen erfahren, didaktisch besonders wichtig ist.

Dem Beitrag von *Julia Knopf*, der methodische Wege zur Förderung der Lesefähigkeit durch den Einsatz von Detektivgeschichten thematisiert, geht voraus, dass der Erwerb der Lesekompetenz zwar keine Voraussetzung für den Erwerb der literarischen Kompetenz ist, eine verbesserte Lesefähigkeit aber durchaus für die Lesemotivation relevant sein kann. Entsprechend fragt der Beitrag danach, wie sich durch die Lektüre von Detektivgeschichten im Anfangsunterricht das Lesen üben lässt.

Literatur

Abraham, Ulf: Lesekompetenz, literarische Kompetenz, poetische Kompetenz. Fachdidaktische Aufgaben in einer Medienkultur. In: Rösch, Heidi (Hrsg.): Kompetenzen im Deutschunterricht. Beiträge zur Literatur-, Sprach- und Mediendidaktik. Frankfurt am Main 2005. S. 13–26.

Büker, Petra: Literarisches Lernen in der Primar- und Orientierungsstufe. In: Bogdal, Klaus-Michael / Korte, Hermann (Hrsg.): Grundzüge der Literaturdidaktik. München 2002. S. 120–133.

Büker, Petra / Vorst, Claudia: Kompetenzen im Lese- und Literaturunterricht der Grundschule. In: Kämper-van den Boogaart, Michael / Spinner, Kaspar H. (Hrsg.): Lese- und Literaturunterricht. Bd. 2. Baltmannsweiler 2010. S. 21–48.

Eggert, Hartmut / Garbe, Christine: Literarische Sozialisation. 2., akt. Aufl. Stuttgart / Weimar 2003.

Härle, Gerhard / Rank, Bernhard: Wege zum Lesen und zur Literatur. Problemskizze aus Sicht der Herausgeber. In: Härle, Gerhard / Rank, Bernhard (Hrsg.): Wege zum Lesen und zur Literatur. Baltmannsweiler 2004. S. 1–20.

Kammler, Clemens: Literarische Kompetenzen – Standards im Literaturunterricht. Anmerkungen zum Diskussionsstand. In: Kammler, Clemens (Hrsg.): Literarische Kompetenzen – Standards im Literaturunterricht. Modelle für die Primar- und Sekundarstufe. Seelze 2006. S. 7–22.

Kammler, Clemens: Symbolverstehen als literarische Rezeptionskompetenz. Zu Uwe Timm „Am Beispiel meines Bruders" (Jahrgangsstufe 11 – 13). In: Kammler, Clemens (Hrsg.): Literarische Kompetenzen – Standards im Literaturunterricht. Modelle für die Primar- und Sekundarstufe. Seelze 2006. S. 196–212.

Kammler, Clemens / Noack, Bettina: Symbolverstehen im Literaturunterricht. In: Praxis Deutsch (2011) Heft 228. S. 4–11.

Kruse, Iris: Literarisches Lernen in der Grundschule. In: Grundschulunterricht 1 / 2007. S. 2–3.

Rosebrock, Cornelia: Zum Verhältnis von Lesesozialisation und literarischem Lernen. In: Didaktik Deutsch 4 (1999) Heft 6. S. 57–68.

Spinner, Kaspar H.: Literarisches Lernen. In: Praxis Deutsch 33 (2006) Heft 200. S. 6–16.

Spinner, Kaspar H.: Literarisches Lernen in der Grundschule. In: Kinder- / Jugendliteratur und Medien in Forschung, Schule und Bibliothek (2007) Heft 3. S. 3–10.

Spinner, Kaspar H.: Lesekompetenz erwerben, Literatur erfahren. Berlin 2011.

Waldt, Kathrin: Literarisches Lernen in der Grundschule. Herausforderungen durch anspruchsvolle Literatur. Baltmannsweiler 2003.

THEORETISCHE REFLEXIONEN

GERHARD HÄRLE

Klang – Beziehung – Gespräch
Von den Anfängen des literarischen Lernens

Abstract

Der Beitrag entwickelt die These, dass die Wurzeln des literarischen Lernens in die früheste Kindheit zurückreichen und Kinder bereits vor der Geburt beginnen, Fähigkeiten auszubilden, die grundlegend sind für die Entwicklung literarischer Kompetenzen. An sie können die weiterführenden literarischen Erfahrungen der oral poetry *der Kinderverse und der Vorlesegespräche anschließen. Alle diese Früherfahrungen sind gesprächsförmig organisiert und leben aus der Semantik der Beziehung. Unter dieser Prämisse lassen sich die Anforderungen an den Anfangsunterricht bezüglich des literarischen Lernens neu konturieren: Der Anfangsunterricht selbst sollte von den Kompetenzen der Kinder profitieren, diese in geeigneten, partnerschaftlichen Gesprächssettings entfalten und so zu einem lernenden Unterricht werden. Dies wirkt sich als Konzept auch förderlich auf die Wertschätzung literarischer Erfahrungen im Sinne der Wirkungsästhetik im Unterricht der höheren Klassenstufen aus.*

> Der Deutsche liest nicht laut, nicht für's Ohr, sondern bloss mit den Augen;
> er hat seine Ohren dabei in's Schubfach gelegt.
> (Friedrich Nietzsche: *Jenseits von Gut und Böse*)

> Sprache ist nur im Gespräch.
> (Hans-Georg Gadamer: *Wahrheit und Methode*)

> Kinder, wenn sie Geschichten sich ausdenken, sind Regisseure,
> die sich vom „Sinn" nicht zensieren lassen.
> (Walter Benjamin: *Aussicht ins Kinderbuch*)

1. Am Anfang war der Klang

Die Zusammenstellung der Begriffe „Anfangsunterricht" und „literarisches Lernen" mag auf den ersten Blick als ein Paradoxon erscheinen, weil der Begriff Anfangsunterricht traditionell das gesteuerte Erlernen einer noch nicht oder erst wenig beherrschten Kulturtechnik wie Lesen, Schreiben und Rechnen bezeichnet, während literarisches Lernen nicht nur, aber eben auch in ungesteuerten Prozessen erfolgt, deren Anfänge zudem weit vor der Schulzeit, ja sogar vor der Geburt liegen. Literarisches Lernen geht mit dem – ebenfalls ungesteuerten – Spracherwerb einher, jedoch nicht in ihm auf. Die ersten literarischen Erfahrungen des Menschen haben ganz wesentlich Anteil an seinen ersten Erfahrungen mit Musik und sind insofern mehr noch Kunst- als Spracherfahrungen. Man könnte von einem Erfahrungsraum sprechen, der im Frühstadium unserer Existenz aus nichts als *Klang* besteht und in dem die Komponenten der Verständigung (Sprache), der ästhetischen Wahrnehmung (Kunst) und der sinnlichen Berührung (Beziehung) zusammenfließen, bevor sie sich in den späteren Entwicklungsphasen weiter ausdifferenzieren. Diese Verankerung des literarischen Lernens in der primordialen Organisation der Sinne und ihrer neuronalen Vernetzung unterstreicht seine grundlegende Bedeutung für die Herausbildung des Individuums, mithin die Notwendigkeit, didaktisch-methodische Möglichkeiten der Weiterentwicklung und Förderung in der Schuleingangsphase eingehender als bisher zu reflektieren.

Hier ist jedoch eine Einschränkung zu machen. Was im Folgenden entfaltet wird, gilt ausschließlich für Kinder, die ohne schwere Hörbehinderung oder angeborene Gehörlosigkeit zur Welt kommen. Denn Kindern mit gravierenden Beeinträchtigungen des Gehörsinns eröffnet sich *Literatur als Kunst* in einer entscheidenden Dimension gar nicht oder doch gänzlich anders als hörenden: in der Dimension des Klangs. Noch fehlen spezifische empirische Studien über die Folgen von Hörbehinderungen und die Formen ihrer Kompensation bei der Begegnung mit Literatur. Feldbeobachtungen weisen jedoch darauf hin, dass für Gehörlose – auch wenn sie mit Hörhilfen versorgt sind bzw. über voll ausgeprägtes kognitives Verständnis verfügen – der Zugang zu schriftsprachlichen Zeugnissen insgesamt und vor allem zu literarischen Texten, ja „zu Begriffen, Vorstellungen und Einsichten" überhaupt (Bausinger 1998, S. 22) signifikant erschwert ist. Literarische Erfahrung als Kunsterfahrung scheint für Gehörlose oft eher körperlich-gestisch als sprachlich-begrifflich möglich zu sein, was auch erfolgreiche gebärdensprachliche Theaterinszenierungen belegen.[1] Es kann hier diesem für das Verständnis literarischer Rezeptionsprozesse hoch relevanten Thema nicht weiter nachgegangen werden; es sei darauf aber als wichtiges Desiderat verwiesen.

Macht man sich bewusst, dass in den regulären Verläufen bereits ab der 24. Schwangerschaftswoche, also etwa in der Mitte der intrauterinen Entwicklung des Fötus, sich der Gehörsinn als erster der Sinne ausbildet, erhält man einen Zugang zur Bedeutung des Hörens für den Eintritt des Menschen ins Leben und in die Welt. Föten unterscheiden Klänge, und in dieser Unterscheidung spielt die Stimme der Mutter im Zusammenwirken mit dem sanften Schaukeln, der wohligen Wärme, der ständigen Sattheit und der taktilen Sensationen im Fruchtwasser eine herausragende Bedeutung. Die Stimme der Mutter muss für das Kind im vorgeburtlichen Lebensraum eine alle anderen Klangeindrücke übertreffende Hervorbringung und Resonanz des *eigenen* Körpers sein, der nicht als unterschieden vom mütterlichen erlebt wird. Dass Säuglinge nach der Geburt Klänge der vorgeburtlichen Phase wiedererkennen und eine besondere Affinität zur Stimme der Mutter behalten, ist hinreichend belegt. So weist Berendt auf das Phänomen hin, dass Un- und Neugeborene hohe Frequenzen, und damit die Mutterstimme, „sehr viel besser hören [können] als tiefe" (Berendt 1998, S. 73). Die Bedeutung dieser Tatsache liegt unter anderem darin, dass es der Klang der Mutterstimme ist, der eine –

---

[1] Vgl. http://gehoerlosentheaterdortmund.blogspot.de/p/personen.html [geprüft: 14.04.2012].

vielleicht sogar die einzig verlässliche – Brücke schlägt von der vollkommenen Harmonie und Homöostase der intrauterinen Existenz als All-Einheit von Mutter und Kind einerseits und andererseits der nachgeburtlichen Getrenntheit und Disharmonie, in der Hunger, Durst und Einsamkeit für die ersten Frustrationen sorgen. Die anderen Brückenschläge wie das Darreichen der Brust oder das Wiegen auf den Armen werden, jedenfalls in unserer Kultur, stärker reglementiert, zeitlich limitiert und im Wachstumsprozess zunehmend sanktioniert.

Dass es in den frühen Phasen tatsächlich auf den Klang der Stimme und nicht auf die Bedeutung der Laute ankommt, liegt auf der Hand. Das Klangphänomen der Sprache ist dasselbe, das auch der Musik zugehört: die Prosodie. In seiner facettenreichen Studie *Das wohltemperierte Gehirn* untersucht Robert Jourdain die gehirnphysiologischen und neuronalen Zusammenhänge unseres Musik-Hörens und geht dabei auch auf den Zusammenhang zwischen Musik und Sprache ein:

> Wenn Kinder in der Mitte des ersten Jahres anfangen zu brabbeln, beginnt auch eine Art spontanes Singen. Natürlich ist es nicht ganz einfach zu unterscheiden, was von dem Brabbeln Singen und was einfach nur Teil einer sich entwickelnden Sprache ist. Sprache hat eine eigene ihr innewohnende Musikalität, die *Prosodie* […]. Wenn sich zwischen dem zwölften und achtzehnten Monat das Brabbeln zu ersten erkennbaren Worten entwickelt, beginnt das Kleinkind Vokale auf eine Weise zu dehnen, die eindeutig musikalisch ist. (Jourdain 1998, S. 91)[2]

Die Prosodie verleiht den sprachlich-musikalischen Laut-Hervorbringungen sowohl ihre melodiöse (singen) als auch ihre rhythmische (dehnen) Qualität; sie ist es, die uns Stimmen individuell unverwechselbar erscheinen lässt, sie uns liebenswert und vertraut machen sowie das Gefühl der Geborgenheit wecken kann. Differenziert sich der Sprachgebrauch im weiteren Verlauf in eine eher pragmatische, auf *Verständigung* zielende, und in eine eher ästhetische, auf *Sinnlichkeit* zielende Verwendung aus, kommt der Prosodie in der ästhetischen Funktion eine größere Bedeutung zu als in der pragmatischen. Protoliterarische Erfahrungen von Säuglingen und Kleinkindern sind vom Singsang kleiner Verse prosodisch erheblich stärker geprägt als erste Anweisungen der Enkulturation wie „Nein, damit darfst du nicht spielen!". Natürlich bestehen hier keine kategorialen Unterschiede, und pragmatisch-ästhetische Mischformen wie „Ein Löffel für die Mama, ein Löffel für den Papa…" sind bewährte *Erziehungshilfen* – aber nach und nach bildet sich die Trennung zwischen rational-logischer und pararational-spielerischer Verständigung deutlicher heraus. Lange bevor das erste Wort in seine semantischen Rechte eintritt, lebt das Kind in einem Raum *gehörter* Bedeutsamkeiten und *gefühlten* Verstehens, die aus den Intonationen, Klangfarben und Rhythmen des Gehörten zusammenwachsen. Die Stimme der Mutter bildet zum Ohr des Kindes eine klanglich-symbolische Verbindung, die den unersetzlichen, aber lebensnotwendigen Verlust der Nabelschnur überbrückt – eine Art *Übergangsobjekt* also, das dem Säugling die Dissonanz zwischen Angewiesenheit und Eigenständigkeit leichter zu ertragen hilft.

---

[2] Den frühkindlichen „Lallspielen der ersten Lebensmonate" mit ihrer charakteristischen „Tendenz zur Reduplikation" weist Barnert eine konstitutive Bedeutung für die Entstehung des Reims und des phonologischen Reimbewusstseins zu (Barnet 2007, S. 161).

Das Ungeborene – wie später das Neugeborene – will „die Mutter hören" und „was es letztlich hören will, wenn es die Mutter hört, ist: [...] die Liebe", das Angenommensein „als Partner" (Berendt 1998, S. 73 ff.). Der nährende Fluss dieser Verbindung besteht aus *Klang-Literatur*, in der Vertrautes (Klang) und Fremdes (Bedeutung) miteinander verschmelzen. Dieser Fluss strömt zwischen den beiden Akteuren der Ur-Einheit hin und her: „Guck-guck – da-da – du bist ich, und ich bin du".

2. Vom beziehungsreichen Klang zum bedeutungsreichen Gespräch

Das der Theorie Jean-Jacques Lacans zufolge mit dem achtzehnten Lebensmonat beginnende *Spiegelstadium*, in dem das Kind sich und die Mutter als eine triumphale All-Einheit *sieht* – Lacan spricht davon, dass das Kind sich im Spiegel erkennt und verkennt zugleich (vgl. Lacan 1986a) –, basiert auf dem viel später sich entwickelnden Gesichtssinn. Ihm liegt jedoch unzweifelhaft die weitaus archaischere Erfahrung einer Phase zugrunde, die ich als *Echostadium* bezeichnen möchte: Der gemeinsame *Klangraum* von Mutter und Kind, in dem die Laute miteinander verschmelzen und den Grundstein der großen Dyade legen. Auch dem *Echostadium* kommt zu, was Lacan vom *Spiegelstadium* sagt, nämlich dass es „spekulär" sei, ein Raum des Begehrens eher als einer der Erfüllung, eine mit Sehnsucht aufgeladene Interaktion und Selbstverständigung, deren Vollendung immer unerreicht bleibt, uns aber vorantreibt und uns diese Vollendung *in Sprache* antizipieren lässt (Lacan 1986b, S. 26). Konzeptionen literarischen Lernens, die sich dieser Hintergründe bewusst sind, können tiefer wirken als jene, die an spätere Stadien der kindlichen Entwicklung andocken wie z. B. an die Stadien der operationalen Handlungs- und Spielfähigkeit.

In dieser weit vor-literalen, vor-rationalen und vor-sprachlichen Praxis wurzelt das literarische Verstehen im Sinne seiner *wirkungsästhetischen Dimension*. Es ist kein Verstehen, das aus der Semantik von Wörtern und Sätzen resultiert, sondern aus der *Semantik der Beziehung*. Die Bedeutung dieser prä- und protoliterarischen Praxis kann kaum überschätzt werden; dies ist unter bestimmten Prämissen (vgl. Kapitel 4) auch Konsens in der literaturdidaktischen Diskussion. Weshalb man sich dieser wirkungsästhetischen Dimension von der *Praxis* – und zwar der oralen Praxis – her annähern muss, ergibt sich aus der Tatsache, dass sich das frühe literarische Lernen im *gemeinsamen Sprachhandeln* ereignet, wobei beide Komponenten – die der Gemeinsamkeit und die des Handelns – konstitutiv sind. Frühes literarisches Lernen geschieht in Beziehung, in Begegnung: im Gespräch. Seine Erscheinungsformen wurzeln ganz primär, wie bereits dargestellt, in der Mutter-Kind-Dyade; sie entfalten sich von dort ausgehend in den konzentrischen Kreisen der familialen Begegnungen des Kindes, wobei es nach und nach *erlebt, erfährt* und *lernt*, dass die Semantik der Beziehung nicht nur an die Mutter gebunden ist, sondern sich *mittels Sprache* auch im Zusammenklang mit anderen Vertrauen erweckenden Personen ereignen kann. Väter, Großeltern, Geschwister, Tanten, Onkel treten so in das Sprachspiel des Kindes ein und erweitern seinen Klangraum, wobei sie zumeist vertraute Rituale aufgreifen, behutsam weiterentwickeln und schier unendlich wiederholen: Kinderlieder, Gebete, Kniereiter-, Reim-, Vers- und Finger-spiele mit taktilen, körperlichen und/oder rhythmischen Sensationen (vgl. Fischer 1994) werden bedeutsam für die Ausbildung der phonologischen Bewusstheit und gel-ten als Voraussetzung für das Lesen (vgl. Forster 2005) und das literarische Lernen (vgl. Spinner, in diesem Band).

Auch in den folgenden Phasen, in denen das Kleinkind seine Erlebnishorizonte zu den Altersgenossen hin erweitert, ist die Dimension des literarischen Lernens in den sozia-len Entwicklungsprozess integriert – im Fremden neuer Settings bleibt die *Semantik der Beziehung* das vertraute Element, der Garant des Gelingens, weshalb im Verlauf der gesamten literarischen Sozialisation insbesondere den *Peers* als einer Sicherheit und zugleich neue Impulse gebenden Gruppe besondere Bedeutung zukommt. Kinder treten ein in die Welt ihrer *eigenen* Sprachrituale, die ganz wesentlich Gesprächs- und Gruppenrituale sind und unter denen Phänomenen wie dem Abzähl- oder Auszählreim seit alters eine herausragende Bedeutung zukommt; mit ihm hat sich auch die For-schung besonders intensiv befasst. Arno Barnert stellt in seiner Studie über die litera-rischen Kontrafakturen von Abzählreimen in der Dichtung Paul Celans[3] heraus:

> Abzählreime gehören zur Gruppe der von Kindern selber produzierten mündlichen Texte, also zu den vorliterarischen Formen oder – in der Sprache des 18. und 19. Jahrhunderts – zur Natur-poesie. Es handelt sich also zunächst nicht um eine von Erwachsenen für Kinder geschaffene schriftliterarische Form, sondern um kindereigene oral poetry […]. (Barnert 2007, S. 151)

Sie seien, so Barnert weiter, „nicht rein funktionsbezogene Gebilde, sondern ein eigen-ständiges Spiel mit Klängen, Lauten, Rhythmen […], eine Erkundung der eigenen Sprachmöglichkeiten, oft auch eine Erprobung 'uneigentlicher', gleichnishafter, meta-phorischer Rede", die sich als sprachliche Codierung des von den Kindern geteilten Geheimnisses ihres Tuns verstehen lasse (Barnert 2007, S. 154). Bereits im ausgehen-den 18. Jahrhundert mit seiner erhöhten Aufmerksamkeit für die Naturpoesie der Kin-der hat Friedrich David Gräter voller Bewunderung konstatiert, dass die Kinderverse ein tiefes „natürliches" Gefühl für literarische Formen wie das „Versmaß" verrieten, weil die Kinder nicht „nach den Worten, sondern nach den Füßen der Verse" ihre Aus-zählungen vornähmen, wobei „sich auch das geringste und einfältigste Kind niemals verzählt, sondern just so viele Umzählungen macht, als Füße in den Versen sind" (Gräter 1794, S. 243). Rund 200 Jahre später stellt Alfred Liede in seiner Studie *Dichtung als Spiel* fest, dass die Sprache der Kinderverse selbst in grammatikalisch richtigen, sogar sinnvollen Sätzen […] einfach als Klangkörper [dient]. Sinnvolle wie sinnlose Silben und Wörter werden nach Klang- und Lautassoziationen aneinanderge-reiht und nach rhythmischen Gesetzen geordnet" (Liede 1992, Bd. 2, S. 34).[4] Aller-

---

[3] Zahlreiche deutschsprachige Dichter der Nachkriegsliteratur wie Hans Arp, Günter Grass, Peter Rühmkorf, Peter Härtling und eben auch Paul Celan haben die Vielschichtigkeit des kindlichen Abzählverses als Muster für kleine Sprachspiele genutzt, die hinter und unter ihrer scheinbar naiven Oberfläche die Angst, den Schrecken und das Grauen des *Hinausfallens aus der menschlichen Ordnung* zur Sprache bringen.

[4] Es wäre ergiebig, der Frage genauer auf den Grund zu gehen, ob und inwieweit phylogenetisch die Ent-stehung der wesentlichen rhetorischen Tropen der Dichtung mit solchen ontogenetisch angelegten Sprach-handlungen der oralen Kultur korrespondiert.

dings kritisiert Barnert die strenge „Scheidung klarer und unklarer bzw. sinnvoller und sinnloser Stellen, wie sie in der Kinderlied-Forschung in der Regel durchgeführt wird", weil

> das, was auf den ersten Blick semantisch eindeutig erscheint, [...] sich als Simplifizierung und künstliche Glättung herausstellen [kann]; und umgekehrt kann gerade das Unklare, Rätselhafte und Absurde [...] eine sinnvolle, interpretierbare Sprachhandlung sein, die etwa einen Protest zum Ausdruck bringt. (Barnert 2007, S. 161)

Blickt man also unter die scheinbar so naive Oberfläche der Abzählreime, entdeckt man häufig auch existentielle Fragestellungen, die dort verborgen sind, wie das Problem der Rollenzuweisung oder die Sehnsucht nach Integration bzw. die Angst vor Selektion, sodass gerade die deiktischen Auswahlverfahren der Kinderverse als ritualisierte und damit domestizierte Verfahren „eine Strategie kindlicher Konflikt- und Gewaltvermeidung" darstellen können (Barnert 2007, S. 152).

3. Vom Ereignis des Vorlesegesprächs

Eine Sonderform von besonderer Wirkmächtigkeit für das frühe literarische Lernen im Verlauf der kindlichen Sozialisation stellt das Vorlesen aus Bilder- und Kinderbüchern dar, dem insbesondere Petra Wieler ihre bahnbrechenden qualitativ-empirischen Studien gewidmet hat (vgl. Wieler 1997 und 2002). Wielers ethnographisch und entwicklungspsychologisch fundierte Arbeiten betonen die Bedeutung des Vorlesens für jüngere Kinder, weil es sich hierbei um ein Zusammenspiel der bisher erläuterten Faktoren der Vertrautheit (Klang, Beziehung), der Ritualisierung (Setting) und der Horizonterweiterung (neue Bedeutungen) handelt. Wielers Forschungsansatz basiert auf zwei Grundannahmen: Zum einen hebt sie den Handlungszusammenhang des Vorlesens hervor, das einen Kristallisationspunkt in der vorschulischen Literatur-Erfahrung des Kindes bildet. Und sie erkennt zum anderen in der spezifischen Ausgestaltung des Vorlesens Grundzüge der generellen, soziokulturell geprägten Alltags- und Gesprächspraxis von Eltern und Kindern.

Wieler rekonstruiert die *Vorlesesituation als dialogischen Prozess* wechselseitiger Bedeutungskonstitution zwischen einer erwachsenen Bezugsperson und dem Kind: Die Anpassung des Dialogs an die kindliche Entwicklung weist das Moment der Vorbild- und Vermittlerfunktion auf, das durch den Erwachsenen konkretisiert wird – dies scheint eine maßgebliche Einflussgröße für die primären Lektüre- und Gesprächserfahrungen des Kindes zu sein. Darüber hinaus ist das Vorlesen von einer spezifischen symbolischen Beschaffenheit geprägt, nämlich von der wachsenden Vertrautheit des Kindes mit dekontextualisierter, narrativer und poetischer Sprache. Die sich dadurch ausbildende Fähigkeit ist nicht nur konstitutiv für literarisches Verstehen, sondern verweist zugleich auf den engen Zusammenhang zwischen dialogisch-narrativen Momenten des Vorlesens und ersten Ansätzen des Kindes zur reflexiven und emotionalen Verarbeitung alltäglicher Interaktionserfahrungen in Form von Geschichten (vgl. Wieler 1997).

Anders gesagt: Der scheinbar monologische Akt des *Vor*lesens erhält seine Wirkung gerade daraus, dass er *nicht* monologisch, sondern als *partnerschaftliches Gespräch* angelegt ist.[5] Wieler illustriert dies anhand ausgewählter Beispiele zur gemeinsamen Bilderbuchrezeption eines Erwachsenen – in der Regel der Mutter – mit einem Kleinkind (1997 sind es vierjährige Kinder, 2002 ist es ein zweieinhalbjähriges Mädchen). Dabei liegt die Aufmerksamkeit in der Studie von 1997 vor allem auf der Klärung des Zusammenhangs zwischen der sozialen Schichtzugehörigkeit der Familie und der literarischen Sozialisation von Kindern im Vorschulalter. Demgegenüber steht im Fokus des Aufsatzes von 2002 das Zusammenspiel der sprachlich-ästhetischen Gestaltung der Bilderbücher *Henriette Bimmelbahn* und *Der Maulwurf Grabowski* mit der dialogischen Struktur des Vorlesens, in der die affektive Dimension des Vorlesegeschehens, wie sie in der inhaltlich-ästhetischen Gestaltung dieser anspruchsvollen Bilderbücher bereits angelegt ist, zur Entfaltung kommt. Durch die gesprächsförmige Mutter-Kind-Interaktion stellt das Vorlesen zugleich ein wesentliches Antriebsmoment der sprachlich-kulturellen Entwicklung des Kindes und einen nachhaltigen Lektüreanreiz dar.

Zu den bedeutsamen Ergebnissen der Studien Petra Wielers hinsichtlich des frühen literarischen Lernens zählen Begriffe wie *Format* nach Jérôme Bruner (vgl. Bruner 2002) und *Zone der nächsten Entwicklung* nach Lev S. Vygotsky (vgl. Vygotsky 2002). Der *Format*-Begriff aus der Spracherwerbskonzeption des amerikanischen Psychologen Bruner bezeichnet die ritualisierte Gestaltung von Sprachhandlungssituationen durch kompetente Teilnehmende einer Sprachgemeinschaft. Darin erkennt er ein Unterstützungssystem für die Progression sprachlicher und metakognitiver Fähigkeiten des Kindes, das in der nicht-korrigierenden, ritualisiert wiederholenden und stets positiv weiterführenden Interaktion mit der erwachsenen und Vertrauen erweckenden Bezugsperson seinen Erfahrungs-, Sprach- und Denkhorizont erweitert. Hier schließt der Begriff der *Zone der nächsten Entwicklung* an, insofern die erwachsene Bezugsperson als *kompetenter Anderer* das Kind im Gesprächsformat einerseits bestätigt und ermutigt und ihm andererseits zugleich noch nicht entdeckte Sprachmöglichkeiten anbietet. Im unermüdlichen Ritual greift die vorlesende Mutter sprachlich unentwickelte Kommentare des Kindes auf oder evoziert seine Beteiligung am Gespräch durch Fragen, Deuten oder abbrechendes Vorsagen. Die kindlichen Äußerungen werden freudig bestätigt und zugleich in der aufnehmenden Wiederholung durch die Mutter ergänzt, erweitert und sprachlich angereichert. Die darin liegende *Verbesserung* (aus einem „Biba" würde beispielsweise ein begeistertes „Ja, das ist die Bimmelbahn!" werden) tritt eben gerade nicht als *Korrektur* in Erscheinung, sondern als Bestätigung. Wieder, wie im *Echostadium*, kann das Kind erleben, dass sein eigener *Klang* mit dem der Mutter zusammenfließt und sie gemeinsam in Sprache einen Resonanzraum erschaffen, in dem die Bedeutungen aus der Beziehung entstehen – im wechselseitigen „emotionale[n] 'Affi-

---

[5] Angesichts der unverzichtbaren Bedeutung des *gleichwertigen Miteinanders* von Erwachsenem und Kind im Prozess des literarischen Lernens erscheint die polemische Abweisung der „Partnerschaftlichkeit", wie sie Ralph Olsen in seiner Kritik am „Heidelberger Modell" formuliert, von stupender Ignoranz. Wenn er postuliert: „In schulischen Institutionen gibt es keine Partnerschaftlichkeit – und es sollte sie (zumindest zwischen Lehrern und Schülern) auch nicht geben" (Olsen 2011, S. 171), dann verwechselt er nicht nur *Partnerschaft* mit *Kumpanei*, sondern er verkennt auch den Kern literarischen Lernens als Begegnung gleichwertiger Beteiligter mit dem Text.

ziert-Sein'" (Wieler 2002, S. 143). Damit erhält das Kind die freundliche Einladung, angstfrei die *Zone der nächsten Entwicklung* zu betreten – die Mutter signalisiert, dass sie es dort mit offenen Armen empfängt.

Die Vorlesesituation gewinnt ihre Gesprächsqualität und damit ihre Bedeutung für das frühe literarische Lernen aus der engen Verflechtung literarischer Rede mit der nach sprachlichen Mustern und in emotionaler Dichte organisierten Mutter-Kind-Interaktion.[6] Das Zusammentreffen dialogischer, narrativer und literarischer Strukturen trägt zur Dynamik bei, die für die kognitiv-emotionale Entwicklung des Kindes von großer Bedeutung ist – eine Leistung, die von anderen Medien oder Interaktionsformen so nicht übernommen werden kann.

Anregungen aus den Arbeiten Wielers fließen auch in den Beitrag von Christine Garbe über „Leseförderung vor und in der Grundschule" ein, in dem auch sie von der Wahrnehmung ausgeht, dass die lustvoll erlebte Praxis des Vorlesens oder gemeinsamen Bilderbuch-Lesens eine intime Kommunikationssituation ist, in der sich Leseerfahrung und körperlich-sinnliches Beziehungserleben miteinander verschränken, wobei gerade in dieser Frühphase literarisch-fiktionalen oder poetischen Texten ein zentraler Stellenwert zukommt (vgl. Garbe 2005).

4. Vom Primat der Schrift – ein literaturdidaktisches Intermezzo

Der literaturdidaktische Diskurs ist von Stufenmodellen geprägt (vgl. Härle/Rank 2004). Lernkonzepte, vor allem in Deutschland, folgen implizit und explizit einer im Denken des 19. Jahrhunderts wurzelnden Vorstellung des *Aufstiegs* vom Niedrigen zum Hohen, vom Einfachen zum Komplexen, vom Minderen zum Wertvollen. Während einer kurzen Phase in den siebziger Jahren des 20. Jahrhunderts konnte die *Dialektik der Aufklärung* in den Geisteswissenschaften eine gewisse Wirkmacht entfalten, was das Augenmerk durchaus auf antagonistische, zirkuläre und gegenläufige Prozesse des Lernens lenkte; seit der *empirischen Wende* bestimmt das Dogma des kategorialen Aufstiegs den Diskurs mit neuer Macht. Dies hat nachhaltige Auswirkungen auf unser – oft unbewusstes – Verständnis für literarisches Lernen und verfestigt die verbreitete Annahme, dass der Zugang zu Literatur von der Lesefähigkeit abhänge und erst nach deren Stabilisierung möglich sei. Die Fokussierung auf die Ergebnisse der PISA-Studien unterstützt dabei subjektive Theorien von Lehrenden, die die mangelnde literarische Rezeption(sfähigkeit) von Schülerinnen und Schülern in deren mangelnder Lesefähigkeit begründet sehen (vgl. Pieper/Wirthwein/Zitzelsberger 2002). Diese auf die Schriftsprachlichkeit fixierte Stufenfolge *lesen – Sinn entnehmen – verstehen – genießen können* behauptet sich beharrlich gegen zahlreiche Studien der letzten zwei Jahr-

---

[6] Das von Kaspar H. Spinner skizzierte didaktische Modell eines „Vorlesegesprächs" setzt einige der Wieler-
    schen Erkenntnisse um, schenkt meines Erachtens jedoch der *Beziehungsdimension* zu wenig Aufmerk-
    samkeit (vgl. Spinner 2004). Erstaunlicherweise nimmt hingegen Eberhard Ockels an sich nützliche Mono-
    graphie *Vorlesen als Aufgabe und Gegenstand des Deutschunterrichts* Wielers Studie von 1997 überhaupt
    nicht auf (vgl. Ockel 2000).

zehnte, denen zufolge es sich um keinen linearen Progress von der Lesefertigkeit zur literarischen Kompetenz handelt, sondern um ein Wechselspiel, in dessen Verlauf mindestens so viele Fähigkeiten verloren gehen wie hinzugewonnen werden (vgl. Knopf 2009a; Knopf 2009b).

Das Ernstnehmen des literarischen Lernens als allmähliche Erweiterung des ästhetischen Erfahrungshorizonts unabhängig von der Lesefertigkeit hat vor allem aus zwei Gründen einen schweren Stand. Zum einen sperrt es sich gegen die aktuelle bildungspolitische Doktrin der Standards und Kompetenzen, gegen die auch Spinner pointiert argumentiert: Der „Irritationscharakter des Ästhetischen entzieht sich der Normierung, ästhetisches Genießen ist keine Kompetenz und das Geltenlassen subjektiver Zugänge lässt sich nicht standardisieren" (Spinner 2008, S. 22). Anders gesagt: Literatur eröffnet eine Dimension der lebendigen Begegnung, die potentiell unerschöpflich ist wie die Beziehung zu einem Menschen. Was wir *erwerben* können, ist nicht die Beziehung selbst, sondern sind allenfalls Fähigkeiten, die dieser Begegnung eine Chance geben – sie selbst bleibt volles Risiko. Risiken sind jedoch die Antagonisten des ziel- oder outcome-gerichteten Lehrens und Lernens, weil sie unplanbar, unmessbar und uneinholbar bleiben. Zum anderen sperrt es sich gegen die Dominanz der Schriftlichkeit in der schulischen Literaturvermittlung, der, wie Büker referierend festhält, traditionell die Aufgabe zukommt, ab dem ersten Schuljahr *Lesefertigkeit* im Sinne der Beherrschung des Schriftsystems zu vermitteln; ab dem zweiten Schuljahr erfolgt eine Erweiterung um das sinnentnehmende Lesen, häufig als *Lesekompetenz* bezeichnet (vgl. Büker 2006); dies führe dann zum Aufbau einer *literarischen Kompetenz*, die zur Teilhabe an der literarischen Kultur (vgl. Eggert / Garbe 2003) befähigen soll.

Dieser unser Denken bestimmende Primat der Schriftlichkeit vor der Mündlichkeit ist die logische Konsequenz von schulischen Konzepten, die auf die Vermittlung und den Erwerb messbarer Ergebnisse ausgerichtet sind. Der Vorbehalt kann überdies an eine Traditionslinie anschließen, die der oralen Kultur skeptisch bis ablehnend gegenübersteht. Sie wurzelt in der Konkurrenz zwischen Aufklärung und Romantik in der deutschen Geistesgeschichte des 18. und 19. Jahrhunderts. Seither fällt die Oralität dem Verdacht des antirationalen Sprachgebrauchs anheim; sie teilt sich das Verdikt mit der anderen Klang-Kunst, der Musik. Beide haben teil an der dionysischen Dimension des Rauschs: der vollständigen körperlich-sinnlichen Hingabe an Klang und Resonanz. Die Stimme des Rhapsoden, Erzählers, Vorlesers dringt in die Zuhörenden ein, füllt sie von innen her aus, bleibt ihnen nicht äußerlich. Die Stimme kann den Hörer bestricken und vereinnahmen, ent- und verführen wie die tödlich betörenden Sirenen in der Odyssee als das Symbol für den Kampf zwischen den (weiblichen) Mächten des Klangs mit jenen der (männlichen) Vernunft, die sich der Hingabe an den Klang asketisch verschließt. Die viel zitierte Lesekrise des Jungen enthält auch Komponenten dieses Abgrenzungskampfs einer auf *Differenz* vom Weiblichen angelegten Männlichkeit, wie sie sich in unserer Zivilisation gerade auch in Schmähworten gegen „unmännliche" Jungen (*Muttersöhnchen, Memme, Weichei, Schwuli* u.ä.) zeigt. Da die literarische Kultur und ihr Klang stark mit dem Mütterlichen konnotiert sind, entziehen sich Jungen womöglich nicht der Literatur selbst, sondern der als ambivalent empfundenen Sogkraft des Mütterlichen. Diese Annahme wird durch die Ergebnisse einer breit angelegten Studie der Universität Oxford über die positiven Auswirkungen des Vorlesens *durch den Vater* eindrucksvoll gestützt (vgl. Flouri 2005).

In diesem Kontext wird die durchaus ambivalente Bedeutung der Oralität nicht nur deswegen so exponiert herausgestellt, weil sie für die phylo- und die ontogenetische Sprachentwicklung so entscheidend ist, sondern vor allem, weil auch in den literaturdidaktischen Konzeptionen mit ihren diversen Formen der Kind- bzw. Lernerorientierung vornehmlich der schriftsprachliche Charakter von Literatur im Vordergrund steht. Damit tragen sie die einseitige Dominanz der Schriftlichkeit auch in die frühen schulischen Begegnungen mit Literatur hinein und weisen der oralen Vermittlung von bzw. Erfahrung mit Literatur keinen eigenständigen, sondern stets nur einen vorläufigen oder begleitenden Wert zu. Die literarische Sozialisationsforschung sieht es als eine höhere Kompetenzstufe an, sich den schriftlichen Text in geläufiger Lesetechnik, vollständiger Kohärenzbildung und *sinnentnehmender* stiller Lektüre anzueignen als sich im Klangraum eines Textes bewegen und in ihm sprachlich-ästhetische Erfahrungen machen zu können.

Charakteristisch tritt das Ausblenden der Oralität unter anderem im Konzept der literarischen Bildung mit Kinderliteratur in Erscheinung, das Maria Lypp vertritt. In ihm spielt das vor- und außerschulische Erleben ästhetischer Wirkungen eine bedeutende Rolle, aber auch Lypp beachtet nahezu ausschließlich die schriftsprachlichen Zeugnisse und ihre *Strukturen*:

> Mit literarischen Strukturen verhält es sich ähnlich wie mit musikalischen: man braucht sie sich nicht bewußt zu machen, um einen Text/ein Musikstück adäquat zu rezipieren. *Beim Lesen werden Strukturen erlebt*; daher ist es nicht gleichgültig, wie das beschaffen ist, was erlebt und durchlebt wird: welchen Ordnungen und Störungen, Rhythmen und Stillständen, Setzungen und Aufhebungen etc. der kindliche Leser sich aussetzt, wenn er sich auf eine Geschichte, ein Buch einläßt. (Lypp 2000, S. 196; Hervorhebung von G. H.)

Obwohl der Aufsatz, aus dem das Zitat stammt, den Titel *Kinderliteratur als verbale Kunst betrachtet* trägt, konzentriert sich Lypp auf die Wirkungen des *geschriebenen Wortes*; „verbal" bedeutet für sie nicht oral. Sie bringt nicht zur Sprache, dass das Erleben der Strukturen *„beim Lesen"* erst dann möglich wird, wenn das äußere Wort, das sich aus den Graphemen bildet, zum inneren Wort, das Klang und Resonanz erzeugt, werden kann. Wird diese Erfahrung nicht angebahnt, bleibt der geschriebene Text für den Leser so stumm wie die Partitur für den Nichtmusiker – und gerade an dieser Analogie wird deutlich, dass das stumme Lesen eher ein Surrogat als eine höhere Vollendung der ästhetischen Wirkung des Kunstwerks ist.

5. Vom Gespräch zum Verstehen – und zurück zum Anfang

Bei aller Wertschätzung des oralen Charakters literarischer Erfahrungen wird doch niemand eine ausschließlich durch Vorlesen und Zuhören realisierte Literaturvermittlung in der Schule postulieren, wenngleich Daniel Pennac in seiner erfrischend pointierten Absage an alle methodischen Funktionalisierungen von Literatur genau dies vorschlägt (vgl. Pennac 1998). Die hier vorgetragenen Überlegungen wollen keinesfalls den Primat der Schriftlichkeit durch den Primat der Mündlichkeit ersetzen, sondern diese gleichwertig neben jene stellen, wofür sowohl entwicklungspsychologische als auch literarästhetische Argumente ins Feld geführt wurden.

Wenn das Wort der Dichtung eine *Stimme* erhält, richtet es sich an ein Du und will von ihm *gehört*, es will *erhört* werden – *erhört* im Sinn des aufmerksamen Lauschens und im Sinn der Erwiderung des Beziehungsangebots (vgl. Andresen 2004). Erhört wird die *Anrede*, die vom literarischen Text ausgeht, jener, mit Hegel zu sprechen, Schrift gewordenen Rede. Erst mit dem Erhören kann das Verstehen beginnen: Verstehen entsteht im Dialog aus Klang und Resonanz. Der Klang verkörpert sich im Resonanzkörper des Hörers, wird Bild, Vorstellung, Begriff. Nicht abstrakt, sondern sinnlich; nicht apodiktisch, sondern ahnungsweise. So *kann* es geschehen, wie es in jeder Beziehung nur geschehen *kann*. Verstehen ist eine verlockende Möglichkeit, jedoch keine gesicherte Option. Aber dieses Verstehen kann, wenn es sich ereignet, sich bereits im Hören selbst ereignen, denn beim „Hören" selbst gehe es „immer auch um Verstehen", wie Hans-Georg Gadamer (Gadamer 1998, S. 199) betont, weil Hören und vor allem Er-Hören bereits ein *Übersetzen* der Sprecher-Worte in Hörer-Worte ist.[7]

Geht man also zum Kern der Wirkungsästhetik und zu den Wurzeln des literarischen Lernens zurück und nimmt man die Bedingungen für gelingende literarische Sozialisationsverläufe ernst, liegt der Gedanke nahe, dass die Literaturdidaktik sich selbst (und damit indirekt den Kindern) schadet, wenn sie die oralen Formen der Literaturbegegnung und -vermittlung gewissermaßen ins Propädeutikum verbannt, auf dem dann die höhere literale Kultur aufbaut. Vielmehr sind die oralen Formen als besonders traditionsreiche und eigenwertige Bestandteile der literarischen Kultur zu bewerten und in den Prozess des literarischen Lernens als genuine Elemente von allem Anfang an und dann fortlaufend einzubeziehen. Denn die Tatsache, dass den beziehungs- und gesprächsförmig vermittelten Literaturerfahrungen ein hoher, ja unverzichtbarer Stellenwert für die Ausprägung literarischer Verstehenskompetenzen zukommt, erscheint empirisch als unabweisbar. Diese Erfahrungen gehen im günstigen Fall dem schulischen Lernen *voraus*, sodass dieses an jene anschließen kann. Fehlen sie aber, sollten die gesteuerten Lernprozesse bereits in den beiden ersten Schuljahren reiche Kompensationsangebote für literarische Primärerfahrungen bereithalten, in denen die Begegnung mit dem Klang, das pararationale Sprachspiel und die personale Beziehungssemantik erfahrbar werden. Jene Kinder, die hier einen Mangel erlebt haben, können im Anfangsunterricht etwas Wichtiges nachholen und gemeinsam mit den anderen am lustvollen Prozess des literarisch-personalen Beziehungs- und Bedeutungsspiels teilhaben.

---

[7] Robert Jourdain hebt hervor, dass wir „sowohl Musik als auch Sprache [...] durch bloßes Zuhören zu verstehen [lernen]" (Jourdain 1998, S. 336).

Der Schlüssel zur schulischen Umsetzung dieses Bildungsauftrags liegt im Gruppengespräch, dessen Organisationsform die bisher erläuterten zentralen Komponenten aufgreift und aus ihnen ein spezifisches Setting formt. In den 80er und 90er Jahren des 20. Jahrhunderts haben vor allem zwei markante Konzepte des literarischen Gesprächs die literaturdidaktische Entwicklung in diese Richtung beeinflusst: Sowohl Bettina Hurrelmann als auch Hubert Ivo begründeten ihre Vorschläge mit unterschiedlichen Traditionslinien der Hermeneutik, aus denen sie dann *die konstitutive Funktion der gesprächsförmigen Annäherung und Umkreisung literarischer Texte in schulischen Kontexten* für die Entfaltung eines Verstehensbegriffs ableiteten, der sich nicht auf das Ziel der fixierenden Sinnentnahme oder der abgeschlossenen Interpretation, sondern auf die Eigenwertigkeit des Verstehens als Prozess in einer gewissen Dynamik von Annäherung und Entfernung, Text- und Personenbezug sowie Verstehen und Nicht-Verstehen ausrichtet (vgl. Hurrelmann 1987; Ivo 1994). Deutlich wird in diesen Ansätzen, dass der Einzelne zwar ein solistischer Resonanzkörper für den Text sein kann, dass aber die Gesprächsgruppe gleich einem Ensemble diese Resonanz verstärkt und bereichert. Wenn Hubert Ivo sich auf die „*Vielstimmigkeit*" der Dichtung bezieht (Ivo 1994, S. 224; Hervorhebung im Original), die sich im Text und im Gespräch manifestiert, dann meint er damit nicht nur die im Text angelegte Viel*deutigkeit*, sondern vor allem auch den Viel*klang* der Bedeutungszuschreibungen, den erst das Gruppengespräch hervorbringen kann: *Vieldeutigkeit* ist das Bedeutungspotential des Textes, *Vielstimmigkeit* ist die Verstehens-Potenz des Gruppengesprächs. In ihm interagieren die Partizipanten im partnerschaftlichen Stil der „Nachbarlichkeit" (Ivo 1994, S. 259) miteinander, treiben ihre Hypothesen voran, lassen statt des fixierenden Verständnisses einen dynamischen Prozess entstehen, der offen bleibt für das Wechselspiel der Bedeutungen zwischen Text, Einzelnem und Gruppe. Während Ivo diese unverzichtbare Leistung des offenen Gruppengesprächs aus der Geschichte der *Sprachkunst* ableitet, begründet Hurrelmann die Notwendigkeit des Gruppengesprächs mit der Hermeneutik Schleiermachers, der vom erkenntnistheoretischen *Schema*-Begriff Kants ausgehend unser Verstehen als ein Zusammenspiel von (allgemeinem) Begriff und (individueller) Anschauung auffasst. Um dieses Zusammenspiel in Gang zu setzen und mit Leben zu füllen, bedarf es sowohl der Anstöße durch den Text (Begriffe) als auch durch das Gruppengespräch (Anschauungen); so kann sich Verstehen in ständigen dialektischen Wechselbeziehungen entfalten. In solchen Prozessen – und *nur* in ihnen – wird die zweidimensionale Text-Leser-Beziehung um eine dritte Dimension erweitert: Die Gesprächsgruppe spannt ein Dreieck zwischen dem Text als An-Rede, der Resonanz des Hörens und der personalen Beziehungen der Partizipanten aus.

Seit etwa 2000 entstehen mit der Entwicklung des so genannten *Heidelberger Modells* sowohl ein didaktisch und methodisch modelliertes Konzept des Literarischen Unterrichtsgesprächs als auch qualitativ-empirische Studien in allen Schularten, die das Konzept in der Anwendung erproben, evaluieren und optimieren. Im Rahmen der hier dargelegten Überlegungen zum frühen literarischen Lernen ist insbesondere das derzeit durchgeführte Grundschulprojekt von Felix Heizmann von Interesse, aus dem bereits erste Ergebnisse publiziert wurden (vgl. Heizmann 2011a und 2011b). Von hier aus, gestützt durch die Studien von Julia Knopf (vgl. Knopf 2009a und 2009b), lassen sich Ausweitungen in die Schuleingangsphase hinein entwerfen.

Wesentlich am *Heidelberger Modell* sind die Komponenten, die das Konzept als *Format* im Sinne Bruners wirksam werden lassen (vgl. Steinbrenner/Wiprächtiger-Geppert 2006): Der ritualisierte Aufbau, das Setting im Stuhlkreis, der offene, nicht auf eine Interpretation abzielende Gesprächsprozess und die authentische Beteiligung der Lehrperson als Leiterin *und* Partizipantin im Gespräch.[8] Gerade diese Beteiligung ist ein unverzichtbares zentrales Charakteristikum, mit dem literarische Gespräche die positiven Dimensionen des frühen (vorschulischen) literarischen Lernens aufgreifen und in gesteuerte Lernkontexte integrieren können. Je befremdender die von einem literarischen Text ausgehende An-Rede ist, desto bedeutsamer wird die Möglichkeit für die Lernenden, auf die positiven Erfahrungen der *Semantik der Beziehung* zurückgreifen zu können. Sie kann in einem zunächst undurchschaubaren Gestrüpp der Wort- und Satzsemantik jene Sicherheit bieten, die zum einen den Sinn des gemeinsamen Tuns (wir begegnen einander in einem literarischen Text), zum anderen den Sinn des geahnten Verstehens (wir eröffnen uns gemeinsam Bedeutungsmöglichkeiten dieses Textes) verbürgt.

Dass dies nicht einfach ein pathetisches Postulat, sondern belegter Befund aus der empirischen Unterrichtsforschung ist, lässt sich am Beispiel der folgenden Gesprächssequenz illustrieren, die aus dem Literarischen Unterrichtsgespräch einer vierten Grundschulklasse zum Gedicht *Zirkuskind* von Rose Ausländer stammt. In dieser Sequenz (Beiträge 77–80), die auch ohne den Kontext aussagekräftig ist, tauschen sich vier Mädchen über die Textstelle „Ich geh auf dem Seil/über die Arena/der Erde" (2. Strophe) aus:

> Bei über die Arena der Erde dann * man weiß ja nicht * also * da das ist ja ein Zirkus so mal über ner Arena, aber es ist irgendwie komisch * es könnte der Name vom Zirkus sein oder vielleicht auch irgendetwas Interessantes, vielleicht ist da drunter mal irgendwas GeHEIMnisvolles gefunden worden oder irgend so etwas. [Ramona]

> Ja wie die Tina schon gesagt hat * irgendwie hat das was so ein bisschen MAgisches und BeZAUberndes, wenn man den die Strophen jetzt liest, dann denkt man irgendwie ähm * ja, ist die Erde ist eigentlich nur eine Arena, weil ganz viele kleine Sachen passieren, die * ja manchmal schlimm und manchmal schön sind [L: mhm]. [Linda]

> Es kann auch sein, dass das KIND jetzt grad TRÄUMT und dass das dann denkt, dass die Arena jetzt die ganze ERde wäre und wie die Linda schon gesagt hat, dass da immer kleine DINge passieren * und dass das immer ganz anders ist. [Judith]

> Und da steht ja au/* oben in der zweiten Zeile * spiele mit Einfällen * dass und in dem ganzen Gedicht werden ja auch diese Einfälle beschrieben [L: mhm] und das halt (...). [Tina]

> (Heizmann 2011b, S. 103 f.; in der Transkription nach GAT-Konventionen stehen Asterisken für Pausen, Versalien für Betonungen, Virgeln für Abbrüche; die Namen wurden anonymisiert)

---

[8] Das gruppen- und gesprächspädagogische Modell der Themenzentrierten Interaktion, aus dem das Konzept der „partizipativen Leitung" stammt, verwendet den Begriff der „selektiven Authentizität", um das *situationsadäquate* Austarieren von Leitung und Partizipation einzufordern (vgl. Härle 2011, S. 47 f.).

Das Literarische Unterrichtsgespräch mit dem Text und miteinander eröffnet den Kindern einen ästhetischen Sprach-Raum, der von ihnen lustvoll ausgestaltet wird, indem sie sich Sprach-Bälle zuwerfen und ihre eigene Sprache mit der poetischen Sprache des Textes verschmelzen lassen. Um das Erleben in Worte fassen zu können, bedienen sie sich mimetischer Umschreibungen wie „magisch", „mystisch", „bezaubernd" und „geheimnisvoll". Sie greifen im geschützten, nicht-kompetitiven Raum des Gesprächs auf ihre literarischen Primärerfahrungen mit dem Un- und Schwerverständlichen zurück und entwickeln eine Strategie, die sich von herkömmlichen Unterrichtsstrategien unterscheidet: Sie fragen eben *nicht* nach lexikalischen Erklärungen, sondern lassen sich sprachlich gewissermaßen auf den „Balanceakt des Ich auf dem Seil" ein.[9] Dass es sich hierbei um einen *Annäherungs-* und keinen *Aneignungs*prozess handelt, manifestiert sich auch in der Verwendung von Abtönungspartikeln wie „vielleicht", „irgendwie", „irgendetwas" oder „eigentlich", sodass in der Sprache der Kinder auch die oszillierende Grenzenlosigkeit der Dichtung ihr Echo findet. Man könnte sagen: Die Kinder antworten poetisch auf den Klang der poetischen Sprache. Unvermittelt ereignen sich dabei auch Lernprozesse, selbst in dieser kurzen Passage. Nicht nur findet in ihr eine sprachliche und gedankliche Auseinandersetzung mit der Metapher „Arena / der Erde" statt, die sogar in ihrer Dimension des *theatrum mundi* entdeckt wird, sondern es taucht auch eine Ahnung der Selbstreferentialität des Gedichtes auf, wenn Tina die Wendung „spiele mit Einfällen" aus der ersten Strophe auf das Gedicht selbst bezieht.

Ergänzt man diese Beobachtungen um Ergebnisse aus der Studie von Julia Knopf, die den Entwicklungsverlauf literarästhetischer Rezeptionskompetenzen vom Kindergarten bis zur Sekundarstufe II mittels Schüleräußerungen zum Gedicht *Wünschelrute* von Joseph von Eichendorff untersucht, lassen sich jedoch auch *Verluste* an Kompetenzen belegen, die die schulische Missachtung der wirkungsästhetischen Dimensionen von Literatur und ihrer Rezeption nach sich zieht. Knopf konstatiert in Bezug auf die Äußerungen der Kindergarten- und Grundschulkinder, dass diese den Text „*ganzheitlich* wahrnehmen" und ihre „Entdeckungen gleichermaßen durch die Bezugnahme auf Inhalt, Form und Sprache belegen" (Knopf 2009b, S. 113; Hervorhebung im Original). Damit machen sie sie, wenn vielleicht auch unbewusst, für ihr Textverständnis fruchtbar, indem sie ihre Analyseergebnisse und ihre individuellen Lesarten miteinander verschränken. Während Knopf im Früh- und Primarbereich bezüglich „Sprachsensibilität, Sprachbewusstsein und deren Funktionalisierung" eine Entwicklung „hin zu einer genaueren Sicht" auf den Text konstatiert, nimmt sie im Laufe der Schulzeit eine Stagnation oder gar degenerative Dynamik wahr: Gymnasiasten scheinen eher ein internalisiertes und sich reproduzierendes Analyseprogramm abzuarbeiten und bringen nur selten einen persönlichen Bezug zum Text oder die *Wirkung* einzelner Beobachtungen zur Sprache (vgl. Knopf 2009b).

---

[9] Für diese Klasse war es das erste Literarische Gespräch dieser Art, und die Kinder folgten nur der *Regel*, dass alle Beiträge erlaubt seien. Im Forschungsprojekt von Felix Heizmann wurden auch Gespräche mit jüngeren Kindern (2. und 3. Klasse) geführt, deren Auswertungen aber noch nicht veröffentlicht sind.

Im Rückschluss von diesen empirischen Befunden auf das literarische Lernen in der Schuleingangsphase zeigt sich, dass und wie gerade der Anfangsunterricht die mitgebrachten Erfahrungen, Fähigkeiten und Neigungen der Kinder aufgreifen und als *eigenständige Dimension des literarischen Lernens* wertschätzen sollte. Aus den zitierten Studien lässt sich die Konsequenz ableiten, dass der Literaturunterricht gerade die *Sensibilität für die wirkungsästhetischen Dimensionen*, die bei jüngeren Kindern noch vorhanden ist, als spezifische literarische Kompetenzen anerkennen und sie als solche gezielt weiterentwickeln muss, statt sie als vorläufig zu relativieren oder gar zu überwinden.

Das eingangs erwähnte Paradoxon lässt sich nun abschließend zur Frage zuspitzen, was der Anfangsunterricht – und nicht nur er – vom literarischen Lernen lernen kann und lernen soll. In einem *als lernend verstandenen Anfangsunterricht* wie auch in späteren Prozessen des schulisch organisierten literarischen Lernens können die Kinder sich als kompetente GesprächspartnerInnen erleben, wenn sie ihre genuinen Erfahrungen und Fähigkeiten im Gespräch mit, über und in Literatur einbringen können und dabei die positive Verstärkung durch den erwachsenen kompetenten Anderen und die Ermutigung für die Zone der nächsten Entwicklung erhalten. Wenn der Literaturunterricht dafür Räume eröffnet und Formate bereitstellt, werden die Literatur, die Kinder und die Lehrpersonen davon erheblich profitieren.

*

Für die überaus produktive Mitwirkung an der Entstehung und redaktionellen Bearbeitung dieses Beitrags danke ich meinem Mitarbeiter Felix Heizmann M. A. sehr herzlich, von dem und aus dessen Forschungsprojekt zu literarischen Gesprächen mit Grundschulkindern ich beständig Neues lerne.

Literatur

Andresen, Ute: Wer spricht? Was spricht? Wie spricht das Gedicht? In: Härle, Gerhard / Steinbrenner, Marcus (Hrsg.): Kein endgültiges Wort. Die Wiederentdeckung des Gesprächs im Literaturunterricht. Baltmannsweiler 2004. S. 175–189.

Barnert, Arno: Mit dem fremden Wort. Poetisches Zitieren bei Paul Celan. Frankfurt am Main / Basel 2007.

Bausinger, Hermann: Kannitverstan. Vom Zuhören, Verstehen und Mißverstehen. In: Vogel, Thomas (Hrsg.): Über das Hören. Einem Phänomen auf der Spur. 2., bearb. Aufl. Tübingen 1998. S. 9–25.

Berendt, Joachim Ernst: Ich höre, also bin ich. In: Vogel, Thomas (Hrsg.): Über das Hören. Einem Phänomen auf der Spur. 2., bearb. Aufl. Tübingen 1998. S. 69–90.

Büker, Petra: Literarisches Lernen in der Primar- und Orientierungsstufe. In: Bogdal, Klaus-Michael / Korte, Hermann (Hrsg.): Grundzüge der Literaturdidaktik. 4. Aufl. München 2006. S. 120–133.

Bruner, Jérôme: Wie das Kind sprechen lernt. 2., erg. Aufl. Bern 2002.

Eggert, Hartmut / Garbe, Christine: Literarische Sozialisation. 2., aktual. Aufl. Stuttgart / Weimar 2003.

Fischer, Helmut: Kinderreime im Ruhrgebiet. Reime, Lieder, Spiellieder, Rätsel, Scherzfragen und Witze. 2. Aufl. Köln 1994.

Flouri, Eireni: Fathering and Child Outcomes. New York, N. Y.: Wiley 2005.

Forster, Maria: Phonologische Bewusstheit als zentrale Voraussetzung für das Lesen: Möglichkeiten der Diagnose und Förderung. In: Gläser, Eva/Franke-Zöllner, Gitta (Hrsg.): Lesekompetenz fördern von Anfang an. Didaktische und methodische Anregungen zur Leseförderung. Baltmannsweiler 2005. S. 36–49.

Gadamer, Hans-Georg: Über das Hören. In: Vogel, Thomas (Hrsg.): Über das Hören. Einem Phänomen auf der Spur. 2., bearb. Aufl. Tübingen 1998. S. 197–205.

Garbe, Christine: Warum Leseförderung vor und in der Grundschule ansetzen muss. Erkenntnisse der biographischen Leseforschung. In: Gläser, Eva/Franke-Zöllner, Gitta (Hrsg.): Lesekompetenz fördern von Anfang an. Didaktische und methodische Anregungen zur Leseförderung. Baltmannsweiler 2005. S. 24–35.

Gräter, Friedrich David: Über die teutschen Volkslieder und ihre Musik. In: Bragur. Ein Litterarisches Magazin der Deutschen und Nordischen Vorzeit. Bd. 3. Leipzig 1794. S. 207–284.

Härle, Gerhard: „… und am Schluss weiß ich trotzdem nicht, was der Text sagt". Grundlagen, Zielperspektiven und Methoden des Literarischen Unterrichtsgesprächs. In: Steinbrenner, Marcus/Mayer, Johannes/Rank, Bernhard (Hrsg.): „Seit ein Gespräch wir sind und hören voneinander." Das Heidelberger Modell des Literarischen Unterrichtsgesprächs in Theorie und Praxis. Baltmannsweiler 2011. S. 29–65.

Härle, Gerhard/Rank Bernhard: Wege zum Lesen und zur Literatur. Problemskizze aus der Sicht der Herausgeber. In: Härle, Gerhard/Rank, Bernhard (Hrsg.): Wege zum Lesen und zur Literatur. Baltmannsweiler 2004. S. 1–20.

Heizmann, Felix: „… weil alles könnte gar keinen Sinn ergeben". Literarisches Lernen durch Erfahrungen mit Alterität im Gespräch mit Grundschulkindern. In: Steinbrenner, Marcus/Mayer, Johannes/Rank, Bernhard (Hrsg.): „Seit ein Gespräch wir sind und hören voneinander." Das Heidelberger Modell des Literarischen Unterrichtsgesprächs in Theorie und Praxis. Baltmannsweiler 2011a. S. 305–336.

Heizmann, Felix: Ästhetische Alteritätserfahrung in Literarischen Gesprächen mit Grundschulkindern. Ergebnisse einer explorativen Studie. In: Kirschenmann, Johannes/Richter, Christoph/Spinner, Kaspar H. (Hrsg.): Reden über Kunst. Fachdidaktisches Forschungssymposium in Literatur, Kunst und Musik. München 2011b. S. 93–119.

Hurrelmann, Bettina: Textverstehen im Gesprächsprozeß – zur Empirie und Hermeneutik von Gesprächen über die Geschlechtertauscherzählungen. In: Hurrelmann, Bettina (Hrsg.): Man müßte ein Mann sein …? Interpretationen und Kontroversen zu Geschlechtertausch-Geschichten in der Frauenliteratur. Düsseldorf 1987. S. 57–82.

Ivo, Hubert: Reden über poetische Sprachwerke. Ein Modell sprachverständiger Intersubjektivität. In: Ivo, Hubert: Muttersprache, Identität, Nation. Opladen 1994. S. 222–271.

Jourdain, Robert: Das wohltemperierte Gehirn. Wie Musik im Kopf entsteht und wirkt. Heidelberg/Berlin 1998.

Knopf, Julia: Literaturbegegnung in der Schule – Eine kritisch-empirische Studie zu literarisch-ästhetischen Rezeptionsweisen in Kindergarten, Grundschule und Gymnasium. München 2009a.

Knopf, Julia: Von der Sensibilität zur Reproduktivität. Untersuchungen von Schüleräußerungen zur Ästhetik literarischer Texte. In: OBST – Osnabrücker Beiträge zur Sprachtheorie (2009b) Heft 76. S. 107–123.

Lacan, Jacques: Das Spiegelstadium als Bildner der Ichfunktion wie sie uns in der psychoanalytischen Erfahrung erscheint. Schriften I. Weinheim/Berlin 1986a. S. 61–70. (1949)

Lacan, Jacques: Das Seminar. Buch XI: Die vier Grundbegriffe der Psychoanalyse. Weinheim/Berlin 1986b. (1964)

Liede, Alfred: Dichtung als Spiel. Studien zur Unsinnspoesie an der Grenzen der Sprache. 2 Bde. 2., erw. Aufl. Berlin/New York 1992.

Lypp, Maria: Vom Kaspar zum König. Studien zur Kinderliteratur. Frankfurt am Main 2000.

Ockel, Eberhard: Vorlesen als Aufgabe und Gegenstand des Deutschunterrichts. Baltmannsweiler 2000.

Olsen, Ralph: Mut zur Lenkung: neosokratische Impulse beim Reden über Kunst (nebst Anmerkungen zum Heidelberger Modell). In: Kirschenmann, Johannes/Richter, Christoph/Spinner, Kaspar H. (Hrsg.): Reden über Kunst. Fachdidaktisches Forschungssymposium in Literatur, Kunst und Musik. München 2011. S. 163–180.

Pennac, Daniel: Wie ein Roman. Von der Lust zu lesen. München 1998.

Pieper, Irene/Wirthwein, Heike/Zitzelsberger, Olga: Schlüssel zum Tor der Zukunft? Zur Lesepraxis Frankfurter HauptschulabsolventInnen. In: Didaktik Deutsch (2002) Heft 13. S. 33–49.

Spinner, Kaspar H.: Gesprächseinlagen beim Vorlesen. In: Härle, Gerhard/Steinbrenner, Marcus (Hrsg.): Kein endgültiges Wort. Die Wiederentdeckung des Gesprächs im Literaturunterricht. Baltmannsweiler 2004. S. 291–307.

Spinner, Kaspar H.: Perspektiven ästhetischer Bildung. Zwölf Thesen. In: Vorst, Claudia/Grosser, Sabine/Eckhardt, Juliane/Burrichter, Rita (Hrsg.): Ästhetisches Lernen. Fachdidaktische Grundfragen und praxisorientierte Konzepte im interdisziplinären Kontext von Lehrerbildung und Schule. Frankfurt am Main u. a. 2008. S. 9–23.

Steinbrenner, Marcus/Wiprächtiger-Geppert, Maja: Verstehen und Nicht-Verstehen im Gespräch. Das Heidelberger Modell des Literarischen Unterrichtsgesprächs. In: Literatur im Unterricht 7 (2006) Heft 3. S. 227–241.

Vygotskij, Lev S.: Denken und Sprechen. Psychologische Untersuchungen. Weinheim/Basel 2002.

Wieler, Petra: Vorlesen in der Familie. Fallstudien zur literarisch-kulturellen Sozialisation von Vierjährigen. Weinheim/München 1997.

Wieler, Petra: „Bimmelt leise ihre Weise …“: Ästhetische und affektive Komponenten des Vorlesegesprächs mit einem kleinen Kind. In: Bonfadelli, Heinz/Bucher, Priska (Hrsg.): Lesen in der Mediengesellschaft. Stand und Perspektiven der Forschung. Zürich 2002. S. 133–147.

ANJA POMPE

Lyrische Texte symbolisch lesen

Verstehenskompetenzen aufgreifen

Abstract

Der Beitrag fragt danach, inwieweit es möglich ist, Schulanfänger zu befähigen, die symbolische Bedeutung lyrischer Texte zu verstehen. Entscheidend für diese Fragestellung ist, dass die Forschung bislang in Übereinstimmung mit dem Stufenmodell der kognitiven Psychologie Jean Piagets davon ausgeht, dass sich die Fähigkeit zum Symbolverstehen erst im weiterführenden Literaturunterricht herausbildet. Bis zum Ende der Grundschulzeit würden Kinder Bedeutungsübertragungen in aller Regel nicht verstehen. Die Vorstellungen, die sie entwickeln, bezögen sich vielmehr auf ihre eigene Erfahrungswelt. Erst mit dem Übergang von der konkret-operationalen Phase zur Phase der formalen Operation seien die entwicklungspsychologischen Voraussetzungen für symbolische Rezeptionsweisen gegeben. Neuere Arbeiten ziehen diese Vorstellung jedoch in Zweifel und legen die Vermutung nahe, dass sich das Symbolverstehen schon früher entwickelt bzw. entwickeln lässt. Vor diesem Hintergrund stellt der Beitrag abschließend Möglichkeiten einer frühen Förderung des Symbolverstehens vor.

Einleitung

„Mit jeder guten Geschichte erhält das *Menschenhaus*, in dem das Kind sich heimisch fühlt, neue Stockwerke nach oben oder unten, neue Räume, Flure, Fenster. Darin kann es verweilen und wohnen und schauen. Dieses *Menschenhaus aus Geschichten*" – so Hubertus Halbfas – „birgt uns, egal wo wir einmal hinkommen. Es ist vom Besten, was wir Kindern mitgeben." (zit. Gansen 2010, S. 379) Was der Religionspädagoge Hubertus Halbfas für „gute Geschichten" geltend macht, mithin für all das, was in narrativen Texten in und um eine gelungene Konfiguration passiert, gilt aus literaturdidaktischer Sicht auch und in besonderer Weise für lyrische Texte, von denen ein Großteil zu nicht-narrativen Formen tendiert. Ausschlaggebend für die besondere Bedeutung der Lyrik mag die literarische Primärsozialisation sein, die für viele Kinder vermutlich noch immer über lyrische Formen verläuft und damit auf eine natürliche Neigung zu Rhythmus, Reim und Wohlklang zu verweisen scheint (vgl. Dehn/Payrhuber/Schulz/Spinner 2006). Darüber hinaus ist es jedoch vor allem die Art, wie lyrische Texte in metrischer, rhythmischer und klanglicher Hinsicht mit Sprache umgehen. Denn die Art der Sprachverwendung, die weder semantisch noch kommunikativ gefordert ist, führt

Kinder in den Kernbereich dessen, was als Literatur gelten kann. Mit der Lyrik befinden sie sich gewissermaßen im Paradigma des Literarischen, in jenem Bereich also, von dem sich sagen lässt, dass er über verschiedene Zeiten hinweg Strukturmerkmale aufweist, die in nicht-literarischen Texten fehlen. Dazu zählt neben der Autofunktionalität, der Verfremdung und Konnotation auch die Symbolik als besondere Form des mehrdeutigen Sprechens (vgl. Link 2000a). Nichts ist von diesen Merkmalen so sehr geprägt wie die Lyrik, die sich auch durch das, was man gemeinhin gebundene Sprache nennt, am deutlichsten von der nicht-literarischen Kommunikation unterscheidet. Diese auffällige Abweichung der Lyrik von der Alltagssprache ist es, die ihre besondere Bedeutung für das frühe literarische Lernen im Deutschunterricht der Grundschule begründet (vgl. Pompe 2012), ein Aspekt, der seit den richtungsweisenden Arbeiten von Heinz-Jürgen Kliewer, Wilhelm Steffens und Kurt Franz in den siebziger Jahren zuweilen in den Hintergrund zu treten scheint, wenn es um didaktische Begründungs- oder Legitimationsversuche für den Lyrikunterricht geht (Kliewer 1974; Steffens 1975; Franz 1979).

Auch die Frage, welche lyrischen Texte für Grundschulkinder geeignet sind, die, weil sie eng mit der strittigen Frage verbunden ist, was Schulanfänger bereits verstehen, wird seit den achtziger Jahren kaum mehr reflektiert. Sie „droht" nicht nur – wie Kathrin Wald zu Recht betont – mit der Negation jeder curricularen Überlegung „in die Peripherie" des didaktischen Diskurses „abgedrängt zu werden" (Waldt 2003, S. 86), sondern widerspricht, wenn sie allein mit dem Hinweis auf die Bedeutung von Schülerneigungen beantwortet wird, auch einem Lyrikunterricht, der sich an Lernzielen und operationalisierten Unterrichtsschritten orientiert. In diesem Sinne geben Ursula und Heinz-Jürgen Kliewer mit Blick auf die Textauswahl von Ute Andresen zu bedenken, dass sich der Frage nach dem Was nicht entkommen lässt, „indem man mit literarisch sensibilisierten Kindern in der Kleingruppe Gespräche führt und das Verfahren dem Alltag unserer Schulen empfiehlt." (Kliewer/Kliewer 2002, S. 16)

Gleichwohl hat die Auswahl von Andresen neue Impulse für die Analyse des kindlichen Metaphernverständnisses geliefert (vgl. Gansen 2010) und die Vermutung genährt, dass für den frühen Lyrikunterricht auch solche Texte geeignet sind, die sich nicht darauf beschränken, kindliche Denk- und Wahrnehmungsmuster zu bestätigen, sondern neue Perspektiven eröffnen, indem sie Annäherungen an symbolische Verstehensweisen und fremde Weltsichten ermöglichen. Im Mittelpunkt steht dabei die Annahme, dass Kinder, die daran gewöhnt sind, „dass die Welt um sie herum nicht kindertümlich ist" (Andresen 1999, S. 11), auch über poetische Verstehenskompetenzen verfügen, die es aufzugreifen und weiterzuentwickeln gilt. Vor dem Hintergrund dieser Annahme seien nach der Auseinandersetzung mit dem symbolischen Verstehen (Kapitel 1) und der fachdidaktischen Bedeutung, die die Befähigung dazu besitzt (Kapitel 2), methodische Möglichkeiten vorgestellt, die geeignet sind, das Verstehen literarischer Symbole frühzeitig zu fördern (Kapitel 3). Exemplarisch veranschaulicht werden sie an Conrad Ferdinand Meyers Gedicht *Zwei Segel* – einem lyrischen Text, den der in Zürich geborene Dichter 1882 als ein Liebesgedicht veröffentlicht hat (vgl. Meyer 1997).

1. Symbolisches Verstehen – Begriff

Das symbolische Verstehen spielt in verschiedenen wissenschaftlichen Disziplinen eine große Rolle. Während ihm jedoch in der Psychologie, Theologie, Ethnologie, Lernpsychologie, Politologie und Soziologie eine weithin ungebrochene Bedeutung zukommt, begegnet ihm die Literaturwissenschaft seit den sechziger Jahren mit deutlicher Zurückhaltung. Gerhard Kurz macht dafür den „Überdruß am zuvor inflationären und ideologisch aufgeladenen Gebrauch" des Symbolbegriffs verantwortlich (Kurz 2009, S. 70), womit er auf Forschungsergebnisse zur Geschichte des als überzeitlich geltenden Terminus und auf Erwartungen verweist, die mit dem Begriff verbunden waren (vgl. Butzer/Jacob 2008).

Dass auch die Literaturdidaktik die Auseinandersetzung mit dem symbolischen Verstehen, das als eine wichtige literarische Rezeptionskompetenz gilt (vgl. Kammler 2006), lange Zeit zu sehr vernachlässigt hat, mag nicht zuletzt mit der schillernden Vielfalt des Symbolbegriffs selbst zusammenhängen. Entsprechend verweisen Clemens Kammler und Bettina Noack darauf, dass sich in Anlehnung an Frauke Berndt und Heinz J. Drügh, die eine Sammlung von grundlegenden Theorietexten zum Symbol herausgegeben haben, zwischen einem von Aristoteles geprägten und einem ästhetisch begründeten Begriff unterscheiden lässt. Stellt das Symbol aristotelischer Herkunft – so die Herausgeber der Textsammlung – ein arbiträres Zeichen dar, das in einer Übereinkunft gründet – noch heute spielt es nicht nur in erkenntnis-, bewusstseins-, sprach- und kunstphilosophischen Kontexten eine wichtige Rolle, sondern ebenso in mathematischen, logischen, anthropologischen und soziologischen Zusammenhängen –, hat sich der ästhetisch grundierte Symbolbegriff, der zunächst in der Theologie und seit der Mitte des 18. Jahrhunderts in der Philosophie Anwendung erfährt, vor allem in der Kultur- und Literaturwissenschaft etabliert (vgl. Berndt/Drügh 2009; Kammler/Noack 2011).

Dabei herrscht innerhalb des literaturwissenschaftlichen Diskurses bis heute ein Begriffsverständnis vor, das auf Goethe verweist und von diesem – bei aller Kritik – doch entscheidend geprägt worden ist. In Erinnerung sei daher die berühmte Formel aus den *Maximen und Reflexionen* gerufen, nach der das Symbol „die Erscheinung in Idee" verwandelt (Goethe 1989b, S. 470). Sie besagt im Wesentlichen, dass ein Besonderes auf ein Allgemeines verweist (vgl. Kurz 2009), wobei die Repräsentation im Unterschied zur Allegorie, die im Allgemeinen das Besondere sucht, nicht willkürlich, sondern natürlich sei. Man muss diese Sicht nicht teilen – schon Walter Benjamin hat die Allegorie gegen Goethe verteidigt (vgl. Benjamin 1991) –, doch sei sie hier erwähnt, um die strukturellen Ähnlichkeiten zu betonen, die die Varianten bildlichen Sprechens miteinander verbinden. Will man sie genauer differenzieren, kann man in einem ersten Schritt (1) die Metapher in Abgrenzung zur Metonymie auf der einen Seite und das Symbol im Unterschied zur Allegorie auf der anderen Seite bestimmen. In einem zweiten Schritt (2) empfiehlt es sich, die Unterscheidung zwischen Symbol und Allegorie als eine problematische zu kennzeichnen.

(1) Der Begriff *Metapher*, der auf Aristoteles zurückgeht – dieser prägte das Substantiv *metaphora*, das er vom Verb *metapherein* ableitete (vgl. Reemtsma 2002) –, lässt sich als Ersetzung eines Ausdrucks durch einen anderen Ausdruck aus einem anderen Sach- oder Vorstellungsbereich definieren und mit dem Hinweis, dass die Ersetzung semantisch motiviert ist, von der Metonymie abgrenzen. Von einer Metonymie kann nämlich gesprochen werden, wenn der Zusammenhang zwischen ersetztem und ersetzendem Ausdruck nicht in der Sprache, sondern in der Realität gegeben ist, etwa, wenn *Kopf* für *Verstand* oder *Lorbeer* für *Ruhm* verwendet wird. Sind der ersetzte und ersetzende Ausdruck aber durch ein gemeinsames semantisches Merkmal miteinander verbunden, zum Beispiel, wenn es in einer Aussage, in der es um eine Niederlage geht, *verdauen* statt *verarbeiten* heißt, ist diese Aussage metaphorisch und nicht metonymisch gestaltet.

Während die Metapher demnach ein Phänomen der sprachlichen Ebene darstellt, wirkt das *Symbol*, das sich vom griechischen *symbolon,* dem Wahrzeichen oder Merkmal, ableitet, auf der pragmatischen Ebene des Textes. Dabei verweist immer ein Konkretes über sich hinaus und macht, indem sich einzelne Elemente mit zusätzlichen Bedeutungen verknüpfen lassen, etwas Anderes sichtbar. Ein über die gewöhnliche semantische Bedeutung hinausweisender Sinn ist also mit dem Symbolbegriff gegeben, etwa die *Liebe* mit der *Rose* oder der *Frieden* mit der *Taube.* Ist die Bedeutung dabei nicht wie im Falle der *Rose* oder *Taube* kulturell überliefert, braucht es dazu Textelemente, die als „textinterne Aufforderungen" (Kurz 2009, S. 81) dem Leser signalisieren, eine symbolische Lesart zu prüfen. Diese muss, will sie nicht beliebig sein, zwei Bedingungen erfüllen. Zum ersten müssen die Elemente der wörtlichen Bedeutung visuell charakterisiert sein. Sie müssen sich als Bild imaginieren lassen. Und zum zweiten muss die Verbindung, die zwischen diesen Elementen und den Elementen, die über die wörtliche Bedeutung hinausweisen, motiviert oder begründet und damit auch begründbar sein, wobei die Motivation sprachlicher, mithin metaphorischer Natur sein kann, oder reallogischer Natur wie bei der Metonymie. Dies lässt sich an Conrad Ferdinand Meyers Gedicht *Zwei Segel* (1882) exemplarisch veranschaulichen:

Conrad Ferdinand Meyer

Zwei Segel

Zwei Segel erhellend
Die tiefblaue Bucht!
Zwei Segel sich schwellend
Zu ruhiger Flucht!

Wie eins in den Winden
Sich wölbt und bewegt,
Wird auch das Empfinden
Des andern erregt.

Begehrt eins zu hasten,
Das andre geht schnell,
Verlangt eins zu rasten,
Ruht auch sein Gesell.   (Meyer 1997, S. 196)

Die Elemente der wörtlichen Bedeutung ergeben gemeinsam das Bild zweier Segel in einer dunklen Bucht, die, weil sie in ihren Bewegungen übereinstimmen, sich in Harmonie miteinander befinden. Wir können dieses Bild des harmonischen Gleichklangs zweier Segel im Wind visualisieren. Wir können es imaginieren. Gehen wir dann der unscheinbaren Auffälligkeit nach, dass die Segel als „Gesellen" bezeichnet werden – ein Ausdruck, der aus einem anderen semantischen Bereich stammt, nämlich dem der menschlichen Beziehungen –, wird diese Auffälligkeit, bei der es sich um eine Metapher handelt, zu einer „textinternen Aufforderung" (Kurz 2009, S. 81) an uns, eine symbolische Lesart zu prüfen, zum Beispiel die, ob die Harmonie der beiden Segel auch für die Harmonie zwischen zwei Menschen stehen kann. Diese Vermutung scheint vor allem deshalb nahezuliegen, weil dem semantischen Bereich des metaphorisch verwendeten Ausdrucks „Gesell" auch die Wörter „Empfinden" und „erregt" angehören, die in den Schlussversen der zweiten Strophe ebenfalls metaphorisch gebraucht werden. Folgen wir also der Aufforderung zu prüfen, ob sich eine Symbolstruktur nachweisen lässt, suchen wir nach Hinweisen, um die Vermutung zu bestätigen, dass mit der Harmonie der Segel noch etwas anderes gemeint ist, nämlich Freundschaft oder Liebe, obwohl wörtlich weder von dem Einen noch vom Anderen die Rede ist. Dabei prüfen wir, ob sich die Elemente der semantisch üblichen Bedeutung, die zusammen das Bild zweier sich im Wind parallel bewegender Segel ergeben, jeweils auf die gleiche Weise mit genau einem Bedeutungselement verbinden lassen, das über die wörtliche Bedeutung hinausweist, und ob sich dadurch eine in sich stimmige Ordnung der Bedeutungserweiterung ergibt. Wenn wir im Ergebnis dessen darauf stoßen, dass die „Bucht" eine Metapher für „Umgebung" ist, die „Winde" metaphorisch für zwei Lebensschicksale stehen, die Gefühle und Willensentscheidungen auslösen, und die synchrone Bewegung der Segel sich als Metapher für das harmonische Verbundensein zweier Menschen in Zeiten der Freude und der Sorge lesen lässt, sehen wir unsere Vermutung bestätigt und können sie begründen. Wir können damit erklären, warum das Gedicht ein Symbol für die harmonische Beziehung zweier Menschen ist.

Die Differenz, die zwischen dieser Lesart und einer allegorischen besteht, mithin zwischen Symbol und *Allegorie* ist freilich keine grundlegende. Das zeigt sich schon daran, dass Meyers Gedicht sowohl eine symbolische (vgl. Weimar 1993; Link 2000b) als auch eine allegorische (vgl. Kaiser 1991; Böning 1999) Deutung erfahren hat. Vergleicht man beide Lesarten – etwa mit der Absicht, die jeweilige Plausibilität zu prüfen –, fällt auf, dass sich der Symbolbegriff in beiden Lektüren unterschiedlich stark am goethezeitlichen Verständnis orientiert. Nach diesem kommen Allegorie und Symbol zwar darin überein, dass hier wie dort eine Erscheinung auf eine andere verweist, doch sei die Analogie zwischen beiden Erscheinungen beim Symbol von Natur aus gegeben, während sie bei der Allegorie durch die Kultur, also die Rede über diese Analogie, erst hergestellt werden müsse. Aus diesem Grund würden uns – so Goethe und mit ihm die traditionelle Literaturwissenschaft – symbolische Analogien selbstverständlicher erscheinen als allegorische.

(2) Dass Gerhard Kaiser, der Meyers Gedicht als Allegorie liest (vgl. Kammler / Noack 2011), dieser Binäropposition folgt, wird deutlich, wenn er erklärt, dass sich die zwei Segel zwar auf menschliche Eigenschaften beziehen lassen und dadurch zu zwei Gesellen werden, zwischen beiden Bereichen aber keine natürlichen Gemeinsamkeiten bestehen, „schon weil Segel nicht an Verhältnissen gelebten Lebens teilhaben" (Kaiser 1991, S. 309 f.). Doch wieso haben Segel „nicht an Verhältnissen gelebten Lebens" teil? Eine Antwort darauf gibt Gerhard Kaiser nur insofern, als er auf Goethes Gedicht *Auf dem See* (1775) verweist. In den Schlussversen, die da lauten „Und im See bespiegelt / Sich die reifende Frucht" (Goethe 1989a, S. 103), sieht er das lyrische Ich symbolisiert, weil die Frucht wie das lyrische Ich lebendig ist. Anders als bei den *Zwei Segeln* ist deshalb – so Kaiser – weder eine vollständige Zweitlektüre notwendig noch hebt die symbolische Deutung die Vorstellung von der konkreten Frucht auf (vgl. ebd.). Gegen diese Lesart, die in Goethes Gedicht eine „natürliche" Analogie zwischen wörtlicher und übertragener Bedeutung gegeben sieht, lässt sich einwenden, dass alles, was zum Ausdruck kommt, kultureller, textueller Prägung ist. Nichts ist „allen Menschen zu allen Zeiten und an allen Orten gleichermaßen offensichtlich" (Böning 1999, S. 170). Es gibt kein Erkennen, das „natürlich" ist. Symbole sind – so Thomas Böning daher – „nichts anderes als Allegorien, von denen man vergessen hat, daß sie welche sind." (Ebd., S. 170)

Mit anderen Worten zusammenfassend: Der goethezeitliche Unterschied zwischen Allegorie und Symbol entfällt mit der Einsicht des *linguistic turn*. Die Annahme, dass die Analogie, die beim Symbol zwischen einer besonderen Erscheinung und dem allgemeinen Sinn, der dieser Erscheinung zugeschrieben wird, selbstverständlich ist, wird folglich gegenstandslos. Dies gilt in gleicher Weise für die Vermutung, dass die Verbindung, die mit der Allegorie zwischen einzelnen Vorstellungsinhalten eines Begriffs und der bildlichen Darstellung hergestellt wird, erklärungsbedürftig ist. Die Bildebene des Symbols besteht wie die der Allegorie aus mehreren Elementen, und die Zuordnung dieser zu Elementen der übertragenen Sinnebene muss oder kann – je nach Rezeptionsvoraussetzung – hier wie dort entschlüsselt werden. Die Binäropposition zwischen Symbol und Allegorie, von der Goethe ausgeht, ist daher problematisch oder zumindest nicht zeitgemäß. Aus diesem Grund verzichten literaturwissenschaftliche Arbeitsbücher für Studierende auf eine Abgrenzung des Symbols gegenüber der Allegorie (vgl. Eicher / Wiemann 2001) – eine Entscheidung, die sich mit Blick auf den weiterführenden Literaturunterricht auch für die Sekundarstufe empfiehlt.

Eng verbunden mit der Kritik an der Unterscheidung von Allegorie und Symbol ist die Kritik an den philosophischen Einschreibungen des goethezeitlichen Symbolbegriffs. Sie mag neben der Begriffsvielfalt ein weiterer Grund dafür sein, dass die literaturdidaktische Auseinandersetzung mit dem Symbolverstehen erst in jüngster Zeit an Bedeutung gewinnt (vgl. Abraham 2001 und 2004; Belgrad / Niesyto 2001; Erlinger 2001; Fingerhut 2001; Frederking 2004; Kammler 2006; Knobloch 2001; Köster 2006; Wangerin 2004; Zabka 2004; Spinner 2010; Kammler / Noack 2011). Dabei geht es vor allem darum, dass die Vorstellung von einem Allgemeinen, das sich im Besonderen zeigt, in der pantheistischen Weltsicht der deutschen Klassik gründet. In ihr fallen das Besondere (Natur) und Allgemeine (Gott) zusammen.

Will man trotz des berechtigten Einwandes, dass die symbolische Weltsicht der Goethezeit nicht mehr aktuell ist, an einem Symbolbegriff festhalten, in dessen Mittelpunkt der Verweischarakter eines Textelementes steht, lässt sich der Begriff mit Kaspar H. Spinner dahingehend eingrenzen, dass man sagt, „die wörtliche Bedeutung" erfährt „im Symbol eine Erweiterung", ohne dabei „in einem Allgemeinen anzukommen." (Spinner 2010, S. 51) Auf diese Weise lässt sich nämlich nicht nur der „Vorwurf der Präsenzmetaphysik" (ebd., S. 51) entkräften, weil – so Spinner – nicht mehr impliziert wird, dass im Besonderen auch tatsächlich ein Allgemeines gegeben ist, das es zu entschlüsseln gilt, sondern auch der rezeptionsästhetisch motivierten Annahme Rechnung tragen, dass die Bedeutungserweiterung eine offene Sinnbildung darstellt, die eine abschließende Sinnfixierung nicht anstrebt oder anstreben kann. „Nicht um ein einmaliges Dekodieren geht es, um Rückübersetzung ins Eigentliche, diskursiv Sagbare" – so Ulf Abraham in diesem Sinn –, „sondern um fortlaufendes Einkreisen von Erfahrungen und Vorstellungen" (Abraham 2004, S. 108). Dass daher vor allem das Prozesshafte des symbolischen Verstehens im Vordergrund stehen sollte, lässt sich mit Clemens Kammler und Bettina Noack aber auch damit begründen, dass „eine Symboldeutung, die auf einen Allgemeinbegriff abzielt, eine Stabilität der Bedeutung suggeriert, die das literarische Symbol gar nicht besitzt" (Kammler / Noack 2011, S. 8) – ein Argument, das auch die historische Differenziertheit symbolischer Bedeutungen berücksichtigt.

Wäre damit eine Antwort auf die Frage skizziert, was uns der Begriff des symbolischen Verstehens heute bedeuten kann, stellt sich im Weiteren zum einen die Frage, warum die Befähigung zum literarischen Symbolverstehen ein Ziel des Literaturunterrichts an sich ist oder sein sollte, zum anderen, weshalb es sich lohnen könnte, dieses Ziel früher als bisher zu verfolgen, und wie dies gelingen könnte. Während der erste Aspekt (1) der Frage auf die Bedeutung zielt, die das symbolische Verstehen als literarische Rezeptionskompetenz besitzt bzw. darauf, welche literaturdidaktischen Erwartungen sich derzeit an ihn knüpfen, fasst der zweite (2) die Voraussetzungen und Vorerfahrungen von Schulanfängern ins Auge. Nachfolgend seien beide Aspekte diskutiert, um anschließend (vgl. Kapitel 3) methodische Zugangsweisen zur Förderung des symbolischen Verstehens im Anfangsunterricht zu skizzieren.

2. Symbolisches Verstehen – Bedeutung und Entwicklung

(1) Dass die Symbolisierungsfähigkeit des Menschen nicht nur für das Verstehen literarischer Texte grundlegend ist, sondern auch eine wichtige Voraussetzung dafür darstellt, alltägliche kommunikative Anforderungen erfolgreich zu meistern, und darüber hinaus identitätsbildende, kulturstiftende und erkenntnisfördernde Funktionen besitzt, hat die Literaturdidaktik der letzten Jahre aus interdisziplinärer Perspektive zu Recht betont. Denn ob es um die Entschlüsselung von symbolischen Rede- oder Handlungsweisen geht, um das Verstehen körpersprachlicher Signale als symbolträchtige Be-

standteile der Verständigung oder um das Dekodieren symbolischer Piktogramme in der Öffentlichkeit – die Bedeutung, die die Produktion und Rezeption von Symbolen in der Alltagskommunikation und in der Kommunikation mit sich selbst spielt, ist enorm. Insofern ist die fachspezifische Bedeutung des Symbolverstehens mit gutem Grund im Rekurs auf die Theorie der *symbolischen Selbstergänzung* (vgl. Wicklund/Gollwitzer 1982) und mit Bezug auf Ernst Cassirers *Philosophie der symbolischen Formen* sowie Susanne K. Langers *Philosophie auf neuem Wege* (vgl. Cassirer 1997; Langer 1984) diskutiert worden. Dabei ließen sich psychologische und epistemologische Begründungsaspekte für die Befähigung zum literarischen Symbolverstehen im Deutschunterricht hervorheben. So spielt der Symbolbildungsprozess bei der Identitätsentwicklung eine wichtige Rolle, etwa, wenn Kinder Dinge und Verhaltensweisen für eine ergänzende Selbstpräsentation verwenden, um eine Kluft zwischen Anspruch und Realität zu überbrücken (vgl. Niesyto 2001; Holzwarth 2001; Frederking 2004). In diesem Zusammenhang hat Volker Frederking die Verantwortung des Deutschunterrichts in den Blick gerückt, wenn er im Anschluss an Peter Holzwart zu bedenken gegeben hat, dass die mediatisierte Erfahrungswelt, die den Prozess „symbolgestützter Identitätskonstruktion" prägt, nicht nur identitätsförderliche Potenziale besitzt, sondern immer auch die Gefahr in sich birgt, einem „fremdbestimmten" Identitätsprozess Vorschub zu leisten (Frederking 2004, S. 231 f.). Darauf, dass das Symbolverstehen für die individuelle Erkenntnis und Verarbeitung dessen, was uns umgibt, wichtig ist, hat neben Volker Frederking auch Wolfgang Wangerin verwiesen, wobei er hervorhebt, dass jede gestaltende Symbolisierung im Deutschunterricht – „sei es, dass Schüler/innen szenisch interpretieren, schreiben, malen, filmen oder musikalisch improvisieren" – bedeutsam ist, weil dadurch „Unbewusstes oder Halbbewusstes ins Bewusstsein geholt und damit auch der Reflexion zugänglich gemacht wird." (Wangerin 2004, S. 136)

Neben den psychologischen und epistemologischen Begründungsaspekten ist zu Recht aber auch die Bedeutung des Symbolverstehens für das literarische Lernen betont worden. Denn nur, wer unter anderem in der Lage ist, Symbole oder ähnliche Strukturen mehrdeutigen Sprechens zu erfassen, kann literarisch lesen, verstehen und genießen, was nicht heißt, einen Text auf einen bestimmten Sinn festlegen zu müssen, sondern nur, erläutern zu können, warum sich dieser oder jener Sinn einstellt, obwohl wörtlich davon gar keine Rede ist, und welche Rolle der Kontext dabei spielt. Darauf hat zunächst Kaspar Spinner aufmerksam gemacht, indem er sich um eine genauere Bestimmung dessen bemühte, was als literarische Kompetenz gelten kann. Im Ergebnis dieser Bemühungen hat er ein Rahmenkonzept für das literarische Lernen entwickelt und elf Aspekte, die sich am Prinzip eines kumulativen Kompetenzerwerbs orientieren, unterschieden. Das Verstehen „metaphorischer und symbolischer Ausdrucksweisen" wird dabei als ein zentraler Aspekt ausgewiesen (vgl. Spinner 2006 und 2007).

Gilt seither die Fähigkeit zur „Erschließung symbolischer Bedeutungen" als ein wichtiger Bestandteil auch des frühen literarischen Lernens (vgl. Spinner 2007), fragt die Literaturdidaktik inzwischen danach, wie sich die Beschaffenheit dieser Kompetenz bestimmen lässt (vgl. Abraham 2004; Zabka 2004; Kammler 2006; Huber/Stückrath

2007; Spinner 2010; Kammler/Noack 2011). In diesem Zusammenhang hat Clemens Kammler vorgeschlagen, fünf Standards zu differenzieren, die das Verstehen literarischer Symbole kennzeichnen. Er beschreibt diese in einem Aufsatz zum Symbolverständnis von Lehramtsstudierenden (vgl. Kammler 2006) und fasst sie gemeinsam mit Bettina Noack (Kammler/Noack 2011, S. 8) wie folgt zusammen:

1. Erfassen der möglichen Bildlichkeit sprachlich-literarischer Elemente
2. Überprüfung von Deutungshypothesen durch In-Beziehung-Setzen zu anderen Textpartien
3. In-Beziehung-Setzen von Deutungshypothesen zu historischen (auch wirkungsgeschichtlichen) Kontexten
4. Reflektieren des Spielraums, der dem Leser bei der Konstitution der Bedeutung literarischer Symbole eingeräumt wird
5. Kenntnis und kritischer Gebrauch einschlägiger Fachbegriffe (Metapher, Symbol, Allegorie)

Sieht man davon ab, dass der fünfte Punkt an der problematischen Differenzierung zwischen Symbol und Allegorie festzuhalten scheint, auch wenn die Autoren zu bedenken geben, „die schwierige und keinesfalls präzise Unterscheidung zwischen Symbol und Allegorie erst in der Sekundarstufe II zu thematisieren" (ebd., S. 8), ergeben die fünf Standards ein überzeugendes Modell, um das Symbolverstehen in seinen Teilkompetenzen zu differenzieren. Dies insofern, als das Modell zum einen die beiden zentralen Bedingungen berücksichtigt, die aus semiotischer Sicht erfüllt sein müssen, damit sich überhaupt von einer Symbolstruktur sprechen lässt, und zum anderen, weil es grundlegende Teilkompetenzen bestimmt, die notwendig sind, damit Schüler literarische Symbolstrukturen identifizieren können.

Um dies zu verdeutlichen, sei zum einen darauf verwiesen, dass der erste Punkt des Modells die wesentliche Bedingung für eine Symbolstruktur berücksichtigt, die da lautet, dass die Elemente der wörtlichen Bedeutung visuell charakterisiert sein müssen. Verweisen die Autoren in diesem Zusammenhang auf Kaspar Spinner, der mit Blick auf Eichendorffs berühmte *Mondnacht* betont hat, dass es dort eben auch um ein Bild des Fliegens geht (vgl. Spinner 2006), sei hinsichtlich des Gedichts von Meyer daran erinnert, dass die Elemente der semantisch üblichen Bedeutung ein ästhetisch anmutiges Bild von zwei Segeln im Wind ergeben – ein Bild, das sich nach Innen und Außen gleichermaßen visualisieren lässt. Die folgenden vier Punkte des Modells entsprechen dagegen der zweiten Bedingung, die für eine Symbolstruktur vorliegen muss. Sie besagt, dass die Verbindung, die zwischen den Elementen der wörtlichen Bedeutung und denen, die über die wörtliche Bedeutung hinausgehen, motiviert oder begründet sein muss.

Zum anderen sei betont, dass mit den fünf Punkten Teilkompetenzen differenziert werden, die nötig sind, damit Schüler die beiden Bedingungen einer Symbolstruktur prüfen und begründen können. Dabei gilt der erste Punkt neben der Imaginationsfähigkeit, die notwendig ist, um das Bild der wörtlichen Ebene als Vorstellungsbild aufrufen zu können, der Fähigkeit zur Bildung einer Deutungshypothese. Der zweite Punkt erfasst im Anschluss daran die Fähigkeit zur Analogiebildung, die für die symbolische Bedeutungsbildung entscheidend ist, während die drei folgenden Punkte die Fähigkeit berücksichtigen, literaturhistorisches (dritter Punkt), methodisches (vierter Punkt) und begriffliches Wissen (fünfter Punkt) für die Überprüfung der Deutungshypothese anwenden zu können. Dies ist deshalb entscheidend, weil Schüler, die prüfen wollen (oder sollen), ob eine symbolische Bedeutung in einem Text oder Textelement vorliegt, wissen müssen, dass sich diese Vermutung nur dann bestätigen lässt, wenn die symbolische Bedeutung eine in sich stimmige Ordnung ergibt, wenn jedem Element der wörtlichen Bedeutung ein Element der symbolischen Bedeutung zugeordnet werden kann und alle Zuordnungen auf die gleiche Weise möglich sind (vgl. Kapitel 1).

Damit lässt sich die Frage, warum die Befähigung zum Symbolverstehen ein Ziel des Literaturunterrichts ist oder sein sollte, wie folgt zusammenfassen: Literarische Lehr- und Lernprozesse, die das Symbolverstehen von Schülern schrittweise verbessern, besitzen das Potenzial, kommunikative, identitätsbildende und erkenntnisfördernde Funktionen zu erfüllen. Darüber hinaus tragen sie dazu bei, Schüler in die Lage zu versetzen, literarische Texte in ihrer Mehrdeutigkeit zu verstehen, wobei die Entwicklung der Fähigkeit, literarische Symbole zu deuten, auch die Fähigkeit zur Imagination, zur Bildung von Deutungshypothesen, zur Analogiebildung und zur Anwendung von fachspezifischem Wissen bei der Überprüfung von Deutungshypothesen aufgreift und entwickelt.

(2) Vermutlich nicht zuletzt deshalb, weil die dargestellte Komplexität der fachdidaktischen Bedeutung eine frühzeitige Förderung des Symbolverstehens nahelegt, hat sich die Literaturdidaktik der letzten Jahre verstärkt der Frage zugewandt, ob und inwieweit es sinnvoll ist, mit der Förderung des Symbolverstehens und seiner Teilkompetenzen früher als bisher zu beginnen. Im Vordergrund steht dabei die kritische Auseinandersetzung mit der Annahme, dass das symbolische Denken zum Zeitpunkt des Schuleintritts zugunsten eines begrifflichen Stadiums zurück- oder gar verlorengeht – eine Annahme Jean Piagets, nach der Metaphern und Symbole erst mit dem Übergang von der Phase der konkreten Operationen zur Phase der formalen Operationen wieder bedeutsam werden, also etwa erst mit dem 12. Lebensjahr (vgl. Piaget 2003). Gemäß dieser Annahme ist in den Bildungsstandards der Grundschule vom Symbolverstehen keine Rede.

Dass es tatsächlich erst im weiterführenden Literaturunterricht Sinn macht, Kinder zu befähigen, metaphorische und symbolische Bedeutungserweiterungen zu verstehen, lässt sich jedoch mit Blick auf eine empirische Untersuchung von Juliane Köster zu Erich Kästners Gedicht *Fauler Zauber* (vgl. Köster 2006) bezweifeln. Sie zeigt, dass es Grundschulkindern zwar noch schwerfällt, die symbolische Gesamtbedeutung eines Textes zu erfassen, die Verstehensleistungen aber „abhängig von der Art der Symbolik" sind (Spinner 2010, S. 58), weil einige Kinder durchaus in der Lage waren, den Zauberstab als Symbol der Macht zu entschlüsseln (vgl. Kammler / Noack 2011). Auch eine Studie von Peter Gansen macht deutlich, dass Grundschulkinder mehrdeutige Ausdrucksweisen in literarischen Texten ansatzweise verstehen können (vgl. Gansen 2010). Sie stützt sich auf Gesprächsprotokolle aus Ute Andresens Band *Versteh mich nicht so schnell* (vgl. Andresen 1999) und kommt zu dem Ergebnis, dass Kinder Bedeutungserweiterungen assoziativ einkreisen (vgl. Gansen 2010). Dass eine frühzeitige Förderung

symbolischen Verstehens nicht nur möglich ist, sondern für den weiterführenden Literaturunterricht förderlich sein kann, legt schließlich eine Studie von Susanne Riegler
nahe (vgl. Riegler 2006).

Diese empirischen Befunde sind durch theoretische Reflexionen gestützt worden. So
haben Ulf Abraham, Wolfgang Wangerin und Clemens Knobloch im Anschluss an den
psychoanalytischen Symbolbegriff, im Rekurs auf Donald Winnicotts Theorie der
Übergangsobjekte und vor dem Hintergrund des Symbol-, Fiktions- und Rollenspiels
von Kindern betont, dass Symbolbildungsprozesse schon frühzeitig eine Rolle spielen
und sich als Voraussetzung für das symbolische Verstehen von literarischen Texten
interpretieren lassen (Knobloch 2001; Abraham 2004; Wangerin 2004). In diesem
Zusammenhang hat Kaspar Spinner zwar zu bedenken gegeben, dass frühkindliche
Symbolisierungen weitgehend unbewusst ablaufende Prozesse darstellen und die
Fähigkeit von Kleinkindern, sich zum Beispiel vorstellen zu können, dass ein mit Kissen und Schachteln abgetrennter Raum für ein Haus stehen kann, „noch nicht Ausdruck
einer symbolischen Sinn-Erfahrung [ist], wie sie Abraham ausgehend von Winnicott
beschreibt." (Spinner 2010, S. 56), gleichwohl kommt dem Symbolspiel für das symbolische Verstehen literarischer Texte Bedeutung im Sinne einer Voraussetzung zu.

Dies wird ersichtlich, wenn wir die Fähigkeit zur Analogiebildung bedenken, die für ein
solches Spiel notwendig ist. Denn ein Kind, das aus Kissen und Schachteln ein Haus
erschafft und mit diesem die Geborgenheit der (abwesenden) Mutter imaginiert, verfügt
bereits über eine wichtige Erkenntnisfunktion. Diese ermöglicht es, Dinge oder Gegenstände, die zu einer Spielsituation gehören, aber fehlen, durch Symbole zu ersetzen.
Dabei können die Spielsymbole variieren. So ist es möglich, dass nach kurzer Zeit ein
Tisch und eine darüber gehängte Decke statt der Schachteln verwendet werden. Das
Symbol und der bedeutete Gegenstand würden dabei einander äußerlich ähnlich bleiben. Denn die Schachteln wie die Decke über dem Tisch, unter den sich kriechen lässt,
erinnern an Häuserwände und Dächer, während die Kissen auf den wärmenden Schutz
verweisen, der sich dahinter oder darunter jeweils verbirgt. Eine Kind, das so spielt, ist
in der Lage, Analogien zu bilden – eine Kompetenz, die grundlegend für das literarische
Symbolverstehen ist.

Auch die „Als-ob-Einstellung" des Kindes, die es für die Dauer seines Spiels mit Kissen und Schachteln oder unter Decke und Tisch einnimmt, ist in diesem Zusammenhang
relevant. Denn selbst, wenn vor allem kleinere Kinder nur selten gewillt sind, ihre Spiel-
perspektive vorzeitig aufzugeben, sind sie dazu doch in der Lage. Das heißt, die Ebenen
zwischen realer und symbolischer Welt liegen für sie zwar dicht beieinander, lassen sich
aber dennoch unterscheiden. Das zeigt sich daran, dass uns Kinder sagen können, was
sie spielen und auf unser gelegentliches Erstaunen zuweilen versichern, dass ihr Spiel
„nur Spaß" sei, eben „nicht wirklich". Sie verfügen damit über die Fähigkeit, Realitäten
bewusst zu ersetzen. Sie können Repräsentationen konstruieren und beim Verstehen
rekonstruieren, etwa wenn sie von anderen Kindern zu einem Spiel nachträglich eingeladen werden (vgl. Schenk-Danziger 1995).

Dennoch bereitet die Rekonstruktion von literarischen Repräsentationen, also von in der Literatur angelegten Repräsentationen, Schülern höherer Klassenstufen oft erhebliche Schwierigkeiten. In diesem Zusammenhang hat Karlheinz Fingerhut festgestellt, dass es einer 7. Realschulklasse unter Anleitung nicht gelang, die symbolische Bedeutung von Hölderlins *Hälfte des Lebens* zu verstehen. „Sie konnten zwar die in den beiden ersten Strophen übermittelten Stimmungen recht exakt erfassen" – so Fingerhut –, „aber das Gedicht blieb für sie ein Naturgedicht. Die Umsetzung des räumlichen Bildarrangements in Aussagen über eine zeitliche Erfahrung gelang nicht." (Fingerhut 2001, S. 192 f.). Doch warum gelang das nicht, wenn schon Kinder im Alter von zwei Jahren lernen, symbolisch zu denken, und in der Lage sind, Bedeutungsübertragungen spielerisch vorzunehmen? Wieso fällt es älteren Schülern, ja selbst Studienanfängern (vgl. Huber / Stückrath 2007), offenbar schwer, literarische Texte symbolisch zu deuten, wenn Wortüberdehnungen, also Sprachschöpfungen für noch nicht bekannte Bezeichnungen, sich schon bei Kleinkindern nachweisen lassen? Denn auch, wenn die Frage strittig ist, wie sich das, was die Spracherwerbsforschung *Überdehnung* nennt, genau erklären lässt, verweisen Wortschöpfungen auf eine frühe Verstehenskompetenz, der ebenfalls ein Urteilen über Ähnlichkeiten zugrunde liegt (vgl. Szagun 1996). Ein etwa zweijähriges Kind, das sagt: „Die Orange ist ein Mond.", weil es den Mond bereits entdeckt hat und nun das Wort für „Orange" gebraucht, verwendet zwar noch keine Metapher, weil es den Unterschied zwischen Quell- und Zielkategorie nicht kennt, weshalb es ebenso gut möglich wäre, dass es zum Mond „Orange" sagt. Aus diesem Grund spricht die Erwerbsforschung von einer *Überdehnung* und nicht von einer Metapher. Doch das, was das Kind damit sagen will, ist vermutlich, dass es eine Ähnlichkeit zwischen beiden festgestellt hat, nämlich, dass die Orange mit dem Mond die goldgelbe Farbe gemeinsam hat. Es will also vielleicht sagen: „Das ist *wie* ein Mond." oder: „Ein Mond sieht so *ähnlich* aus; er ist *auch* gelb." (Ebd., S. 126) Insofern sind Wortüberdehnungen dem Symbolspiel verwandt, bei dem Bedeutungsübertragungen aktionsgebunden vorgenommen werden. Wenn demnach Kinder selbst sprachinhärente Bedeutungsumsetzungen schon frühzeitig beherrschen, etwa wenn – um ein anderes Beispiel zu bringen – ein Kind sagt: „Du hast eine Straße auf der Stirn." statt „Du hast da eine Falte.", weil es das Wort „Falte" noch nicht kennt oder schon wieder vergessen hat (Bredel 2007, S. 187), warum fällt das Verstehen metaphorischer und symbolischer Bedeutungen älteren Kindern und Jugendlichen dann so schwer?

Aus dieser Frage zu schließen, dass es der Literaturunterricht der ersten beiden Jahre einfach verpasst, die Symbolfähigkeit von Vorschulkindern aufzugreifen und für die Entwicklung des Verstehens von mehrdeutigen Redeweisen in literarischen Texten weiterzuentwickeln, wäre sicher zu einfach. Zum einen, weil für die Forschung der Zusammenhang zwischen der produktiven und rezeptiven Metaphernkompetenz strittig ist, zum anderen, weil auch die Frage, wann sich in berechtigter Weise von einer rezeptiven Metaphernkompetenz sprechen lässt, unterschiedlich beantwortet wird. Diese Unterschiede betreffen nicht nur die Erklärung dessen, was eine *Überdehnung* eigentlich motiviert, was also genau geschieht, wenn ein Kleinkind Bedeutungsübersetzungen produziert, sondern auch die Antwort darauf, wann man sagen kann, dass es metaphori-

sche Ausdrücke, die andere verwenden, richtig rezipiert. „Hat ein Kind" – so Ursula
Bredel dazu – „eine Metapher verstanden, wenn es eine metaphernhaltige Äußerung
unkommentiert lässt und Verstehen signalisiert? Oder zeugt es von Metaphernkompetenz, wenn es die metaphernhaltige Äußerung nicht versteht und die Metapher thematisiert?", etwa – so Bredel im Anschluss an Gerhard Augst –, wenn es auf die Äußerung
„Das Salzwasser hat die Muschel zerfressen." sagt: „Wasser hat doch keinen Mund."
(ebd., S. 187; Augst 1978, S. 231). Doch auch wenn die Erwerbsforschung unterschiedliche Antworten darauf gibt, wann sich von einer metaphorischen und symbolischen
Verstehenskompetenz sprechen lässt und wann nur bedingt, steht fest, dass die kindliche Fähigkeit, Symbole zu produzieren und zu rezipieren, weit zurückreicht. Sie
beginnt mit dem Zeitpunkt, da Kinder sprechen lernen und bleibt ein Leben lang
bedeutsam. Ein Deutschunterricht, der diese Fähigkeit aufgreift und behutsam für das
frühe literarische Lernen weiterentwickelt, trägt der Tatsache Rechnung, dass Kinder
gewissermaßen immer schon wissen, dass etwas, was ist, auch etwas Anderes sein kann,
nämlich etwas, das zwar fehlt, aber doch bedeutsam ist. Vor diesem Hintergrund seien
abschließend methodische Zugangsweisen für eine frühe Förderung des symbolischen
Verstehens am Beispiel des Gedichts *Zwei Segel* skizziert, wobei einige der dargestellten Möglichkeiten in einer zweiten Grundschulkasse im Rahmen einer Unterrichts-
studie erfolgreich umgesetzt werden konnten (vgl. Pompe 2013).

3. Symbolisches Verstehen – Methodische Zugangsweisen

Bedenkt man, dass Literatur und Gespräch in besonderer Weise zusammengehören,
wird die Bedeutung, die das literarische Gespräch auch im Literaturunterricht der ersten beiden Jahre besitzt oder doch besitzen sollte, offenbar. Im Gespräch über einen literarischen Text können Kinder ihre Deutungen vergleichen, sie mithin entweder bestätigt
finden oder sich veranlasst sehen, Differenzierungen zu prüfen. Dass der Vorgang, der
sich dabei ereignet, „nur graduell verschieden von demjenigen ist, der sich im literaturwissenschaftlichen und -kritischen Diskurs" über einen Text abspielt, hat Ulf Abraham
betont (Abraham 2010, S. 96). Dabei weist er im Hinblick auf das Heidelberger
Gesprächskonzept darauf hin (vgl. Härle/Steinbrenner 2003; Härle 2004), dass das
(offene) literarische Gespräch im Primarbereich, für das Gerhard Härle auch im vorliegenden Band mit Nachdruck plädiert (vgl. Härle in diesem Band), viel zu lange als
gering erachtet wurde. Die große Aufgeschlossenheit von Grundschulkindern gegenüber der Lyrik (vgl. Andresen 1999) und die Tatsache, dass es ihnen oft noch schwerfällt, literarische Symbole zu erklären, was nicht heißt, dass sie diese nicht doch erfassen (vgl. Spinner 2006), spricht für literarische Gespräche, die sich durch einen grundsätzlich offenen Verstehensprozess auszeichnen. Ein fragend-entwickelndes Gespräch,
das eher analytisch und lehrerzentriert vorgehen würde, widerspräche nicht nur der Pro-
zesshaftigkeit symbolischer Sinnbildung, sondern setzte auch eine Distanz voraus, die
Kinder in diesem Alter oft noch nicht aufbringen. Daher empfehlen sich neben *aktiv-
entdeckenden Textbegegnungen* (vgl. Bertschi-Kaufmann 2010), die immer an ein lite-

rarisches Gespräch gebunden sein sollten, *literarische Gespräche*, in deren Mittelpunkt die gemeinsame Suche nach Deutungsmöglichkeiten steht. In ihrer kommunikativen Symmetrie können Schulanfänger ihre Symbolisierungsfähigkeit erweitern und zugleich eine „zweifache Achtsamkeit" erwerben, nämlich „diejenige, die den Text nicht aus dem Blick geraten läßt, und die andere, die den Personen gilt und der Weise, wie sie redend untereinander agieren" (Ivo 1994, S. 261). Will man mit Schulanfängern daher in einem durch Offenheit sich auszeichnenden literarischen Gespräch die symbolische Bedeutung der *Zwei Segel* erkunden, die sich nicht nur über die Semantik der Wörter und Sätze, sondern auch über den Rhythmus und den Klang vermittelt – man beachte nur die durchgängig reinen Reime, die Alliterationen („Wie eins in den *Win*den / Sich *w*ölbt und be*w*egt"; „Verlangt eins zu *r*asten / *R*uht auch sein Gesell") sowie Assonanzen („Zu r*u*higer Fl*u*cht") –, empfiehlt es sich, ein Gespräch mit den Kindern zu führen, das im Wesentlichen folgende Phasen durchläuft (vgl. Härle / Steinbrenner 2003; Spinner 2006; Abraham 2010):

Zunächst wird durch einen Sitzkreis ein klares Setting geschaffen, das gekennzeichnet ist von einer Atmosphäre der Ruhe, der Konzentration und der kommunikativen Gleichberechtigung. Nach der Gesprächseröffnung sollte das Gedicht dann vorgetragen und anschließend ausgeteilt werden, um allen Kindern Gelegenheit zu geben, den Text im Anschluss an den Gedichtvortrag noch einmal still zu lesen. Auf diese Weise soll sichergestellt werden, dass er möglichst allen in gleicher Weise präsent ist. Durch einen anregenden Impuls wird danach versucht, jedem Gesprächsteilnehmer Gelegenheit zu einer ersten Äußerung zu geben. Hier wie in dem folgenden Wechselspiel der einzelnen Gesprächsbeiträge, das für Irritationen und Widersprüche genauso offen sein sollte wie für eigene Erfahrungen, die sich auf den Text beziehen lassen, ist es wichtig, die Imaginationsfähigkeit der Kinder anzuregen. Dazu müssen die Berührungspunkte, die sich zur kindlichen Erfahrungswelt ergeben, berücksichtigt werden, zum einen, weil ein Text als Lerngegenstand grundsätzlich immer nur dann bedeutsam werden kann, wenn er den *Lernenden* etwas bedeutet und wenn diese das, *was* er ihnen bedeutet, auch mitteilen dürfen, zum anderen, weil es unangebracht wäre, die symbolische Bedeutungserweiterung einkreisen zu wollen, ohne den Kindern die Möglichkeit zu geben, ihre Vorstellungen von zwei sich harmonisch im Wind bewegenden Segeln in Ruhe entfalten und im Gespräch mit anderen Kindern ausbauen zu können. Dies gilt in gleicher Weise für die symbolische Ausdrucksweise, sofern sie dialogisch erfasst worden ist. Auch sie sollte nicht begrifflich aufgelöst, sondern auf der Bildebene von allen Kinder entwickelt werden können (vgl. Spinner 2006). Das heißt, für die Entdeckung dessen, was das Vorstellungsbild der Kinder von den zwei Segeln im Wind irritieren könnte – etwa, dass die Segel als „Gesellen" bezeichnet werden und ihre Bewegungen gar nicht vom Wind, sondern von Gefühlen und Willensentscheidungen ausgelöst werden –, sind die kindlichen Assoziationen von unerlässlicher Bedeutung. Denn erst vor dem Hintergrund der in der Imagination entfalteten wörtlichen Bildebene ist jene Irritation möglich, die im weiteren Gespräch mit sich, den anderen und dem Text zum Ausgangspunkt dafür werden kann, dass aus dem Segel-Bild das Bild von zwei Menschen entsteht, die sich mögen und im Einklang miteinander leben. Dabei ist jedoch zu bedenken, dass sich diese Irritation wie auch das sich aus ihr *möglicherweise* ergebende Bild zweier Freunde oder Liebender – vielleicht die Eltern, zwei Geschwister oder befreundete Kinder – sich nur ereignen *kann*, weil Verstehen – so Gerhard Härle – nicht mehr, aber auch nicht weniger ist als „eine verlockende Möglichkeit" (Härle in diesem Band). Dass dies auch für das symbolische Verstehen gilt, ist für die Gestaltung der letzten Gesprächsphase wichtig, für jene Phase also, in der es zwar darum geht, zentrale Verstehensaspekte und dialogische Erfahrungen noch einmal aufzugreifen und zu reflektieren, jedoch ohne einen wie auch immer gearteten Anspruch auf eine abschließende Deutung geltend zu machen.

Eine andere Möglichkeit besteht darin, dem literarischen Gespräch eine Phase der *aktiv-entdeckenden Textbegegnung* vorausgehen zu lassen oder nach der dialogischen Annäherung an die symbolische Gesamtbedeutung mit den Kindern in eine ästhetische Anschlusskommunikation einzutreten. Die methodischen Verfahren, die sich für beide Varianten anbieten, sind seit den siebziger Jahren außerordentlich vielfältig und gut dokumentiert. So können Lehrende inzwischen auf eine Fülle von handlungs- und produktionsorientierten Verfahren zurückgreifen, die sich auch für die frühe Förderung des symbolischen Verstehens eignen. Denn zum einen entsprechen handlungs- und produktionsorientierte Zugangsweisen der Tatsache, dass Leseeinsteiger anspruchsvolle lyrische Texte wie das Gedicht von Conrad Ferdinand Meyer zu allererst erleben wollen – sie wollen sich in das, was ihnen mitgeteilt wird, hineinversetzen –, zum anderen fördern sie in besonderer Weise die kindliche Imaginationsfähigkeit, die für das Symbolverstehen von grundlegender Bedeutung ist. Für eine aktiv-entdeckende Textbegegnung eignen sich zum Beispiel das Auslassen von Textelementen und Auswählen von Textalternativen, während sich für eine ästhetische Anschlusskommunikation das szenische oder akustische Gestalten, Malen oder Collagieren empfiehlt:
So ist es möglich, nach der ersten Textpräsentation den Kindern einen fotokopierten Text auszuteilen, in dem das Wort „Empfinden" im dritten Vers der zweiten Strophen fehlt. Die Kinder werden nun aufgefordert, ein Wort zu ergänzen, das ihnen passend erscheint und anschließend ihre Wahl zu begründen. Die Aufgabenstellung wird etwas leichter, wenn die Kinder die Möglichkeit erhalten, aus vorgegebenen Wörtern das Wort „Empfinden" auszuwählen. Dabei muss jedoch sichergestellt werden, dass das Wort in seiner wörtlichen Bedeutung von allen Kindern verstanden wird. Das Ziel dieser Aufgabe besteht darin, die Aufmerksamkeit zum einen auf das Reimschema zu lenken, zum anderen darauf, dass den Segeln mit dem dritten Vers der zweiten Strophe erstmals eindeutig menschliche Eigenschaften zugeschrieben werden. Falls die Kinder ihre Entscheidung für das Wort „Empfinden" nur im Hinblick auf den Reim begründen, was sehr wahrscheinlich ist, empfiehlt es sich, sie entweder auf die Wörter „begehrt" und „verlangt" in der dritten Strophe hinzuweisen und im gemeinsamen Gespräch sowohl deren Bedeutung als auch deren Verbindung zum Wort „Empfinden" zu klären, oder sie aufzufordern, selbstständig in der dritten Strophe nach diesen Wörtern zu suchen, indem man sie ermutigt, Wörter zu finden, die ebenfalls ein menschliches Empfinden bezeichnen. In einem zweiten Schritt könnte dann in den Blick geraten, dass die Segel nicht nur wie Menschen empfinden und ihre Bewegungen daher von Gefühlen und

bewussten Entscheidungen ausgelöst werden, sondern dass auch die Bewegungen selbst mit Wörtern bezeichnet werden, die üblicherweise für menschliche Bewegungen verwendet werden. Die Kinder würden dabei erkennen, dass die Segel „hasten", „gehen", „rasten", „ruhen" – je nachdem, wie stark das Innere des jeweils anderen Segels sich bewegt. In diesem Zusammenhang bietet es sich an, einzelne Wörter um andere Wörter aus dem gleichen Wortfeld zu ergänzen, etwa „hasten" durch „eilen" und „rasten" durch „verweilen" auf der einen Seite, „begehren" und „verlangen" dagegen durch „möchten" und „wünschen" auf der anderen Seite, so dass die Kinder für die dritte Strophe zum Beispiel folgende Alternative formulieren könnten: „Möchte eins gern eilen,/Das andre läuft schnell,/Wünscht eins zu verweilen,/Ruht auch sein Gesell.".

In einer *ästhetischen Anschlusskommunikation* ließe sich die Textsituation noch einmal szenisch gestalten, wobei die Kinder das Gedicht mehrmals hintereinander ganz hören und ihre Aufmerksamkeit dabei vor allem auf das parallele Wechselspiel der Segel lenken. Für die szenische Umsetzung des harmonischen Miteinanders, die sich mehrmals wiederholen lässt, weil Kinder Vergnügen an szenischen Darstellungen haben, eignen sich zwei nicht allzu große helle Tücher, die von jeweils einem Kind gehalten werden. Dabei stehen sich die Kinder paarweise gegenüber, während unter ihnen ein blaues Tuch oder Krepppapier ausgebreitet wird. Vorbereitend ergeht der Impuls, dass die Kinder jeweils ein Segel bilden, indem sie zwei Ecken je eines Segeltuches halten und mit dem Tuch genau die Bewegung ausführen, die im Text beschrieben wird, während die anderen Kinder als Beobachter überprüfen, ob sich beide Segel tatsächlich so verhalten wie die Segel im Gedicht. Dies ist dann der Fall, wenn das Kind, das das erste Segel bildet, sanfte Bewegungen zu den ersten beiden Versen der zweiten Strophe („Wie eins in den Winden/Sich wölbt und bewegt") ausführt und diese Bewegung von dem Kind, das das zweite Segel darstellt, in jenem Moment aufgenommen wird, da die Schlussverse der zweiten Strophe erklingen („Wird auch das Empfinden/Des andern erregt."). Analoges gilt für die dritte Strophe, wobei der Wechsel der Bewegungen nun mit jedem neuen Vers angezeigt wird. Das Kind, das das erste Segel bildet, führt also zum ersten Vers zunächst eine schnelle bis heftige Bewegung aus („Begehrt eins zu hasten,"), die mit dem dritten Vers etwas langsamer wird und schließlich ganz ruht („Verlangt eins zu rasten,"), während das zweite Kind die Bewegungen des ersten spiegelt, und zwar als szenische Umsetzung des zweiten („Das andre geht schnell,") und vierten Verses („Ruht auch sein Gesell.").

Eine weitere Möglichkeit besteht darin, das von den Kindern selbst abgeschriebene Gedicht durch Bilder illustrieren zu lassen oder selbst zu zeichnen (vgl. Pompe 2013) und vor dem Hintergrund der verschiedenen Gestaltungen noch einmal in ein Gespräch über die symbolische Gesamtbedeutung einzusteigen. Dabei muss jedoch darauf geachtet werden, dass das Bildmaterial, das zur Verfügung gestellt wird, es auch ermöglicht, die wörtliche *und* die symbolische Bedeutung abzubilden. Ferner wäre ein Experimentieren mit Klängen zum Lesevortrag denkbar, etwa mit dem Ziel, die Bewegungen der beiden Segel akustisch umzusetzen. Ebenso könnte man die Kinder ermutigen,

Begleittöne oder eine Hintergrundmusik zu suchen, die ihnen passend erscheint. Hier wie bei jedem anderen Verfahren der ästhetischen Anschlusskommunikation ist es aber wichtig, dass der Textzusammenhang und das Ziel der symbolischen Kompetenzentwicklung nicht aus dem Blick geraten.

Damit lässt sich die eingangs aufgeworfene Frage, inwieweit es möglich ist, Schulanfänger zu befähigen, die symbolische Gesamtbedeutung lyrischer Texte zu erfassen, dahingehend beantworten, dass es viel weniger darum geht zu fragen, wann der richtige Zeitpunkt dafür gegeben ist, sondern eher, wie sich behutsam und erfolgreich zugleich entwickeln lässt, was ohnehin vorhanden ist, nämlich die Fähigkeit sich vorzustellen, dass etwas, was gegenwärtig ist, auch etwas sein kann, das eigentlich fehlt. Das gilt hier wie dort – im Spiel, in der Literatur, im Gespräch. Kinder wissen das. Wir sollten diese Fähigkeit für den weiterführenden Literaturunterricht erhalten, ausbauen, fördern.

Literatur

Primärliteratur

Goethe, Johann Wolfgang: Auf dem See. In: Goethes Werke. Hamburger Ausgabe. Bd. 1. München: Beck 1989a. S. 102–103.

Goethe, Johann Wolfgang: Maximen und Reflexionen. In: Goethes Werke. Hamburger Ausgabe. Bd. 12. München: Beck 1989b.

Meyer, Conrad Ferdinand: Zwei Segel. In: Conrad Ferdinand Meyer. Sämtliche Werke. Historisch-kritische Ausgabe. Wabern-Bern 1997. S. 196.

Sekundärliteratur

Abraham, Ulf: Das Gedicht als Partitur für Vorstellungsbildung – langsam zu spielen. Jakob van Hoddis: „Weltende" im Deutschunterricht. In: Kiefer, Klaus H. / Schäfer, Arnim / Schmidt-Hannisa, Hans-Walter (Hrsg.): Das Gedichtete behauptet sein Recht. Festschrift für Walter Gebhard zum 65. Geburtstag. Frankfurt am Main 2001. S. 455–465.

Abraham, Ulf: Symbolisches Verstehen als unabschließbare Aufgabe einer „Lehre der Literatur". In: Frederking, Volker (Hrsg.): Lesen und Symbolverstehen. Jahrbuch Medien im Deutschunterricht 2003. München 2004. S. 100–112.

Abraham, Ulf: Poetisches Verstehen: Mehr als Erschließen, Erklären und Deuten von Texten. In: Schulz, Gudrun (Hrsg.): Lesen lernen in der Grundschule. Berlin 2010. S. 83–100.

Andresen, Ute: Versteh mich nicht so schnell. Gedichte lesen mit Kindern. Weinheim / Basel 1999.

August, Gerhard: Zur Ontogenese des Metaphernerwerbs – eine empirische Pilotstudie. In: Augst, Gerhard (Hrsg.): Spracherwerb von 6–16. Linguistische, psychologische, soziologische Grundlagen. Düsseldorf 1978. S. 220–232.

Belgrad, Jürgen / Niesyto, Horst (Hrsg.): Symbol. Verstehen und Produktion in pädagogischen Kontexten. Baltmannsweiler 2001.

Benjamin, Walter: Ursprung des deutschen Trauerspiels. In: Tiedemann, Rolf / Schweppenhäuser (Hrsg.): Walter Benjamin. Gesammelte Schriften. Bd. 1 / 1. Frankfurt am Main 1991. S. 207–430.

Berndt, Frauke / Drügh, Heinz J. (Hrsg.): Symbol. Grundlagentexte aus Ästhetik, Poetik und Kulturwissenschaft. Frankfurt am Main 2009.

Bertschi-Kaufmann, Andrea: Das Lesen anregen, fördern, begleiten. 2. Aufl. Seelze 2010.

Böning, Thomas: Allegorisieren/Symbolisieren. In: Bosse, Heinrich/ Renner, Ursula (Hrsg.): Literaturwissenschaft. Einführung in ein Sprachspiel. Freiburg im Breisgau 1999. S. 157–175.

Bredel, Ursula: Sprachbetrachtung und Grammatikunterricht. Paderborn/ München/Wien/Zürich 2007.

Bremerich-Vos, Albert/Granzer, Dietlinde/Behrens, Ulrike/ Köller, Olaf (Hrsg.): Bildungsstandards für die Grundschule: Deutsch konkret: Aufgabenbeispiele – Unterrichtsanregungen – Fortbildungsideen. Berlin 2009.

Butzer, Günter/Jacob, Joachim (Hrsg.): Metzler Lexikon literarische Symbole. Stuttgart/Weimar 2008.

Cassirer, Ernst (1922): Philosophie der symbolischen Formen. Darmstadt 1997.

Dehn, Mechthild/Payrhuber, Franz-Josef/Gudrun Schulz/Spinner, Kaspar H.: Lesesozialisation, Literaturunterricht und Leseförderung in der Schule. In: Franzmann, Bodo/Hasemann, Klaus/ Löffler, Dietrich/Schön, Erich (Hrsg.): Handbuch Lesen. Baltmannsweiler 2006. S. 568–637.

Eicher, Thomas/Wiemann, Volker: Arbeitsbuch: Literaturwissenschaft. 3., vollst. überarb. Aufl. Paderborn/München/Wien/Zürich 2001.

Erlinger, Hans Dieter (Hrsg.): Kinder und ihr Symbolverstehen. Theorien – Geschichten – Bilder. München 2001.

Fingerhut, Karlheinz: „Ich sah mit betrachtendem Gemüte". Symbolverstehensversuche in einem literaturdidaktischen Seminar. In: Belgrad, Jürgen/Niesyto, Horst (Hrsg.): Symbol. Verstehen und Produktion in pädagogischen Kontexten. Baltmannsweiler 2001. S. 192–204.

Franz, Kurt: Kinderlyrik. Struktur, Rezeption, Didaktik. München 1979.

Frederking, Volker (Hrsg.): Lesen und Symbolverstehen. Jahrbuch Medien im Deutschunterricht 2003. München 2004a.

Frederking, Volker: Symbolisches Verstehen im Deutschunterricht – Transdisziplinäre Begründungszusammenhänge zur Bedeutung eines fachlichen Defizits. In: Lecke, Bodo (Hrsg.): Fazit Deutsch 2000. Frankfurt 2004. S. 217–246.

Gansen, Peter: Metaphorisches Denken von Kindern. Theoretische und empirische Studien zu einer Pädagogischen Metaphorologie. Würzburg 2010.

Härle, Gerhard: Literarische Gespräche im Unterricht. Versuch einer Positionsbestimmung. In: Härle, Gerhard/Rank, Bernhard (Hrsg.): Wege zum Lesen und zur Literatur. Baltmannsweiler 2004. S. 137–168.

Härle, Gerhard/Steinbrenner, Marcus: „Alles Verstehen ist ... immer zugleich ein Nicht-Verstehen". Grundzüge einer verstehensorientierten Didaktik des literarischen Unterrichtsgesprächs. In: Literatur im Unterricht (2003) Heft 2. S. 139–162.

Holzwarth, Peter: Symbol und Identität. Wahrnehmung und Deutung von Identitätskonstruktionen im Lichte symbolischer Selbstergänzung. In: Belgrad, Jürgen/Niesyto, Horst (Hrsg.): Symbol. Verstehen und Produktion in pädagogischen Kontexten. Baltmannsweiler 2001. S. 46–54.

Huber, Ludwig/Stückrath, Jörn: Was können Eingangsdiagnosen im Deutschstudium leisten? Zum Symbolverstehen von Studienanfängern am Beispiel von Wolfgang Borcherts „Nachts schlafen die Ratten doch". In: Gailberger, Steffen/Krelle, Michael (Hrsg.): Wissen und Kompetenz. Entwicklungslinien und Kontinuitäten in Deutschdidaktik und Deutschunterricht. Baltmannsweiler 2007. S. 74–96.

Ivo, Hubert: Muttersprache, Identität, Nation. Sprachliche Bildung im Spannungsfeld zwischen einheimisch und fremd. Opladen 1994.

Kaiser, Gerhard: Geschichte der deutschen Lyrik von Heine bis zur Gegenwart. Bd. 1. Frankfurt am Main 1991.

Kammler, Clemens: Symbolverstehen als literarische Rezeptionskompetenz. Zu Uwe Timm „Am Bei-spiel meines Bruders" (Jahrgangsstufe 11–13). In: Kammler, Clemens (Hrsg.): Literarische Kom-petenzen – Standards im Literaturunterricht. Modelle für die Primar- und Sekundarstufe. Seelze 2006. S. 196–212.

Kammler, Clemens/Noack, Bettina: Symbolverstehen im Literaturunterricht. In: Praxis Deutsch (2011) Heft 228. S. 4–11.

Kliewer, Heinz-Jürgen: Elemente und Formen der Lyrik. Ein Curriculum für die Grundschule. Balt-mannsweiler 1974.

Kliewer, Heinz-Jürgen/Kliewer, Ursula: Gedichte im Unterricht. Grundschule und Orientierungs-stufe. Baltmannsweiler 2002.

Knobloch, Clemens: „Kritische Kontexte" in der Entwicklung der kindlichen Symbol- und Erzähl-fähigkeit. In: Erlinger, Hans Dieter (Hrsg.): Kinder und ihr Symbolverständnis. Theorien – Ge-schichten – Bilder. München 2001. S. 11–30.

Köppert, Christine: Entfalten und Entdecken. Zur Verbindung von Imagination und Explikation im Literaturunterricht. München 1997.

Köster, Juliane: Von der Lebenswelt zur Literatur. Zu Erich Kästners „Fauler Zauber" (4. Schuljahr). In: Kammler, Clemens (Hrsg.): Literarische Kompetenzen – Standards im Literaturunterricht. Modelle für die Primar- und Sekundarstufe. Seelze 2006. S. 50–64.

Kurz, Gerhard: Metapher, Allegorie, Symbol. 6. Aufl. Göttingen 2009.

Langer, Susanne K. (1942): Philosophie auf neuem Wege. Das Symbol im Denken, im Ritus und in der Kunst. Frankfurt am Main 1984.

Link, Jürgen: Literatursemiotik. In: Brackert, Helmut/Stückrath, Jörn (Hrsg.): Literaturwissenschaft. Ein Grundkurs. 6., erw. Aufl. Reinbek bei Hamburg 2000a. S. 15–29.

Link, Jürgen: Elemente der Lyrik. In: Brackert, Helmut/Stückrath, Jörn (Hrsg.): Literaturwissen-schaft. Ein Grundkurs. 6., erw. Aufl. Reinbek bei Hamburg 2000b. S. 86–101.

Niesyto, Horst: Qualitative Jugendforschung und symbolischer Selbstausdruck. In: Belgrad, Jürgen/ Niesyto, Horst (Hrsg.): Symbol. Verstehen und Produktion in pädagogischen Kontexten. Balt-mannsweiler 2001. S. 55–73.

Piaget, Jean: Nachahmung. Spiel und Traum. Die Entwicklung der Symbolfunktion beim Kinde. Stuttgart 2003.

Pompe, Anja: Zauberworte. Gedichte im Anfangsunterricht. In: Kinder-/Jugendliteratur und Medien in Forschung, Schule und Bibliothek (2012) Heft 2. S. 53–59.

Pompe, Anja: Symbolisches Verstehen von Schulanfängern. In: Ballis, Anja/Maiwald, Klaus (Hrsg.): Literatur im Unterricht. Texte der Gegenwartsliteratur für die Schule (2013) Heft 1. S. 41–51.

Reemtsma, Jan Philipp: Was heißt: Eine Metapher verstehen? In: Mittelweg 36 (2002) Heft 3. S. 15–31.

Riegler, Susanne: Mit Kindern über Sprache nachdenken: eine historisch-kritische, systematische und empirische Untersuchung zur Sprachreflexion in der Grundschule. Freiburg im Breisgau 2006.

Schenk-Danziger, Lotte: Entwicklungspsychologie. 23. Aufl. Wien 1995.

Spinner, Kaspar H.: Literarisches Lernen. In: Praxis Deutsch 33 (2006) Heft 200. S. 6–16.

Spinner, Kaspar H.: Literarisches Lernen in der Grundschule. In: Kinder-/Jugendliteratur und Medien in Forschung, Schule und Bibliothek (2007) Heft 3. S. 3–10.

Spinner, Kaspar H.: Symbolisches Verstehen als Kernkompetenz des poetischen Verstehens. In: Winkler, Iris/Masanek, Nicole/Abraham, Ulf (Hrsg.): Poetisches Verstehen. Literaturdidaktische Positionen – empirische Forschung – Projekte aus dem Deutschunterricht. Baltmannsweiler 2010. S. 55–67.

Szagun, Gisela: Sprachentwicklung beim Kind. 6., vollst. überarb. Aufl. Weinheim 1996.

Steffens, Wilhelm: Das Gedicht in der Grundschule: Strukturanalyse, Lernziele, Experimente. Frankfurt am Main 1975.

Waldt, Kathrin: Literarisches Lernen in der Grundschule. Herausforderung durch ästhetischanspruchsvolle Literatur. 2003.

Wangerin, Wolfgang: Die Grenzen der Sprache sind enger als die Grenzen der Erfahrung. Was Susanne K. Langers und Alfred Lorenzers Symboltheorie für eine kreative Mediendidaktik bedeuten kann. In: Frederking, Volker (Hrsg.): Lesen und Symbolverstehen. Jahrbuch Medien im Deutschunterricht 2003. München 2004. S. 128–139.

Weimar, Klaus: Enzyklopädie der Literaturwissenschaft. 2. Aufl. Tübingen/Basel 1993.

Wicklund, Robert A./Gollwitzer, Peter M: Symbolic Selfcompletion. New Jersey 1982.

Winnicott, Donald Woods: Vom Spiel zur Kreativität. Stuttgart 1973.

Zabka, Thomas: Zur Entwicklung der ästhetischen Rationalität – Überlegungen anlässlich des Symbolverstehens im Literaturunterricht. In: Lecke, Bodo (Hrsg.): Fazit Deutsch 2000. Frankfurt 2004. S. 247–262.

KASPAR H. SPINNER

Kindervers und Sprachspiel

Szenisches Vortragen

Abstract

Der Beitrag erörtert die Bedeutung mündlicher poetischer Erfahrungen für das lite-rarische Lernen. Er zeichnet, ausgehend von der einschlägigen Forschung, die ent-sprechende Entwicklung vom Säuglings- bis zum Schulalter nach, wobei beson-ders Lautspiel, Sprachspiel und Kinderlyrik berücksichtigt werden. Mit drei Unter-richtsvorschlägen wird gezeigt, wie im Anfangsunterricht der Grundschule die vorschulischen Erfahrungen aufgegriffen und weitergeführt werden können. Methodisch geht es dabei um das szenische Vortragen von Kinderlyrik.

Einleitung

Die Bedeutung von Reim und Sprachspiel ist in der Forschung der letzten Jahre intensiv im Hinblick auf den Schriftspracherwerb erforscht und diskutiert worden. Als ein Leit-begriff hat sich die phonologische Bewusstheit etabliert: Durch das Spielen mit Sprache bilden Kinder schon früh eine Sensibilität für die Lautstruktur der Sprache aus. Diese phonologische Bewusstheit ereignet sich zunächst eher implizit, wenn Kinder mit Lau-ten spielen, z. B. selbständig Reimwörter bilden, dann zunehmend explizit in der Weise, dass sie Sprachphänomene wie Reime benennen oder ihre Sprachspiele kommentieren. Diese Entwicklung wird auch mit den Begriffen „phonologische Bewusstheit im weite-ren Sinn" und „phonologische Bewusstheit im engeren Sinne" beschrieben (Wilde-mann 2003, S. 163), wobei letztere ab dem 4. Lebensjahr beobachtbar ist. Das zeigt das folgende Beispiel aus der großen Studie von Barbara Lang: Ein Kind im Alter von nicht ganz fünf Jahren kommentiert das Wort „Schublblubl", das die jüngere Klara in einem gemeinsamen Singsang erfindet, mit „schönes Wort" (Lang 2009, S. 176; Lang 2011, S. 188).

Diese phonologische Bewusstheit gilt als wichtige Stütze für den Schriftspracherwerb, weil die Laut-/Buchstaben- bzw. Phonem-/Graphem-Relation für die alphabetische Schrift von grundlegender Bedeutung ist. Wenn ein Kind „Haus" auf „Maus" reimt, richtet sich sein Sprachgefühl auf die Wahrnehmung einzelner Laute. Das erleichtert die Aneignung der Verschriftlichung (vgl. Wildemann 2003). Ausgehend von den For-schungen zur sprachlichen Bewusstheit – vor allem Arbeiten aus den Vereinigten Staaten waren hier maßgeblich – sind Programme zur Entwicklung phonologischer Bewusstheit entwickelt worden, die in Kindergarten und Vorschule eingesetzt werden.

Wie sehr die jüngeren Forschungen zum Sprachspiel der Kinder an der Frage des Schriftspracherwerbs ausgerichtet sind, mag der Titel eines neueren Beitrags zeigen: *Was den Schriftspracherwerb vorbereitet: Dekontextualisierung von Sprache und Entstehung von Sprachbewusstheit im Medium des Sprachspiels* (vgl. Lang 2011). Auch die Studie von Anja Wildemann zur Kinderlyrik im Vorschulalter betrachtet die „lyrische Mündlichkeit" der Kinder in erster Linie „unter der Perspektive einer Annäherung an Literalität", ohne dabei den „sprachästhetischen" und „hedonistischen" Aspekt zu negieren (Wildemann 2003, S. 234).

Im vorliegenden Band steht nun allerdings nicht der Schriftspracherwerb im Fokus, sondern das literarische Lernen. Dieses hängt aber mit dem Schriftspracherwerb zusammen, ohne mit ihm identisch zu sein, denn Literatur wird auch mündlich vermittelt. Zur hier interessierenden Frage, wie Kinderverse und Sprachspiel eine Brückenfunktion zwischen vorschulischen literarästhetischen Erfahrungen und dem literarischen Lernen in der Schule einnehmen können, gibt es kaum Forschungen. Man kann aber an die Erkenntnisse zur phonologischen Bewusstheit anknüpfen, insbesondere an jene zur Entwicklung der sprachspielerischen Fähigkeiten und zur Reimfähigkeit von Kindern bis zum Schulalter (vgl. Wildemann 2003). Erwähnt sei auch, dass Jörg Steitz-Kallenbach in seinem Beitrag zur Kinderlyrik im Kindergarten auf den literarästhetischen Charakter der Kinderlyrik den Schwerpunkt legt (vgl. Steitz-Kallenbach 2003) und dass das ästhetische Lernen auch Berücksichtigung in Publikationen zur Hör-Erziehung findet (vgl. Bergmann 2000).

1. Sprachspiel und Kindervers bis zum Schulalter

Wie sich das Spielen mit Sprache vom Kleinkindalter an entwickelt, ist mittlerweile recht gut erforscht. Dabei setzt man schon bei vorgeburtlichen Erfahrungen des Kindes an: Hören kann das Kind, lange bevor es etwas sieht. So ist das Gehör bereits von der 27. bis 32. Schwangerschaftswoche an funktionsfähig und nimmt Geräusche bzw. Stimmen wahr, wobei die Stimme der Mutter besonders wichtig ist (vgl. Andresen 2005; Lang 2009). Schon im Säuglingsalter erprobt das Kind dann verschiedene Laute. Man spricht in diesem Zusammenhang vom *Lautspiel*. Dabei geht es noch nicht um die Semantik bzw. den Inhalt einer sprachlichen Aussage, sondern nur um klangliche Aspekte (vgl. Lang 2007; 2009 und 2011). Angetrieben wird der Säugling beim *Lautspiel* von seiner *Funktionslust* – ein Begriff, den Karl Bühler in die Fachdiskussion eingeführt hat (vgl. Lang 2009). Diese *Funktionslust* ist nicht an einem pragmatischen Zweck orientiert, denn es werden lediglich bestimmte sprachliche Muster wiederholt und variiert. Im Wesentlichen lassen sich dabei monologische und dialogische Lautspiele unterscheiden, je nachdem, ob ein Kind nur für sich oder in der Interaktion mit einem anderen, etwa der Mutter, spricht (vgl. Lang 2009). Wenn das Kleinkind dann zusehends die semantische Ebene der Sprache entdeckt, experimentiert es auch mit Wortbedeutungen und dem Verhältnis von Lautgestalt und Bedeutung, also dem Zeichencharakter von Sprache (vgl. ebd.). Dieser Entwicklungsschritt findet in der Regel zum Ende des vierten Lebensjahres statt. Wortverdrehungen und -veränderungen, etwa „Tomahawk" für „Tomatenhacker" (Andresen 2005, S. 79) und etwas später Geheimsprachen sind typische Beispiele dafür. Mit ihnen verändert sich auch die Einstellung zum Lautspiel: Dem Kind ist nun bewusst, dass es sich dabei um eine Abweichung vom normalen Sprachgebrauch handelt. Das zeigt sich etwa darin, dass Kinder mit dem Erfinden von Unsinnswörtern nun bewusst einen Lacheffekt erzielen wollen. Die Funktionslust beim Lautspiel wird, wie Barbara Lang es formuliert, zur „Belustigung" (Lang 2009, S. 248), „die Lust *am* reinen Handlungsvollzug" zur „Erheiterung *über* die Abnormität der eigenen Sprachverwendung" (Lang 2009, S. 281).

2. Vertrautwerden mit poetischen Strukturen im frühen Kindesalter

Neben der eigenen, produktiven sprachspielerischen Tätigkeit der Kinder begründet die Rezeption von Kinderversen ein frühes Vertrautwerden mit Literatur. Abzählreime, Fingerspiele und Kniereiter sind Beispiele für Verse, die Kinder schon vom Säuglingsalter an hören; auch Lieder – besonders nachhaltig für viele Kinder die Einschlaflieder – stellen eine Vertrautheit mit literarischen Texten her. Der Familie kommt, wie Anja Wildemann in ihrer empirischen Studie zur Kinderlyrik im Vorschulalter gezeigt hat, bei der Vermittlung solcher poetischer Erfahrungen eine grundlegende Bedeutung zu (vgl. Wildemann 2003). Bedeutsam sind aber auch die Medien, also Kindersendungen in Radio und Fernsehen, Hörbücher, Lieder-CDs u.a. In ihren eigenen monologischen Sprachspielen, im sprachspielerischen Umgang mit anderen Kindern und mit Erwachsenen (oft im Rahmen von Rollenspielen) und im Hören und Übernehmen von Gedichten und Liedern lernen Kinder poetische Verfahrensweisen kennen.

Wenn man im Anfangsunterricht, entsprechend dem Anliegen dieses Bandes, an solche vorschulischen literarischen Erfahrungen anknüpfen will, ist es wichtig, sich diese Voraussetzungen bewusst zu machen. Dabei handelt es sich um grundlegende Verfahrensweisen des poetischen Sprachgebrauchs, die nachfolgend skizziert seien. Von „poetisch" und nicht von „literarisch" wird hier gesprochen, weil es im Weiteren um Gedichte, nicht um Erzähltexte oder um das szenische Spiel geht:

Wiederholungsstrukturen: In den selbst produzierten Sprachspielen und in Kinderversen treten Wiederholungen, seien es Lautwiederholungen, Wortwiederholungen, Wiederholungen gleicher Satzmuster, auf unterschiedlichen Ebenen auf. Sie gehören zu den grundlegenden Verfahrensweisen der literarischen Sprache, wobei sie in mündlich vermittelter Literatur besonders ausgiebig verwendet werden. Für viele Schulkinder wird der Unterschied zwischen poetischer und nicht-poetischer Sprache deutlich, wenn sie am Rand von Texten, die sie selbst geschrieben haben, das Kürzel *W* finden, gleichzeitig aber Gedichte lesen, in denen Wiederholungen als Stilmittel verwendet werden.

Lautmalereien: Lautmalerische Wörter wie „Wauwau" für Hund oder „Hamham" für Essen, die Eltern gern benutzen, stellen eine Vorbereitung für den Umgang mit Sprachspielen dar. In vielen Kindergedichten werden Geräusche nachgeahmt, z.B. das Pfeifen des Windes, das Tropfen des Regens oder das Summen von Bienen. Solche Lautmalereien verbinden die sinnliche Wahrnehmung mit der Imagination: Die Kinder können sprachlich hören, wovon das Gedicht handelt, und sich so die zur Darstellung gebrachte Situation besser vorstellen. So erfahren sie, dass poetische Sprache nicht nur über ihre arbiträre Zeichenfunktion Information vermittelt, sondern dass ihre lautliche Gestalt eine abbildhafte Funktion erfüllen kann und deshalb auch in ihrer Materialität wahrgenommen werden will. Zugleich unterstützt die Lautmalerei die Fähigkeit, sinnliche Wahrnehmung imaginativ nachzuvollziehen. Diese Fähigkeit ist für das Verstehen von Literatur auch dann wichtig, wenn die sinnliche (auditive) Wahrnehmung nicht lautmalerisch nachgeahmt, sondern nur bezeichnet ist. Lautmalerei kann dabei eine Brückenfunktion erfüllen.

Reime: Beim Reim handelt es sich um eine geregelte Form lautlicher Wiederholung. Die Reimfähigkeit und das Reimbewusstsein von Kindern sind in der Forschung ausgiebig untersucht worden (vgl. Wildemann 2003), wobei sich herausstellte, dass manche Kinder schon erstaunlich früh ein Bewusstsein für Reime besitzen. Das verdeutlicht auch ein Beispiel von Olaf Jäkel, der aus dem Material seiner Longitudinalstudie ein Kind im Alter von zwei Jahren und drei Monaten zitiert. Dieses zeigte auf ein Marmeladenglas und sagte: „Da kriegt Reinhard noch *mehr* aus *der* – das reimt sich!" (Jäkel 2008, S. 75). Zugleich belegt dieses Beispiel, dass für Kinder sprachliche Verfahrensweisen, die wir Erwachsenen als typisch literarisch kennzeichnen, noch eng mit dem alltäglichen nichtliterarischen Sprachgebrauch verknüpft sind.

Rhythmisierung: Die ausgesprochene Rhythmik von Kinderversen hängt auch mit ihrem Bezug zu körperlichen Bewegungen zusammen. Bei Kniereitern ist das besonders ausgeprägt (z. B. „Hoppe, hoppe Reiter"), ebenso bei Abzählreimen mit der Zeigegeste. Aber selbst Einschlaflieder sind auf eine leibliche Erfahrung ausgerichtet, in diesem Fall nicht auf eine Bewegung, sondern auf ein Zur-Ruhe-Kommen des Körpers, wobei der Rhythmus eine einschläfernde Wirkung erzielen kann, wie das beim Wiegen von Kleinkindern mit begleitendem Gesang deutlich wird. Gundel Mattenklott spricht daher zurecht in diesem Zusammenhang von „leibnahen Spiele[n] mit der Sprache" (Mattenklott 1993, S. 9).

Normbruch und Regel: Kinderverse und sprachspielerische Texte folgen ferner oft nicht den Normen der Standardsprache, wodurch sie ihren vergnüglichen Charakter erhalten. Unsinnswörter sind ein typisches Beispiel dafür. Kinder experimentieren in ihren Sprachspielen auch selbst mit dem Verstoß gegen Regeln des Sprachgebrauchs. Dieses Durchbrechen von Normen kann sich auch auf Anstandsregeln beziehen, etwa beim Verwenden von Fäkalausdrücken oder sexuellen Anspielungen. Zugleich folgen Kinderverse und Sprachspiele eigenen, literarischen Regeln, z. B. durch das Einhalten eines bestimmten Rhythmus bei der Aneinanderreihung von Unsinnswörtern, durch Reime, durch parallele Satzstrukturen. Insofern kann von einem dialektischen Verhältnis von Normüberschreitung und Regelbefolgung gesprochen werden oder, wie es Helga Andresen formuliert, vom „Ineinandergreifen von Regelbruch und Regelerfindung" (Andresen 2007, S. 34). Wilhelm Steffens spricht analog dazu von „Normenerwerb und Normenkritik" (Steffens 1998, S. 51). Dieses Charakteristikum des Sprach-spiels ist allgemein für Literatur kennzeichnend. Kinder eignen sich daher über das Sprachspiel früh rezeptiv und produktiv ein Grundprinzip von Literatur an.

Dekontextualisierung: Die Forschung geht davon aus, dass Kinder im Sprachspiel die Sprache dekontextualisieren, also aus dem Gebrauchszusammenhang herauslösen. In sprachspielerischen Tätigkeiten wird, semiotisch gesehen, die referentielle Funktion der Sprache, sprich ihr Bezug auf bestimmte Inhalte in einer gegebenen Situation, zurückgedrängt. Dadurch entstehen verstärkte Beziehungen auf der Zeichen-Ebene (zwischen den *signifiants*). Ein Beispiel hierfür ist die Aneinanderreihung von ähnlich klingenden Unsinnswörtern, die nicht wegen ihrer Bedeutung, sondern wegen ihrer Lautstruktur miteinander verbunden werden. Barbara Lang zitiert dazu zwei Kinder, die mit einem Arztkoffer hantieren und im Dialog folgende Neubildungen verwenden: „Erbsekoffer, Steinkoffer, Arztkoffer, Haarekoffer, Türkoffer, Stühlekoffer [...] Zahn-pastakoffer, Waschbeckenkoffer, Wasserkoffer, Pippikoffer [...]" (Lang 2011, S. 184). Dekontextualiserungen prägen darüber hinaus auch das Fiktions- bzw. Rollenspiel von Kindern, etwa wenn diese mit einem Kaufladen spielen, und sie sind im Sinne der Herauslösung aus pragmatischen Bedeutungszusammenhängen wiederum charakteris-tisch für die Literatur (und die Künste überhaupt). Dabei ist das Herauslösen je nach Text mehr oder weniger ausgeprägt, im Märchen beispielsweise stärker als im histori-schen Roman. In seiner großen, schon etwas älteren Studie zu Sprache und Humor des Kindes hat Hermann Helmers als eine der fünf Wirkungen von Komik auf den Sprach-erwerb die „Ästhetisierung" genannt, verstanden als Überschreitung der pragmatischen Sprache (Helmers 1971, S. 139) und damit ebenfalls die Bedeutung der Dekontextuali-sierung gerade beim spielerischen Umgang mit Sprache verdeutlicht.

Interaktion: Sprachspiele realisieren Kinder besonders gern beim gemeinsamen Spie-len. Barbara Lang spricht hier von einer „interaktiven Funktionslust" (Lang 2009, S. 254). Dieser Aspekt der geselligen Produktion unterscheidet die Sprachspiele des Vorschulalters vom späteren lesenden Zugang zur Literatur. Zudem geht der interaktive Umgang mit Sprachspielen auf allererste Erfahrungen im Säuglingsalter zurück, auf die Interaktionsrituale, mit denen Erwachsene auf Lall- und erste Sprachversuche reagieren (vgl. Andresen 2005). Auch Gedichte und Lieder lernen Kinder durch den Austausch mit anderen Personen kennen. Entsprechend sind in der Erinnerung vieler Menschen Kinderverse und -lieder eng mit der Beziehung zu einem bestimmten Menschen ver-knüpft. Interaktives Spielen mit Sprache unter Kindern, also nicht mit einer erwachse-nen Bezugsperson, ist dagegen erst ab drei Jahren zu beobachten (vgl. Andresen 2002), was der Tatsache entspricht, dass Kleinkinder nur selten miteinander spielen.

Imitation und Variation: In der Interaktion mit Erwachsenen und später dann mit ande-ren Kindern imitieren und variieren Kinder, was sie hören. Rezeption und kreative Pro-duktion sind auf diese Weise miteinander verbunden. Auch darin kann man einen Bezug zu einem Grundprinzip von Literatur sehen: Stile, Textmuster und Stoffe werden immer neu aufgegriffen und variiert. In der Theorie der Intertextualität wird dies in der Litera-turwissenschaft seit einiger Zeit besonders betont.

3. Anknüpfen an die vorschulischen Erfahrungen durch das Szenische Vortragen von Gedichten im Anfangsunterricht

Wenn Kinder in die Schule kommen, verfügen sie, wie die obigen Ausführungen gezeigt haben, bereits über vielfältige Erfahrungen mit Sprachspiel, Kinderreimen und -gedichten. Dieses Potential gilt es im Anfangsunterricht weiter zu entfalten. Darauf mit Nachdruck hinzuweisen, ist besonders wichtig in einer Zeit, in der durch den stärkeren Einsatz von Arbeitsblättern, begründet u. a. durch die Forderung nach Individualisierung des Unterrichts und durch eine starke Ausrichtung am Schriftspracherwerb, die Tendenz besteht, das mündliche Sprechen zurückzudrängen und damit die oralen vorschulischen Literaturerfahrungen ungenutzt zu lassen.

Für den Unterricht in der ersten und zweiten Klassenstufe werden nachfolgend einige Anregungen zum szenischen Lesen von lyrischen Texten gegeben, die jeweils zwischen dem Einzelvortrag, dem chorischen Sprechen und dem szenischen Spiel angesiedelt sind: Ein Gedicht wird von einer Gruppe, eventuell auch von der ganzen Klasse mit verteilten Sprecherrollen vorgetragen, wobei Wörter, Sätze, Verse abwechselnd von einzelnen und mehreren Kindern gesprochen werden. Dabei kann mit dem Gedichttext insofern frei verfahren werden, als einzelne Teile auch wiederholt vorgetragen werden können. Das Gedicht ist die Partitur, mit der man frei variierend verfahren darf. Der szenische Aspekt besteht dabei darin, dass eine bewusste Aufstellung der Kinder im Klassenraum vorgenommen wird. Ferner sind sparsame Bewegungen und Gesten möglich, z. B. niederkauern oder sich umdrehen bei bestimmten Stellen. Szenische Vortragsweisen dieser Art erfolgen zwar in der Regel zunächst auf Anweisungen der Lehrkraft, jedoch ist es wünschenswert, wenn die Kinder mit der Zeit eigenständig Ideen zu einem szenischen Gedichtvortrag entwickeln.

Mit dem szenischen Vortragen werden vorschulische Erfahrungen mit gehörter Lyrik und sprachspielerischem Experimentieren aufgegriffen und eingebunden in die neue Gemeinschaft der Schulklasse. Zudem erfolgt die Begegnung mit literarischen Texten beim szenischen Vortragen interaktiv, nämlich als Produktion einer sprechenden Gruppe für eine zuhörende. Das Vortragen von Gedichten ist auch als „Beitrag zur Identitätsbildung" bezeichnet worden (Lösener 2007, S. 132 ff.). Es hält die Kinder zum bewussten Wahrnehmen der eigenen Stimme an und unterstützt ihren Mut, mit der eigenen Stimme aus sich herauszutreten und sich den Zuhörenden auszusetzen. Dabei mindert das Vortragen in der Gruppe den Druck, den manche Kinder beim Einzelvortrag spüren und der sie möglicherweise hemmt, mit ihrer Stimme zu agieren. Der Doppelcharakter von Identität als Selbstdarstellung (hier: stimmlich eigenen Gefühlen Ausdruck geben) und als Gestütztsein durch die menschliche Umwelt (hier: gemeinsamer Vortrag) wird im szenischen Vortrag exemplarisch erlebt. Identitätsstützend ist, bei entsprechenden Gedichten, auch das Spiel mit der Sprache an sich, weil es für Kinder, so Brigitte Seidel in ihrem Buch *Schüler spielen mit Sprache*, eine „Kompensation gegenüber dem Normendruck der sprachregelnden Umwelt" (Seidel 1983, S. 17) sein kann.

Das Vortragen von Gedichten stellt darüber hinaus eine intensive Interaktion zwischen Kind und Text dar, denn das Gedicht wird dabei nicht nur gehört, gelesen und besprochen, sondern im Sprechen immer auch gestaltet. Zudem verbindet sich die eigene Stimme mit der Sprache des Dichters. Entsprechend setzen Kinder, so Annegret Lösener, die „textimmanenten Haltungen" im „gestischen Sprechen" um (Lösener 2010, S. 133 f.). Durch die Arbeit am Sprechausdruck wird mithin eine genaue und bewusste Textwahrnehmung unterstützt, die über die Rezeption von Lyrik und Produktion von Sprachspielen im Vorschulalter hinausgeht und, im Sinn eines aufbauenden Lernprozesses, als ein spezifisches Ziel des Anfangsunterrichts betrachtet werden kann.

Das Anknüpfen an mündliche literarische Sprach-Erfahrungen kann schließlich auch für Kinder aus muslimischen Familien eine besondere Chance darstellen. Viele von ihnen sind mit den Versen des Korans vom Hören her vertraut, oft ohne die Worte zu verstehen, etwa wenn Suren in der Originalsprache vorgetragen werden. Marion Ziesmer, die in ihrer Studie auf diesen Aspekt aufmerksam gemacht hat, zitiert dazu als Beleg einen zwölfjährigen Jungen: „Ich kenne den Koran von Internet und Player. Und von meinen Eltern, mein Vater und ich gehen immer am Freitag, weil es ein bestimmter Tag ist." (Ziesmer 2011, S. 64) Im Hören und Sprechen von Gedichten kann die durch den Koran vermittelte Wertschätzung poetischer Sprache eine Weiterführung erfahren.

4. *Der Uhu und die Unken* von James Krüss

Krüss ist der wohl größte Klangvirtuose der Kinderlyrik. In seinem Gedicht *Der Uhu und die Unken* arbeitet er mit dem Vokal *u* und den nasalen Konsonanten. Es wird eine unheimliche nächtliche Stimmung erzeugt, die allerdings im Verlauf des Gedichtes aufgelöst wird, denn der schwarze Marabu, den die dummen Unken im Brunnen zu sehen glauben, erweist sich, wie der Uhu erkennt, als eine Sinnestäuschung: Es sind nur die Brunnensteine, die so aussehen. So nimmt das Gedicht eine aufklärerische Wendung.

Der Uhu und die Unken
Ein u-Gedicht

Sieben dumme Unken munkeln:
Unke punke u ru ru,
In dem Brunnen, in dem dunkeln,
Sitzt ein schwarzer Marabu!

Uhu Schuhu hört sie munkeln,
Unke punke u ru ru,
Und lugt runter in den dunkeln
Brunnen mit den Augen gluh.

Doch nach einer Viertelstunde,
Unke punke u ru ru,
Brummt er: Auf dem Brunnengrunde
Ist kein schwarzer Marabu.

Nur die runden Brunnensteine,
Unke punke u ru ru,
Malen in dem fahlen Scheine
Schatten wie ein Marabu!

Klatsch und Tratsch und Unkenmunkeln,
Unke punke u ru ru,
Wuchern immer nur im Dunkeln.
Besser ist, man hört nicht zu!

(Krüss 1965, S. 146)

Die Strophen, die mit dem Munkeln der Unken die unheimliche Stimmung zum Ausdruck bringen, eignen sich gut zum chorischen Sprechen. Das Chorsprechen baut Hemmungen ab, die beim Einzelsprechen auftreten können, es trägt die Sprechenden durch den gemeinsam erzeugten Klang und erlaubt die helfende Mitwirkung der LehrerInnenstimme. Im Verlauf des Gedichtes soll nach der anfänglich unheimlichen Stimmung dann der Ton wechseln, gegebenenfalls in mehreren Schritten bis zum souveränen „Besser ist, man hört nicht zu!" am Schluss. Mit dem Tonwechsel wird die Befreiung von der bedrohlichen Stimmung gefühlsmäßig nachvollzogen. Das Unheimliche im ersten Teil des Gedichtes kann umso mehr mit einer gewissen Angstlust ausgekostet werden, als dann ja die Gegenbewegung erfolgt. In diesem Sinne erfüllt das Gedicht in spielerischer Weise eine Funktion, die der Literatur oft zukommt: Sie hilft, sich einzulassen auf dunkle Gefühle, die in der Regel eher verdrängt werden, und sie ermöglicht zugleich eine nachträgliche Befreiung von diesen Gefühlen.

Die Beschäftigung mit dem Gedicht kann in unterschiedlichen größeren Zusammenhängen erfolgen, etwa im Rahmen einer Einheit zu sprachspielerischen Gedichten, bei der gemeinsam erkundet wird, was alles mit Lauten und Buchstaben möglich ist – hier eben die Erzeugung einer unheimlichen Stimmung –, oder im Rahmen einer Einheit zum Thema Nacht. Für die szenische Arbeit mit dem Gedicht ist es sinnvoll, zunächst nur die erste Strophe vorzulesen; anschließend wird gemeinsam das „Unke punke u ru ru" mehrfach gesprochen, mal leise geheimnisvoll, mal laut vor Erschrecken, dann anschwellend in der Lautstärke und in Gruppen aufgeteilt, so dass auch eine Raum-Erfahrung möglich wird: Mit der Stimme soll eine Stimmung im Raum erzeugt werden. Ein sprachspielerisches Gedicht wie das vorliegende verträgt dabei durchaus auch Übertreibung. Das Üben mit dem herausgegriffenen Vers hat neben der Unterstützung der Imagination nicht zuletzt eine sprecherzieherische, stimmbildende Funktion. Nach den Sprechübungen zum „Unke punke"-Vers soll die ganze erste Strophe im Chor gesprochen werden, wobei die Kinder angehalten werden, die Stimmung von Vers zu Vers zu steigern. Anschließend werden die weiteren Strophen gesprochen; in der dritten kann dann die direkte Rede des Uhus mit einer brummenden Stimme nachgeahmt werden, vielleicht verbunden mit einem Kopfschütteln. In der letzten Strophe ist dann eine deutliche Veränderung des Tonfalls angebracht. Bei allen Strophen lässt sich ein Sprecherwechsel in der Weise realisieren, dass der Vers „Unke punke u ru ru", der in jeder Strophe vorkommt, immer von der ganzen Klasse gesprochen wird, wogegen die übrigen Verse jeder Strophe jeweils ein einzelnes Kind vorträgt, das dabei aufsteht oder, wenn im Stehkreis gearbeitet wird, in den Kreis aller Kinder tritt. Abschließend bietet sich eine szenische Präsentation des ganzen Gedichtes mit unterschiedlichen Sprecheraufteilungen an. Denkbar wären dabei folgende szenische Elemente:

– Bei der ersten Strophe wird auf einen imaginären Brunnen gezeigt;

– ein Kind steht als Uhu auf einem Stuhl und spricht die direkte Rede in Vers drei und vier der dritten Strophe und eventuell auch die Strophe vier;

– das „Unke punke u ru ru" wird nach dem zweiten Vers von einer Gruppe leise während des ganzen Gedichts wiederholt, sozusagen als Hintergrundsmusik;

- die Strophen werden je von Gruppen, die an unterschiedlichen Stellen im Raum stehen, gesprochen; der allerletzte Vers könnte dann gemeinsam von je einem Kind aus jeder Gruppe gesprochen werden;
- beim Sprechen des letzten Verses „Besser ist, man hört nicht zu" halten sich die Kinder die Ohren zu;
- der Raum wird zunächst verdunkelt und bei der letzten „aufklärerischen" Strophe wieder erhellt, um den Gedichtinhalt auch optisch zu verdeutlichen.

5. *Der Wind* von Bruno Horst Bull

Das folgende Gedicht von Bruno Horst Bull erzeugt ebenfalls mit sprachspielerischen Mitteln eine intensive Stimmung, allerdings eine ganz andere als das Uhu-Unken-Gedicht von Krüss.

Der Wind

Ich bin der Wind!
Höre mich, Kind:
Huiii! Huiii!
Hui, wie ich rase
durch Stadt und Straße!
Hui, um die Ecke,
durch Gärten und Hecke,
um Häuser und Türme,
ich wehe, ich stürme!
Höre mich, Kind:
Ich bin der Wind!
Huiii!

(Bull 2002, S. 156)

Wenn beide Gedichte in einer Unterrichtseinheit behandelt werden, bietet es sich an, die Kinder Überlegungen anstellen zu lassen, inwiefern das *Wind*-Gedicht in einem anderen Ton gesprochen werden sollte als *Der Uhu und die Unken*. Die Beantwortung dieser Frage dürfte den Kindern nicht ganz leicht fallen, weil das Gedicht von Bull einen Perspektivenwechsel erfordert: Es schildert nämlich nicht, wie man als Mensch einen Sturm erlebt, sondern ist dem Wind in den Mund gelegt. Dieser freut sich offensichtlich über das wilde Spiel, das er treibt. Es geht also darum, im Vortrag dieses Gefühl des Windes zum Ausdruck zu bringen und nicht etwa die Angst, die durch einen starken Wind hervorgerufen werden kann. Es gibt freilich auch das Vergnügen an einem heftigen Wind, der so bläst, dass man sich gegen ihn stemmen muss. Insofern ist eine Identifikation mit dem Wind, wie sie das Gedicht nahelegt, für die Kinder durchaus möglich. Für den szenischen Vortrag können die ersten beiden Verse und ihre Wiederholung am Schluss von einem einzelnen Kind gesprochen werden. Das „Huiii" ließe sich dabei laut und gedehnt mit mehreren Stimmen sprechen. Aufgeteilt werden kann dann im Folgenden „Hui, wie ich rase / durch Stadt und Straße!", „Hui, um die Ecke", „durch Gärten und Hecke", „um Häuser und Türme" und „ich wehe, ich stürme!", und zwar so, dass sich die sprechenden Kinder an unterschiedlichen Orten im Raum positionieren. Das Sprechen lässt sich zusätzlich von Armbewegungen, die das Wehen des Windes veranschaulichen, begleiten. Das abschließende „Huiii" erfordert wieder viele Stimmen und kann als ein wellenartiges An- und Abschwellen realisiert werden.

6. *Liedchen* von Franz Fühmann

Das dritte Beispiel gilt einem gereimten, rhythmischen Wortbildungsspiel von Franz Fühmann.

Liedchen

In ihr Maushaus
lief die Hausmaus,
doch sie hielt's nicht lang drin aus,
denn im Dreckeck
lag viel Eckdreck,
und das war ein großer Graus.

In dem Wurmturm
ächzt ein Turmwurm,
und er ächzt so schauerlich,
weil der Fuchsluchs
mit dem Luchsfuchs
gestern ums Gemäuer strich.

In dem Zwergberg
sitzt der Bergzwerg,
und er sehnt sich jedes Jahr
nach dem Strandsand
fern am Sandstrand,
wo er mal auf Urlaub war.

Und der Dachslachs
huscht zum Lachsdachs,
den er aus der Schule kennt,
und der Spechthecht
ruft zum Hechtspecht:
Endlich ist das Lied zu End'!

(Fühmann 1981, S. 61)

Der folgende Vorschlag zielt darauf, dass die Kinder das Prinzip des Wortspiels in diesem Gedicht selbst erkennen, intuitiv-gefühlsmäßig und auch bewusst. Dazu kann so vorgegangen werden, dass zunächst die erste Strophe bis zum vorletzten Vers vorgelesen wird (ohne „Eckdreck"), woraufhin die Kinder aufgefordert werden zu erraten, welches Wort nun kommen könnte. Der Reim „Maushaus" – „Hausmaus" in der ersten Strophenhälfte gibt dabei das Muster vor. Wenn die Kinder nur „Dreck" und nicht „Eckdreck" vorschlagen (oder ein ganz anderes Wort), kann man Fühmanns Formulierung

nennen und fragen, warum er sich wohl für dieses Wort entschieden hat. Eventuell empfiehlt es sich, damit die Kinder den Unterschied hören, die ganze Strophe in beiden
Varianten vorzulesen. Beim Vorlesen der weiteren Strophen wäre dann immer vor der
verdrehten Wortzusammensetzung innezuhalten, so dass die Kinder raten können. Sollten diese die Reime leicht finden, kann zusätzlich vor dem letzten Wort jeder Strophe
geendet werden, damit die Kinder auch hier einen Reim suchen. Entsprechend ließe
sich auch schriftlich verfahren. In diesem Fall würde das Gedicht ohne die zu ergänzenden Reimwörter ausgeteilt. Beide Varianten, die schriftliche wie die mündliche, können
etwas vereinfacht werden, indem man die Reimwörter erst ab der zweiten Strophe erraten lässt.

Nach dem Ratespiel bietet sich wieder eine szenische Lesung an. Dazu können die
Sprecher so aufgeteilt werden, dass jeweils die Verse eins und zwei von drei Kindern
gesprochen werden, der dritte Vers dagegen von einem einzelnen Kind. Analog dazu
wäre mit dem vierten und fünften Vers und dem sechsten Vers zu verfahren. Die Kinder,
die einen dritten oder einen sechsten Vers sprechen, können dazu eine entsprechende
Geste ausführen, z. B. ein Kopfschütteln bei „doch sie hielt's nicht lang drin aus". Oder
die Kinder halten die Hände vor das Gesicht und schütteln den Körper bei „und das war
ein großer Graus". Darüber hinaus sollten alle Kinder veranlasst werden, auf eine angemessene Lautstärke und Intonation beim Sprechen der Verse zu achten, etwa auf eine
leise und geheimnisvolle Stimme, wenn es in der letzten Strophe heißt: „Und der
Dachslachs / huscht zum Lachsdachs", dagegen auf eine laute und erleichterte beim
letzten Vers des Gedichtes. Abschließend sei darauf hingewiesen, dass eine gute Wirkung bei diesem Gedicht eine zügige und stark rhythmisierte Sprechweise voraussetzt
und diese einige Übung erforderlich machen dürfte.

Die drei hier vorgeschlagenen Gedichte eignen sich aufgrund ihrer wirkungsvollen
lautlichen und rhythmischen Struktur, ihres sprachspielerischen Charakters und ihrer
Nähe zur kindlichen Vorstellungswelt besonders gut für szenisches Vortragen im
Anfangsunterricht. Mit ihnen werden vorschulische Erfahrungen des kreativen, poetischen Umgangs mit Sprache aufgegriffen und fortgeführt. Die sprechgestaltende
Umsetzung fördert ein bewussteres, aber noch nicht analytisch erarbeitetes Wahrnehmen sprachlicher Strukturen, die in Kindergedichten wie den hier vorgeschlagenen in
auffälliger Weise in Erscheinung treten. Das Wechselspiel zwischen dem Sich-Einlas-
sen auf einen vorgegebenen Text und der Entfaltung eigener Imagination, das für literarisches Lernen grundlegend ist, wird durch das szenische Vortragen in besonderem
Maße sinnfällig. Die Eignung des Verfahrens für den Anfangsunterricht besteht ferner
darin, dass es Mündlichkeit und Schriftlichkeit miteinander verbindet; Kinder, die noch
am Anfang ihres Leselernprozesses stehen, können sich die Zeilen und Strophen vorsagen lassen und dann auswendig vortragen. Schließlich ermöglicht der Umgang mit
sprachspielerischen Gedichten einen lustvollen Umgang mit Poesie – Unterstützung
der Freude an sprachlichen Ausdrucksmöglichkeiten gehört zu den unverzichtbaren
Voraussetzungen gelingender literarischer Sozialisation.

Literatur
Primärliteratur

Bull, Bruno Horst: Der Wind. In: Heinz-Jürgen Kliewer/Ursula Kliewer: Über den halben Himmel. Gedichte für die Grundschule. Hohengehren: Schneider 2002, S. 156.

Fühmann, Franz: Liedchen. In: Fühmann, Franz: Die dampfenden Hälse der Pferde im Turm von Babel. Frauenfeld: Huber 1981. S. 61.

Krüss, James: Der Uhu und die Unken. In: Krüss, James: James' Tierleben. München: Betz 1965. S. 146.

Sekundärliteratur

Andresen, Helga: Interaktion, Sprache und Spiel. Zur Funktion des Rollenspiels für die Sprachentwicklung im Vorschulalter. Tübingen 2002.

Andresen, Helga: Vom Sprechen zum Schreiben. Sprachentwicklung zwischen dem vierten und siebten Lebensjahr. Stuttgart 2005.

Andresen, Helga: Rollen, Regeln, Rätsel. In: Andresen, Helga/ Janutschek, Franz (Hrsg.): Sprache-Spielen. Freiburg im Breisgau 2007. S. 27–44.

Bergmann, Katja: Hör-Gänge. Konzeption einer Hörerziehung für den Deutschunterricht. Oberhausen 2000.

Helmers, Hermann: Sprache und Humor des Kindes. 2. Aufl. Stuttgart 1971.

Jäkel, Olaf: Die Vielfalt früher Sprachbewusstheit: Evidenz aus zwei Spracherwerbskorpora. In: Funke, Reinold/Jäkel, Olaf/Januschek, Franz (Hrsg.): Denken über Sprache: Facetten von Sprachbewusstheit. Flensburg 2008. S. 73–91.

Lang, Barbara: 'la-la-la' und 'ackabacka schu': Spielen mit Lauten vom Säuglingsalter bis ins Schulalter – eine entwicklungsorientierte Perspektive. In: Andresen, Helga/Janutschek, Franz (Hrsg.): SpracheSpielen. Freiburg im Breisgau 2007. S. 71–89.

Lang, Barbara: Lautspieldialoge. Formale Kohärenzbildung und frühe Bewusstwerdungsprozesse von Sprache in der Interaktion zwischen Kindern. Flensburg 2009.

Lang, Barbara: Was den Schriftspracherwerb vorbereitet: Dekontextualisierung von Sprache und Entstehung von Sprachbewusstheit im Medium des Sprachspiels. In: Hüttis-Graff, Petra/Wieler, Petra (Hrsg.): Übergänge zwischen Mündlichkeit und Schriftlichkeit im Vor- und Grundschulalter. Freiburg im Breisgau 2011. S. 181–203.

Lösener, Annegret: Gedichte sprechen. Ein didaktisches Konzept für alle Schulstufen. Baltmannsweiler 2007.

Lösener, Annegret: Gedichte vortragen. In: Schulz, Gudrun (Hrsg.): Lesen lernen in der Grundschule. Berlin 2010. S. 127–135.

Mattenklott, Gundel: Gedichte sind gemalte Fensterscheiben. Lyrik für Kinder heute. In: JuLit 19 (1993) Heft 2. S. 8–10.

Seidel, Brigitte: Schüler spielen mit Sprache. Sprachunterricht vom 1. bis 10. Schuljahr. Stuttgart 1983.

Steffens, Wilhelm: Spielen mit Sprache im ersten bis sechsten Schuljahr. Baltmannsweiler 1998.

Steitz-Kallenbach, Jörg: Kinderlyrik. In: Thiele, Jens/ Steitz-Kallenbach, Jörg (Hrsg.): Handbuch Kinderliteratur. Grundwissen für Ausbildung und Praxis. Freiburg im Breisgau 2. Auflage 2003. S. 157–181.

Wildemann, Anja: Kinderlyrik im Vorschulalter. Kinder zwischen Mündlichkeit und Schriftlichkeit. Frankfurt am Main 2003.

Ziesmer, Marion: Die entfesselte Sprache. Fallstudien zum poetischen Erleben von Kindern aus Einwandererfamilien. Baltmannsweiler 2011.

BETTINA KÜMMERLING-MEIBAUER

Bilder intermedial

Visuelle Codes erfassen

Abstract

Das Bilderbuch nimmt im Anfangsunterricht eine immer größere Rolle ein. Basierend auf aktuellen Forschungsergebnissen zur visual literacy *wird untersucht, welche basalen visuellen Codes Kinder beim Betrachten von Bilderbüchern lernen und beherrschen müssen, um die bildlich vermittelten Botschaften verstehen zu können. Exemplarisch wird die Komplexität der zugrundeliegenden visuellen Codes anhand der Analyse des Bilderbuches* Willi der Träumer (1997) von Anthony Browne vorgeführt.

1. Bilderbuch und Bilderbuchforschung

Mit Bilderbüchern kommen Kinder – zumindest in westlichen Kulturen – relativ früh in Kontakt. Das beginnt bereits im Alter von 10-12 Monaten, wenn Kleinkinder die sogenannten Frühe-Konzepte-Bücher kennenlernen (vgl. Kümmerling-Meibauer/ Meibauer 2005). Hierbei handelt es sich um Bilderbücher, die einzelne Gegenstände aus dem Lebensbereich des Kindes, wie etwa einen Ball, einen Apfel, ein Auto oder eine Puppe, abbilden. Auf den ersten Blick scheinen die Illustrationen in diesen Bilderbüchern sehr einfach und allgemein verständlich zu sein. Vor einem einfarbigen Hintergrund ist ein Objekt, z.B. ein Ball, abgebildet. Dieser ist in der Regel mit einer mehr oder minder dicken schwarzen Konturlinie umgeben. Der Ball selbst ist häufig mehrfarbig, er kann gestreift sein, aber auch Punkte oder andere Muster aufweisen. Dabei fehlt meistens eine Horizontlinie oder ein anderer Hinweis auf eine räumliche Zuordnung, der Ball scheint also gleichsam durch die Luft zu schweben. Diese Beschreibungen verdeutlichen schon, dass die entsprechende Illustration kein reales Abbild eines Objektes darstellt, denn Gegenstände sind nicht von einer schwarzen dicken Linie umgeben und schweben nicht durch einen leeren Raum. In der Bilderbuchforschung bezeichnet man einen neutralen Hintergrund, der keinen Raumeindruck hervorrufen soll, als *negative space* (vgl. Nikolajeva/Scott 2001).

Welche Fähigkeiten muss der Betrachter, in diesem Fall ein kleines Kind, besitzen, um solche Bilder richtig zu deuten? Zunächst muss man in der Lage sein, zu erkennen, dass der Gegenstand relevant ist und nicht der einfarbige Hintergrund. Des Weiteren muss erkannt werden, dass es nicht um schwarze Linien, Muster, Punkte und Farben geht, sondern dass diese Merkmale des abgebildeten Gegenstandes sind. Und in einem weiteren Schritt muss der Betrachter fähig sein, einen zweidimensional abgebildeten Gegenstand mit einem ihm bekannten dreidimensionalen Objekt – hier einem Ball – zu identifizieren. Gerade die zuletzt genannte Fähigkeit ist für kleine Kinder besonders schwer zu erwerben. So ist mehrfach darauf hingewiesen worden, dass Kinder bis zum Alter von drei Jahren versuchen, einen realistisch gemalten Gegenstand, etwa einen Apfel, einen Ball oder eine Zahnbürste, aus dem Bild heraus zu greifen (vgl. Bloom 2000).

Obwohl es sich bei Bilderbüchern für Kleinkinder um sehr einfache Abbildungen handelt, lassen sich drei Aspekte hervorheben, die für das Verständnis von Bildern grundsätzlich relevant sind: a) Unterscheidung von Figur und Hintergrund, b) Linien, Muster, Punkte, Farben als Bestandteile eines Gegenstandes, und c) ein dreidimensionales Objekt, das auf einer zweidimensionalen Fläche wiedergegeben wird (vgl. Kümmerling-Meibauer 2011a).

Die zugrundeliegenden Fähigkeiten, die damit konnotiert sind, sind keinesfalls angeboren, sondern werden durch das Betrachten von Bildern allmählich erworben. Es handelt sich um basale visuelle Codes, die im Laufe der Zeit erweitert und variiert werden, so dass ein Kind, das sich regelmäßig Bilderbücher, aber auch Comics, Kinderfilme oder Bilder in Museen angesehen hat, beim Eintritt ins Schulalter bereits über zahlreiche visuelle Codes verfügt. Dabei kommen Kinder im Laufe der Vorschul- und Grundschulzeit mit immer komplexeren Bilderbüchern in Berührung. Diese Komplexität bezieht sich sowohl auf den Text als auch auf die Illustrationen sowie die Interaktion zwischen Text und Bild. Ein Beispiel für eine hochkomplexe visuelle Codierung sind die populären Bilderbücher über *Petterson und Findus* (1987–2008) von Sven Nordqvist, die zudem durch entsprechende Verfilmungen und *Merchandising*-Produkte multimedial vielfach verwertet worden sind. Obwohl diese Bilderbücher sich explizit an Kinder im Vorschulalter wenden, weisen sie äußerst diffizile Bildkompositionen auf. Nur auf zwei visuelle Strategien, die auch Einfluss auf die Narration haben, sei hier verwiesen.

In *Ein Feuerwerk für den Fuchs* gibt es Illustrationen, auf denen die Hauptfigur(en) mehrfach auf derselben Seite in verschiedenen Posen zu sehen sind (vgl. Nordqvist 1987). Diese Darstellungsweise repräsentiert die Handlungen derselben Figur im Verlauf eines Zeitraumes in geraffter Form. Wer diese Konvention nicht kennt, könnte den Eindruck gewinnen, dass es sich um Vierlinge oder sogar Fünflinge handelt, die nebeneinander stehen und verschiedene Aktionen durchführen. Typisch für alle *Petterson und Findus*-Bände ist überdies, dass im Vordergrund kleine fantastische Wesen, die sogenannten Mucklas, zu sehen sind. Sie ähneln kleinen Nagetieren und sind als Beobachter oder handelnde Figuren in die Bildsequenzen integriert. Sie werden aber niemals im Text erwähnt oder von Petterson und Findus wahrgenommen. Erst im relativ spät erschienenen Band *Wie Findus zu Petterson kam* werden sie zu Aktanten im Text (vgl. Nordqvist 2008). Dass hierbei also zwei Bildgeschichten nebeneinander verlaufen, aber nur eine im Text erzählt wird – ein Verfahren, dass man in der Bilderbuchforschung als *Syllepse* bezeichnet –, ist eine weitere visuelle Information, die nur über die Bildebene erfasst werden kann (vgl. Nikolajeva / Scott 2001). Warum die Mucklas überhaupt in diesen Bilderbüchern als *running gag* vorkommen und welche Bedeutung sie für die

Hauptgeschichte haben, erschließt sich nur demjenigen, der geschult ist, auf entsprechende visuelle *clues* zu achten.

Diese wenigen Beispiele verdeutlichen, dass Bilder über eigene Gesetzlichkeiten verfügen. Einige Forscher wie Gunter Kress und Theo van Leeuwen sprechen sogar von einer „visuellen Grammatik", vergleichbar mit der Grammatik einer Sprache (Kress/van Leeuwen 1996, S. 18). Viele visuelle Codes und Bildkonventionen werden ungesteuert erworben, wobei man verschiedene Input-Situationen, etwa das Vorlesen und Betrachten von Bilderbüchern oder das Anschauen eines Filmes, unterscheiden muss. Die Intensität der Auseinandersetzung mit Bildern, die durch den erwachsenen Vermittler beeinflusst wird, sowie das wiederholte Betrachten von Bildern – ob es sich um stehende Bilder wie im Bilderbuch oder um bewegte Bilder wie im Film handelt – schulen das visuelle Gedächtnis und die Kenntnis sowie das Wiedererkennen bestimmter visueller Codes und Symbole in erheblichem Maße. Zudem ist mittlerweile bekannt, dass das gemeinsame Vorlesen und Betrachten von Bilderbüchern den Spracherwerb von Kindern fördert, sie zum Erzählen und Beschreiben anregt und zugleich an elementare Aspekte von Literatur heranführt (vgl. Jones 1996; Kümmerling-Meibauer 2011b; Rau 2007; Wieler 1997). Wie dieses Zusammenspiel jedoch genau funktioniert, welche kognitiven Voraussetzungen für das Verständnis von Bild und Text gegeben sein müssen und welche Bedeutung der Bilderwerb einnimmt, ist dagegen noch nicht im Detail erforscht, dürfte aber für die Literatur- und Sprachdidaktik ebenso von Interesse sein wie für die Bilderbuch- und Kinderliteraturforschung. Die bislang vorliegenden empirischen Studien fokussieren den Interaktionsprozess zwischen Kind und Vermittler – das können Erwachsene sein, aber auch ältere Kinder – beim gemeinsamen Betrachten von Bilderbüchern, indem verschiedene Kommunikationsformen und Erzählstile differenziert werden (vgl. Arizpe/Styles 2003; Evans 2009; Schweizerisches Jugendbuchinstitut 1997).

Diese Interaktionsprozesse üben einen weitreichenden Einfluss auf den späteren Lese- und Schreiberwerb von Schulkindern aus. Kindern, denen im Vorschulalter viel vorgelesen wurde, haben hinsichtlich ihrer sprachlichen Fähigkeiten gegenüber Kindern, denen nicht oder kaum vorgelesen wurde, einen großen Vorsprung. Dieser Vorsprung bezieht zugleich metasprachliche Fähigkeiten wie die phonologische Aufmerksamkeit mit ein. Ebenso unbestritten ist die Erkenntnis, dass Kinder mithilfe von Bilderbüchern an das Konzept *Narration* und damit an eine basale Funktion von Literatur herangeführt werden. Die Bilderbuchforschung beschränkt sich allerdings nicht allein auf die sprachlichen und literarischen Aspekte von Bilderbüchern, sondern richtet ihr Augenmerk auch und vor allem auf die Bilder und ihren Beitrag zur Narration (vgl. Colomer/Kümmerling-Meibauer/Silva-Díaz 2010; Lewis 2001; Nikolajeva/Scott 2001; Thiele 2007).[1] Insbesondere die seit den 1990er Jahren in den Mittelpunkt gerückte *visual literacy*-Forschung hat darauf aufmerksam gemacht, dass es neben dem Sprach- und

---

[1] Ein aktueller Überblick zur Geschichte des Bilderbuches und zur Bilderbuchforschung findet sich in Kümmerling-Meibauer 2012a.

Literaturerwerb eine weitere Erwerbsdomäne gibt, nämlich den Bilderwerb (Dehn 2008; Moebius 1996; Nikolajeva 2003).

Leider sieht die hochschuldidaktische Ausbildung bislang noch keine Einführung in *visual literacy* vor, um das Bewusstsein für die Komplexität von Bildern zu fördern und ein entsprechendes Reflexionsniveau bei Lehramtsstudierenden zu entwickeln. Es gibt aber mittlerweile eine Fülle von ästhetisch und literarisch anspruchsvollen Bilderbüchern, die nicht nur über die Text-, sondern auch über die Bildebene eine hohe Aufmerksamkeitsspanne des kindlichen Betrachters verlangen und die zudem über interpiktoriale und intermediale Bezüge mit anderen Bildmedien (Malerei, Comics, Film, Computerspiel) korrespondieren, so dass auch das Weltwissen von Kindern aufgegriffen wird. Nicht nur durch diese Anspielungen zeigt sich, dass viele Bilderbücher mehrfachadressiert sind und folglich als Beispiele des *Crosswriting* eingestuft werden können. In den letzten Jahren hat man für dieses Phänomen den Begriff *Crossover Picturebook* vorgeschlagen (vgl. Beckett 2011).

2. Bilderbuch und Anfangsunterricht

Obwohl das Bilderbuch im Anfangsunterricht eine immer größere Rolle spielt, wird in entsprechenden Unterrichtsmodellen und Lehrmaterialien in der Regel nicht detailliert auf die Bilder und deren inhärente Symbolik und Codifizierung eingegangen (vgl. Hollstein 1999). Der Fokus liegt entweder auf der Förderung des Sprachschatzes und der Lesefähigkeiten, der Anleitung zum kreativen Schreiben, der Anregung zum eigenen künstlerischen Schaffen, wie dem Daumenkino oder der Umsetzung als Theaterstück, der Vermittlung von Sachwissen, der interkulturellen Erziehung oder auf der Heranführung an basale literarische Phänomene, z. B. dem Genrebewusstsein, dem Perspektivenwechsel und der Metapher. Sehr oft wird das Bilderbuch auch verwendet, um bestimmte Probleme oder allgemeinmenschliche Fragestellungen zu visualisieren und SchülerInnen zur kreativen Auseinandersetzung anzuregen. Es fällt jedoch auf, dass dabei die Bilder selbst nur selten thematisiert werden, obwohl gefordert wird, dass Text-Bild-Relationen generell viel stärker im Deutschunterricht fokussiert werden sollten (vgl. Abraham/Sowa 2012). Dies hängt sicher auch damit zusammen, dass fälschlicherweise davon ausgegangen wird, Bildinhalte verstünden sich von selbst, zumal dann, wenn ihnen ein begleitender Text zugeordnet wird.

Nun ist zwar nicht von der Hand zu weisen, dass manche Kinder visuelle Codes und Symbole auch ohne Anleitung verstehen, weil sie mit diesen durch das Betrachten von Bilderbüchern vertraut gemacht worden sind. Allerdings weiß man durch entsprechende Studien, dass gerade Kindern aus bildungsfernen Schichten nicht oder nur selten vorgelesen wird und diese daher auch kaum Kontakt mit Bilderbüchern vor dem Schuleintritt haben (vgl. Pieper 2004; Rosebrock 2012). Ihr intuitives Bildwissen basiert mithin vermutlich eher auf dem Betrachten anderer visueller Medien, insbesondere dem Fernsehen und dem Computerspiel. Die Heterogenität im Klassenzimmer wird noch dadurch verstärkt, dass immer mehr Kinder mit Migrationshintergrund unterrichtet werden. Diese sind, je nach Bildungsstand des Elternhauses, ebenfalls durch verschiedene visuelle Medien sozialisiert, wozu auch Bilderbücher aus den Herkunftsländern der Eltern gehören können. Wenn es sich dabei um Bilderbücher aus anderen Kulturen, etwa dem nordafrikanischen, vorderasiatischen oder südamerikanischen Raum handelt, ist davon auszugehen, dass in ihnen andere visuelle Symbole und Codes eingesetzt werden.

Zwei Beispiele mögen veranschaulichen, welche Probleme und weiterführende Fragestellungen sich daher im Umgang mit Bildern – welcher Art auch immer – ergeben können. Wer sich noch nie bewusst mit Manga befasst hat, muss zunächst einige Hürden überwinden. Dazu gehören nicht nur die geänderte Leserichtung von hinten nach vorne und eine oft anzutreffende ungewöhnliche Panelanordnung, etwa die Variation hinsichtlich der Größe, Form und Begrenzung der Panels, sondern auch visuelle Codierungen, die in Unkenntnis der japanischen Kultur falsch verstanden und zu Fehldeutungen führen können. Verwiesen sei nur auf Schweißperlen an der Stirn, die unterschiedliche Gefühlsäußerungen symbolisieren, auf schattierte Wangen, die für ein Fremdschämen stehen oder auf einzelne Symbole wie Schmetterlinge oder Blumen, die je nach Kontext das Vergehen von Zeit darstellen oder positive Gefühle ausdrücken können. Zudem arbeiten die Mangaka mit unterschiedlichen Zeitdimensionen, so dass es zu extremen Zeitraffungen und Zeitdehnungen kommen kann. Ein ungeübter Leser wird diesen narrativen und visuellen Strategien gegenüber zunächst ratlos und verwirrt gegenüberstehen, bis es ihm schließlich – sei es durch Eigenstudium oder fremde Anleitung – gelingt, die visuellen Codes zu entschlüsseln.

Kleine Kinder, die Bilderbücher betrachten, stehen vor einer ähnlichen Situation. Auch sie müssen begreifen, dass ein auf einer zweidimensionalen Fläche abgebildetes Objekt ein dreidimensionales Objekt repräsentiert, oder dass zwei Punkte und ein Halbkreis in einem runden Kreis für ein Gesicht mit zwei Augen und einem Mund stehen. Weil Erwachsenen diese visuellen Konventionen vertraut sind, vergessen sie schnell, dass die zugrundliegenden Codes zuallererst einmal gelernt werden müssen.

Dass davon auch der Schulunterricht tangiert ist, soll an einem weiteren Beispiel illustriert werden. Der Lehrplan in vielen Bundesländern sieht vor, dass in der vierten Grundschulklasse kurze textlose Bildergeschichten als Schreib- und Erzählanlass verwendet werden sollen. Prominent sind hier die textlosen Bildergeschichten *Der kleine Herr Jakob* von Jürgen Press (vgl. Press 1981) oder *Vater und Sohn* (vgl. plauen 1935) von e. o. plauen. Die Kinder erhalten dabei in der Regel die Aufgabe, die einzelnen Bilder wieder in die richtige Reihenfolge zu bringen, so dass sich eine Narration ergibt, oder sie werden aufgefordert, eine Geschichte zu der Bildsequenz zu erzählen (vgl. Boueke/Büscher/Schülein 1995). Diese Bildergeschichten setzen aber oft ein Weltwissen voraus, dass manchmal noch gar nicht vorhanden ist. Wenn beispielsweise dem kleinen Herr Jakob beim Skifahren eine schwarze Katze über den Weg läuft und er nach seinem Sturz im Schnee ein vierblättriges Kleeblatt findet, muss die Symbolik von schwarzer Katze und vierblättrigem Kleeblatt bekannt sein, um überhaupt den Witz dieser Geschichte zu erfassen. Außerdem ist das Kleeblatt relativ abstrakt gezeichnet und setzt folglich ein Wissen über das Aussehen von Kleeblättern voraus. Analoges gilt auch für die Geschichten von *Vater und Sohn*. Hier werden zum Beispiel Möbelstücke und Einrichtungsgegenstände gezeigt, die heutzutage nicht mehr gebräuchlich oder selten geworden sind, sei es ein Kachelofen mit einem Ofenrohr an der Wand, eine Meerschaumpfeife oder ein Steckenpferd. Wenn diese Gegenstände nicht oder falsch bezeichnet werden, wird daraus oft die Schlussfolgerung gezogen, dass die Kinder die richtigen Worte noch nicht kennen, was gelegentlich auch durchaus zutreffen mag. Die Idee aber, dass die abgebildeten Gegenstände oder dargestellten Situationen gar nicht identifiziert bzw. richtig eingeschätzt wurden, wird oft nicht thematisiert. Hier deutet sich an, was auch die fachdidaktische Literatur zum Umgang mit Bilderbüchern und Bildergeschichten im Unterricht bestätigt (vgl. Hollstein 1999; Kretschmer 2003; Rösch 2007): Über mögliche Schwierigkeiten, die beim Verständnis visueller Codes und Symbole auftreten können, wird nicht in ausreichendem Maße reflektiert, wie auch die Kompetenz des Bild-Erwerbs zu Unrecht als nur weniger bedeutend eingestuft wird.

Diese Fehleinschätzung mag auch der Grund dafür sein, dass es bisher keine umfassenden empirischen Studien über das Vorwissen von Kindern zu Bildern und deren visuelle Codes gibt. Ebenso wenig hat man sich bislang darüber Gedanken gemacht, mithilfe welcher Medien Kinder zu ihrem Bildwissen gekommen sind, denn Bilderbücher, Comics, Computerspiele und Filme verfügen über gemeinsame und unterschiedliche visuelle Codes. Erste Anhaltspunkte für die Analyse der visuellen Codes und der Text-Bild-Bezüge bietet der von Gunter Kress und Theo van Leeuwen in den 1990er Jahren entwickelte semiotische Ansatz der Multimodalität. Kress und van Leeuwen gehen von der Annahme aus, dass alle modernen Medien multimodal sind, d.h. dass mehrere Sinneskanäle parallel genutzt werden müssen, um die inhärenten Informationen des Mediums zu erfassen. Bei einem Bilderbuch wären die Modi Bild und Text zu unterscheiden, die auf verschiedenen Symbolsystemen basieren (Schrift, visuelle Codes). Kress und van Leeuwen betonen darüber hinaus, dass diese Modi als gleichwertige Symbolsysteme zu betrachten seien, es gäbe keine Hierarchie der Bedeutung oder Wichtigkeit, auch wenn einzelne Modi mehr in den Fokus rücken könnten. Zudem würden diese Symbolsysteme über eine jeweils eigene Struktur bzw. Grammatik verfügen, deren Regeln modifiziert und erweitert werden können. Ferner würden sie eigene Bedeutungen generieren, während durch die Interaktion von mindestens zwei Modi eine neue Bedeutungsebene entstünde (vgl. Kress/van Leeuwen 1996). Bezogen auf das Bilderbuch bedeutet dies, dass eine neue Bedeutung dadurch evoziert werden kann, dass die Informationen von Text und Bild einander ergänzen, d.h. dass die in einem Modus existenten Lücken oder offenen Stellen mithilfe von zusätzlichen Informationen des anderen Modus gefüllt bzw. modifiziert werden. Eine neue Bedeutung kann aber auch dadurch entstehen, dass Text und Bild widersprüchliche Informationen vermitteln. Dies zeigt sich besonders bei ironischen Bilderbüchern, bei denen sich die Text- und Bildinformationen widersprechen, wie etwa bei Fulvio Testas *Ein ganz gewöhnlicher Tag* (vgl. Testa 1982).

In diesem Bilderbuch gehen zwei Jungen durch einen Ort und beschweren sich dabei, dass es bei ihnen so langweilig sei und dass die aufregenden Dinge immer woanders passieren würden. Während sie durch eine weite Landschaft um ein Haus, das von Bäumen und Mauern gesäumt ist, herum laufen und sich unterhalten, sieht man auf den Bildern im Hintergrund allerhand ungewöhnliche Ereignisse: Möbel werden aus einem Fenster geworfen, eine Riesenschlange liegt auf der Wiese, ein Panther versteckt sich hinter einem Baum, eine Hausfrau balanciert auf der Wäscheleine und ein Dieb stiehlt eine Skulptur. Die Jungen sind jedoch so in ihr Gespräch vertieft, dass sie die Veränderungen und Aufregung um sie herum nicht bemerken oder falsch interpretieren. Als der Panther sie anspricht, sind sie weder überrascht noch verängstigt, vielmehr konstatieren sie, dass sie lieber ein wildes Tier als einen zahmen Panther, der sprechen kann, treffen würden. Ihre Schlussbemerkung, dass es mal wieder einer dieser langweiligen Tage gewesen sei, wo aber auch gar nichts passiert, wird durch die begleitenden Bilder konterkariert. Der Kontrast zwischen der Weltsicht der Jungen und den um sie herum stattfindenden Ereignissen wird auf der Bildebene durch die Verbindung von zwei Zeichenstilen betont. So sind die beiden Jungen im Vordergrund in einem flächig wirkenden cartoonhaften Stil gezeichnet, die Landschaft und das Haus im Hintergrund dagegen in einem surrealistischen Stil, so dass man an die Gemälde von Salvador Dalí und René Magritte erinnert wird. Die Farbgebung und die dargestellten ungewöhnlichen Ereignisse schaffen eine traumhafte und zuweilen sogar bedrohliche Atmosphäre (vgl. Kümmerling-Meibauer 1999).

3. Visuelle Codes und Symbole in Anthony Brownes Bilderbuch *Willi der Träumer*

Dieses Werk gehört zu einem Bilderbuchzyklus über den Schimpansen Willi. Willi ist ein schmächtiger und zugleich schüchterner und verträumter Affe, der an seinen Markenzeichen, ein roter und ein grüner Strumpf, sowie ein bunt gemusterter Pullunder, zu erkennen ist. In den *Willi*-Büchern erträumt sich Willi verschiedene Rollen: ein begabter Fußballstar zu werden, in allen Sportarten seine Konkurrenten auszustechen, den starken Gorilla Raufbold Ralf zu besiegen oder seine heimliche Liebe Milli aus Gefahren zu retten. *Willi der Träumer* könnte als eine Art Essenz angesehen werden, denn in diesem Bilderbuch sieht man zunächst Willi in seinem Sessel schlummernd und auf den nachfolgenden Bildern, welche Rollen er sich erträumt: Schauspieler, Popstar, Sumokämpfer, Balletttänzer, Maler, Entdecker, Autor und Tiefseetaucher (vgl. Browne 1997). Aber er träumt auch, so groß wie ein Riese oder so klein wie eine Maus, ein Bettler oder König zu sein, fliegen zu können, und er träumt sogar von der Vergangenheit und der Zukunft. Dieses Thema ist für Kinder – nicht nur im Anfangsunterricht – sehr ansprechend, denn es aktiviert ihre Vorstellung, verschiedene Rollen einnehmen zu können. Deshalb bietet sich dieses Bilderbuch über die eingehende Bildanalyse im Unterricht auch dazu an, selbst kreativ tätig zu werden, indem die SchülerInnen die Aufgabe erhalten, selbst einen Text und / oder ein Bild über das Thema „Wovon ich träume" oder „Was ich gerne wäre" zu produzieren.

Willi der Träumer eignet sich aber auch deshalb für den Anfangsunterricht, weil der Text selbst nur wenige Informationen bereit hält, so dass gerade dieses Bilderbuch dazu auffordert, sich intensiv mit den Illustrationen zu beschäftigen und das darauf Abgebildete zu verbalisieren. Der Text ist relativ kurz und einfach geschrieben und kann deshalb auch von Leseanfängern bewältigt werden. Unter jedem Bild steht, wovon Willi gerade träumt, wobei das Verb „träumen" immer wieder aufgegriffen wird. Unter manchen Bildern ist gar kein vollständiger Satz abgedruckt, weil es sich um eine Aufzählung über mehrere Seiten handelt: „Willi träumt. Manchmal träumt Willi, dass er ein Maler ist, oder ein Entdecker, ein berühmter Autor, oder ein Tiefseetaucher … Willi träumt." Diesem knappen Text werden Bilder zugeordnet, die sich durch eine Fülle an visuellen Informationen auszeichnen. Sie regen zum langen Betrachten, Suchen und Erzählen an und schulen in einem weiteren Schritt die visuelle Kompetenz der Kinder. Die in diesen Bildern enthaltenen interpiktorialen und intermedialen Bezüge können von ihnen vermutlich aufgrund ihrer Medienkenntnis teilweise selbst entschlüsselt werden, teilweise werden sie dabei aber auch der fachlichen und kompetenten Anleitung durch die Lehrkraft bedürfen.

Da bereits die Paratexte, also das Buchcover, die Vorsatzblätter und die Titelei eine wichtige Funktion hinsichtlich der Bild- und Textinterpretation einnehmen, seien sie nachfolgend analysiert, bevor einzelne Illustrationen exemplarisch beschrieben und ihre Anforderungen an die Bildkenntnis der Kinder herausgestellt werden.[2]

Auf dem vorderen Buchcover sieht man einen großen braunen Bilderrahmen, der zugleich den Rahmen des Buches darstellt. Auf dem oberen Rahmenrand steht der Buchtitel, auf dem unteren der Name des Künstlers, eingefasst wie ein Namensschild bei berühmten Gemälden. Das eingerahmte Bild zeigt im unteren Viertel eine Meeresszene mit Klippe, Wellen und einem Schiff am Horizont. Darüber befindet sich der blaue Himmel mit zahlreichen weißen Wolken. Die Aufmerksamkeit des Betrachters wird jedoch auf einen über dem Wasser schwebenden rosafarbenen Sessel gelenkt, in dem ein schlafender Schimpanse, bekleidet mit grüner Hose, weißem Hemd, gemustertem Pullunder sowie zwei verschiedenfarbigen Strümpfen in halb sitzender, halb liegender Position zu sehen ist (vgl. Abb. 1).

Diese merkwürdige Darstellung wird noch durch andere ungewöhnliche Dinge, die man erst bei näherer Betrachtung erkennt, ergänzt. So geht der untere Teil des Sessels allmählich von einem rosafarbenen Stoff in einen grauen Felsen über. Auf den Wellen treiben Bananenfische, zwei aufrecht stehende Bananen können als Segel gedeutet werden, eine weitere Banane steht wie ein Leuchtturm auf der Klippe. Das Schiff am Horizont steckt in einer Flasche. Außerdem treibt eine Wolke über den Rahmenrand hinaus, ferner sieht man am rechten unteren Bildrand zwei Bananen, die aus dem Bild herausspringen. Schlägt man das Buch auf, sieht man auf dem grün eingefärbten Vorsatzpapier eine Vielzahl blauer Bananen, nur eine einzige Banane ist gelb. Auf der Schmutztitelseite mit Impressum und einer Widmung ist ein lächelnder Schimpansenkopf mit einem

---

[2] Mit Paratexten in Kinderliteratur und Kinderfilm hat sich die Literaturdidaktik bislang kaum intensiv befasst. Vgl. Kümmerling-Meibauer (2012b; 2012c) und Kümmerling-Meibauer/Meibauer (2011).

Sombrero abgebildet. Das Muster des Sombreros greift das Muster von Willis Pullunder auf.

Abb. 1 *Anthony Browne: „Willi der Träumer" (Buchcover)*

Das Bild auf der Titelei ist ebenfalls sehr rätselhaft. In einem viergeteilten Rahmen sieht man vor schwarzem Hintergrund einen Gorillakopf, ein Buch, einen Sessel und eine Banane. Unter diesen Gegenständen stehen Begriffe wie bei einem Bildwörterbuch. Sie bezeichnen allerdings – mit einer Ausnahme – nicht die abgebildeten Objekte. So steht unter dem Gorilla „Boot", unter dem Buch „Schuh", unter dem Sessel „Fahne" und unter der Banane „Banane", also wider Erwarten die richtige Bezeichnung. Auf der nachfolgenden Doppelseite ist links unten vor hellgelbem Hintergrund eine Banane zu sehen, deren Schale das Pullundermuster aufweist. Auf der gegenüber liegenden Seite fängt die Bilderbuchgeschichte mit dem Satz „Willi träumt" an. Wieder sieht man den rosafarbenen Sessel vom Buchcover, der allerdings auf einem grünen Teppich vor einer mit Blumen gemusterten Tapete steht. Im Sessel sitzt der schlafende Willi, der sich auf ein Kissen in Bananenform stützt und in einer Hand eine Bananenschale hält. Über seinem Kopf hängt ein Bild an der Wand. Es zeigt ein Meer mit Himmel, über dem Meer schwebt ein Felsen, auf dem ein Schloss steht.

Dieses Motiv dürfte vielen bekannt sein, es handelt sich um René Magrittes berühmtes Gemälde *Das Schloss in den Pyrenäen* (1959). Dieses Bild, an so prominenter Stelle platziert, lenkt den Blick des Betrachters zurück auf das Buchcover, das sich als interpiktoriale Referenz an Magritte enthüllt, nur dass hier das Felsenschloss durch einen Sessel mit Felsensockel und schlafendem Affen ersetzt worden ist. Durch die Verklammerung von Cover und erstem Bild wird nicht nur ein humorvoller Effekt erzielt, sondern auch das Thema des Traumes im Allgemeinen angesprochen. Im Traum können offenbar Dinge passieren, die in der realen Welt nicht möglich sind, ob es sich um einen durch die Luft schwebenden Sessel oder Bananen als Fische, Segelboote oder Leuchttürme handelt. Vor diesem Hintergrund erhält auch das Bild auf der Titelei seine besondere Bedeutung. Es handelt sich um eine Anspielung auf ein weiteres Gemälde von René Magritte mit dem Titel *Der Schlüssel der Träume* (1930) mit Abbildungen verschiedener Objekte (Ei, Schuh, Hut, Kerze, Trinkglas, Hammer), denen gleichfalls falsche Bezeichnungen zugeordnet sind.

Auch dieses Gemälde verweist wie das Bild von Anthony Browne auf die Arbitrarität von Bezeichnung und Gegenstand. Dass ein Gorilla „Gorilla" und nicht „Boot" genannt wird, ist eine sprachliche Konvention, die keine Aussage darüber erlaubt, warum gerade dieser Begriff in einer Sprache gewählt wurde. Diese Gegenüberstellung von Abbildung und falscher Bezeichnung kann – von der humoristischen Wirkung einmal abgesehen – dazu anregen, sowohl über den Zusammenhang von Bild und Denotat im Einzelnen, als auch über den allgemeinen Zusammenhang von Bild und Text im Bilderbuch mit Kindern zu reflektieren. Referiert der Text tatsächlich auf das im Bild Gezeigte oder ergeben sich dabei Lücken, Ambivalenzen oder sogar Widersprüche? Diese Frage dürfte für Schulanfänger, die gerade Schreiben lernen, überaus anregend sein.

Unabhängig von den eher generellen Fragen nach dem Verhältnis von Traum und Wirklichkeit stellen die Paratexte jedoch aufgrund ihrer zahlreichen visuellen Codes relativ hohe Anforderungen an die visuelle Kompetenz der Kinder. Daher sei nunmehr auf die drei genannten Aspekte, die grundsätzlich für das Verständnis von Bildern relevant sind, näher eingegangen. Die *Figur-Hintergrund-Unterscheidung* fällt auf den ersten Blick leicht: Bei dem Buchcover und dem ersten Bild übernimmt der schlafende Schimpanse die Funktion der Figur, während alle anderen Gegenstände die Funktion des Hintergrundes erfüllen. Allerdings wiederholt sich diese Differenz auf dem ersten Bilderbuchbild durch das Bild an der Wand. Hier ist das Felsenschloss die Figur, wogegen Meer und Himmel den Hintergrund bilden. Dass dem Hintergrund aber auch eine wichtige Rolle zukommt, bemerkt man dann, wenn man diesen genauer betrachtet und auf die merkwürdigen Dinge aufmerksam wird. Die Figur-Hintergrund-Problematik wird zusätzlich noch dadurch verstärkt, dass der Aspekt der *Zweidimensionalität* in Frage gestellt wird. Dies insofern, als dass die gemalten Bilderrahmen die Begrenzung eines zweidimensionalen Bildes darstellen und erhaben vor dem flächigen Bild stehen. Allerdings wird diese Einstellung auf dem Cover konterkariert, indem eine Wolke und zwei Bananenfische aus dem Bild herausragen und über den Rahmen gleiten. Durch Schatten wird ihnen zusätzlich Plastizität verliehen, so dass sich auf der Bildebene ein Widerspruch zwischen angenommener Figur-Hintergrund-Differenz und dem zweidimensionalen Status von Bildern ergibt. Der dritte Aspekt bezieht sich darauf, dass Linien, Muster, Farben Bestandteile des Gegenstandes sind, aber nicht per se relevant. Er wird insofern aufgegriffen, als die Banane auf der Seite gegenüber dem ersten Bilderbuchbild das bunte Pullundermuster aufweist. Aufgrund der Form ist der Gegenstand eindeutig als Banane zu identifizieren, dennoch irritiert das ungewohnte Muster: Ist es auf die Schale aufgemalt oder handelt es sich um einen Pullunder, der der Banane übergestreift wurde? Außerdem weisen die Bananenenden einen Bund auf, wobei erneut unklar bleibt, ob dieser aufgemalt ist oder ob es sich um einen gestrickten Bund handeln soll.

Diese visuellen Codes und der spielerische Umgang mit ihnen wiederholen sich auf den Bildern der eigentlichen Bilderbuchgeschichte, indem etwa Gegenstände aus dem gemalten Rahmen herausragen, das Pullundermuster, die Farben Rot und Grün sowie Bananen leitmotivisch auftauchen oder Flächigkeit und Plastizität miteinander kombiniert werden. Der erste Traum Willis stellt seinen Wunsch dar, ein Filmstar zu sein. Dieses Bild ist äußerst komplex, insofern es elf Figuren zeigt, die den Betrachter frontal anschauen. Alle Figuren haben Schimpansengesichter und sind durch die ihnen zugeordneten Attribute und Kleidungsstücke als Figuren aus berühmten amerikanischen und britischen Kinder- und Erwachsenenfilmen zu erkennen: King Kong, Tarzan, die Mumie aus dem gleichnamigen Film, Mary Poppins, Dracula, Frankenstein, Charly Chaplin als *Der Tramp* (USA 1915, Regie: Charly Chaplin), Löwe, Vogelscheuche und Blechmann aus *Der Zauberer von Oz* (USA 1939, Regie: Victor Fleming) und ein Zwerg aus der Disney-Verfilmung von *Schneewittchen und die sieben Zwerge* (USA 1937, Regie: David Hand). Fast alle Figuren (bis auf die Mumie) können bereits von Schulanfängern aufgrund ihrer Kenntnis der entsprechenden Filme, die immer wieder im Fernsehen gezeigt werden, erkannt werden. Das genaue Betrachten der Figuren wird darüber hinaus noch dadurch stimuliert, dass diese entweder das Bananenmotiv oder das Pullundermuster (manchmal auch beides) in mehr oder minder versteckter Weise an ihrem Körper tragen. So hat die Handtasche von Mary Poppins einen Bananenhenkel und die bunte Musterstruktur des Pullunders, auf ihrer Hutkrempe ist eine Banane neben Blumen befestigt. Auch die Schwanzspitze des Löwen hat die Form einer Banane und sein Oberkörper ist von dem Pullundermuster bedeckt. Der Hollywood-Hügel hinter diesen Figuren weist eine weitere Merkwürdigkeit auf: In ihm öffnet sich ein Fenster, das den Blick auf den Himmel freigibt.

Vergleichbar komplex sind auch die nachfolgenden Bilder, auf denen sich interpiktoriale und intermediale Anspielungen auf Filme, Kinderbücher (Lewis Carolls *Alice im Wunderland*, 1865), Märchen, Popstars (Elvis Presley) und Gemälde (René Magritte, Salvador Dalí, Henri Rousseau, Giorgio de Chirico) finden. Die Kenntnis der Gemälde wird man bei Kindern einer ersten oder zweiten Klasse zwar nicht voraussetzen können,[3] aber die Bezüge zu den anderen medialen Formen durchaus. Die vorletzten beiden Bilder visualisieren zum einen Willis Traum von der Vergangenheit – Willi sitzt hier als Baby im Laufstall, angetan mit Windel und Pullunder, um ihn herum Spielsachen, wie ein Teddybär mit Schimpansengesicht, ein Elefant mit Bananenrüssel und ein Plastiktelefon mit Bananenhörer – und zum anderen seinen Traum von der Zukunft. Hier erscheint er als ein erwachsener Mann mit Milli und zwei Kindern an seiner Seite. Dabei kehrt er – wie alle anderen Figuren auch – dem Betrachter den Rücken zu und läuft am Strand auf das Meer zu. Der gemeinsame Weg wird durch Bananen im Sand angedeutet, während am Himmel Wolken in Bananenform schweben und Möwen bananenartige Flügel ausbreiten.

Diesem friedlichen Bild folgt ein letztes Bild: Es handelt sich dabei um eine Wiederholung der Szene aus dem ersten Bild, aber mit einigen wichtigen Abweichungen. Willi scheint aus dem Traum zu erwachen, denn mit einem Auge blinzelt er dem Betrachter zu. Der grüne Teppich hat sich in Gras verwandelt, das Blumenmuster auf der Tapete ist durch kleine Schimpansenköpfe mit verschiedenen Kopfbedeckungen ersetzt worden und auf dem Gemälde schwebt jetzt ein großer Schimpansenkopf als Felsen über dem Meer. Was aber noch auffälliger ist, ist der Körper Willis. Seine Hand auf der Armlehne und sein Unterkörper sind nicht mehr plastisch dargestellt, sondern flächig auf den Sessel gemalt. Nur die braunen Schuhe stehen noch als dreidimensional gemalte Gegenstände auf dem Rasenteppich. Diese Darstellung deutet an, dass Willi weiterhin träumt. Auch im abschließenden Satz „Willi träumt." wird dies indiziert. Obwohl Willi also scheinbar aufwacht, befindet er sich noch immer in einer Traumwelt, worauf auch die geänderte Zimmereinrichtung und sein verwandelter Körper hinweisen. Auf der gegenüberliegenden Seite sieht man wieder eine Banane, diesmal aber mit einem Rahmen umgeben, in dem ein Himmelsausschnitt angedeutet ist. Blättert man weiter – die Gestaltung des Vorsatzpapieres ist identisch mit den vorderen Vorsatzblättern –, sieht man auf der Rückseite des Einbandes eine weitere Szene. Über einem ruhigen Meeresspiegel türmen sich rosa-bläulich erleuchtete Wolken, der Himmel dahinter ist gelb erleuchtet, so dass eine Abendstimmung mit untergehender Sonne evoziert wird. Am rechten Bildrand in der Mitte erkennt man den rosafarbenen Sessel mit Felssockel, auf dem Willi in derselben Pose wie auf dem Cover liegt und schläft. Dieser Sessel ist leicht gekippt dargestellt und erweckt dadurch den Eindruck, als würde er sich immer weiter vom Betrachter weg nach hinten zum Horizont hin entfernen. Diese Illustration, die wiederum den Paratexten zuzuordnen ist, schließt gleichsam den Bogen zum Coverbild und deutet abermals an, dass Willi immer noch träumt. Der Betrachter konnte ihn für eine bestimmte Zeit auf seiner Traumreise begleiten, alle nachfolgenden Träume Willis bleiben ihm verborgen.

---

[3] Hier müssten die Bildvorlagen zum Vergleich zur Verfügung gestellt werden, so wie es Anthony Browne selbst bei seinem Bilderbuch *Willi der Maler* (2000) gehandhabt hat. Im Anhang dieses Buches finden sich alle Gemälde abgedruckt, die Willi als Vorlagen und Anregungen zu seinen Gemälden gedient haben. U. a. werden folgende Gemälde in *Willi der Träumer* interpiktorial verwendet: René Magrittes *Der Verrat der Bilder* (1929) und *La Clairvoyance* (1936); Salvador Dalís *Beständigkeit der Erinnerung* (1931) und *Die brennende Giraffe* (1936); Giorgio de Chiricos *Ungewissheit des Dichters* (1913) und Henri Rousseaus *Der Traum* (1910).

4. Bedeutung des Erwerbs visueller Kompetenz im Anfangsunterricht

Willi der Träumer ist nur ein Beispiel unter vielen für ein Bilderbuch, das geeignet ist, die vorhandene visuelle Kompetenz von Kindern im Anfangsunterricht aufzugreifen und weiter zu entwickeln. Was die Kinder beim Betrachten der Bilder bereits verstehen oder noch nicht verstehen, wie sie die Bilder in Verbindung mit dem begleitenden Text interpretieren, lässt sich im Einzelnen nur schwer abschätzen. Gleichwohl empfiehlt sich dieses Buch für die Arbeit des Deutschlehrers in den beiden ersten Schuljahren. Dabei gilt es zu beachten, dass die Bilder vermutlich nicht ohne Weiteres von allen Kindern gleichermaßen verstanden werden, weil sie die Kenntnis von bestimmten visuellen Codes und Schemata voraussetzen. Daher ist Sensibilität für die Interessen der Kinder bei der Bildbetrachtung angeraten, insbesondere im Hinblick auf mögliche Verständnisschwierigkeiten, die beim Betrachten der komplexen oder ungewohnten Bilder auftreten können.

Indem die Kinder im Unterricht über die Bilder dieses Buches sprechen, indem sie Bildbeschreibungen oder andere kreative Texte zu den Bildern verfassen, wobei die Bilder als Impulsgeber fungieren sollten, können sie eine Fähigkeit erwerben, die sich als metapiktoriales Wissen – in Analogie zum metasprachlichen Wissen – bezeichnen lässt. Dies insofern, als sie sich beim Beschreiben der Bilder wie auch beim Verbalisieren ihrer Eindrücke ein fachspezifisches Vokabular aneignen. Verwiesen sei dazu auf Farbbezeichnungen, auf Beschreibungen von Zeichenstilen oder auf Formen und Anordnung von Gegenständen im Bildraum. Dieses Vokabular ermöglicht es, Ideen und Beobachtungen in angemessener Weise auszudrücken.

Darüber hinaus trägt der Einsatz des Buches im Anfangsunterricht aber auch dazu bei, Kinder allmählich zu befähigen, über Gefühle und Ideen, die Bilder in ihnen auslösen, ins Gespräch zu kommen. So wie man im Deutschunterricht frühzeitig anstrebt, die metasprachliche Kompetenz der Schülerinnen und Schüler zu fördern, sollte auch der Erwerb der metapiktorialen Kompetenz frühzeitig unterstützt werden. Diese Kompetenz ist nicht allein für das Verständnis von Bilderbüchern von enormer Bedeutung, sondern auch für die Rezeption von anderen bildgestützten Medien. Der Anfangsunterricht kann dazu einen entscheidenden Beitrag leisten. Wer frühzeitig gelernt hat, sich auf die visuellen Informationen von Bildern in Büchern, Comics oder Graphic Novels einzulassen und diese zunehmend besser zu deuten versteht, der besitzt auch Kenntnisse, die es ihm ermöglichen, bewegte Bilder im Fernsehen, im Kino, in Video- und Computerspielen aufzunehmen, was auch bedeutet, den schnellen Schnitten, Perspektivenwechseln, Montagen und variierenden Kameraperspektiven gewachsen zu sein. In der modernen, von Bildern und Text-Bild-Kombinationen beherrschten Medienwelt spielt dieses Wissen, das ein Wissen über visuelle Codes und Schemata darstellt, eine immer bedeutendere Rolle. Es fördert die metapiktoriale Kompetenz im Besonderen, leistet aber auch einen wesentlichen Beitrag zur Medienkompetenz im Allgemeinen.

Literatur

Primärliteratur

Browne, Anthony: Willi der Träumer. Übersetzt aus dem Englischen von Peter Baumann. Oldenburg: Lappan 1997 (engl. EA: Willy the Dreamer. 1997).

Browne, Anthony: Willi der Maler. Übersetzt aus dem Englischen von Peter Baumann. Oldenburg: Lappan 2000 (engl. EA: Willy's Pictures. 2000).

Nordqvist, Sven: Ein Feuerwerk für den Fuchs. Übersetzt aus dem Schwedischen von Angelika Kutsch. Hamburg: Oetinger 1987 (schwed. EA: Rävjakten. 1986).

Plauen, e.o. (d.i. Erich Ohser): Vater und Sohn. 50 lustige Streiche und Abenteuer. Berlin: Ullstein 1935 (NA 2003).

Press, Jürgen: Der kleine Herr Jakob. Ravensburg: Ravensburger Buchverlag 1981.

Testa, Fulvio: Ein ganz gewöhnlicher Tag. Mönchaltorf: Nord-Süd-Verlag 1982 (engl. EA: Never Satisfied. 1980).

Sekundärliteratur

Abraham, Ulf/Sowa, Hubert: Bilder lesen und Texte sehen. Symbiosen im Deutsch- und Kunstunterricht. In: Praxis Deutsch (2012) Heft 232. S. 4–11.

Arizpe, Evelyn/Styles, Morag (Hrsg.): Children Reading Pictures. Interpreting Visual Texts. London 2003.

Beckett, Sandra: Crossover Picturebooks. A Genre for All Ages. New York 2011.

Boueke, Dietrich/Büscher, Hartmut/Schülein, Frieder.: Wie Kinder erzählen. Untersuchungen zur Erzähltheorie und zur Entwicklung narrativer Fähigkeiten. München 1995.

Bloom, Paul: How Children Learn the Meaning of Words. Cambridge 2000.

Colomer, Teresa/Kümmerling-Meibauer, Bettina/Silva-Díaz, Cecilia (Hrsg.): New Directions in Picturebook Research. New York 2010.

Dehn, Mechthild: Unsichtbare Bilder. Visual literacy als Aufgabe des Deutschunterrichts? In: Mannhaupt, Gerd/Plath, Monika (Hrsg.): Kinder – Lesen – Literatur. Baltmannsweiler 2008. S. 1–32.

Evans, Janet (Hrsg.): Talking Beyond the Page: Reading and Responding to Picturebooks. London 2009.

Hollstein, Gudrun: Werkstatt Bilderbuch. Landau 1999.

Jones, Rhian: Emerging Patterns of Literacy: A Multidisciplinary Perspective. London/New York 1996.

Kress, Gunter/van Leeuwen, Theo: Reading Images. The Grammar of Visual Design. London/New York 1996.

Kretschmer, Christine: Bilderbücher in der Grundschule. Berlin 2003.

Kümmerling-Meibauer, Bettina: Metalinguistic Awareness and the Child's Developing Sense of Irony: the Relationship between Pictures and Text in Ironic Picture Books. In: The Lion and the Unicorn 23 (1999), S. 157–183.

Kümmerling-Meibauer, Bettina: Mit Kleinkindern Bilderbücher betrachten. In: Neuss, Norbert (Hrsg.): Handbuch Krippenpädagogik. Berlin 2011a. S. 216–226.

Kümmerling-Meibauer, Bettina (Hrsg.): Emergent Literacy. Children's books from 0 to 3. Amsterdam 2011b.

Kümmerling-Meibauer, Bettina: Bilderbuch. In: Ueding, Gert (Hrsg.): Handwörterbuch der Rhetorik. Bd. 10. Berlin. 2012a. S. 146–161.

Kümmerling-Meibauer, Bettina: Didaktik der Paratexte. In: Baum, Michael/Laudenberg, Beate (Hrsg.): Paratext und Illustration. Sonderheft des Jahrbuchs Medien im Deutschunterricht 2012b. S. 50–74.

Kümmerling-Meibauer, Bettina: Paratexte im Kinderfilm. In: Exner, Christian/Kümmerling-Meibauer, Bettina (Hrsg.): Perspektiven des modernen Kinder- und Jugendfilms. Marburg: Schüren 2012c. S. 64–84.

Kümmerling-Meibauer, Bettina/Meibauer, Jörg: First Pictures, Early Concepts: Early Concept Books. In: The Lion and the Unicorn 29 (2005) Heft 3. S. 324–347.

Kümmerling-Meibauer, Bettina/Meibauer, Jörg: On the Strangeness of Pop Art Picturebooks: Pictures, Texts, Paratexts. In: New Review of Children's Literature and Librianship 72 (2011) Heft 2. S. 103–121.

Lewis David: Reading contemporary picturebooks. Picturing texts. London 2001.

Moebius, William: Introduction to Picturebook Codes. In: Word & Image 2 (1996) Heft 2. S. 141–158.

Nikolajeva, Maria: Verbal and Visual Literacy: The Role of Picturebooks in the Reading Experience of Young Children. In: Hall, Nigel/Larson, Joanne/Marsh, Jackie (Hrsg.): Handbook of Childhood Early Literacy. London 2003. S. 235–248.

Nikolajeva, Maria/Scott, Carole: How Picturebooks Work. New York 2001.

Pieper, Irene: Lesesozialisation in schriftfernen Lebenswelten. Weinheim 2004.

Rau, Marieluise: Literacy. Vom ersten Bilderbuch zum Erzählen, Lesen und Schreiben. Bern 2007.

Rösch, Heidi: Bilderbücher zum interkulturellen Lernen. Baltmannsweiler 1997.

Rosebrock, Cornelia: Grundlagen der Lesedidaktik. 5. Aufl. Baltmannsweiler 2012.

Schweizerisches Jugendbuchinstitut (Hrsg.): Siehst du das? Die Wahrnehmung von Bildern in Kinderbüchern – Visual Literacy. Zürich 1997.

Thiele, Jens (Hrsg.): Neue Impulse der Bilderbuchforschung. Baltmannsweiler 2007.

Wieler, Petra: Vorlesen in der Familie. Fallstudien zur literarisch-kulturellen Sozialisation von Vierjährigen. Weinheim 1997.

VOLKER FREDERKING / TANJA RÖMHILD

Symmediale Texte

Symmediales literarisches Lernen

Abstract

In dem nachfolgenden Beitrag ist die These leitend, dass ein symmedial ausgerichteter Anfangsunterricht, in dem nicht-technische und technische Medien miteinander verbunden werden, für das literarische Lernen in den beiden ersten Grundschuljahren bedeutsam ist, weil auf diese Weise der veränderten kindlichen Mediensozialisation ebenso Rechnung getragen wird wie dem medialen Wandel der Lerngegenstände im Deutschunterricht. Aus diesem Grund empfiehlt es sich, bereits mit dem Schuleintritt auch technische Medien und technisch generierte symmediale Texte wie Hörbücher, Filme und interaktive computerbasierte Lernumgebungen einzusetzen. Welche Vorteile damit für sprachliches und literarisches Lernen verbunden sein können, wird in dem Beitrag theoretisch erläutert und exemplarisch veranschaulicht.

Einleitung

Johann Amos Comenius hat in seiner *Großen Didaktik* als „goldene Regel für alle Lehrenden" formuliert:

> Alles soll wo immer möglich den Sinnen vorgeführt werden, was sichtbar dem Gesicht, was hörbar dem Gehör, was riechbar dem Geruch, was schmeckbar dem Geschmack, was fühlbar dem Tastsinn. Und wenn etwas durch verschiedene Sinne aufgenommen werden kann, soll es den verschiedenen zugleich vorgesetzt werden. (Comenius 1657, S. 135)

In der Didaktik und Methodik der Grundschule hat diese Maxime immer schon die konsequenteste Umsetzung gefunden. Dies gilt auch und gerade für den Anfangsunterricht. Damit Kinder Lesen und Schreiben lernen, empfehlen die meisten grundschuldidaktischen Konzeptionen der Gegenwart die Einbeziehung möglichst vieler Sinne. Wo aber viele Sinne angesprochen werden, sind auch mehrere Medien bzw. mediale Formen im Einsatz, ob dies nun bewusst geschieht oder nicht. Denn weil die Sinne der Kinder nur sehr eingeschränkt aktiviert würden, wenn sich der Deutschunterricht auf die Schrift beschränkte, werden im Anfangsunterricht neben den traditionellen Lese- und Schreibmedien wie Büchern, Heften und Stiften oft auch andere Medien eingesetzt. Dabei handelt es sich gegenwärtig zumeist um nicht-technische Formen, d.h. um Medien, zu deren Gebrauch keine technischen bzw. elektronischen Geräte erforderlich sind. Harry Pross hat hierfür bereit in den siebziger Jahren die Unterscheidung zwischen *Primär-*

und *Sekundärmedien* eingeführt (vgl. Pross 1972). Primärmedien wie die Stimme oder der Körper benötigen weder zur Produktion noch zur Rezeption technische Hilfsmittel, Sekundärmedien wie das Buch dagegen sind nur bei der Herstellung, nicht aber bei der Nutzung auf technisch-elektronische Unterstützung angewiesen. Mediendidaktisch betrachtet verwenden LehrerInnen im Anfangsunterricht also neben Sekundärmedien wie der Fibel aktuell vor allem Primärmedien, um die Sinne der Kinder beim literarischen Lernen (vgl. Spinner 2006) anzuregen. Wenn sie beispielsweise aus einem Buch vorlesen oder die Kinder selbst etwas mitsprechen, vortragen, erzählen, erklären oder singen, kommt mit der Stimme eines der ältesten Medien zum Einsatz, über das der Mensch verfügt (vgl. dazu Frederking/Krommer/Maiwald 2012). Gleichzeitig wird mit dem Hörsinn einer der wesentlichen Sinne des Menschen angesprochen (vgl. den Aufsatz von Härle in diesem Band). Aber auch das Primärmedium Körper wird im Anfangsunterricht gezielt didaktisch genutzt. So machen Kinder sinnliche Erfahrungen, wenn sie zum Tasten, Riechen, Schmecken, Schauen oder Lauschen aufgefordert werden. Bei szenischen Verfahren, Standbildern oder Klatschspielen finden Lernformen Anwendung, in denen die Kinder ihren Körper als ein Medium zur symbolischen Interaktion und Selbstpräsentation nutzen (vgl. den Aufsatz von Spinner in diesem Band).

Während nicht-technische Medien im Anfangsunterricht also einen festen Platz haben, wie die angeführten Beispiele veranschaulichen, werden technische Medien in den ersten beiden Klassen in der Regel nur sporadisch eingesetzt. Gemeint sind Hör-CDs, DVDs, Computer, Netbooks, Tablet-PCs oder das Internet, also Tertiärmedien nach dem Einteilungsschema von Pross, weil nicht nur die Produktion, sondern auch die Rezeption technische Geräte erforderlich macht. Gerade Hörbücher, Literaturverfilmungen oder Lernsoftware sollten aber einen festen Platz im frühen Deutschunterricht einnehmen, weil mit ihnen der Sinnenreichtum literarischen Lernens erhöht wird. Diese Erkenntnis entspricht den Bildungsstandards und den Lehrplänen der meisten Bundesländer, die eine „aktive Medienarbeit" fordern, in der die Kinder Medienerlebnisse pantomimisch oder zeichnerisch darstellen und selbst Medien wie Filme oder Hörspiele nicht nur rezipieren, sondern auch anfertigen (vgl. Bayerischer Lehrplan für die Grundschule 2000; BPSA 2004). Mit Wolfgang Schill geht es aber ebenso darum, „bei Grundschulkindern medienbezogene Einsichten anzubahnen und angemessene Verhaltensweisen im Umgang mit Medien zu erarbeiten" (Schill 2008, S. 194).

Dabei treten Medien nur selten isoliert auf. Schon die Stimme bedarf des Körpers und damit eines zweiten Primärmediums, während eine Literaturverfilmung auf einen literarischen Text und somit auf ein Printmedium rekurriert. Sind Medien inhaltlich oder technisch aufeinander bezogen, kann von *Symmedialität* (vgl. Frederking 2004 und 2010) gesprochen werden. Dieser Bezug ist in didaktischer und medialer Hinsicht möglich, wie die nachfolgenden Ausführungen deutlich machen.

1. Symmedialer Anfangsunterricht

In einem didaktischen Sinne ist von Symmedialität bzw. einem *symmedialen Deutsch-unterricht* die Rede, wenn unterschiedliche Medien im Unterrichtsprozess miteinander in eine inhaltliche Beziehung treten (vgl. Frederking 2010). Dies gilt für die Verbindung von nicht-technischen Medien, z. B. das Malen eines Bildes zu einer Geschichte oder die musikalische Untermalung eines Gedichtes, aber auch für die Kombination von nicht-technischen und technischen Medien. Schließlich begegnen literarische Texte Schulanfängern heute häufig im Medienverbund. Nicht selten gibt es zu einem Buch verschiedene Hörfassungen, Trickfilmversionen, Verfilmungen und anderes mehr. In einem symmedialen Literaturunterricht der beiden ersten Schuljahre wird diese mediale Pluralisierung der Produktions- und Rezeptionsmöglichkeiten von Literatur aufgegriffen und fruchtbar gemacht. Dabei werden *alte* und *neue* Medien im Unter-richtsprozess in didaktisch reflektierter Form verbunden mit dem Ziel, dass sich aus dem Zusammenspiel der einzelnen Medien ein didaktischer Mehrwert ergibt. Dieser kann in der Steigerung des Interesses und der Lernfreude bestehen, in einer größeren Vielfalt der beteiligten Sinne, einem breiteren Spektrum an Zugängen und Perspekti-ven, einer Erweiterung der ästhetischen Erfahrungsmöglichkeiten oder in einer Vertie-fung des literarischen Verstehens. Gleichzeitig lässt sich auf diese Weise die Fähigkeit der Kinder zur differenzierten Wahrnehmung und Beobachtung frühzeitig fördern und ihre Medienkompetenz bzw. ihr Medialitätsbewusstsein entwickeln.

Die unterschiedlichen medialen Verarbeitungen eines literarischen Textes lassen sich im Unterricht jedoch nicht nur genießen und in ihrer ästhetischen Machart vergleichen. Auch die Stärken und Schwächen der einzelnen Medien können mit den SchülerInnen in einem ersten Zugriff herausgearbeitet werden. Lesen und Zuhören etwa können bei einem intermedialen Vergleich von Buch- und Hörtextfassung als Möglichkeiten erkannt werden, die Vorstellungskraft und Fantasie anzuregen. Im Zusammenhang mit der entsprechenden Verfilmung wiederum ließe sich bewusst machen, dass es sich beim Film um ein Medium handelt, das ein Geschehen sehr anschaulich ins Bild setzt und stärker zur emotionalen Identifikation einlädt. So mag sich ein Kind beim Lesen der Szene von Harry Potters erstem Quidditch-Spiel (Rowling 1998, S. 183–186 und 202–211) zwar vieles genau vorstellen. Auch die von Rufus Beck gelesene Hörbuchfassung wird viele Aspekte anschaulich vor dem inneren Auge entstehen lassen (vgl. Beck 2002). Da aber die von Rowling ersonnene Spielwelt mit der realen Welt der Kinder kaum vergleichbar ist, setzt die Verfilmung der Szene (Columbus 2001) etwas ins bewegte Bild, das es so noch nicht gegeben hat, etwas, das faszinieren kann und insofern das Potenzial besitzt, vertiefende Verstehensprozesse anzuregen. Erfahrungen mit dem Eigenwert und der Besonderheit der einzelnen medialen Formen machen SchülerInnen ebenso, wenn sie selbst, z. B. in Gruppen, ein Gedicht, ein Bilderbuch oder eine Szene aus einer längeren Geschichte in verschiedenen Medien aufbereiten oder eine Fortset-zung als Bildergeschichte, als Theaterstück, als Hörspiel oder als Film gestalten. Der Fokus sollte allerdings nicht nur auf den Differenzen der einzelnen medialen Formen liegen, sondern auch Konvergenzen berücksichtigen. So besteht die Verfilmung einer

Buchszene aus bewegten Bildern und gespeichertem Ton, mithin aus zwei medialen Formen, mit denen die Kinder zuvor vielleicht schon separat vertraut gemacht wurden, sei es durch die Rezeption oder das Anfertigen einer Bildergeschichte, das Anhören oder Produzieren einer Hörspielfassung oder im Rahmen einer Vorleserunde.

Literarisches Lernen sollte im Anfangsunterricht aber nicht nur aufgrund des medialen Wandels von Literatur und der damit einhergehenden medialen Vielfalt in symmedialer Form erfolgen, sondern auch vor dem Hintergrund der veränderten literarischen und medialen Sozialisation heutiger Heranwachsender. Kinder machen ja bereits im Vorschulalter vielfältige Erfahrungen mit Literatur und erwerben erste Ansätze literarischer Kompetenz. Dies geschieht durch das Hören vorgelesener Geschichten, das Aufsagen von Reimen oder das gemeinsame Singen von Kinderliedern. Aber auch Hörbücher oder Literaturverfilmungen sind für Kinder mittlerweile wichtige Medien, um literarische Stoffe kennen zu lernen. An solche vorliteralen medialen Erfahrungen mit Literatur und die dabei erworbenen literarischen Kompetenzen muss der Anfangsunterricht anknüpfen und sie durch eine symmediale Ausrichtung systematisch weiterentwickeln. Aus diesem Grund ist es didaktisch auch angesichts veränderter literarischer und medialer Sozialisationsbedingungen sinnvoll, wenn Kinder im Unterricht bei der Behandlung eines Gedichtes oder einer Geschichte auch eine Hörfassung des Textes ganz oder in Ausschnitten kennenlernen (vgl. Müller 2004 und 2010; Frederking/Krommer/Maiwald 2012) oder die entsprechende Szene aus einer Verfilmung gemeinsam besprechen (vgl. Maiwald 2010; Frederking 2006). Auf diese Weise wird literarisches Lernen medial und sinnlich vielfältiger.

Allerdings bleiben die zur Verfügung gestellten Rezeptionsmöglichkeiten hinter denen des Buches zurück, wenn ein Hörtext oder ein Film lediglich im Klassenverband vorgespielt wird. Ein Buch hat jedes Kind nämlich individuell zur Hand und kann darin vor- und zurückblättern oder eine schwierige Textstelle erneut lesen, ein von einem CD-Player vorgespielter Hörtext oder eine per Beamer präsentierte Verfilmung wird von den Kindern hingegen nur kollektiv rezipiert. Eine Individualisierung der Lernprozesse ist medial sinnvoll erst möglich, wenn jedem Kind jeweils ein PC, Netbook, iPad oder ähnliches zur Verfügung steht und dadurch Hör- oder Filmversionen eines literarischen Textes, z. B. des *Zauberlehrlings* (vgl. Frederking 2008), individuell in digitaler Form zugänglich gemacht werden. Auf diese Weise können die Kinder eigenständig und selbstbestimmt entscheiden, welche Fassung sie zuerst, wie oft, mit welchen Unterbrechungen und Wiederholungen anhören bzw. anschauen möchten. Die neuen Digitalmedien ermöglichen mithin individuelle Formen literarischen Lernens im Zusammenhang mit Hörtexten und Filmen und sollten aus diesem Grund im symmedialen Anfangsunterricht verstärkt genutzt werden.

Andere Begründungszusammenhänge ergeben sich im Hinblick auf computergestützte Lese- und Schreibprozesse. Einerseits machen heute schon Vorschulkinder erste Erfahrungen mit den gängigen Digitalmedien. Wenn diese im Anfangsunterricht nicht aufgegriffen werden, verkümmern Neugier und Vorwissen. Andererseits blieben Lernchancen ungenutzt, die mit computergestütztem Lesen und Schreiben verbunden sind. So stehen mit *Primolo* (www.primolo.de) oder *Was ist Was* (http://www.wasistwas.de) überaus interessante kindgerechte Leseangebote im Netz zur Verfügung, die ab dem zweiten Schuljahr geeignet sind, um die Lesemotivation zu steigern. Zugleich können Kinder schon im ersten Schuljahr bei der Nutzung von Textverarbeitungsprogrammen besondere Erfolgserlebnisse sammeln, weil sie plötzlich in der Lage sind, problemlos und ästhetisch ansprechend zu schreiben (vgl. Bohnenkamp/Brügelmann 1992; Arenhövel 1994; Mitzlaff/Speck-Hamdan 1998; Schill 2008). Schreibmotivierend wirkt ferner die Erfahrung, in realen Schreibanlässen einen eigenen Text zu produzieren. So haben E-Mail- und Chat-Projekte mit Erstklässlern schon Ende der neunziger Jahre gezeigt, dass im Anfangsunterricht computergestützte schriftsprachige Interaktionen eine hervorragende Möglichkeit darstellen, Kindern die kommunikative Funktion von Schriftsprache bewusst zu machen und auf diese Weise die kindliche Lust am Schreiben zu wecken und zu fördern (vgl. Frederking/Steinig 2000).

2. Symmediale Texte

Symmedialität in medialer Hinsicht ist gegeben, wenn das Zusammenspiel verschiedener Medien nicht aus einem externen didaktisch-methodischen Zugriff resultiert, sondern dem Medium selbst inhärent ist. In diesem Fall kann von medial erweiterten oder symmedialen Texten gesprochen werden. Auch diese sind für den Anfangsunterricht von zentraler Bedeutung, und zwar in ihren technischen wie in ihren nicht-technischen Ausprägungen.

Um mit letzteren zu beginnen: Kinderbücher stellen symmediale Texte dar, weil sich in ihnen die Schrift- und die Bildebene unmittelbar aufeinander beziehen. Sie erfordern symmediale Leseweisen. Die Schrift will entziffert, das Bild verstehend zugeordnet und in der mündlichen oder schriftlichen Nacherzählung sinnvoll verarbeitet werden. Dies gilt auch und gerade für Bilderbücher, denen im Anfangsunterricht grundsätzlich eine große Bedeutung zukommt, weil sie die ersten Bücher sind, mit denen sich Kinder intensiv befassen und durch die sie zur Literatur geführt werden können (vgl. Spinner 1996). Dabei bietet das Bilderbuch eine Reihe besonderer ästhetischer Erfahrungsmöglichkeiten, wie Jens Thiele verdeutlicht:

> Bilder und Texte in Ruhe wahrzunehmen (etwa im Gegensatz zu den vorbeieilenden Bildern), sie zum Gegenstand von Neugier, Genuß und Kritik zu machen, Wege der Annäherung an Bilder und Texte zu entwickeln, sich auf den fiktionalen Charakter des Buches einzulassen [und] einzusteigen in die erzählte Geschichte (Thiele 2003, S. 179).

Dies bestätigen auch Forschungsergebnisse von Petra Wieler. Sie zeigt auf, dass eine „fragende Einstellung zu Text und Illustrationen des Bilderbuchs" sowie ein „dialogischer Austausch mit dem Kind" für eine erfolgreiche Vorlesesituation besonders wichtig sind (Wieler 1997, S. 313). Zudem unterstützen die Illustrationen im Bilderbuch den Text, wodurch ein leichterer Zugang zur Geschichte geschaffen wird. Aufgrund der geringen Textmenge und der zahlreichen Illustrationen wird bei Leseanfängern mit noch geringen Lesefähigkeiten die Lesemotivation erhöht und literarisches Lernen angebahnt oder – je nach familiärer literarischer Sozialisation – fortgeführt. Bilderbücher sind zudem grundsätzlich auch Vorlesebücher und können im Anfangsunterricht zum ästhetischen und genussvollen Erleben von Literatur beitragen. Nach Mechthild Dehn kann der Schriftspracherwerb zu Schulbeginn eine Krise in der literarischen Sozialisation einleiten, da die noch unzureichenden Lesefertigkeiten der Schulanfänger ihren literarischen Kompetenzen nicht gerecht werden. Die Kinder hören zuhause beim Vorlesen literarisch ansprechende Texte, merken allerdings spätestens mit dem Schuleintritt, dass sie diese aber noch nicht selbst lesen können. Dadurch sehen sich manche in ihren literarischen Erfahrungsmöglichkeiten zurückgeworfen, ein Motivationseinbruch kann die Folge sein (vgl. Dehn 2000). Das Vorlesen von Bilderbüchern und das gemeinsame Gespräch im Anschluss können diesem Motivationsverlust im Anfangsunterricht entgegenwirken.

Aber auch die Bildebene ist didaktisch von enormer Bedeutung. Angesichts einer sich wandelnden visuellen Kultur, in der schon Kleinkinder mit bewegten Bildern in Filmen konfrontiert werden, geht es im Anfangsunterricht nicht nur um das Lesen von Texten, sondern auch um das Lesen von Bildern. Nach Christine Kretschmer ist die Anleitung zum Bildverstehen und zur genauen Bildwahrnehmung ebenso wichtig wie diejenige zum verstehenden Lesen (vgl. Kretschmer 2009). Ludwig Duncker hat für diese wichtige Aufgabe der Grundschule den Begriff der „ästhetischen Alphabetisierung" als Teil der ästhetischen Erziehung geprägt und damit die Einführung in das Verständnis und den Gebrauch der Zeichen gemeint (vgl. Duncker 1997, S. 168 f). Medienerzieherisch wird auch von *Bild-Literalität* gesprochen, wobei es um die Unterscheidung verschiedener Grundkategorien medialer Gestaltung sowie die Vermittlung und Bewusstmachung unterschiedlicher Gestaltungstechniken geht. Vor allem ganzseitige Illustrationen regen zum Verweilen an, mithin zum genauen und intensiven Betrachten der Bilder, wobei sich immer wieder neue Einzelheiten entdecken lassen. In diesem Zusammenhang hat sich der Begriff der *visual literacy* etabliert, der die Fähigkeit bezeichnet, Bilder zu lesen, wobei es darauf ankommt, „Darstellungsintentionen zu verstehen und eine Botschaft" zu sehen (Abraham 2009, S. 27). Die Wechselwirkung von Text und Bild ist für Bilderbücher konstitutiv (vgl. Thiele 2003) und macht sie zu symmedialen Texten, die einen festen Platz im Anfangsunterricht einnehmen sollten.

Interessant in diesem Zusammenhang ist, dass symmediale Leseweisen keinesfalls ein Produkt der Gegenwart oder der Anpassung an kindliche Rezeptionsbedürfnisse darstellen. Es gibt sie vielmehr, seitdem geschrieben wird. So bestanden antike und mittelalterliche Bücher oft aus Schrift und Bild. Die nicht selten kunstvollen Zeichnungen sollten den Leser nicht nur erfreuen und ihm ästhetischen Genuss bereiten oder schriftunkundigen Laien ein zumindest bruchstückhaftes Verstehen ermöglichen. Nach Horst Wenzel ging es auch „um eine Form der Visualisierung, die der optischen Präsentation der Schrift zumindest einen Teil der visuellen Komplexität unmittelbarer Anschauung zurückzugeben versucht" (Wenzel 2000, S. 50). In diesem Sinne waren Text-Bild-Verbindungen seit alters her immer schon pädagogisch motiviert und dienten der Veranschaulichung. Ein ebenso berühmtes wie beeindruckendes Beispiel für die pädagogische Nutzung symmedialer Texturen im Mittelalter ist das *Abecedarium* für Kaiser Maximilian I aus dem Jahre 1466. In faszinierender Weise bringt es Text und Bild in einen inhaltlichen und ästhetischen Bezug. Da das laute Lesen, das Lesen *alta voce*, von der Antike bis ins hohe Mittelalter die bestimmende Rezeptionsform gewesen ist, wie Jesper Svenbro gezeigt hat, kann davon ausgegangen werden, dass sich die symmedialen Leseweisen bereits damals nicht auf die Dechiffrierung von Text-Bild-Bezügen beschränkt haben (vgl. Svenbro 1995). Es ist wahrscheinlich, dass aus dem Buch auch vorgelesen und das bildlich Dargestellte erklärt wurde. Gut vorstellbar ist ebenso, dass Maximilian mit lauter Stimme das Vorgelesene mit- und nachgelesen hat und das Erklärte in eigenen Worten wiederzugeben versuchte – so wie dies heutige Kinder mit Bilderbüchern immer noch tun. Möglicherweise hat er die Bild- und Buchstabenverbindungen sogar für phonetische Erkundungen genutzt. Insofern können die Abecedarien des Mittelalters und der frühen Neuzeit als kulturgeschichtliche Vorformen der modernen Anlauttabellen verstanden werden, die Jürgen Reichen berühmt gemacht hat und die heutigen Leseanfängern helfen, über das Hören und Sprechen von einzelnen Buchstaben zum selbstständigen Schreiben und Lesen zu gelangen (vgl. Reichen 1987 und 2005; Brügelmann/Brinkmann 2005). Auch Anlauttabellen stellen daher symmediale Texturen für den Anfangsunterricht dar, die Schrift, Bild und Stimme verbinden, um damit spezifische Lehr-Lern-Ziele zu erreichen.

Digitale Varianten von Abecedarien und Bilderbüchern führen diese Zielsetzungen zu ihrer konsequentesten Umsetzung, weil in ihnen nicht nur Text und Bild, sondern auch Ton und Film auf einer Rezeptionsebene zusammengeführt werden. Sie radikalisieren gewissermaßen das Prinzip des symmedialen Textes im Bereich der Lernmedien, indem sie die Potenziale des Computers als Symmedium, der alle medialen Formen, d.h. Text-, Bild-, Ton- und Filmebene, in sich vereint (vgl. Frederking 2010), konsequent nutzen und mit den hypertextuellen bzw. hypermedialen Optionen der neuen Digitalmedien kombinieren. Verwiesen sei beispielsweise auf das Internet-ABC (vgl. www.internet-abc.de), ein Online-Angebot zum Aufbau von Medienkompetenz und zum interaktiven Lese- und Schreibtraining, das neben festen Übungsarrangements didaktisch aufbereitetes Material zu aktuellen Themen bereithält. Da in diesen und anderen digitalen Lernarrangements (vgl. Kapitel 4) neben symmedialen Rezeptionsmöglichkeiten interaktive Handlungsoptionen angeboten werden, ist mit ihnen qualitativ ein neues Stadium erreicht. Dieses lässt sich als Ausdruck eines paradigmatischen medienkulturgeschichtlichen Wandels im Bereich der Lernmedien interpretieren, weil sich hier Sinnenreichtum mit Handlungs- und Gestaltungsmöglichkeiten verbindet und neue Lernchancen eröffnet. Kinder lesen nicht mehr nur symmedial, sondern produzieren und gestalten auch literarische Texte auf derselben Handlungsebene unter Verwendung verschiedener Medien. Symmediale Texte im Computer werden auf dieser Basis zu interaktiven Texturen.

3. Medienverbundangebote

Wie mit symmedialen Texten, die Teil eines umfassenderen Medienverbundangebotes sind, im Anfangsunterricht gearbeitet werden kann, soll am Beispiel des berühmten Kinderbuches *Der Grüffelo* (Originaltitel: *The Gruffalo*) und seiner medialen Verarbeitungen gezeigt werden. Das von Axel Scheffler und Julia Donaldson 1999 veröffentlichte Bilderbuch ist inzwischen in zahlreiche Sprachen übersetzt worden und gilt als Klassiker der modernen Kinderliteratur. Das liebenswerte Monster, von dem es erzählt, hat mit seinen schrecklichen Hauern, seinen knotigen Knien, seinen feurigen Augen und den lila Stacheln auf dem Rücken Kultstatus erreicht und begeistert nicht nur Kinder, sondern auch Erwachsene in aller Welt. In England bekam es daher zahlreiche Auszeichnungen; in Deutschland wurde es mit dem Kinder- und Jugendbuchpreis *Heidelberger Leander* 2005 geehrt.[1]

Erzählt wird die Geschichte einer kleinen Maus, die das Grüffelo-Monster erfindet, um sich im Wald vor anderen Tieren zu schützen, und ihm dann wirklich begegnet. So trifft die Maus im ersten Teil der Geschichte auf verschiedene Waldbewohner, einen Fuchs, eine Eule und eine Schlange, die die Maus zu sich nach Hause locken wollen, um sie dort zu fressen. Die schlaue Maus lehnt aber immer mit dem Hinweis ab, dass sie bereits eine Verabredung mit dem Grüffelo habe, einem furchterregenden Monster, das am liebsten Fuchsspieß, gezuckerte Eule und Schlangenpüree frisst. Mit dieser List vertreibt sie ihre Gegner. Im zweiten Teil der Geschichte wird aus der Fiktion jedoch Realität, denn nun taucht der Grüffelo tatsächlich auf und begrüßt die Maus mit den Worten: „Mein Lieblingsschmaus ist Butterbrot mit kleiner Maus!" Um ihr Leben zu retten, greift die Maus erneut zu einer List und berichtet dem Grüffelo, dass sie waldaus, waldein gefürchtet sei. Der neugierig gewordene Grüffelo zieht daraufhin mit der Maus los, um diese Behauptung zu überprüfen. Auf dem gemeinsamen Weg durch den Wald treffen beide abermals den Fuchs, die Eule und die Schlange, die beim Anblick des Grüffelo reißaus nehmen. Dieser aber glaubt, die Tiere seien vor der Maus geflohen. Als die Maus zudem erklärt, am liebsten Grüffelogrütze zu essen, ergreift auch der Grüffelo die Flucht, so dass die Maus wieder ungestört im Wald leben kann.

Das Erzählte weist eine chronologische Struktur auf, wobei die Begegnungen der Maus immer nach dem gleichen Muster verlaufen. So fragen alle Waldtiere nach dem Grüffelo mit den Worten: „Sag, was ist das für ein Tier?", worauf jeweils die Antwort ergeht: „Den kennst du nicht? Dann beschreib ich ihn dir" (vgl. Scheffler/Donaldson 1999). Diese und andere Wiederholungen helfen jüngeren Kindern beim inhaltlichen Verfolgen der Geschichte und regen sie an, sich deren Fortsetzung auszumalen und anschließend zu prüfen, ob sich ihre Vermutungen bestätigen. Überdies können Kinder beim Vorlesen die sich wiederholenden Sätze mitsprechen, was den Spaß beim Zuhören steigert und den Verstehensprozess erleichtert.

In dem „eigentümlichen Spannungsfeld der Text-Bild-Bezüge" und in dem „dynamischen Beziehungsgeflecht textlicher und bildnerischer Elemente" (Thiele 1991, S. 9)

---

[1] Vgl.: http://www.leandersleseladen.de/content/kinderbuchpreis-heidelberger-leander

liegt die ästhetische Qualität von Bilderbüchern. Kinder begegnen im Alltag einer Fülle von Bildern. Dem Bilderbuchbild an sich kommt jedoch eine besondere Funktion zu, da es zum genauen Hinsehen anregt und die Kinder die Dauer des Betrachtens selbst bestimmen können (vgl. den Aufsatz von Kümmerling-Meibauer in diesem Band; Kretschmer 2009). Bilderbücher sind mithin Teil einer Schule des Sehens, die auf den kompetenten Umgang mit Filmen als Abfolge bewegter Bilder vorbereiten kann. Dies gilt in besonderer Weise für den *Grüffelo*, denn neben den großformatigen Illustrationen enthält das Buch filmspezifische Elemente, die den Übergang zwischen Text und Bild darstellen. Wie bei einem Zoom oder Fernrohr wird dabei der Blick des Lesers zunächst auf Einzelheiten bzw. Bildausschnitte im Detail gelenkt, die erst später zu einem Ganzen zusammengefügt werden. So wird das Monster zu Beginn nur in Teilen gezeigt, bevor die vergrößerten Ausschnitte ein Ganzes ergeben. Solcherart muss der Leser anfangs selbst aus den Einzelheiten den Grüffelo imaginieren, wodurch die Fantasie angeregt wird. Darüber hinaus ergänzen die Illustrationen Leerstellen im Text und helfen, diese zu füllen. Ein Beispiel dafür ist jene Szene, in der die Maus erstmals auf den Grüffelo trifft und dieser seine Leibspeise „Butterbrot mit kleiner Maus" nennt. Das folgende Bild zeigt das selbstsichere und grimmige Gesicht des Grüffelo und das ratlose und ängstliche Gesicht der Maus. Dadurch wird die Innenwelt der Figuren bildlich dargestellt. Kinder können hier erfahren, dass Gestik und Mimik eng mit dem Gesprochenen oder Gedachten zusammenhängen. Die Illustrationen inszenieren also den Bilderbuchtext und fordern die Wahrnehmung und Interpretation der kindlichen Betrachter heraus.

Der Grüffelo tritt als Medienverbund in Erscheinung. So sind zu dem Bilderbuch ein Malbuch (Scheffler/Donaldson 2012), ein „Pop-Up-Theaterbuch" (Scheffler/Donaldson 2009), ein Hörspiel (Schulz 2005), ein animiertes YouTube-Vorlesevideo von 2010, eine Verfilmung (Schuh/Lang 2009) und ein Internetarrangement (www.grueffelo.de) verfügbar. Das Pop-Up-Theaterbuch, in dem das Geschehen auf einer kleinen virtuellen Theaterbühne zur Aufführung gebracht werden kann, lädt zum Spielen des Textes ein und könnte durch reale Rollenspiele der Kinder ergänzt werden. Die Hörfassung des Grüffelo ist kein reiner Vorlesetext, sondern bewusst als Hörspiel mit musikalischer Untermalung gestaltet. Auf diese Weise kann noch vor der Begegnung mit dem Bilderbuch über den klanglichen Zugang die Imagination der Kinder angeregt werden. Das Malbuch ließe sich im Nachgang zur Lektüre heranziehen. Alternativ bietet es sich an, die Kinder eigene Bilder zum Buch malen zu lassen. Die als YouTube-Video zugängliche Lesung zu ausgewählten Illustrationen ermöglicht eine symmediale Rezeption des Textes auf der Bild- und Ton-Ebene und könnte zur individuellen Vorbereitung oder Vertiefung eingesetzt werden. Die animierte Film-Adaption der deutschen Regisseure Jakob Schuh und Max Lang wurde im Jahr 2011 für einen Oscar in der Kategorie *Animierter Kurzfilm* nominiert und ist als mediale Ergänzung zum Bilderbuch besonders geeignet. Die Internet-Seite zum Grüffelo schließlich enthält eine Reihe von Zusatzmaterialien und bietet in Ansätzen auch Möglichkeiten zur interaktiven Verarbeitung (vgl. den Aufsatz von Niklas in diesem Band).

4. Interaktive und kreative Lernsoftware

Neben Medienverbundangeboten, bei denen eine Geschichte nicht nur als Buch, sondern auch in vielfältigen anderen medialen Formen, z. B. als Hörbuch oder als Film, zur Verfügung steht, eröffnet interaktive und kreative Lernsoftware neuartige Chancen für das frühe literarische Lernen, wie abschließend an der 2011 erschienenen virtuellen Umgebung *Karneval der Tiere* und der Bildungssoftware *Multidingsda* gezeigt werden soll. Bei beiden Angeboten handelt es sich um poly- bzw. symmediale Texturen, in denen die besonderen Potentiale des Computers als Symmedium konsequent genutzt werden, weil Texte, Bilder, Tondokumente und Filmausschnitte hypermedial auf einer Rezeptions- und Handlungsebene miteinander verbunden werden und Raum zur interaktiven Nutzung gewähren.

Die von Stephan Brülhart und Markus Cslovjecsek entwickelte und 2011 erschienene Lernumgebung *Karneval der Tiere,* in der die 1886 von Camille Saint-Saëns komponierte musikalische Suite für Kammerorchester zu einem interaktiven symmedialen Text verarbeitet ist, kann als Meilenstein innovativer Lernsoftware angesehen werden.[2] Denn in dieser für Tablet-PCs entwickelten App findet ein semiotisch erweiterter Textbegriff seine mediale Umsetzung, der neben literalen auch piktorale, auditive und audiovisuelle Texturen umfasst (vgl. Frederking 2010). In gewisser Hinsicht wird mit der symmedial aufbereiteten Geschichte um den König der Tiere das Bilderbuch neu erfunden, weil die Rezeption von Text und Bild nicht nur durch Ton- und Filmelemente ergänzt wird, sondern die Kinder darüber hinaus eingeladen sind, sich selbst aktiv gestaltend in die Geschichte einzubringen. So können sie einzelne Tiere in Bewegung versetzen und mit ihnen in Interaktion treten. Überdies lassen sich in die Geschichte auf vielen Seiten Töne einspielen. Es besteht sogar die Möglichkeit, eine eigene Hintergrundmusik zu komponieren, um das dargestellte Geschehen musikalisch zu untermalen. Eine von Markus Cslovjecsek in die Lernumgebung eingefügte taktile Tonspur erlaubt es den Kindern auf ebenso einfache wie innovative Weise selbst Klanglandschaften zu kreieren, die das visuell und textuell Dargestellte interpretieren. Dass der zu den sehr ansprechenden Bildern ergänzte Text zudem in mehreren Sprachen zur Verfügung steht, eröffnet faszinierende Chancen für das sprachliche und literarische Lernen von Kindern mit muttersprachlichem Hintergrund wie für Kinder mit Deutsch als Zweit- oder Fremdsprache.

Nicht minder innovativ ist die von dem Autorenteam Claudio Nodari und Sabina Wittwer vom Institut für interkulturelle Kommunikation in Zürich entwickelte Bildungssoftware *Multidingsda,*[3] die 2010 mit dem Comenius-Siegel ausgezeichnet wurde. Das als Internet-Angebot wie als App zur Verfügung stehende Online-Tool hält beeindruckende Möglichkeiten für das Lesen- und Schreibenlernen im Vorschulalter und in den ersten beiden Klassen der Grundschule bereit, und zwar für muttersprachliche Kinder und solche mit Migrationshintergrund. Um Disparitäten der sozial-kultu-

---

[2] Vgl.: http://itunes.apple.com/ch/app/der-karneval-der-tiere/id466412101?mt=8
[3] Vgl.: www.profax.de

rellen Herkunft und daraus resultierenden Lernproblemen zu begegnen, wurde eine multimediale Lernumgebung zum spielerischen Aufbau des Wortschatzes geschaffen, die zum häuslichen und schulischen Einsatz bestens geeignet ist. 600 Wörter aus der Alltagswelt der Kinder werden dabei in 40 digitalen Lernstationen sukzessive eingeführt, wobei die Text-, Bild-, Ton- und Filmebenen auf lernfördernde Weise miteinander verknüpft sind. Die 40 Auftaktbilder eröffnen per Mausklick Zugang zu jeweils 15 Wörtern, die für das jeweilige Handlungsgeschehen zentral sind. Weil der Aufbau in allen Lernstationen identisch ist, können sich auch Vorschulkinder leicht orientieren. Für sie eignen sich in besonderer Weise die ersten acht Stationen der Lernumgebung, da für diese keine Kenntnisse im Lesen und Schreiben erforderlich sind. Hör-, Verstehens- und Suchaufgaben sind hier Kernelemente einer spielerischen Wortschatzarbeit im symmedialen Textfeld. Mit der neunten Lernstation werden behutsam Lese- und Schreibprozesse in die Arrangements integriert. Dabei werden Lernfortschritte der Kinder automatisch gespeichert. Vorteilhaft ist auch, dass die Software Lernschwierigkeiten registriert und durch entsprechend veränderte Übungsblätter aufgreift, wobei eine im Verlauf der Beschäftigung komplett farbig gewordene Übungsseite den erfolgreichen Abschluss einer Lerneinheit anzeigt. Als besondere Stärke kann ferner die interkulturelle Ausrichtung der Lernumgebung gelten, denn die meisten Wörter stehen in 14 verschiedenen Sprachen zur Verfügung. Kinder, die Deutsch als Muttersprache erlernen und eine Lernstation bereits gut beherrschen, können die erfolgreich absolvierten Übungen anschließend auch in einer Fremdsprache, z. B. in Englisch, Französisch oder Spanisch, bearbeiten. Kindern mit Migrationshintergrund wird ergänzend zur deutschen Version eine entsprechende Übung zur Verständniserleichterung in ihrer Muttersprache angeboten. Ob am Laptop, Netbook, Tablet-PC oder Smartphone – *Multidingsda* ist eine interaktive Lehr-Lern-Software, die geeignet ist, den kindlichen Wortschatz systematisch zu entwickeln und gleichzeitig im Umgang mit Texten, animierten Bildergeschichten und Hörtexten dazu beizutragen, symmediale Leseweisen für literarisches Lernen frühzeitig zu fördern.

Fazit

Die vorangegangenen Ausführungen haben deutlich gemacht, dass ein symmedial ausgerichteter Anfangsunterricht, der Angebote wie die oben skizzierten aufgreift, das Spektrum des literarischen Lernens in nachhaltiger Weise erweitern kann. Zwar treten schon beim Vorlesen einer Geschichte oder beim Nacherzählen einer Bildergeschichte mit Stimme und Buch bzw. Bild verschiedene nicht-technische Medien miteinander in Beziehung. Um aber den Veränderungen kindlicher Mediensozialisation und dem medialen Wandel der Literatur Rechnung zu tragen, sollten auch technische Medien im Anfangsunterricht einen festen Platz einnehmen. Dazu gehört nicht nur die Kombination unterschiedlicher Medien wie Buch, Hörtext und Film, sondern auch der Einsatz interaktiver symmedialer Texte auf der Basis digitaler Medien wie PC, Netbook oder Tablet-Computer.

Literatur

Primärliteratur

Rowling, Joanne K.: Harry Potter und der Stein der Weisen. Hamburg: Carlsen 1998.

Scheffler, Axel/Donaldson, Julia: Der Grüffelo. Weinheim: Beltz und Gelberg 1999.

Scheffler, Axel/Donaldson, Julia: Der Grüffelo. Pop-up Theaterbuch. Weinheim: Beltz und Gelberg 2009.

Scheffler, Axel/Donaldson, Julia: Das Grüffelo-Malbuch. Weinheim: Beltz und Gelberg 2012.

Sekundärliteratur

Abraham, Ulf: Filme im Deutschunterricht. Seelze 2009.

Arenhövel, Franz: Computereinsatz in der Grundschule. Donauwörth 1994.

Bayerischer Lehrplan für die Grundschule 2000.
In: http://www.isb.bayern.de/isb/index.asp?QNav=4&STyp=1 (letzter Zugriff 27.07.2012).

Bohnenkamp, Albrecht/Brügelmann, Hans: Computer im Grundschulunterricht? Erfahrungen aus einer Lernwerkstatt. In: Diskussion Deutsch (1992) Heft 128. S. 509–527.

BPSA: Beschlüsse der Kultusministerkonferenz. Bildungsstandards im Fach Deutsch für den Primarbereich. Beschluss vom 15.10.2004. München.

Brügelmann, Hans/Brinkmann, Erika: Die Schrift erfinden. Beobachtungshilfen und methodische Ideen für einen offenen Anfangsunterricht im Lesen und Schreiben. Lengwil am Bodensee 2005.

Comenius, Johann Amos: Große Didaktik. Übersetzt und herausgegeben von Andreas Flitner. Düsseldorf/München (1657) 1970.

Dehn, Mechthild: Alphabetisierung als Leseförderung – Lesenlernen und Lesenlehren in der Schule. In: Stark, Werner/Fitzner, Thil/Schubert, Christoph (Hrsg.): Von der Alphabetisierung zur Leseförderung. Stuttgart 2000. S. 82–106.

Duncker, Ludwig: Ästhetische Alphabetisierung als Aufgabe der Elementarbildung. In: Grünewald, Dietrich/Legler, Wolfgang/Pazzini, Karl-Josef (Hrsg.): Ästhetische Erfahrung. Perspektiven ästhetischer Rationalität. Festschrift für Gunter Otto. Seelze 1997. S. 165–170.

Frederking, Volker/Steinig, Wolfgang: „Mit dem Computer geht's viel leichter als mit der Hand". Bericht über ein Projekt zur E-Mail- und Chat-Kommunikation im Anfangsunterricht. In: Blattmann, Ekkehard/Frederking, Volker (Hrsg.): Deutschunterricht konkret. Bd. 1: Sprache. Baltmannsweiler 2000. S. 166–205.

Frederking, Volker: Lesen und Leseförderung im medialen Wandel. Symmedialer Deutschunterricht nach PISA. In: Frederking, Volker (Hrsg.): Lesen und Symbolverstehen. Jahrbuch Medien im Deutschunterricht 2003. Bd. 2. München 2004. S. 37–66.

Frederking, Volker: Symmedialität und Synästhetik. Begriffliche Schneisen im medialen Paradigmenwechsel und ihre filmdidaktischen Implikationen am Beispiel von Erich Kästners „Emil und die Detektive". In: Frederking, Volker (Hrsg.): Filmdidaktik und Filmästhetik. Jahrbuch Medien im Deutschunterricht 2005. Bd. 4. München 2006. S. 204–229.

Frederking, Volker: Lyrikunterricht symmedial und digital. (Syn)Ästhetische Bildung mit ‚neuen Medien' am Beispiel von Goethes Ballade „Der Zauberlehrling". In: Frederking, Volker/Kepser, Matthis/Rath, Matthias (Hrsg.): LOG IN! Kreativer Deutschunterricht und neue Medien. München 2008. S. 157–184.

Frederking, Volker: Symmedialer Literaturunterricht. In: Frederking, Volker/Krommer, Axel/Meier, Christel (Hrsg.): Taschenbuch des Deutschunterrichts. Bd. 2: Literatur- und Mediendidaktik. Baltmannsweiler 2010. S. 515–545.

Frederking, Volker/Krommer, Axel/Maiwald, Klaus: Mediendidaktik Deutsch. Eine Einführung. Berlin 2012.

Kretschmer, Christine: Bilderbücher in der Grundschule. Berlin 2009.

Maiwald, Klaus: Filmdidaktik und Filmästhetik. Lesen und Verstehen audiovisueller Texte. In: Frederking, Volker/ Krommer, Axel/Meier, Christel (Hrsg.): Taschenbuch des Deutschunterrichts. Bd. 2: Literatur- und Mediendidaktik. Baltmannsweiler 2010. S. 219–237.

Mitzlaff, Hartmut/Speck-Hamdan, Angelika (Hrsg.): Grundschule und neue Medien. Frankfurt am Main 1998.

Müller, Karla: Literatur hören und hörbar machen. Unterrichtspraxis. Praxis Deutsch (2004) Heft 185. S. 6513.

Müller, Karla: Hören und Lesen am Beispiel von Kinder- und Jugendliteratur. In: Frederking, Volker/ Krommer, Axel/Meier, Christel (Hrsg.): Taschenbuch des Deutschunterrichts. Bd. 2: Literatur- und Mediendidaktik. Baltmannsweiler 2010. S. 656–668.

Pross, Harry: Medienforschung. Film, Funk, Presse, Fernsehen. Darmstadt 1972.

Reichen, Jürgen: Lesen durch Schreiben. Zürich 1987.

Reichen, Jürgen: Lesen durch Schreiben: Basissoftware „Erstes Verschriften". Das Original-Computerprogramm. Hamburg 2005.

Schill, Wolfgang: Integrative Medienerziehung in der Grundschule. München 2008.

Spinner, Kaspar H.: Schreiben zu Bilderbüchern. In: Praxis Deutsch (1996) Sonderheft. S. 54–57.

Spinner, Kaspar H.: Literarisches Lernen. In: Praxis Deutsch (2006) Heft 200. S. 6–17.

Svenbro, Jesper: Archaisches und klassisches Griechenland: Die Erfindung des stillen Lesens. In: Chartier, Roger/Cavallo, Guglielmo (Hrsg.): Die Welt des Lesens. Von der Schriftrolle zum Bildschirm. Frankfurt am Main/New York 1995. S. 59-96.

Thiele, Jens (Hrsg.): Neue Erzählformen im Bilderbuch. Untersuchungen zu einer veränderten Bild-Text-Sprache. Oldenburg 1991.

Thiele, Jens: Das Bilderbuch. Ästhetik – Theorie – Analyse – Didaktik – Rezeption. Oldenburg 2003.

Wenzel, Horst: Die Schrift und das Heilige. In: Wenzel, Horst/Seipel, Wilfried/Wunberg, Gotthart (Hrsg.): Die Verschriftlichung der Welt. Bild, Text und Zahl in der Kultur des Mittelalters und der Frühen Neuzeit. Wien 2000. S. 15–57.

Wieler, Petra: Vorlesen in der Familie. Fallstudien zur literarisch-kulturellen Sozialisation von Vierjährigen. Weinheim/ München 1997.

Audio-Verzeichnis

Beck, Rufus: Harry Potter und der Stein der Weisen. München 2002 (CD).

Schulz, Ilona: Der Grüffelo und das Grüffelokind. Hörspiel. Hörcompany 2005 (CD).

Film-Verzeichnis:

Columbus, Chris: Harry Potter und der Stein der Weisen (dt.). Regie: Chris Columbus. Drehbuch: Steven Kloves, Joanne K. Rowling (Beraterin). Warner Brothers 2001 (UK/US).

Schuh, Jakob/Lang, Max: Der Grüffelo (dt). Regie: Jakob Schuh und Max Lang. Drehbuch: Julia Donaldson, Jakob Schuh und Max Lang. Oetinger Media GmbH (2009) 2011 (DVD).

Internetquellen

http://www.leandersleseladen.de/content/kinderbuchpreis-heidelberger-leander

www.grueffelo.de

http://www.internet-abc.de/kinder/

http://itunes.apple.com/ch/app/der-karneval-der-tiere/id466412101?mt=8

http://www.profax.de/index.php?p=102

http://www.primolo.de

http://www.wasistwas.de

http://www.youtube.com/watch?v=f2cxfngNyPM
(27.7.2012)

EMPIRISCHE BEFUNDE

CLAUDIA VORST

Bilderbuch und Empirie

Ein Forschungsbericht

Abstract

Das Bilderbuch wird im Literaturunterricht vielfach textdominiert, als motivierender und quantitativ nicht überfordernder Gegenstand zur Vermittlung von Lesekompetenz, eingesetzt. Dabei könnte es auch bei der Entwicklung und Förderung von Bildkompetenz und literarischer Rezeptionskompetenz eine Schlüsselfunktion einnehmen. Seit der Rezeption des Begriffes visual literacy im deutschdidaktischen Kontext beschäftigen sich Forscher vermehrt mit Bilderbüchern und ihrer Bedeutung für das literarische und bildliche Lernen. Die folgenden Ausführungen geben einen Überblick über ausgewählte Studien im interdisziplinären Kontext von Deutschdidaktik und Kunstpädagogik sowie über Desiderate der Forschung.

1. Bilderbuch und Schule. Eine Einführung

> *Ben, was meinst du, was in Bilderbüchern*
> *allgemein die Sprache für das Bild leistet*
> *und das Bild für die Sprache?*
>
> B: Sie erklären sich gegenseitig besser,
> als es jedes von beiden für sich kann.
>
> *Sehr schön gesagt. Ausgezeichnet. Ob ihr nun*
> *wohl ein Bild findet, das etwas anderes zeigt,*
> *als im Text gesagt wird? Wo sich beide widersprechen ...*

Die Sequenz entstammt einem literarischen Gespräch zwischen Jane Doonan und drei älteren Grundschülern (Doonan 2003, S. 151). Ben betrachtet in der Kleingruppe zwei bis dato unbekannte Werke von Anthony Browne, greift dann den kognitiv anspruchsvollen Impuls der Interviewerin auf und verbalisiert metasprachlich die Bild-Text-Relation in Bilderbüchern. Mit dem komplexen Forschungsauftrag an die Kleingruppe, nach einem Spezialfall der Bild-Text-Relation Ausschau zu halten, setzt Doonan einen weiteren Impuls und kann dabei erstaunliche literarische wie piktoriale Rezeptionskompetenzen der Schülerinnen und Schüler abrufen.

Die Ergebnisse der Studie, die außerhalb des Unterrichts mit drei außergewöhnlich interpretationsgeübten Kindern durchgeführt wurde, lesen sich faszinierend, aber sind sie auch repräsentativ für die *Rezeptionskompetenz* von Grundschülern, und lassen sie sich auf das *Rezeptionsverhalten* von Kindern innerhalb der planvoll arrangierten

Situation *Literaturunterricht* übertragen? In diesem Zusammenhang konstatiert Jens Thiele, dass man nach wie vor „über die subjektiven Zugänge, die kreativen Momente und die Prozesse der Auseinandersetzung von Kindern im Umgang mit Bilderbüchern fast gar nichts" wisse und hält es zudem für fraglich, ob individuell bedeutsame und literarästhetische Erfahrung mit Bilderbüchern unter den Bedingungen von Unterricht überhaupt gelingen kann:

> Nicht der Kindergarten oder die Grundschule als institutionalisierte Orte mit verplantem Zeit und Lerntakt, in denen man auch mal ein Bilderbuch anschaut, sind als sensible Erfahrungsorte vorstellbar. Wer wirklich wissen möchte, was zwischen Kind und Bilderbuch passieren kann, benötigt Zeit und Raum außerhalb traditioneller Lernorte. (Thiele 2003, S. 192)

Die Schulszene wie auch Thieles pessimistisches Statement werfen Fragen auf, die für die mit dem Bilderbuch befassten Disziplinen bedeutsam sind. Diese betreffen die kindliche Rezeption von Bildern und Bilderbüchern, die institutionelle Vermittlung in offenen und angeleiteten Unterrichtssituationen mit den zugehörigen Begleitdiskursen und Anschlusshandlungen sowie die Rolle der erwachsenen Vermittler, und zwar hinsichtlich der Buchauswahl wie auch der methodischen Arrangements. Dabei gilt es zum einen die Definition und Strukturen des zeitgenössischen Bilderbuchs zu erhellen, zum anderen die *visual literacy* bzw. *Bildkompetenz* als neue Zieldimension der Literatur und Mediendidaktik zu erklären.

2. Das zeitgenössische Bilderbuch

Wenn im Folgenden von Bilderbuch die Rede ist, soll damit ein „Genre der KJL" bezeichnet werden, „das durch die Wechselbeziehung von Bild und Text charakterisiert ist und sich durch ein Erzählen in bzw. mit Bildern auszeichnet" (Blei-Hoch 2006a, S. 56). Diese zunächst sehr allgemeine Definition kann hinsichtlich zeitgenössischer Tendenzen genauer expliziert werden, denn seit den 1990er Jahren lassen sich hinsichtlich der Themen wie auch der sprachlichen und visuellen Darstellung grundlegende Neuentwicklungen ausmachen. Zu diesen zählen nicht nur eine Vorliebe für das „Spiel mit Zeichen und Zeichenverschiebung", sondern auch nicht-lineare Erzählstrukturen, mediale Entlehnungen und Techniken in der Bildsprache sowie eine schwieriger zu bestimmende Zielgruppe bzw. Adressatenbezogenheit (Oetken 2008b, S. 82). So gibt es 40 Jahre nach den Wimmelbilderbüchern von Ali Mitgutsch eine Reihe völlig neuartiger Werke ohne Text, multiperspektivische Narrationen wie *Die Torte ist weg*, in denen die Linearität des Textes aufgebrochen wird (vgl. Thé 2006), und seriell erzählte Texte wie *Die ganze Welt* (vgl. Couprie/Louchard 2008). Während diese Bilderbücher Ansprüche an die Bildkompetenz stellen, treiben Werke, die ihren eigenen Entstehungsprozess erzählen – so etwa *Johanna im Zug* (vgl. Schärer 2009) – ein Spiel mit der Narration. Dies insofern, als der Leser in diesem Bilderbuch der Zeichnerin über die Schulter sieht, wie sie ihre Figur, das Schwein Johanna, entwickelt, die sich dann in die Geschichte einmischt. Ein anderes Hin- und Herschalten zwischen den Erzählebenen liegt in *Ein Buch für Bruno* vor. Hier setzt im Moment der Metalepse – die Protagonisten schwingen sich am Lesebändchen in ein Buch hinein und bestehen dort Abenteuer – der Text aus (vgl. Heidelbach 2006) und muss von den Rezipienten selbst vervollständigt werden, bis die Figuren wieder in der real-fiktiven Welt angekommen sind. Derartige Verfahren sowie forciert intertextuelle bzw. interpiktoriale/intermediale Bezüge sind typisch für die aktuelle Kinderliteratur (vgl. Wrobel 2010). In *Schnipselgestrüpp* etwa greift ein einsamer Junge, von den fernsehenden Eltern nicht beachtet, zum alternativen Medium Zeitung, bastelt und rupft, liest die Schnipsel und lockt endlich den Vater herbei, der sich nach und nach auf die Lesewelt einlässt, so dass man am Schluss die beiden bei gemeinsamen Anschlusshandlungen sieht, gewissermaßen bei kreativen Adaptionen des erworbenen Weltwissens (vgl. Duda/Friese 2010). Mediale Entlehnungen innerhalb der Bildsprache (vgl. Tan 2012) und crossmediale Tendenzen sind auch für den Medienverbund *Mobile* kennzeichnend (vgl. Fels 2011). Dem erfolgreichen Kurzfilm mit animierten Figuren in bunter Stofftier-Optik wurde ein nachträglich betextetes Bilderbuch aus Filmstills mit dramaturgisch abwechslungsreich kombinierten Kameraeinstellungen hinzugefügt. Zudem richten sich die Werke von Shaun Tan nicht nur an eine Altersgruppe. Er nutzt in Bilderbuch und Graphic Novel Collageelemente, überzeichnete und am PC bearbeitete Fotos und Papiere, zitiert Steampunk und Science Fiction – Bildzitate, die nicht mehr nur auf die Mehrfachadressiertheit von Bilderbüchern hinweisen, sondern vielmehr auch auf ein „breiteres Spektrum akzeptierter Kindheitskonstruktionen" (Oetken 2008a, S. 149). Es wird ersichtlich, dass jedes dieser Bilderbücher ganz eigene Anforderungen an die Rezeption von Texten und Bildern und deren Wechselwirkungen stellt. Wie literatur- und mediendidaktische Konzeptionen vor allem auf die gewandelte Bedeutung der Bildrezeption eingehen, sei nachfolgend dargestellt.

3. *Visual literacy* und Didaktik

Seit Platon kennzeichnet der Vorrang der Texte die abendländische Kultur; erst ab Mitte der 1990er Jahre mit den Arbeiten von Gottfried Boehm zum *iconic turn* bzw. von Erwin Panofsky zum *pictorial turn* (vgl. Höpel 2008) zeichnet sich ein Umdenken in den Kulturwissenschaften ab, gestützt durch Befunde der Kognitionswissenschaften, die den komplexen Prozess der visuellen Wahrnehmung neu erklären. In der Schule sind Texte gleichwohl immer noch dominant. Bilder spielen nur eine untergeordnete Rolle und werden von den erwachsenen Vermittlern weder in Vorlesegesprächen noch in Anschlusskommunikationen oder -handlungen konsequent mitberücksichtigt. Mechthild Dehn hat in der Geschichte des Faches nach spezifischen Gründen dafür gesucht und einen „'logozentrischen Stolz' der Germanistik" (Dehn 2007a, S. 25 f.), insbesondere innerhalb der Rezeptionsästhetik, als verantwortliche Ursache identifiziert. Das Vorstellungsbild, das während des Lesens bei der Konkretisierung von Unbestimmtheitsstellen im Text aktiv erzeugt wird, hielten Vertreter wie Wolfgang Iser für wichtiger als das äußere Bild, das einen deutlich höheren Bestimmtheitsgrad habe, unmittelbar verfügbar und leichter eingängig sei. Dass die angenommene Passivität des

Blicks jedoch nicht haltbar sei und Sehen vielmehr einen durchaus aktiven Konstrukti-onsprozess darstelle, bestätige die moderne Hirnforschung, so Dehn weiter unter Bezug auf Studien Wolf Singers. Das Gehirn entwerfe „Modelle der Welt", gleiche die Wahr-nehmungen damit ab und suche dann nach den „wahrscheinlichsten Lösungen". Was für ein Abbild gehalten werde, sei in Wirklichkeit eine Konstruktion (Dehn 2007a, S. 11). Innere und äußere Bilder seien mithin keinesfalls identisch, weil die inneren immer von der Erfahrung und dem Vorwissen der Person geprägt würden, die sie produ-ziert. Um sie mit anderen zu teilen, bedürfe es bildnerischer und sprachlicher Transfor-mationen (vgl. Dehn 2007b). Bild- und Spracherwerb seien daher miteinander ver-knüpft; beide bezögen sich auf symbolische Repräsentationen von etwas Drittem, Abwesendem (vgl. Plaga 2012).

Die neurologischen Forschungsergebnisse sind von vielen Fachdidaktiken und ihren Bezugswissenschaften rezipiert worden; hier lohnt sich ein Blick in die Kunstpädago-gik. So nimmt auch die Bildhermeneutik an, dass das Sehen von Bildern keinen „Abbil-dungsprozess" darstelle, sondern vielmehr „dem Hervorrufen einer Resonanz oder Korrespondenz" gleiche (Sowa / Uhlig 2006, S. 78). Allerdings differenzieren Kunst-pädagogen zwischen dem *Lesen* und *Verstehen* von Bildern. Ein echtes Bild*verständnis* stellt sich dabei nach Ansicht von Gabriele Lieber erst dann ein, wenn Schülerinnen und Schüler selbst praktisch handeln würden: „Wahre Bildliteralität", so Lieber, „entsteht, wie bei ihrer Schwester Literalität, erst im aktiven Umgang mit bildnerischen Techniken und Mitteln, Gesetzen und Strukturen." (Lieber 2008, S. 6 f.)

Zwei Teilaufgaben, die zur Entwicklung von *visual literacy* als Bedeutungsgenerierung und Erzeugung mentaler Modelle von Wirklichkeiten bei der Bildrezeption bedeutsam sind und die es bei der Planung didaktischer Arrangements zu beachten gilt, werden der-zeit unterschieden (vgl. Dehn 2008; Blei-Hoch 2006b). Zum einen ist dies die Verlang-samung des Blicks, zum anderen sind es Transformationsprozesse – entweder in Form von Gesprächen über das Gesehene oder in Form von Anschlusshandlungen. Die Ver-langsamung des Blicks, das Verfahren der Wieder-Ver-Fremdung mit dem Ziel, das zuvor selbstverständlich Gesehene zu fokussieren, aktiv mit den eigenen mentalen Schemata abzugleichen, um dann verbal oder handelnd darauf zu reagieren und in einen Diskurs einzutreten, das sind ästhetische Verfahren, die auch von der Literaturdidaktik seit langem genutzt werden. Insofern korrespondieren die bisher vorliegenden methodi-schen Vorschläge zum Umgang mit ausgewählten Kunstwerken im Unterricht zur Wei-terentwicklung der Wahrnehmungs- und Sprachbildung mit Aspekten des literarischen Lernens. Letztere zielen auf ähnliche Operationen, die die Entwicklung literarischer Kompetenz in einem ganzheitlichen Verständnis fördern sollen (vgl. Spinner 2006). Wenn sich im Kontext des Hamburger Forschungsprojektes Kinder mit allen Sinnen in Kunstwerke der klassischen Moderne hineinversetzen, beispielsweise in Figuren von Edvard Munch, und sich über ihre Eindrücke gemeinsam austauschen (vgl. Dehn 2007b), wird neben der Entwicklung subjektiver Imaginationen und der Schulung genauer Wahrnehmungen implizit auch kunsthistorisches Weltwissen angebahnt. Außerdem wird der oben erwähnte kunstpädagogische Anspruch der handelnden Auseinandersetzung mit Bildern unter der Zielperspektive eines echten Verständnisses erfüllt. Wie allerdings eine Mitberücksichtigung der für Kinder nicht immer verständlichen intertextuellen Zitate, der Interpiktualität bzw. Interpiktorialität in aktuellen Bilderbüchern aussehen könnte – hier braucht es empirische Forschungen zum piktorialen Verstehen –, und welche Zielsetzung diese speziell im Anfangsunterricht verfolgen sollte, darüber wird bislang nicht genügend nachgedacht.

Ein Konsens zur Bildbetrachtung generell scheint jedoch dahingehend erreicht, dass den langsamen Illustrationen des Bilderbuchs im Gegensatz zu den bewegten, mitunter temporeichen Fernseh- oder Trickfilmbildern eine propädeutische Funktion bei der Entwicklung der Medienkompetenz wie auch der literarischen Kompetenz zugesprochen und der Entschlüsselung der Bild-Text-Relation dabei eine entscheidende Rolle beigemessen wird (vgl. Lieber/Schnell 2008). Inwieweit dazu aber auch die Decodierung visueller Anspielungen gehört, ist ebenfalls noch weitgehend unklar. So geht es Volker Frederking, Axel Krommer und Klaus Maiwald nicht um eine „systematische Unterweisung im Interpretieren von Bildern oder im Lesen von Bildgeschichten" – zu Bildgeschichten zählen die Autoren auch Bilderbücher –, sondern mit Claudia Blei-Hoch vielmehr darum, Lernende für die Vielfalt der „Varietäten von bildnerischen und sprachlichen Mitteln und Strukturen einer Kulturgemeinschaft" aufzuschließen (Blei-Hoch 2006b, S. 57; Frederking/Krommer/Maiwald 2008, S. 132). Demgegenüber plädiert Bettina Kümmerling-Meibauer zwar auch für eine angemessene Sensibilität gegenüber der Art und Weise, wie Kinder schwer zu entschlüsselnde Bilder wahrnehmen, votiert aber gleichzeitig für eine gezielte Vermittlung von metapiktorialem Vokabular, um Kinder frühzeitig zu befähigen, subjektiv gewonnene Eindrücke differenziert auszudrücken und gemeinsam zu besprechen (vgl. den Beitrag von Kümmerling-Meibauer in diesem Band). Besondere Aufmerksamkeit gilt dabei im Moment Kindern, die im Kontext der familialen Bilderbuchrezeption seit Petra Wielers Studien als benachteiligt identifiziert worden sind (vgl. Wieler 1995 und 1997; Paus-Hasebrink 2007; den Aufsatz von Niklas in diesem Band). Gabriele Lieber, die das Lernen mit Bildern in einem umfassenderen Sinne verstanden wissen möchte, erinnert in diesem Zusammenhang daran, dass die Rolle bildlich-literaler Kompetenzen „in ihren systematisch zu erfassenden Leistungen für die Ausbildung von Lernfähigkeit" zwar empirisch bisher kaum erforscht sei; es sei aber nicht unwahrscheinlich,

> dass die Beanspruchung und Förderung solcher Kompetenzen neue Fähigkeiten erzeugen, die gerade auch Kinder […] aus bildungsferneren Schichten ansprechen, die für den Aufbau von Abstraktionsleistungen den Weg bildhaft-anschaulichen Denkens bevorzugen. (Lieber 2008, S. 6)

4. Empirische Studien rund ums Bilderbuch. Ein Streifzug

Seit der Jahrtausendwende hat sich die Deutschdidaktik als empirisch forschende Disziplin etabliert; die Auseinandersetzung um Standards und Kompetenzen scheint vorüber (vgl. Vorst 2011). Empirische Studien zum Bilderbuch müssen aber den interdisziplinären Zuschnitt des Gegenstandes, genauer: sowohl den Text und das Bild als auch deren Interdependenz berücksichtigen. In Untersuchungen, die den Lernzuwachs oder die Entwicklung literarischer Kompetenz bei Kindern im Unterricht ermitteln wollen, kommt noch hinzu, dass dieser ein empirisch nur schwer fassbares Geschehen darstellt und Unterrichtseinheiten, die in Erfahrungsberichten als erfolgreich beschrieben werden, vielfach implizite Lernprozesse anregen, die kaum beobachtbar und der empirischen Forschung schwer zugänglich sind (vgl. Jantzen 2010). Einige der nachfolgend aufgeführten Studien werfen deshalb mehr Fragen auf, als sie beantworten, was nicht allein an ihrem zumeist qualitativen Untersuchungsdesign liegt.

Vor einer empirischen Arbeit zum Umgang mit dem Bilderbuch sollte dessen eingehende Analyse erfolgen, auch wenn sich im deutschsprachigen Raum bisher kaum auf diesbezügliche literaturwissenschaftliche Arbeiten zurückgreifen lässt. Hans Adolf Halbey hat jedoch schon Ende der 1990er Jahre Vorschläge zu einer narrativen, entwicklungspsychologisch und semiotisch fundierten Bilderbuch-Literaturtheorie vorgelegt. Möglicherweise würde es sich gerade wegen des Bild-Text-Bezuges lohnen, den von ihm favorisierten, wenngleich etwas aus der Mode gekommenen semiotischen Zugriff wiederzubeleben und durch kognitionswissenschaftliche und kunstpädagogische Forschungsergebnisse zu ergänzen (vgl. Halbey 1997).

Die Bild-Text-Erzählstruktur, ob parallelisierend, gegenläufig oder als abwechselnde Ungleichzeitigkeit von Bild und Text angelegt, ist dagegen schon mehrfach typologisiert und analysiert worden (vgl. Thiele 2003 und 2007; Hohmeister/Thiele 2007). Mareile Oetken und Claudia Blei-Hoch haben darüber hinaus aktuelle Bilderbuchillustrationen untersucht und dabei Kontinuitäten, Brüche, Traditionslinien, Postmodernes und Crossmediales ausmachen können, Tendenzen, die auf Seiten der Rezipienten Irritationen auslösen können und ein bestimmtes Maß an Imaginations- wie Assoziationsfähigkeiten voraussetzen (vgl. Oetken 2008a und 2008b; Blei-Hoch 2007).

Im Anschluss an Bettina Kümmerling-Meibauer, die aus ihren Analysen Teilkompetenzen der literarischen und piktorialen Rezeptionskompetenz ableitet, welche sich mit Hilfe von anspruchsvollen Bild-Werken fördern lassen (vgl. den Aufsatz von Kümmerling-Meibauer in diesem Band), sei auf bild- und literaturwissenschaftliche Forschungslücken verwiesen, die es künftig zu schließen gilt. Die größten Desiderate innerhalb der *empirischen* Forschung bestehen hinsichtlich der Frage, wie Kinder ein Bilderbuch rezipieren. So wäre zu beobachten, wie sie die Beziehung zwischen Bild und Text wahrnehmen; ob sie bei offenen Zugängen chronologisch, weiter- und zurückblätternd, mäandernd durch das Buch gehen; wie weit ihr symbolisches und poetisches Verstehen je nach Alter, nach literarästhetischer Vorerfahrung reicht (vgl. Spinner 2010; Knopf 2010) und wie sie dies zum Ausdruck bringen. Profitieren sie von komplexen, anspruchsvollen Werken in der Weise, die die Forschung sich erhofft? Hierzu gibt es nur verstreute Untersuchungen.

Verwiesen sei auf Alexandra Ritter, die in einer qualitativen Studie unter dem Titel *Kindliche Lesarten von Bilderbüchern* analysiert, wie, bezogen auf vier zeitgenössische Werke, „individuelle Bilderbuchlesarten durch die Ausdruckstätigkeiten von

Kindern im Alter von 8 bis 10 Jahren beschreib- und interpretierbar" (Ritter 2011, S. 63) seien. Dazu wertet sie schriftliche Rezeptionsdokumente von zehn Viertklässlern aus, die Bilderbücher zunächst gemeinsam, dann eine Woche später individuell rezipieren. Dabei fragt sie danach, inwieweit die Kinder Bild-Text-Impulse (nicht) aufgreifen und sich selbst einbringen, wie also Transferprozesse von Bild und Text im Bilderbuch zum Kindertext aufscheinen. Am Beispiel eines Jungen, der zwei Werke sehr unterschiedlich verarbeitet – einmal nimmt er reichhaltige literarische Muster auf, ein anderes Mal reduziert er stark –, zeigt Ritter die Chancen der produktiven Rezeption von Bilderbüchern auf, die in der Adaption ihrer strukturellen und ästhetischen Besonderheiten liegen. Weil die Daten dieser Studie jedoch in einer für den Literaturunterricht atypischen Situation erhoben wurden – einmal wöchentlich mit einer relativ kleinen Gruppe in einem Leseclub am Nachmittag – müsste eine Anschlussuntersuchung klären, ob sich auch in weniger geöffneten Situationen entsprechende Ergebnisse erzielen lassen.

Eine weitere aktuelle Rezeptionsstudie stellt Ingeborg Rycheners Dissertation mit dem Titel *Wie Kinder ein Bilderbuch verstehen* dar. Auf der Grundlage des Textverstehensmodells von Jürgen Grzesik untersucht sie das Textverständnis von 45 Zweitklässlern und geht der Frage nach, welche Textverstehensschritte Kinder dieser Altersgruppe aktivieren können (vgl. Rychener 2011). Dabei gelangt Rychener zu dem Ergebnis, dass die Annahme, das Betrachten von Bildern unterstütze Leser generell bei der Konstruktion mentaler Modelle, differenziert werden müsse. Dies gelte nur für gute LeserInnen, die bereits Sinnerwartungen hegen. Monika Plath hat jedoch zu Recht angemerkt, dass sich Rycheners Befund nicht auf andere Bilderbücher übertragen lasse (vgl. Plath 2012). Die Leistung der instruktiv zu lesenden Studie bleibt auf die Dimension des Textverstehens beschränkt, die spezifische Bedeutung bzw. Verarbeitung von Bildern im Leseprozess wird nicht deutlich, obwohl die Transkriptionen der kindlichen Äußerungen, wie die Rezeptionsdokumente bei Ritter, durch die Verknüpfung von suchendem Denken und kindlichem Weltwissen zu faszinieren vermögen. Anschlussuntersuchungen müssten daher klären, ob das von Rychener konstatierte Verharren der Zweitklässler auf der Ebene des Dekodierens, das möglicherweise durch den Modus des Befragt-Werdens bedingt wurde, auch bei einer videografierten *Unterrichts*sequenz mit explizit *imaginationsförderndem* Zugriff und der Betrachtung eines anderen Primärwerks zu beobachten wäre.

Bei Friederike Plagas Dissertation *Bilderreich & Wortgewandt* handelt es sich nicht um eine empirische Untersuchung, obwohl sich durchaus eine Interventionsstudie, etwa zur Überprüfung des Erfolgs ihrer Fortbildungsmodule, angeboten hätte (vgl. Plaga 2012). Plaga setzt sich vielmehr mit theoretischen Positionen und empirischen Forschungsergebnissen aus der Kunstwissenschaft, der Kunstpädagogik und der Psychologie auseinander. Dabei liegt ihr Fokus auf der symbolischen Praxis der gemeinsamen Bildrezeption von Kindern und Erwachsenen in der Frühpädagogik. Sie fragt explizit nach dem Bild bzw. der Bildgrammatik als Grundlage für den Erwerb der Symbolsprache zur Förderung der vorsprachlichen Entwicklung von Kindern und entwickelt auf dieser Grundlage ein Projekt für Kindertageseinrichtungen. Die Studie ist gleichwohl

in zweierlei Hinsicht bedeutsam. Zum einen analysiert Plaga eine Reihe von zeitgenössischen Bilderbüchern mit dem Ziel, die bildliteralen Teilkompetenzen zu ermitteln, die
zu deren Verständnis erforderlich sind, zum anderen führt sie das Förderprojekt selbst
durch, evaluiert es informell und berichtet im Zuge dessen über die Motivation und vor-
urteilsfreie Annäherung der Kinder an ungewöhnliche Bildsprachen, wobei sich die
Annahme von Gabriele Lieber, dass vor allem Kinder aus bildungsfernen Elternhäusern
auf die durch bildhaft-anschauliche Abstraktionsleistungen angeregten Denkprozesse
ansprechen, zu bestätigen scheint. Dies müsste jedoch noch empirisch bestätigt werden.

Iris Kruse untersucht in ihrer Studie *Gut vorlesen – Textpotenziale entfalten* das Vorlesehandeln im Unterricht und damit zusammenhängend die Lehrerprofessionalität beim
Einsatz von Bilderbüchern und beim Umgang mit den darin befindlichen Bildern. Ihre
Ergebnisse sowie die Fragen, die sich im Anschluss auch und gerade hinsichtlich der
Herstellung einer imaginationsfördernden und literarisch bildenden (Vor-)Lesekultur
im Klassenzimmer stellen, sind sehr aufschlussreich (vgl. den Beitrag von Kruse in diesem Band).

Empirische Studien zum Bilderbuch sollten auch die Literaturvermittler betrachten, die
in der Regel über die Auswahl der Bücher entscheiden. Im Rahmen des Gießener
Bili & Älph-Projektes unter Leitung von Ludwig Duncker und Gabriele Lieber ging es
daher um Erfahrungen von Erwachsenen in Kindergärten, Schulen und Hochschulen
beim Einsatz von *Bildern.* Die Umfrage kam zu dem Ergebnis, dass „eine übermäßige
Ausprägung eines ausschließlich verbalisierenden Bildeinsatzes" in allen Ausbildungs-
phasen nachweisbar ist und Bilder vor allem als „Gesprächsimpuls, Informationsver-
mittlung und Veranschaulichung von Unterrichtsinhalten" (Kremling 2008, S. 121)
genutzt werden. Von der geforderten ästhetisch handelnden Auseinandersetzung mit
Bildern sind alle Bildungsinstitutionen demnach noch weit entfernt.

Die Publikationen zur Lesesozialisation bzw. zur Lektüreauswahl im schulischen Kontext gehen nicht explizit darauf ein, welche *Bilder*bücher von Lehrerinnen und Lehrern
ausgewählt werden (vgl. Runge 1997; Richter / Plath 2005). Plaga und Ritter verwenden
in ihren Studien Werke, die vielen Erziehern und Lehrkräften noch gar nicht bekannt
sein dürften. Dies legt ein umfangreiches und methodisch anregendes Studienbuch zur
Ausbildung von Erziehern und Sozialpädagogen nahe, welches kaum ein literarästhe-
tisches Werkbeispiel enthält, das jünger als 20 Jahre ist (vgl. Fürst / Helbig / Schmitt
2008). Die innovative Bildsprache der von Plaga und Ritter ausgewählten Bücher kolli-
diert zudem mit gängigen Vorstellungen von Kindgemäßheit (vgl. Lieber / Flügel 2009).
In diesem Zusammenhang sei jedoch betont, dass die Vorstellung, was ein kindgemäßes
Bild sei, in den letzten Jahren durch qualitative Studien differenziert wurde. So machen
Constanze Kirchner (vgl. Kirchner 1999) und Bettina Uhlig (vgl. Uhlig 2005 und 2007)
geltend, dass es „keine eindeutigen Kriterien einer altersbezogenen Bildauswahl" gebe,
sondern dass „individuell-biografische und soziokulturelle Aspekte" die Präferierung
von Kunstwerken beeinflussen (Uhlig 2008, S. 4). Im Gegensatz zu älteren Studien
(vgl. Hinkel 1972) fragen neuere nicht mehr danach, ob Kindern ein Bild *gefalle*, sondern ob sie es *interessant* fänden. Dies scheint dann gegeben zu sein, wenn es als subjek-

tiv bedeutsam gilt, mit kindlichen bildästhetischen Rezeptionsgewohnheiten verknüpft werden kann, humorvoll ist oder ästhetische Differenzerfahrungen ermöglicht (vgl. Stiller 2011). Für die kunstpädagogische Arbeit lehnt Uhlig daher einen wie auch immer gearteten „altersentsprechenden Bilderkanon für Kinder" ab und fordert verschiedene Bilder, Zugänge und methodische Impulse (Uhlig 2008, S. 4).

Aus literaturdidaktischer Perspektive wäre zu fragen, ob die vorliegenden Präferenzforschungsergebnisse auch für die Bilderbuchauswahl gelten und den Zuschreibungen erwachsener Literaturvermittler im Anfangsunterricht über kindgemäße Werke widersprechen. Hier zieht der Kunstdidaktiker Jürgen Stiller zwar eine klare Grenze zwischen den Institutionen, wenn er mit Bezug auf die *imago 2010*-Studie hervorhebt, dass 62 Prozent aller Kindergärten im Durchschnitt über 50 (Bilder-)Bücher besäßen und durchaus offen-phantasievoll, zumeist malerisch, damit umgehen würden, während in der Schule Bilder „hauptsächlich Verwendung als Impuls, Informationsträger oder Illustration" (Ritter 2011, S. 8) fänden, was als überaus bilderfeindlich zu bewerten sei. Allerdings stellt sich die Frage, welche Bilderbücher im Kindergarten rezipiert werden. So weisen die Ergebnisse einer Vorstudie von Eva-Maria Bertele aus dem Elementarbereich darauf hin, dass sich viele Kindergärten, auch solche, die aktiv an *Literacy*-Förderung interessiert sind, auf die Vorauswahl von Multiplikatorinnen verlassen. Diese kooperieren auf freiberuflicher Basis mit dem Buchhandel, verfügen kaum über literaturdidaktische und kunstdidaktische Kenntnisse und relativieren ihren Kanon deshalb wenig, sondern nehmen in ihre Bilderbuchkisten nur scheinbar Bewährtes und bildsprachlich wenig Innovatives auf. Auch vor diesem Hintergrund kann Plagas Fortbildungskonzept, das die Einrichtung einer Bibliothek vorsieht, als innovativ bezeichnet werden. Eng verbunden mit der Frage nach der Bilderbuch-Auswahl ist auch die Frage nach deren bildnerischer und literarästhetischer Qualität und den verwendeten methodischen Impulsen, die in der Erzieherausbildung vermittelt werden.[1]

Abschließend sei auf Katrin Dammann-Thedens und Kirsten Winderlich verwiesen. Erstere hat an ältere Rezeptionsstudien angeknüpft und Rezeptionszugriffe im Eltern-Kind-Dialog beobachtet, videografiert und ausgewertet. Dabei stellen keine Textbilderbücher wie bei Wieler und Elias (vgl. Wieler 1997; Elias 2009), sondern textlose Bildnarrationen die Untersuchungsgegenstände dar (vgl. Dammann-Thedens 2011), denen nicht nur, aber eben auch eine besondere Bedeutung für die Vermittlung sprachlich-literarischer Kompetenzen in mehrsprachigen Klassen zugewiesen wird (vgl. Dammann-Thedens/Michalak 2011). Den von Jens Thiele vor einigen Jahren unterbreiteten Vorschlag, den Ansatz des „ästhetischen Projekts" aus der Kunstpädagogik zu nutzen und Kinder in „ästhetischen Werkstätten" möglichst frei mit Bilderbüchern umgehen zu lassen, damit dort „der Dialog zwischen Betrachter/Leser/Zuhörer und dem Bilderbuch selbst im Zentrum steht" (Thiele 2003, S. 197), hat dagegen Kirsten Winderlich für performative, literarästhetisch und künstlerisch offene Bilderbuchprojekte aufgegriffen (vgl. Winderlich 2011).

---

[1] Vgl. die Kompetenzbeschreibung zum Umgang mit Bilderbüchern des Hochschulnetzwerkes Bildung und Erziehung in der frühen Kindheit, S. 67 f.

5. Ausblick

Seit kurzem hat sich die Deutschdidaktik aufgemacht, im Dienste der Vermittlung von literarischer Kompetenz und *visual literacy* das Lernen mit dem Bilderbuch bzw. mit Bildern im institutionellen Kontext empirisch zu erforschen. Die Desiderate sind benannt, erste Ergebnisse zum Textverstehen, zur produktiven Rezeption zeitgenössischer Werke und zum Fortbildungsbedarf liegen vor. Festgehalten werden kann darüber hinaus, dass konsequenter als bisher interdisziplinäre Forschungsarbeiten notwendig sind. Gemeinsam mit der Kunstpädagogik, die ebenfalls zu einer forschenden Disziplin geworden ist und methodisch einiges zur Untersuchung von offenen, prozessorientierten Rezeptionshandlungen als auch zur ästhetisch-biographischen Forschung beigetragen hat, gilt es zu klären, was Gelingensfaktoren für den Erwerb von literarischer *und* bildliteraler Kompetenz sind und welche unterrichtlichen Arrangements dabei unterstützend wirken können.

*

Ich möchte sehr herzlich meiner Mitarbeiterin Eva-Maria Bertele M. A. danken – für wertvolle Anregungen, bibliographische Hinweise und Recherchen zu diesem Beitrag.

Literaturverzeichnis

Primärliteratur

Browne, Anthony/Baumann, Peter: Stimmen im Park. 3. Aufl. Oldenburg: Lappan Verlag 2002.

Couprie, Katy/Louchard, Antonin: Die ganze Welt. Nachdruck. Hildesheim: Gerstenberg 2008.

Duda, Christian/Friese, Julia: Schnipselgestrüpp. Zürich: Bajazoo 2010.

Fels, Verena: Mobile. Die Geschichte der Kuh, die nicht mehr allein sein wollte. [mit DVD] Stuttgart: Thienemann 2011.

Heidelbach, Nikolaus: Ein Buch für Bruno. 2. Neuausgabe. Weinheim/Basel: Beltz & Gelberg 2007.

Schärer, Kathrin: Johanna im Zug. Zürich: Atlantis Verlag 2009.

Tan, Shaun: Der rote Baum. Hamburg: Carlsen 2012.

Thé, Tjong-Khing: Die Torte ist weg! Eine spannende Verfolgungsjagd. Frankfurt am Main: Moritz Verlag 2006.

Sekundärliteratur

Blei-Hoch, Claudia: Bilder im Deutschunterricht. In: Kliewer, Heinz-Jürgen/Pohl, Inge (Hrsg.): Lexikon Deutschdidaktik. Bd. 1. Baltmannsweiler 2006a. S. 54–56.

Blei-Hoch, Claudia: Bilderbuch. In: Kliewer, Heinz-Jürgen/Pohl, Inge (Hrsg.): Lexikon Deutschdidaktik. Bd. 1. Baltmannsweiler 2006b. S. 56–58.

Blei-Hoch, Claudia: Das Bilderbuch mit anderen Augen sehen – Zu Erzählformen in aktuellen Bilderbüchern und ihrer Vermittlung. In: Thema: Bilderbücher. München 2007. kjl&m 57 (2007) Heft 1. S. 11–18.

Dammann-Thedens, Katrin: Verstehen bildnerischer Narrationen in Eltern-Kind-Dialogen. In: Hüttis-Graff, Petra/Wieler, Petra (Hrsg.): Übergänge zwischen Mündlichkeit und Schriftlichkeit im Vor- und Grundschulalter. Freiburg 2011. S. 227–245.

Dammann-Thedens, Katrin / Michalak, Magdalena: Bildnarrationen als Fundament zur Vermittlung von sprachlich-literarischen Kompetenzen in mehrsprachigen Klassen. In: Krommer, Axel / Jost, Roland (Hrsg.): Comics und Computerspiele im Deutschunterricht. Fachwissenschaftliche und fachdidaktische Aspekte. Baltmannsweiler 2011. S. 227–245.

Dehn, Mechthild: Unsichtbare Bilder. Überlegungen zum Verhältnis von Text und Bild. In: Didaktik Deutsch (2007a) Heft 22. S. 25–50.

Dehn, Mechthild: Visual literacy und Sprachbildung. In: kjl&m 57 (2007b) Heft 3. S. 11–20.

Dehn, Mechthild: Unsichtbare Bilder. Visual literacy als Aufgabe des Deutschunterrichts? In: Plath, Monika / Mannhaupt, Gerd: Kinder – Lesen   Literatur. Analysen, Modelle, Konzepte. Baltmannsweiler 2008. S. 1–32.

Doonan, Jane: Stimmen im Park und Stimmen im Klassenzimmer. Rezeptionsbezogene Analyse von Anthony Brownes „Stimmen im Park" (1998). Übersetzung aus dem Englischen von Reinbert Tabbert. In: Thiele, Jens (Hrsg.): Das Bilderbuch. Ästhetik – Theorie – Analyse – Didaktik – Rezeption. 2., erw. Aufl. Oldenburg 2003. S. 142–156.

Duncker, Ludwig / Lieber, Gabriele (Leitung): Bildliteralität und ästhetische Alphabetisierung [Bili & Älph]. http://www.bili-aelph.de/ (05.08.2012).

Elias, Sabine: Väter lesen vor. Soziokulturelle und bindungstheoretische Aspekte der frühen familialen Lesesozialisation. Weinheim 2009.

Frederking, Volker / Krommer, Axel / Maiwald, Klaus: Mediendidaktik Deutsch. Eine Einführung. Berlin 2008.

Frederking, Volker: Modellierung literarischer Rezeptionskompetenz. In: Kämper-van den Boogaart, Michael / Spinner, Kaspar H.: Lese- und Literaturunterricht. Geschichte und Entwicklung – Konzeptionelle und empirische Grundlagen. Deutschunterricht in Theorie und Praxis. Bd. 11 / 1. Baltmannsweiler 2010. S. 324–380.

Fürst, Iris / Helbig, Elke / Schmitt, Vera: Kinder- und Jugendliteratur. Theorie und Praxis. Troisdorf 2008.

Halbey, Hans Adolf: Bilderbuch: Literatur. Neun Kapitel über eine unterschätzte Literaturgattung. Weinheim 1997.

Hochschulnetzwerk Bildung und Erziehung in der Kindheit Baden-Württemberg (Hrsg.): Rahmencurriculum BA Frühe Bildung Baden-Württemberg. 2012. http://www.eh-freiburg.de/inc/template/ehfreiburg/de/Pdf/aktuelles/Rahmencurriculum-BA-Fruehpädagogik_Mai12.pdf (15.8.2012)

Höpel, Ingrid: Bildkompetenz als pädagogische Schlüsselkompetenz – Forschungsstand und Perspektiven einer interdisziplinären Bilddidaktik. In: Lieber, Gabriele (Hrsg.): Lehren und Lernen mit Bildern. Ein Handbuch zur Bilddidaktik. Baltmannsweiler 2008. S. 60–71.

Hohmeister, Elisabeth / Thiele, Jens (Hrsg.): Neue Impulse der Bilderbuchforschung. Baltmannsweiler 2007.

Jantzen, Christoph: Warum haben Bilderbücher eigentlich Bilder? Oder: Brauchen wir die Bilder in Bilderbüchern überhaupt für den schulischen Schreibunterricht? In: Lieber, Gabriele (Hrsg.): Lehren und Lernen mit Bildern. Ein Handbuch zur Bilddidaktik. Baltmannsweiler 2008. S. 235–245.

Knopf, Julia: Literar-ästhetische Rezeption im institutionellen Kontext: Eine empirische Studie in Kindergarten, Grundschule und Gymnasium. In: Winkler, Iris / Masanek, Nicole / Abraham, Ulf (Hrsg.): Poetisches Verstehen. Literaturdidaktische Positionen – empirische Forschung – Projekte aus dem Deutschunterricht. Baltmannsweiler 2010. S. 174–185.

Kremling, Corinna: „Lehren und Lernen mit Bildern" – Erste Ergebnisse der Eingangserhebung des Forschungsprojektes „Bildliteralität und ästhetische Alphabetisierung". In: Lieber, Gabriele (Hrsg.): Lehren und Lernen mit Bildern. Ein Handbuch zur Bilddidaktik. Baltmannsweiler 2008. S. 115–123.

Lieber, Gabriele/Schnell, Stefan: Vision Bilderbuch-Portal – Ein Beitrag zur Demokratisierung von Bildung. In: Lieber, Gabriele (Hrsg.): Lehren und Lernen mit Bildern. Ein Handbuch zur Bilddidaktik. Baltmannsweiler 2008. S. 103–113.

Lieber, Gabriele (Hrsg.): Lehren und Lernen mit Bildern. Ein Handbuch zur Bilddidaktik. Baltmannsweiler 2008.

Lieber, Gabriele/Jahn, Ina Friederike/Danner, Antje (Hrsg.): Durch Bilder bilden. Empirische Studien zur didaktischen Verwendung von Bildern im Vor- und Grundschulalter. Baltmannsweiler 2009.

Lieber, Gabriele/Flügel, Birgit: Kindgemäß oder kindgerecht? – Über den (Un-)Sinn „kindgemäßer" Auswahl und Gestaltung von Bildern und bildgestützten Medien. In: Lieber, Gabriele/Jahn, Ina Friederike/Danner, Antje (Hrsg.): Durch Bilder bilden. Empirische Studien zur didaktischen Verwendung von Bildern im Vor- und Grundschulalter. Baltmannsweiler 2009. S. 28–39.

Oetken, Mareile: Bilderbücher der 1990er Jahre. Kontinuität und Diskontinuität in Produktion und Rezeption. 2008a. http://oops.uni-oldenburg.de/volltexte/2008/783/pdf/oetbil08.pdf (5.8.2012).

Oetken, Mareile: Entgrenzung und Varianz. Kontinuität und Diskontinuität in der aktuellen Bilderbuchillustration. In: Lieber, Gabriele (Hrsg.): Lehren und Lernen mit Bildern. Ein Handbuch zur Bilddidaktik. Baltmannsweiler 2008b. S. 81–91.

Paus-Hasebrink, Ingrid: Wie 'anachronistisch' ist das Bilderbuch in der Medienkommunikation? In: Hohmeister, Elisabeth/Thiele, Jens (Hrsg.): Neue Impulse der Bilderbuchforschung. Baltmannsweiler 2007. S. 89–106.

Plaga, Friederike: Bilderreich & Wortgewandt. Kindliches Bildverstehen und Frühpädagogik. München 2012.

Plath, Monika: Studie zum Textverstehen. [Rezension zu: Rychener, Ingeborg: Wie Kinder ein Bilderbuch verstehen] In: JuLit (2012) Heft 2. S. 41–42.

Richter, Karin/Plath, Monika: Lesemotivation in der Grundschule. Empirische Befunde und Modelle für den Unterricht. Weinheim 2005.

Ritter, Alexandra: Kindliche Lesarten von Bilderbüchern. Ausschnitte aus einem Projekt zur Bilderbuchrezeptionsforschung. In: Kohl, Eva Maria/Ritter, Michael (Hrsg.): Die Stimmen der Kinder. Kindertexte in Forschungsperspektiven. Baltmannsweiler 2011. S. 61–72.

Runge, Gabriele: Lesesozialisation in der Schule. Untersuchungen zum Einsatz von Kinder- und Jugendliteratur im Unterricht. Würzburg 1997.

Rychener, Ingeborg: Wie Kinder ein Bilderbuch verstehen. Eine empirische Studie zur Entwicklung des Textverstehens. Schulsynode. Explorationen. Studien zur Erziehungswissenschaft Bd. 60. Bern 2011.

Sowa, Hubert/Uhlig, Bettina: Bildhandlungen und ihr Sinn. Methodenfragen einer kunstpädagogischen Bildhermeneutik. In: Marotzki, Winfried/Niesyto, Horst (Hrsg.): Bildinterpretation und Bildverstehen. Methodische Ansätze aus sozialwissenschaftlicher, kunst- und medienpädagogischer Perspektive. Medienbildung und Gesellschaft. Bd. 2. Wiesbaden 2006. S. 77–106.

Spinner, Kaspar H.: Literarisches Lernen. Praxis Deutsch (2006) Heft 200. S. 6–16.

Spinner, Kaspar H.: Symbolisches Verstehen als Kernkompetenz des poetischen Verstehens. In: Winkler, Iris/Masanek, Nicole/Abraham, Ulf (Hrsg.): Poetisches Verstehen. Literaturdidaktische Positionen – empirische Forschung – Projekte aus dem Deutschunterricht. Baltmannsweiler 2010. S. 55–67.

Stiller, Jürgen: Bildfähigkeit – oder 'orbis pictus' reloaded. In: Impulse.Kunstdidaktik (2011) Heft 10. S. 3–13.

Thiele, Jens (Hrsg.): Das Bilderbuch. Ästhetik – Theorie – Analyse – Didaktik – Rezeption. 2., erw. Aufl. Oldenburg 2003.

Thiele, Jens: Bilderbuchforschung – Eine unsystematische Bestandsaufnahme und vorläufige Perspektiven. In: Thema: Bilderbücher. München 2007. kjl&m 57 (2007) Heft 1. S. 4–10.

Uhlig, Bettina: Welche Bilder interessieren Kinder? Eine Revision angeblich kindgemäßer Bilder. In: Impulse. Kunstdidaktik (2007) Heft 1. S. 3–10.

Vorst, Claudia: Literarische Bildung unter dem Einfluss von Kompetenzerwartungen – Zum Stellenwert von Ästhetik und Erfahrungsbezug in „Lernaufgaben" für die Grundschule. In: Eckhardt, Juliane/Vorst, Claudia/Iakushevich, Marina/Zajac, Claudia (Hrsg.): Ästhetisch-biographische Reflexion in Lehrerbildung und Schule – Interdisziplinäre Studien zum erfahrungsbezogenen Lehren und Lernen. Studien zur Germanistik und Anglistik Bd. 20. Frankfurt am Main 2011. S. 219–239.

Wieler, Petra: Vorlesen in der Familie. Fallstudien zur literarisch-kulturellen Sozialisation von Vierjährigen. Weinheim 1997.

Winderlich, Kirsten: Buchstaben versenken. Performative Zugänge zu Chris van Allsburgs Bilderbuch „Das Z zerplatzt". In: Betrifft Kinder (2011) Heft 01-01. S. 34–42.

Wrobel, Dieter: Kinder- und Jugendliteratur nach 2000. In: Praxis Deutsch (2010) Heft 224. S. 4–11.

IRIS KRUSE

Gut vorlesen

Textpotenziale entfalten

Schulisches Bilderbuchvorlesen in empirischer Überprüfung *

Abstract

Der Beitrag stellt ein empirisches Instrument zur Analyse des schulischen Umgangs mit Bilderbüchern vor. Zur Einschätzung der Lernförderlichkeit des Bilderbuchvorlesens in 50 videografierten schulischen Vorlesesituationen wurde in deduktiv-induktivem Vorgehen ein hoch-inferentes Ratingsystem entwickelt. Auf der Grundlage der ermittelten Daten werden die Lehreraktivitäten beim Vorlesen vor dem Hintergrund aktueller Positionen der Literaturdidaktik auf ihre Wirksamkeit für literarische Lernprozesse bewertet.

Einleitung

Es ist unumstritten, dass das Vorlesen sowohl für vorschulische als auch für schulische Prozesse der Leseförderung und des literarischen Lernens eine entscheidende Rolle spielt (vgl. Hurrelmann/Hammer/Nieß 1993; Wieler 1997 und 2010; Eggert/Garbe 2003; Graf 2007). Nicht zuletzt in Reaktion auf PISA werden die bildungs- und lernförderlichen Effekte des Vorlesens in zunehmendem Maße auch von nicht-pädagogischen gesellschaftlichen Institutionen als kulturpädagogische Aufgabe verstanden (vgl. Bahn-Vorlesestudie 2011). Die Erhöhung der basalen Lesekompetenz durch regelmäßiges Vorlesen ist belegt (vgl. Belgrad/Schünemann 2011), und auch für die Anregung und Förderung literarischer Rezeptionskompetenzen wird dem Vorleseprozess mit den damit verbundenen Begleit- und Anschlusshandlungen großes Potenzial zugesprochen (vgl. Spinner 2004; Kruse 2010). Die Vermutung, dass diese positiven Effekte nicht unabhängig von der Qualität des Vorlesens sind, ist ebenso naheliegend wie zutreffend. Anhand familiärer Vorlesesituationen von Müttern mit ihren vierjährigen Kindern konnte Petra Wieler in ihrer viel zitierten Studie zum Vorlesen in der Familie zeigen, dass Einsichten in narrative Strukturen und die Herausforderung komplexerer

* Der vorliegende Beitrag ist im Kontext des Projekts PERLE entstanden, das von 2006 bis 2011 gemeinsam von den Universitäten Kassel und Bamberg sowie vom Deutschen Institut für Internationale Pädagogische Forschung (DIPF) in Frankfurt am Main durchgeführt wurde. Die Verfasserin dankt den Projektleitern Frank Lipowsky (Kassel) und Gabriele Faust (Bamberg) sowie der Projektkoordinatorin Claudia Kastens (Kassel) für Beratungen zur hier vorgestellten Teilstudie des Bereichs Literarisches Lernen/Domänenspezifische Unterrichtsqualität in der Videostudie Sprache. Ein weiterer Dank gebührt der wissenschaftlichen Mitarbeiterin Katrin Gabriel (Kassel) für die Durchführung aller statistischen Berechnungen.

literarischer Verstehensoperationen während des Vorlesens nur dann beobachtbar werden, wenn die Vorlesesituation ein konstruktiver Prozess ist, der in dialogischem Verlauf eine gemeinsame Bedeutungskonstitution herbeiführt (vgl. Wieler 1997). Auch eine jüngere Studie von Sabine Elias, die die Vater-Kind-Interaktion beim Umgang mit Büchern untersucht, hebt die Bedeutung des ko-konstruktiven Austauschs für eine lern- und verständnisfördernde Verständigung über einen vorgelesenen Text hervor (vgl. Elias 2009). Die Berücksichtigung dieser Erkenntnisse aus der familienbezogenen Vorleseforschung für Prozesse schulischen Vorlesens ist insbesondere für den Anfangsunterricht dringend angeraten. Wie gestalten sich hier – in der Praxis des Vorlesens für viele Kinder – die konkreten Vorleseprozesse?

Nachfolgend wird eine videobasierte Studie zu Lehraktivitäten beim literarischen Lernen und Verstehen in Vorlesesituationen der ersten Klasse vorgestellt. Im Rahmen der Studie „PERLE – *Per*sönlichkeits- und *Ler*nentwicklung von Grundschulkindern" wurde als „Teilstudie Sprache" in 38 ersten Klassen der Umgang mit einem Bilderbuch im Deutschunterricht videografiert. Insgesamt liegen 50 Unterrichtsvideos vor.[1] Um Hinweise auf die an literaturunterrichtlichen Zielen ausgerichtete Professionalität des Vorlesehandelns der Lehrpersonen zu erhalten, wurde ein empirisches Instrument zur Analyse schulischen Bilderbuchvorlesens entwickelt, auf dessen Basis ein hoch-inferentes Rating zur Einschätzung der Lernförderlichkeit des Vorlesehandelns durchgeführt wurde. Diese Datengrundlage ermöglicht Aussagen zur Korrespondenz zwischen den Lehreraktivitäten beim Vorlesen und den derzeitigen Einsichten und Positionen der Literaturdidaktik zu literarischen Lernprozessen. Das Projekt liefert damit einen Beitrag zur Lehrerprofessionalität im Anfangsunterricht und trägt mithin dazu bei, eine im Forschungsüberblick von Johannes König konstatierte Lücke zu schließen (vgl. König 2010). Denn nach wie vor stellt die theoriegeleitete empirische Erforschung des Fachunterrichts sowie seiner Erträge eine dringliche Aufgabe der deutschdidaktischen Unterrichtsforschung dar (vgl. Becker-Mrotzek 2002).

Der erste Teil des Beitrages verortet das Projekt zunächst literaturdidaktisch und stellt die Entwicklung der Kategorien des Untersuchungsinstruments dar. Dabei wird angenommen, dass für das schulische Bilderbuchvorlesen und die angeleitete Bilderbuchrezeption vier Dimensionen berücksichtigt werden müssen:

1. Rahmung, kommunikative Grundstruktur und unterrichtliche Einbettung der Vorlesesituation;
2. Unterstützung des literarischen Verstehens und Anregung zur Entwicklung literarischer Rezeptionskompetenz auf der Basis der ästhetischen Text-Bild-Vorgabe;
3. Unterstützung des Verständnis vertiefenden Umgangs mit Text-Bild-Korrespondenzen;
4. Umgang mit der Anschlussaufgabe.

---

[1] An der ersten Projektphase der PERLE-Studie (PERLE I, Laufzeit 2006 bis 2008) waren 38 Klassen aus 20 Schulen beteiligt. Insgesamt liegen jedoch 50 Unterrichtsvideos vor, da der Unterricht in mehreren der beteiligten Klassen als Teilungsunterricht mit zwei Lehrpersonen stattfand.

Nach der Darstellung der Relevanz dieser Dimensionen aus literaturdidaktischer Sicht werden im zweiten Teil die Konzeption und die Ergebnisse des hoch-inferenten Ratingverfahrens zur Analyse der Unterrichtsvideos vorgestellt.

1. Literaturdidaktische Rahmung zur kategorialen Ausrichtung des Forschungsprojekts

Rahmung, kommunikative Grundstruktur und unterrichtliche Einbettung der Vorlesesituation

Positiv erlebte Vorlesesituationen in der frühen Kindheit gelten als Schlüsselerfahrungen für die literarische Sozialisation. Graf spricht in diesem Zusammenhang von der „primären literarischen Initiation" (Graf 1999, S. 99). Durch das Vorlesen von Geschichten werden Kinder vor dem Schuleintritt im Medium der Mündlichkeit an die konzeptionelle Schriftlichkeit herangeführt. In dieser von der Familie geprägten Phase werden

> nicht nur entscheidende kognitive Grundlagen für den Erwerb der Schriftsprache gelegt, sondern auch emotionale und motivationale Fundamente sowie kommunikative Formate etabliert, die für eine weitere erfolgreiche literarische und Schriftsozialisation grundlegend sind. (Garbe 2010, S. 15)

Für eine erfolgreiche Leseförderung ist es wichtig, dass die vielfach an Geborgenheitssituationen gebundenen Erfahrungen eine Fortsetzung finden. Kindern, die solche Erfahrungen in der Familie nicht machen durften, müssen positiv konnotierte Erlebnisse mit Literatur überhaupt erst vermittelt werden. Für die einen wie für die anderen gilt: Schulisches Vorlesen – insbesondere im Anfangsunterricht – muss Wohlbefinden, Geborgenheit und Genuss vermitteln und darüber hinaus kommunikativ ausgerichtet sein. Erst diese kommunikative Ausrichtung ermöglicht eine Begegnung mit dem Text, die entwicklungsorientiert ist und Prozesse literarischen Lernens anzuregen und zu entfalten vermag. Grundsätzlich ist es möglich, die konzeptionellen Stärken des familiären Vorlesens auch in der Schule wirksam werden zu lassen. Trotz der grundlegend anderen Kommunikationsstruktur kann das Zuhören im Unterricht ähnlich intensiviert werden, wie in einem familiären Zwei- oder Dreipersonendialog. Entsprechende Rahmungen, die das Vorlesen in der Schule zu einem ritualisierten Vorgang werden lassen, vermögen darüber hinaus den für die Lesesozialisation so bedeutsamen Geborgenheits- und Wohlfühleffekt auf die Schule zu übertragen. Ein Vorlesesetting, das darauf achtet, dass sich die Vorlesesituation in angenehmer und ritualisierter Weise vom sonstigen Unterrichtsgeschehen abhebt, bindet die Konnotationen des Vorlesens emotional und affektiv ein und wirkt damit leseförderlich und buchpädagogisch. Zu einer positiven Vorleseatmosphäre gehört es auch, dass das Buch und der darin enthaltene Text im Mittelpunkt stehen. Die Inhalte des Buches dürfen im Interesse des Literaturerlebnisses nicht instrumentalisiert werden für andere Belange, etwa für sachunterrichtliche Themen oder Übungen zur Orthografie und Grammatik (vgl. Kruse 2010a).

Unterstützung des literarischen Verstehens und Anregung zur Entwicklung literarischer Rezeptionskompetenz

Das 2004 von Kaspar H. Spinner vorgeschlagene methodische Konzept zur Gestaltung von Vorlesegesprächen basiert auf gezielt gesetzten vorlesebegleitenden Gesprächsimpulsen, die das Prinzip des Dialogischen explizit in Prozesse schulischen Vorlesens hineinholen, d. h. in das Vorlesen vor größeren Kindergruppen. Orientiert an Einsichten der Rezeptionsforschung und der Erzählanalyse schlägt Spinner dabei fünf Impulstypen vor, die in besonderer Weise geeignet sind, ein das literarische Verstehen beförderndes Wechselspiel zwischen dem vorzulesenden Text und den zuhörenden Kindern anzuregen. Diese Impulstypen sind an der Entwicklung von Fähigkeiten zur Imagination orientiert und zielen auf die *Aktivierung eigener Erfahrungen*, auf das Entwickeln von *Antizipationen*, auf die *Perspektivenübernahme* und die *Reflexion von Figurenverhalten* sowie auf die *Herstellung von deutenden Bezügen im Text* (vgl. Spinner 2004). Neben der Vorstellungsbildung und der Fähigkeit zur Perspektivenübernahme als den beiden zentralen Kategorien literarischer Rezeptionskompetenz werden eine Vielzahl weiterer Aspekte des literarischen Lernens angesprochen, z. B. die Fähigkeit zum Nachvollzug der narrativen Handlungslogik, die Fähigkeit zum Verstehen metaphorischer und symbolischer Ausdrucksweise sowie die Fähigkeit zum literarischen Gespräch (vgl. Spinner 2006). Unter Rekurs auf die kulturelle Bedeutung des gesprächsförmigen Austauschs über Literatur heißt es hier:

> Das literarische Gespräch fordert von den Teilnehmenden, dass sie eigene Sinndeutungen einbringen, dass sie Vorschläge anderer nachvollziehen, dass sie das Gespräch als Suchbewegung verstehen und dass sie mit dazu beitragen, eine Balance zwischen Selbstkundgabe, Ernstnehmen des anderen und Textbezug herzustellen (ebd., S. 12).

Anders als das literarische Gespräch (vgl. Härle 2004) erfolgt das Vorlesegespräch nicht im Anschluss an eine Rezeptionsphase, sondern es begleitet sie. Die Kinder können in einem überschaubaren Bezugsrahmen Erfahrungen mit dem Sprechen über Literatur machen, weil die Impulse ihnen die Möglichkeit eröffnen, auf einen begrenzten Ausschnitt des präsentierten Textes imaginationsorientiert und spontan zu reagieren. Sowohl die Textmenge, auf die dabei reagiert wird, als auch der Umfang des herausgeforderten Gesprächsbeitrags sind klar begrenzt, was das Vorlesegespräch zu einer Art eigenständigen Vorstufe für das komplexere literarische Gespräch macht.

Das Setzen von Gesprächsimpulsen während des Vorlesens erfolgt in doppelter Orientierung. Zum einen sind es die zuhörenden Kinder mit ihren spezifischen Erfahrungen, ihrem Wissen und ihren Interessen, die bei der Ausrichtung des Vorlesegesprächs berücksichtigt werden. Zum anderen ist es die Erzählstruktur des vorzulesenden Textes, die bestimmte Impulse herausfordert. Textstellen, wie der Übergang von der Exposition zur Komplikation, das Auftreten eines Gegenspielers, das Überschreiten der Grenze zu einem anderen Handlungsraum, eine Entscheidungssituation für den Protagonisten oder der Höhepunkt der Handlung (vgl. Spinner 2005), sind für kurze Einschübe besonders geeignet. Dabei bieten sich folgende Impulse an: Was wird jetzt wohl als nächstes geschehen? Was denkt er/sie jetzt wohl? Hast du auch schon mal in einer solchen Land-schaft gestanden? Was würdest du an seiner/ihrer Stelle jetzt tun? Hast du mit diesem Ereignis gerechnet? Kurze Antworten der Kinder auf Fragen dieser Art können eine Intensivierung und Differenzierung ihres Zuhörens bewirken und damit die imaginative Vergegenwärtigung des Vorgelesenen. Spinner spricht in diesem Zusammenhang von „Höreraktivierung" (ebd., S. 154).

Ausgehend von der Einsicht, dass jede mediale Rezeption eine aktive Konstruktion von Bedeutung darstellt, ist diese Aktivierung der dem Vorlesetext zuhörenden Kinder didaktisch hoch bedeutsam. Auch Verzögerungen, Pausen sowie andere sprechgestalte-rische Hervorhebungen (vgl. Ockel 2000) gehören zum Konzept des „höreraktivieren-den Vorlesens", das darüber hinaus durch Elemente der Handlungsorientierung und des szenischen Spiels, das Visualisierungen und Animationen einschließt, komplettiert wird (vgl. Kruse 2010b). In seiner Gesamtheit inszeniert ein das literarische Verstehen befördernder Vorlesevortrag ein komplexes Wechselspiel zwischen dem vorzulesenden Text und den zuhörenden Kindern, eine Art Dialog, bei dem der vorlesenden Person die Rolle eines sensiblen Moderators zukommt, der die jeweiligen Belange beider Seiten gleichermaßen zu berücksichtigen weiß. Dies bedeutet auch, dass für beide Seiten genügend Entfaltungsraum zur Verfügung stehen muss. Weder dürfen die Impulse und die durch sie angeregten Äußerungen so ausufernd werden, dass sie den Text und die mit ihm verbundenen Imaginationen stören – der „sparsame Umgang mit Gesprächseinla-gen" (Spinner 2004, S. 295) ist daher angeraten –, noch darf der Text den Kindern unge-achtet ihrer konkreten Verstehensoperationen einfach übergestülpt werden.

Unterstützung des Verständnis vertiefenden Umgangs mit Text-Bild-Korrespondenzen

Für die Vorschule und die Klassenstufen 1 und 2 wird das Vorlesen von *Bilder*büchern nachdrücklich empfohlen (vgl. Thiele 2003 und 2011; Lieber 2008; Dehn/Merklinger/ Schüler 2011). Didaktische Literatur zum Vorlesen von Bilderbüchern ist hingegen immer noch rar und beschränkt sich im Wesentlichen auf Vorschläge und Modelle zu einzelnen Büchern. Vor dem Hintergrund einer im Deutschunterricht selbstverständlich gesetzten Dominanz des Textes, seiner Sprachlichkeit und Inhaltlichkeit (vgl. Hurrel-mann/Groeben 2006), verwundert es nicht, dass die Bilder des Bilderbuchs oft nur als „schmückendes Beiwerk, als Motivationszugabe" (Jantzen 2008, S. 235) betrachtet und behandelt werden. Der aus dem Zusammenspiel von Text und Bild resultierende beson-dere medienästhetische Status des Bilderbuchs darf im Unterricht jedoch nicht über-gangen werden, denn die multimediale Gesamtaussage eines Bilderbuchs kann nur dann erfolgreich generiert werden, wenn „bildnerische und textliche Anteile zu einer ästhetischen Gesamterfahrung" (Thiele 2002, S. 46) verknüpft werden. Die gegen-standsadäquate Präsentation eines Bilderbuchs muss die Text-Bild-Korrespondenzen somit in einer Weise berücksichtigen, die eine solche ästhetische Gesamterfahrung möglich werden lassen. Höreraktivierendes Bilderbuchvorlesen muss die imaginations-orientierten interaktiven Elemente der Textrezeption auf die Bildebene des Buches ausweiten und die Ebene der Text-Bild-Korrespondenzen berücksichtigen. Die Frage danach, wie dies methodisch konkret geschehen kann, verweist zunächst auf didaktische Konzepte zur Herausforderung und Förderung von *visual literacy* (vgl. Dehn 2008) und damit auf die Möglichkeiten einer rezeptionsvertiefenden Zuwendung zur Bildebene des Buches. Im nächsten Schritt bzw. parallel dazu muss es darum gehen, Anregungen zu geben zu einer rezeptiven Verknüpfung von Text und Bild, aus der persönliche Bedeutungszuschreibungen hervorgehen können.

Umgang mit der Anschlussaufgabe

An Vorselektüren im schulischen Rahmen sind zumeist Aufgaben gebunden. Damit diese den positiven lese- und lernförderlichen Effekt eines gelungenen Vorleseprozesses nicht im Nachhinein irritieren oder stören, ist es auch hier – genau wie beim Vorlesen selbst – bedeutsam, dass die Aufgaben imaginationsorientiert ausgerichtet sind und in diesem Sinne anschlussfähig an die Phase der Rezeption. Der positive Zusammenhang zwischen (Vor)Lesen und Schreiben – zwischen Rezeption und Produktion – im Hinblick auf literarische Lernprozesse ist belegt (vgl. Waldt 2003; Kruse 2003 und 2011; Dehn/Merklinger/Schüler 2011). Schreibaufgaben zu Vorselektüren sind literatur- und schreibdidaktisch sinnvoll, allerdings nur dann, wenn das gesamte Arrangement eine kontextuelle Situierung, eine funktionale Motivierung und eine lernerorientierte Differenzierung ermöglicht (vgl. Bachmann/Becker-Mrotzek 2010). Die Schreibaufgabe muss sich also unmittelbar auf das Vorleseerlebnis beziehen lassen, sie muss bedeutsam sein im Hinblick auf eine einleuchtende Funktion, und sie muss Spielräume eröffnen für individuelle Zugriffe und Schwerpunktsetzungen. Literarisches Lernen und Verstehen werden durch eine Schreibaufgabe dann aktiviert, wenn diese die Denk- und Wahrnehmungsbewegungen aufnimmt, die der höreraktivierende Vorlesevortrag angeregt hat.

2. Bilderbuchvorlesen – empirisch

Die vorgestellten literaturdidaktischen Ausführungen zum Bilderbuchvorlesen bestätigen die eingangs formulierten vier Dimensionen. Für die Initiierung literarisch-ästhetischer Lernprozesse bedeutsam sind demnach die kommunikative Situierung des Vorlesens, die dialogische Ausrichtung der unterrichtlichen Sprachhandlung, die Orientierung an einer *visual literacy*-Didaktik und die Anforderungen an Anschlussaufgaben. Diese heuristisch gewonnenen Eckpunkte einer Literaturdidaktik des Bilderbuchvorlesens lassen sich nutzen für die Konstruktion einer empirischen Untersuchung zur Qualität des Bilderbuchvorlesens in Klasse 1. Dazu wurden aus den vorgestellten Unterrichtsqualitätsaspekten für Kontexte des Bilderbuchvorlesens insgesamt zehn Items für beobachtbare Lehraktivitäten isoliert. Neben dem deduktiv an Positionen und Erkenntnissen der Literaturdidaktik zum Vorlesen ausgerichteten Vorgehen war für die Entwicklung dieser Items auch der induktive Blick auf das videografierte Lehrerverhalten maßgeblich. Im Folgenden soll zunächst die solcherart geprägte Itementwicklung an ausgewählten Relevanzbereichen aufgezeigt werden. Anschließend wird das auf der Basis dieser Items durchgeführte hoch-inferente Rating verfahrens- und ergebnisorientiert vorgestellt. Tabelle 1 zeigt, welche zehn Items auf diesem deduktiv-induktiven Weg aus den vier Basisdimensionen gewonnen werden konnten.

Aspekt der Unterrichtsqualität/ Basisdimensionen	Item
1 Rahmung, kommunikative Grundstruktur und unterrichtliche Einbettung der Vorlesesituation	1. Gestaltung des Vorlesesettings 2. Umstandslosigkeit der Hinführung zum Text 3. Kongruenz der Vorlesesituation 4. Offenheit und Dialogizität der Vorlesesituation
2 Unterstützung des literarischen Verstehens und Anregung zur Entwicklung literarischer Rezeptionskompetenz (auf der Basis der ästhetischen Text-Bild-Vorgabe)	5. Imaginationsförderliche Unterstützung von Figurenverstehen und Perspektivenübernahme 6. Unterstützende Maßnahmen zur Herausbildung der Aufmerksamkeit für sprachliche Gestaltung
3 Unterstützung des Verständnis vertiefenden Umgangs mit Text-Bild-Korrespondenzen	7. Rezeptionsvertiefende Zuwendung zur Bildebene des Buches 8. Anregungen zur Bedeutung generierenden Verknüpfung von Text und Bild
4 Umgang mit der Anschlussaufgabe	9. Strukturierung der Schreibaufgabe 10. Zeitliche und inhaltliche Anbindung des Schreibauftrags an das Vorlesen

Tab. 1 *Dimensionen des hoch-inferenten Ratings zur angeleiteten Bilderbuchrezeption im Überblick*

Items zur Qualität angeleiteter Bilderbuchrezeption. Zum deduktiv-induktiven Konstruktionsverfahren

Das deduktiv-induktive Vorgehen erweist sich deshalb als nötig, weil die Reibungsstellen von literaturdidaktisch-heuristischer Konstruktion und pragmatischen Erfordernissen im Unterricht nicht dazu führen dürfen, dass literaturdidaktischer Anspruch und reale unterrichtliche Handlungsmöglichkeiten von vornherein auseinanderfallen. Hier muss die Kohärenz von literaturdidaktischer Rahmung und unterrichtspraktischen Möglichkeiten nachhaltig gesichert werden. So war der induktive Blick bei der Itementwicklung insbesondere für die Basisdimension 2 (Unterstützung des literarischen Verstehens und Anregung zur Entwicklung literarischer Rezeptionskompetenz) bedeutsam. Hier zeigte sich, dass sich nicht alle in der Deduktion denkbaren Items (z. B. *Maßnahmen zur Herausbildung von Fiktionalitätsbewusstsein* oder *Maßnahmen zur Herausforderung des Symbolverstehens*) an den Unterrichtsvideos auch tatsächlich nachweisen ließen. Die Kohärenz von literaturdidaktischem Anspruch und unterrichtspragmatischen Bedingungen lässt sich nur dann herstellen, wenn man sich von der Vorstellung verabschiedet, Lehrpersonen handelten nach einem Idealmodell optimaler Lehre. In Rechnung stellen muss man vielmehr, dass sie situationsadäquat nach ihrem Vermögen, ihren Erfahrungen und ihren individuellen Überzeugungen von sinnvoller Lehre für die Kinder, die sie unterrichten, agieren (vgl. Bromme 1992; Shulman 1987; Baumert/Kunter 2006; Blömeke/Kaiser/Lehmann 2008; Blömeke/Kaiser/Lehmann 2009; König 2010). Selbstverständlich ist das beobachtbare Lehrerverhalten beim Vorlesen darüber hinaus auch auf die Implikationen des dem Unterricht zugrunde gelegten Gegenstands zurückzuführen.

An dieser Stelle seien das Bilderbuch und die Anschlussaufgaben aus dem PERLE-Projekt kurz zusammengefasst. Im Mittelpunkt des Textbilderbuchs von Doucet und Wilsdorf stehen die kleine Lucy und ihr von fantastischen Elementen durchzogenes Abenteuer bei einer Krokodilfamilie im Sumpf (vgl. Doucet/Wilsdorf 2005). Die offen formulierte Vorgabe, die die Lehrerinnen und Lehrer der Projektklassen zur Darbietung von *Lucy rettet Mama Kroko* in ihrem Unterricht bekommen haben, lautete: „Das Bilderbuch soll bis zur ersten Seite des Kapitels 2 mit der Überschrift *Teil 2* von den Kindern verstanden werden. Sie dürfen die Sprache des Buchs in verschiedener Weise vereinfachen, z.B. frei erzählen, auszugsweise vorlesen oder anderes." Darüber hinaus war mit der Aufforderung, die Kinder einen Brief aus der Perspektive der Hauptfigur des Bilderbuches schreiben zu lassen, eine Anschlussaufgabe verbindlich: „Die Kinder sollen einen Brief an Mama Kroko schreiben, den Lucy Mama Kroko geschrieben hat, bevor sie die Krokodilfamilie verließ." Eine dritte Vorgabe für die Unterrichtseinheit bestand in der Aufforderung zur Durchführung einer Leseübung. Des weiteren war die Durchführung einer Wortschatzübung zum Wortschatz der Geschichte fakultativ. Über die Reihenfolge und den zeitlichen Umfang konnten die Lehrerinnen und Lehrer selbst entscheiden.

Für die Konstruktion der Items ist nun wichtig, dass sich mit einem Bilderbuch wie *Lucy rettet Mama Kroko* eine deduktiv denkbare Dimension unterrichtlichen Handelns wie beispielsweise die *Anregung von Fiktionalitätsbewusstsein* schon deshalb nicht aufspüren lässt, weil die vorkommenden Fiktionalitätssignale des Bilderbuchs zur problemorientierten Erarbeitung mit den Kindern eher ungeeignet sind. Wichtige Protagonisten des Bilderbuchs sind hier sprechende Krokodile, die im kinderliterarisch verbreiteten Genre der Tiergeschichten überhaupt kein rezeptives Problem darstellen. Eine Thematisierung dieser Anthropomorphisierung würde die Kinder mit ihren medialen und literarischen Erfahrungen nicht ernst nehmen und sollte unterbleiben, um dem Vorlesedialog nicht die Ernsthaftigkeit zu nehmen. Herausforderndes Potenzial dagegen bietet das Bilderbuch vor allem hinsichtlich der *Unterstützung* des *Figurenverstehens* und der *Perspektivenübernahme* sowie im Hinblick auf die *Herausbildung der Aufmerksamkeit für die sprachliche Gestaltung*. Die existenziell bedrohlichen Erlebnisse der Protagonistin Lucy fordern in besonderer Weise zum Mitfühlen und Mitdenken heraus. Im Bereich der sprachlichen Gestaltung reichen die textimpliziten Lerngelegenheiten von rhythmischen Dreischritten, Wortwiederholungen und Alliterationen über Lautmalereien und kombinierte Derivate bis hin zu Wortneubildungen. Hier würde viel von den im Bilderbuch angelegten Lern- und Verstehensmöglichkeiten übergangen, wenn das Vorlesen diese Aspekte nicht berücksichtigen würde. Aufgrund ihrer zentralen Bedeutung für literarische Texte können aufmerksamkeitsfördernde Hervorhebungen in den Bereichen *Sprache* und *Figurenverstehen/Perspektivenübernahme* geradezu als Minimalbedingungen für gutes Vorlesen angesehen werden. Während die Sprache eines literarischen Textes seine Literarizität und Poetizität im gestalterischen Kern ausmacht, kommt dem Strukturmoment Figur vor allem die zentrale Funktion zu, den Leserinnen und Lesern auf der Basis emotionaler Beteiligung den Zugang zur literarischen Welt zu ermöglichen (vgl. Hurrelmann 2003). Insbesondere Kinder im Vor- und Grundschulalter sind sehr an den Figuren literarischer Texte interessiert und wählen ihre Zugänge zum Text über Prozesse der Identifikation und Abgrenzung. Die kindliche (Entdecker-)Freude an einer sich von der Alltagssprache unterscheidenden literarischen Sprache lässt sich durch einen Vorlesevortrag, der sprachliche Besonderheiten des Textes angemessen berücksichtigt, erhalten oder sogar weiter steigern. Dies ist ein schlichter und wirkungsvoller Weg, um Kinder für die ästhetische Wirkung literarischer Texte und damit für diese selbst aufzuschließen. Aus literaturdidaktischer Sicht sind die Minimalbedingungen für gutes Vorlesen dann deduktiv zu erweitern, wenn es sich bei dem vorgelesenen Buch um ein Bilderbuch handelt. Wie bereits erwähnt, ist hierbei eine vertiefende Zuwendung zu den Bildanteilen des Buches notwendig, denn nur wenn die Zusammenhänge zwischen Text und Bild im Vorleseprozess angemessen berücksichtigt werden, kann das mit dem Bilderbuch verbundene ästhetische Erlebnis ein dem Gegenstand adäquates *intermediales* Erlebnis werden. Zur Abbildung der Spezifität des guten *Bilderbuch*vorlesens wurden die beiden Items der Basisdimension 3 *(Unterstützung des Verständnis vertiefenden Umgangs mit Text-Bild-Korrespondenzen)* gebildet. Ohne eine explizite *Zuwendung zur Bildebene des Buches* (Item 7) und ohne *Anregungen zur Bedeutung generierenden Verknüpfung von Text und Bild* (Item 8) kommt gutes Bilderbuchvorlesen nicht aus. Im Folgenden sollen die in Tabelle 1 angegebenen Items zur Beurteilung der Qualität angeleiteter Bilderbuchrezeption im Überblick dargestellt und erläutert werden. Dabei versuchen die an den theoretischen Implikationen guten Bilderbuchvorlesens ausgerichteten Kurzerläuterungen der Items fassbar zu machen, was die Lehrperson im Falle eines idealtypisch verlaufenden Bilderbuchvorlesens tut.

Gestaltung des Vorlesesettings (1): Das Item soll abbilden, inwiefern das Vorlesesetting dazu beiträgt, eine angenehme Vorleseatmosphäre zu realisieren. Dies ist etwa dann der Fall, wenn die Sitzordnung des Vorlesesettings sich abhebt von der sonst üblichen Sitzordnung und wenn es darüber hinaus gekennzeichnet ist durch bestimmte Elemente und Maßnahmen der Ritualisierung. Aus Gründen der dialogischen Ausrichtung kann der Kreis als Idealform des Vorlesens angesehen werden. Der besonderen Vorleseatmosphäre zuträglich ist es auch, wenn die Lehrperson durch kleine Hinweise oder Gesten die Besonderheit der Situation hervorhebt. In negativer Weise beeinflusst wird die Vorleseatmosphäre hingegen von einer Sitzordnung, innerhalb derer die Kinder sich untereinander nicht ansehen können oder innerhalb derer nicht alle Plätze als gleichwertig angesehen werden können. Ungünstig ist es auch, wenn die Lehrperson während des Vorlesens einen höher gelagerten Platz einnimmt.

Umstandslosigkeit der Hinführung zum Text (2): Mit diesem Item gerät in den Blick, inwiefern die Begegnung mit dem literarischen Text so verläuft, dass das literarästhetische Erlebnis im Mittelpunkt steht und nicht etwa die Vermittlung von Sachwissen. Besonders positiv und bestechend einfach ist es beispielsweise, wenn die Lehrperson nach wenigen, die literarischen Grundstrukturen – Handlung, Figur, Raum und Zeit – betreffenden Anmerkungen direkt mit dem Vorlesen beginnt. Weitschweifige Vorabinformationen zu scheinbar bedeutenden Sachbezügen des literarischen Textes sind hingegen negativ zu bewerten, da sie von der ästhetischen Wirkung des Textes wegführen und falsche Erwartungen an diesen wecken.

Kongruenz der Vorlesesituation (3): Das Eintauchen in eine literarische Welt ist ein imaginationsorientierter Akt, der für seine Entfaltung Zeit und Raum benötigt. Daher ist die Kongruenz der Vorlesesituation, die in diesem Item untersucht wird, von besonderer Bedeutung. Das Vorlesen soll in einem Zug ablaufen und nicht unterbrochen werden von Exkursen zu scheinbar nahe liegenden Themen. Nicht gemeint sind hier die imaginationsorientierten Impulse des Vorlesegesprächs. Wird der Vorlesevortrag für produktions- und handlungsorientierte Einschübe unterbrochen, sind reorganisierende Maßnahmen wichtig, um bei Wiederaufnahme des Vorlesens die Anknüpfung an das bisher Vorgelesene zu gewährleisten. Besonders positiv ist es, wenn die Lehrperson der Vorlesesituation einen klaren Anfang und ein eindeutiges Ende gibt und das Bilderbuch ansonsten stringent und ohne größere von der ästhetischen Text-Bild-Produktion wegführende Unterbrechungen vorliest. Negativ hingegen sind Unterbrechungen des Vorlesens für Exkurse zu Sachthemen, für Fragen oder Anmerkungen, die auf Wissen und Können zielen, oder für andere Tätigkeiten wie Lese- oder Schreibübungen, die nicht der rezeptionsbezogenen Handlungs- und Produktionsorientierung zuzuordnen sind.

Offenheit und Dialogizität der Vorlesesituation (4): Dieses Item untersucht, inwieweit die gesamte Vorlesesituation atmosphärisch von der prinzipiellen Möglichkeit zu einem offenen Austausch geprägt ist, was insbesondere von der Dialogbereitschaft der Lehrperson abhängt. Beteiligt diese sich mit authentischen Reaktionen wie Gesten und Anmerkungen am Vorlesegespräch und signalisiert darüber hinaus Interesse am Rezeptionserleben der Kinder, so ist dies der Offenheit und Dialogizität zuträglich. Die Kinder dürfen spontane Frage stellen und werden, wenn sie Anmerkungen machen, mit diesen nicht zurückgewiesen. Zudem ist die Vermeidung von geschlossenen Fragen bedeutsam. Gesprächs- und Denkimpulse, die die Lehrperson setzt, müssen offen angelegt sein, um individuelle Reaktionen während des Vorlesens zu ermöglichen.

Imaginationsförderliche Unterstützung von Figurenverstehen und Perspektivenübernahme (5): Dieses Item erfasst, inwiefern die Lehrperson sich bemüht, den Kindern lebendige Vorstellungen von den Figuren zu vermitteln und ihnen Einblicke in ihr Denken, Fühlen und Handeln zu ermöglichen. Die Kinder werden dazu angeleitet, neben dem äußeren Geschehen auch die inneren Dimensionen des Textes zu verstehen. Neben dem betonten Vorlesen von Textstellen in wörtlicher Figurenrede und personaler Perspektivierung kann hier insbesondere die impulsgeleitete Aufforderung zur Perspektivenübernahme und Empathie als beispielhaft gelten.

Maßnahmen zur Herausbildung der Aufmerksamkeit für sprachliche Gestaltung (6): Mit diesem Item wird untersucht, ob die Lehrperson während des Vorlesens die sprachliche Gestaltung des Bilderbuchtextes berücksichtigt und damit die ästhetische Wirkung unterstützt. Hierzu gehören eine hervorgehobene stimmliche Gestaltung sprachlicher Besonderheiten ebenso wie deren Unterstreichung durch eine besondere Mimik und Gestik. Darüber hinaus hat die Lehrperson die Möglichkeit, auf die sprachliche Gestaltung bezogene Impulse zur Zuhöreraktivierung zu setzen, z. B. die Aufforderung zum Nach- und Mitsprechen.

Rezeptionsvertiefende Zuwendung zur Bildebene des Buches (7): Dieses Item nimmt in den Blick, inwiefern bei der angeleiteten Rezeption die Bildebene Zuwendung erfährt. Die Bilder des Bilderbuches müssen so präsentiert werden, dass sie ihr narratives und ästhetisches Potenzial entfalten können. Ideal ist es, wenn die Kinder Gelegenheit bekommen, alle Bilder des Buches intensiv und in ausreichender Ruhe wahrzunehmen. Die verbreitete Dominanz des Textes wird dabei aufgehoben zugunsten einer Gleichwertigkeit von Text und Bild. Hierzu gehört es auch, dass nicht immer das Bild auf den Text folgt, sondern dass einzelne Bilder zunächst auch vor dem Vorlesen des Textes gezeigt werden.

Anregungen zur Bedeutung generierenden Verknüpfung von Text und Bild (8): Das Item macht deutlich, inwiefern die Kinder Gelegenheit zu einer integrativen Verarbeitung von Text- und Bildeindrücken bekommen. Die Bilderbuchpräsentation muss es gewährleisten, dass sich die Narration und deren ästhetische Wirkung aus dem Zusammenspiel von Text und Bild entfalten können. Im Bilderbuch *Lucy rettet Mama Kroko* erzählen die Bilder an keiner Stelle etwas grundlegend anderes als der Text. Aus dieser Parallelität von Text und Bild muss in einer guten Präsentation eine Gleichwertigkeit der Zuwendungen resultieren. Das bedeutet, dass zu den Bildern des Buches annähernd genauso viele Impulse gesetzt werden wie zur Textebene. Der Tatsache, dass die Bilder im Bereich der Figurenbeschreibung/-zeichnung zum Teil *mehr* erzählen als der Text, z. B. durch Gestik, Körperhaltung und Mimik oder auch durch die Abbildung aussagekräftiger Requisiten und Kulissen, wird durch entsprechende Impulse Rechnung getragen. So kann die Lehrperson beispielsweise die Kinder zur Betrachtung von Gestik, Mimik oder Körperhaltung der Figuren auffordern und Rückschlüsse ziehen lassen auf Aspekte der inneren Handlung.

Strukturierung der Schreibaufgabe (9): An schulisches Vorlesen schließt nicht selten eine Schreibaufgabe an, wie sie mit dem Schreiben des Briefes aus der Perspektive von *Lucy an Mama Kroko* in den Vorgaben für die Lehrpersonen des Projektes verbindlich gesetzt wurde. Eine solche Aufgabe verbindet sich dann sinnvoll mit dem vorangegangenen Vorlesen und unterstützt dessen lernförderliches Potenzial, wenn sie so strukturiert und angeleitet wird, dass die zuvor gemachten literarischen und ästhetischen Erfahrungen der Kinder in das Schreiben einfließen können. Wichtig dabei ist es, dass die Aufgabe – hier das Schreiben des Briefes – sinnstiftend an das Buch angebunden wird, Schreibanlass und Schreibsituation müssen einleuchtend dargeboten werden. Die Generierung der Schreibidee selbst muss den Kindern überlassen werden, was auch

bedeutet, dass auf inhaltliche Vorgaben verzichtet wird. Die Anbindung der Schreibaufgabe an das Vorlesen wird ferner dadurch unterstützt, dass die Kinder die Möglichkeit
erhalten, während des Vorlesens auf das Buch zuzugreifen.

Zeitliche und inhaltliche Anbindung des Schreibauftrags an das Vorlesen (10): Das Item
untersucht, inwiefern der Umgang mit der produktionsorientierten Anschlussaufgabe
so organisiert und angeleitet wird, dass der Schwerpunkt auf inhaltlichen und genuin
ästhetischen Aspekten liegt. Formaspekte, etwa Textsorte, Rechtschreibung und Grammatik, dürfen nicht in den Mittelpunkt gerückt werden. Ebenso wie bei der literarischen
Rezeption müssen die Kinder beim Schreiben zu einem literarischen Text lebendige
Vorstellungen entwickeln. Sie müssen sich Situationen lebendig vorstellen können, um
einen ausdrucksstarken Text zu schreiben. Hierfür hat auch der Aspekt der zeitlichen
Anbindung eine Bedeutung. Das Schreiben des Briefes muss zeitlich unmittelbar auf
das Vorlesen und/oder damit im Zusammenhang stehende Verständnis vertiefende
Handlungen folgen.

Hoch-inferentes Rating schulischen Vorlesehandelns

Nachdem nun die Items des Beurteilungsinstruments im Einzelnen erläutert wurden,
soll im Folgenden das Verfahren zur auf die Items bezogenen Datengewinnung aus den
50 Unterrichtsvideos dargestellt werden. Der Weg zu einem begründeten Urteil über
den Realisierungsgrad des beschriebenen Vorlesehandelns führt forschungsmethodisch
über ein hoch-inferentes Rating der videografierten Unterrichtsstunden. Hoch-inferente Ratingverfahren sind besonders geeignet zur qualitativen Einschätzung und
stufenförmigen Bewertung komplexer Zusammenhänge und Gegebenheiten. Die
Komplexität unterrichtlicher Prozesse wie jenem des Bilderbuchvorlesens entsteht
durch ein Zusammenwirken struktureller und inhaltlicher Merkmale des Unterrichts
sowie sozialer und persönlicher Variablen der beteiligten Personen. Es sind verstärkt
interpretative Prozesse (Inferenzen) erforderlich, um komplexe, zusammenhängende
Merkmale integrieren und bewerten zu können (vgl. Seidel 2003). Für reliable und
valide Urteile über Qualitätsmerkmale von Unterricht wird in der Unterrichtsforschung
deshalb vielfach auf hoch-inferente Ratings zurückgegriffen (vgl. Clausen/Reusser/
Klieme 2003). Zentral für die Bewertungsprozesse der einschätzenden Personen, der so
genannten Rater und Raterinnen, sind die das idealtypische Lehrerverhalten bzw. die
idealtypische Unterrichtssituation konkret beschreibenden Indikatoren zu den oben
dargestellten zehn Vorlesequalitätsitems. Sie sind Teil des so genannten Ratingmanuals,
das die Grundlage für ein ausführliches Training mit anschließender Kalibrierung bildet
(vgl. Kruse/Gabriel 2012). Das Ratingmanual ist so aufgebaut, dass jedes Item mit
Bezug zum fachlichen Diskurs benannt und seine Grundidee ähnlich den obigen Erläuterungen beschrieben wird. Anschließend werden die bewertungsrelevanten Indikatoren aufgeführt. In einer vierstufigen Skala werden die Werte jeweils erläutert und jeder
einzelne Wert mit Ankerbeispielen ausgestattet. Die komplexen Schätzurteile setzen
Expertise und Erfahrung im Umgang mit dem Beobachtungsgegenstand voraus. Ersteres wurde gewährleistet, indem Raterinnen gewonnen wurden, die als fortgeschrittene

Studierende des Faches Deutsch für das Lehramt an Grundschulen an Seminaren für literarisches Lernen und an Vorleseworkshops teilgenommen haben. Der sichere Umgang mit dem Instrument wurde durch das manualgestützte Training erreicht, das vor allem darauf zielte, ein gemeinsames theoretisches Verständnis über die zu bewertenden Basisdimensionen und Items zu erreichen.

Skalierung und Interraterreliabilität

Innerhalb der zur Bewertung konstruierten vierstufigen Antwortskala nimmt die Ausprägung des jeweiligen Merkmals von 4 bis 1 ab. Das Item ist sehr hoch ausgeprägt (4), hoch ausgeprägt (3), gering ausgeprägt (2) oder sehr gering ausgeprägt (1). Die Übereinstimmung mit der idealtypischen Ausprägung ist also umso stärker, je höher der numerische Ausdruck ist. Zur Operationalisierung der abzugebenden Urteile wurde die Antwortskala für jedes Item inhaltsbezogen beschrieben. Maßgeblich für diese Operationalisierung sind die Indikatoren, die nach den eingangs entwickelten Gesichtspunkten aus der Literaturdidaktik und aus den konkreten Anforderungen des Bilderbuchs *Lucy rettet Mama Kroko* generiert wurden. Negativindikatoren werden dann angegeben, wenn sie vom Profil des Items her Sinn machen und mehr bzw. Anderes zeigen als lediglich die Negativfassung der die Idealtypik abbildenden (Positiv-)Indikatoren. Die qualitativen Einschätzungen der beiden Raterinnen erfolgten unabhängig voneinander. Empirisch zu prüfen ist, in welchem Ausmaß diese Unabhängigkeit gegeben ist, damit man von zuverlässigen empirischen Ergebnissen sprechen kann. Diese Messung ist für das vorliegende Raster mit dem messtheoretischen Ansatz der sogenannten Generalisierbarkeitstheorie vorgenommen worden, die es erlaubt, die Übereinstimmung über einen Koeffizienten in Zahlen abzubilden und anzugeben, ob empirisch tragfähige Ergebnisse erzielt wurden. Für das vorliegende Raster wurde die Übereinstimmung mit Hilfe des Programms GT (vgl. Ysewijn 1997) geprüft. Die berechneten Generalisierbarkeitskoeffizienten liegen für die einzelnen Ratingdimensionen zwischen .96 für *Unterstützende Maßnahmen zur Herausbildung der Aufmerksamkeit für sprachliche Gestaltung* und .79 für die *Strukturierung der Schreibaufgabe*. Sie liegen damit durchgehend deutlich über dem kritischen Wert von $g \geq .70$ (der Koeffizient kann Werte zwischen 0 und $+1$ annehmen) und können als sehr zufriedenstellend betrachtet werden.

Ergebnisse zur Bewertung des Bilderbuchvorlesens

Da alle Unterrichtsvideos von jeweils zwei Raterinnen beurteilt wurden und die Ergebnisse der Interraterreliabilität zeigen, dass ein hoher Grad an Übereinstimmung in den Urteilen gegeben war, konnten beide Urteile durch Bildung eines Mittelwerts zusammengefasst werden. Tabelle 2 gibt eine Übersicht über die von den Lehrpersonen erreichten Werte. Wie die Tabelle zeigt, wurden die Leistungen der Lehrpersonen im Hinblick auf die Qualität der angeleiteten Bilderbuchrezeption in den meisten Items mit einem Wert, der unter dem theoretischen Mittelwert (*M*) von 2.5 liegt, beurteilt. Lediglich bei den Items *Hinführung zum Text, Kongruenz* und *Anbindung des Schreibauftrags* liegt das Einschätzungsurteil über dem theoretischen Mittelwert. Mit 2.99 für das

Item *Anbindung des Schreibauftrags* ist der höchste Mittelwert aller zehn Items benannt. Die niedrigsten Werte fallen mit 1.50 auf das Item *Verknüpfung von Text und Bild* und mit 1.93 auf das Item *Perspektivenübernahme*.

Item	N	Range	M	SD
Vorlesesetting	50	1-4	2.37	.89
Hinführung zum Text	50		2.96	1.15
Kongruenz	50		2.85	1.17
Offenheit und Dialogizität	50		2.43	1.02
Perspektivenübernahme	50		1.93	.67
sprachliche Gestaltung	50		2.36	1.17
Zuwendung zur Bildebene	48		2.08	.70
Verknüpfung von Text und Bild	50		1.50	.84
Strukturierung der Schreibaufgabe	50		2.09	.61
Anbindung des Schreibauftrags	50		2.99	.98

Tab. 2 *Deskriptive Statistiken zu den eingeschätzten Vorlesequalitätsitems*

Item	N	Werteverteilung in gültigen Prozenten (Mittelwert der beiden Raterinnen)						
		1	1,5	2	2,5	3	3,5	4
Vorlesesetting	50	20	6	14	16	32	8	4
Hinführung zum Text	50	14	8	10	4	8	16	40
Kongruenz	50	18	10	2	8	10	20	32
Offenheit und Dialogizität	50	22	12	6	12	18	26	4
Perspektivenübernahme	50	20	16	36	20	2	6	-
sprachliche Gestaltung	50	30	10	8	8	18	6	20
Zuwendung zur Bildebene	48	18,8	8,3	33,3	18,8	18,8	2,1	-
Verknüpfung von Text und Bild	50	66	10	6	-	12	6	-
Strukturierung der Schreibaufgabe	50	8	12	54	14	6	4	2
Anbindung des Schreibauftrags	50	10	2	12	8	26	8	34

Tab. 3 *Gültige Prozentangaben zu den Ratingwerten der Vorlesequalitätsitems*

Mittelwerte, die eindeutig im Bereich zwischen 3.0 und 4.0 liegen, kommen bei keinem der zehn Vorlesequalitätsitems vor. Die in Tabelle 3 angegebene prozentuale Verteilung der vergebenen Ratingwerte (im Mittelwert) zeigt, dass der höchste Ratingwert (Wert 4) sich bei den Items *Perspektivenübernahme, Zuwendung zur Bildebene* und *Ver-*

knüpfung von Text und Bild prozentual gar nicht abbilden lässt. Der prozentual höchste Anteil der abgegebenen Urteile liegt für das Item *Perspektivenübernahme* mit 36 Prozent beim Ratingwert 2, der für eine geringe Ausprägung der Item-Merkmale steht. Für das Item *Verknüpfung von Text und Bild* liegt der prozentual höchste Anteil der abgegebenen Urteile mit 66 Prozent auffallend hoch beim niedrigsten Ratingwert.

Es ist im Rahmen empirischer Untersuchungen nötig, von den sichtbaren Erscheinungen auf die diesen Erscheinungen zugrunde liegenden unbeobachtbaren Ursachen zu schließen. Dafür wird eine sogenannte Faktorenanalyse vorgenommen, die explorativ, bei noch zu ermittelnden Voraussetzungen, oder konfirmativ, bei bekannten Voraussetzungen, ausgerichtet ist. Dabei werden die Korrelationen der Faktorwerte mit den Ausgangswerten der Variablen über sogenannte Faktorladungen bestimmt. Die hier im Rahmen der Deskriptivstatistik hervorgehobenen Items *Perspektivenübernahme, Zuwendung zur Bildebene* und *Verknüpfung von Text und Bild* gehören in die Basisdimensionen 2 und 3 (vgl. Tabelle 1) und damit in jene Basisdimensionen, die mittels einer konfirmatorischen Faktorenanalyse (CFA) bestätigt werden konnten. In der Basisdimension 2 (Unterstützung des literarischen Verstehens und Anregung zur Entwicklung literarischer Rezeptionskompetenz) weisen die beiden Items *Perspektivenübernahme* und *sprachliche Gestaltung* Faktorladungen von .82 und .88 auf. Die interne Konsistenz beträgt $\alpha = .63$. Für die Basisdimension 3 (Unterstützung des Verständnis vertiefenden Umgangs mit Text-Bild-Korrespondenzen) lässt sich mit Faktorladungen von .77 für das Item *Zuwendung zur Bildebene* und .79 für das Item *Verknüpfung von Text und Bild* eine interne Konsistenz von $\alpha = .76$ berechnen. Die theoretisch angenommenen Zusammenhänge zwischen den Items der jeweiligen Basisdimension ließen sich hier also empirisch nachweisen. Es zeigt sich somit, dass die theoretisch angenommenen inneren Beziehungen zwischen den Merkmalsausprägungen für das Bilderbuchvorlesen in diesen beiden Dimensionen empirisch gegeben sind. Demgegenüber konnte die Faktorenstruktur für die beiden anderen Basisdimensionen empirisch nicht betätigt werden.

3. Diskussion und Fazit

Vor dem Hintergrund der hier vorgenommenen deduktiv-induktiven Modellierung schulischen Bilderbuchvorlesens erscheint das professionelle Handeln von Lehrerinnen und Lehrern im Anfangsunterricht als dringend verbesserungsbedürftig. Der heuristische Blick auf die Werte der Items zeigt, dass in keinem der in literaturdidaktischer Hinsicht bedeutsamen Bereiche zufriedenstellende Ergebnisse erreicht werden. Aus den mit hoher Interraterreliabilität erreichten Werten lässt sich schließen, dass über Bedingungen für das Vorlesehandeln, wenn es auf literarästhetische Lernprozesse zielen soll, neu nachgedacht werden muss. Bereits durch Unachtsamkeit bei der Herstellung einer guten Vorleseatmosphäre wird viel lernförderliches Potenzial von Vorleseprozessen zurückgedrängt und verschenkt. Wenn, im Mittelwert betrachtet, nur vier Prozent aller an der Studie beteiligten Lehrpersonen das Vorlesesetting so gestaltet, dass die Besonderheit der auf ein gemeinsames ästhetisches Erlebnis ausgerichteten

Situation für Kinder erfahrbar werden kann, so zeigt dies, dass bereits in diesem sehr basalen Bereich nachlässig mit dem Vorlesen umgegangen wird. Auch die weitschweifige Überbetonung thematischer Aspekte, das kleinschrittige Zerpflücken des Buches wie auch das Zurückdrängen spontaner Rezeptionsreaktionen der zuhörenden Kinder kommen, gemessen an den Ratingwerten, deutlich zu häufig vor. Den einleitend dargestellten hohen Erwartungen an das Vorlesen in der Schule wird in der Praxis demnach nicht entsprochen. Im Hinblick auf unmittelbar anzuregende Prozesse literarischen und medienästhetischen Lernens beim Bilderbuchvorlesen im Anfangsunterricht ist es besonders alarmierend, dass zu wenig auf die Unterstützung des Figurenverstehens und der Perspektivenübernahme geachtet wird, was insofern ungünstig ist, als dass Kindern der literarische Text ohne einen imaginationsorientierten emotionalen Zugang zur Figur verschlossen bleibt. Die Fähigkeit zum sprechgestalterischen Beleben einer Figur sowie zum Setzen imaginationsorientierter Impulse, die der Struktur des Textes adäquat sind, scheint bei den Lehrpersonen der Studie so gering ausgeprägt, dass in der prozentualen Verteilung die meisten Beurteilungen auf die niedrigen Ratingwerte 1 und 2 fallen. Noch weniger Zuwendung als die Perspektivenübernahme erfährt in den beurteilten Prozessen des Bilderbuchvorlesens die Verknüpfung von Text und Bild. Beim insgesamt niedrigsten Mittelwert des gesamten Ratings ($M = 1.50$) liegen im Mittel 66 Prozent aller abgegebenen Urteile zu diesem Item auf dem geringsten Ratingwert (1). Dem Anspruch auf integrative Verarbeitung von Text- und Bildeindrücken wird damit nicht entsprochen. Vielmehr werden die Bilder des Bilderbuchs zugunsten einer dem Gegenstand nicht angemessenen Dominanz des Textes vernachlässigt. Das mit $M = 2.08$ ebenfalls noch deutlich unter dem theoretischen Mittelwert liegende Ergebnis für das Item *Zuwendung zur Bildebene* verweist darauf, dass Auswahl und Menge der gezeigten Bilder, der Modus der Bildpräsentation sowie die eingeräumte Zeit zur Bildbetrachtung in den meisten Vorlesesituationen nicht zufriedenstellend sind. Beim Umgang mit der Anschlussaufgabe ist es besonders augenfällig, dass viele Lehrerinnen und Lehrer aufgrund von Versäumnissen und Fehlern bei der *Strukturierung der Schreibaufgabe* die Chance zur Vertiefung literarischer Lernprozesse durch das ans literarästhetische Erlebnis angebundene Schreiben verschenken ($M = 2.09$). Obwohl eine größere Stichprobe für eine höhere Stabilität der Faktorenanalyse wünschenswert gewesen wäre (vgl. Bühner 2006), können die auf der Basis von 50 beteiligten Lehrpersonen gewonnenen Daten mit aller gebotenen Vorsicht dahingehend interpretiert werden, dass Lehrerinnen und Lehrer das Bilderbuchvorlesen bisher nicht konsequent genug für die Anregung gegenstandsbezogen-kompetenzorientierter Lernprozesse nutzen. In den durch die Faktorenanalyse empirisch bestätigten Dimensionen sind die beobachteten und beurteilten Versäumnisse des Lehrerhandelns im Hinblick auf die beschriebenen Minimalbedingungen für ein gutes Vorlesen besonders virulent. Denn indem Anregungen zur Perspektivenübernahme vernachlässigt werden, wird eine Grundbedingung literarischen Verstehens übergangen. Kinder bekommen dann beim Vorlesen nicht die Anregungen zur Entfaltung dieses bedeutenden Teilaspekts literarischer Rezeptionskompetenz, die im Gegenstand – im konkreten Bilderbuch – angelegt sind. Für den in der Studie in den Blick genommenen Anfangsunterricht in der 1. Klasse wiegt dieses Versäumnis deshalb besonders schwer, weil hier nicht nur die Möglichkeit zur explizierenden Festigung impliziten literarischen Könnens ungenutzt bleibt, sondern vor allem die Chance auf eine Kompensation ungleicher literarischer Sozialisation zum Schulbeginn. Des Weiteren ist die aus den Ratingwerten hervorgehende Benachteiligung der bildästhetischen und intermedialen Dimension von Bilderbüchern vor dem Hintergrund der zunehmenden Mediatisierung und den damit einhergehenden wachsenden Ansprüchen an visuelle Rezeptionskompetenzen ein geradezu besorgniserregendes Ergebnis. Denn aufgrund ihrer spezifischen Materialität bieten insbesondere Bilderbücher ein hohes Maß an geeignetem Lernpotenzial für das bewusste Wahrnehmen und Verstehen von Text-Bild-Verknüpfungen, die zu den grundlegenden ästhetischen Strukturen der Medienkultur gehören (vgl. den Aufsatz von Kümmerling-Meibauer in diesem Band). Vorschulkinder und Kinder der Jahrgangsstufen 1 und 2 sind für Bilderbuchrezeptionen in besonderer Weise aufgeschlossen. Das Vorlesen hier unter Vernachlässigung der Bildebene zu gestalten, stellt im Interesse der dringlichen Förderung kindlicher Medienrezeptionskompetenz ein besonders schwerwiegendes Versäumnis dar. Jenseits dieser pointiert und zugespitzt formulierten Ergebnisse zum empirisch erfassten Vorlesehandeln von Lehrerinnen und Lehrern in Klasse 1 bleibt allerdings auch festzuhalten, dass es kaum gute didaktische Modelle zum Bilderbuchvorlesen in Vor- und Grundschule gibt.[2] Eine auf der Grundlage einer profilierten Text-Bild-Grammatik entwickelte Konzeption, die die vielfältigen medial geprägten Text-Bild-Erfahrungen von Kindern im Unterricht zu entfalten verstünde, steht noch aus. Hinzu kommt, dass die Validität der ermittelten Ergebnisse etwa mit Hilfe eines Strukturgleichungsmodells (vgl. Backhaus/Erichson/Plinke u. a. 2008) noch deutlicher und belastbarer geprüft werden muss. Die vorgelegten Ergebnisse der Studie fordern dennoch bereits jetzt dazu auf, nicht nur im Rahmen der Lehrerbildung die vorlesedidaktischen Kompetenzen von Lehrerinnen und Lehrern zu erweitern, sondern auch in der Literaturdidaktik Modelle für das Bilderbuchvorlesen zu entwickeln, die das literarisch-ästhetische Potenzial moderner Bilderbücher im Unterricht entfalten können.

Literatur

Bachmann, Thomas/Becker-Mrotzek, Michael: Schreibaufgaben situieren und profilieren. In: Pohl, Thorsten/Torsten Steinhoff (Hrsg.). Textformen als Lernformen. Duisburg 2010. S. 191–210.

Backhaus, Klaus/Erichson, Bernd/Plinke, Wulff: Multivariate Analysemethoden – Eine anwendungsorientierte Einführung. 12. Aufl. Heidelberg 2008.

Baumert, Jürgen/Kunter, Mareike: Stichwort: Professionelle Kompetenz von Lehrkräften. In: Zeitschrift für Erziehungswissenschaft (2006) Heft 9. S. 469–520.

---

[2] Ansätze einer didaktischen Forschung zum Bilderbuch, in der das Medium mit seiner besonderen Text-Bild-Beziehung im Hinblick auf didaktisch-methodische Möglichkeiten seiner Vermittlung befragt wird, finden sich u. a. bei Doonan 1997, Rabus 2002, Blei-Hoch 2002, 2003 und 2007, Thiele 2003a und b, Schmitz 2004, Hopp 2007, Hollstein/Sonnenmoser 2010 sowie Ritter 2011.

Becker-Mrotzek, Michael: Funktional-pragmatische Unterrichtanalyse. In: Kammler, Clemens/ Knapp, Werner (Hrsg.): Empirische Unterrichtsforschung und Deutschdidaktik. Baltmannsweiler 2002. S. 58–78.

Belgrad, Jürgen/Schünemann, Ralf: Leseförderung durch Vorlesen: Ergebnisse und Möglichkeiten eines Konzepts zur basalen Leseförderung. In: Eriksson, Brigit/ Behrens, Ulrike (Hrsg.): Sprachliches Lernen zwischen Mündlichkeit und Schriftlichkeit. Bern 2011. S. 144–171.

Blei-Hoch, Claudia: „Komm, lass uns doch ein Bilderbuch anschauen…". Einblick in den Forschungsstand zur Rezeption von Bilderbüchern. In: ide 26 (2002) Heft 2. S. 65–75.

Blei-Hoch, Claudia: Für andere erzählen können – Zur Rezeption und Präsentation von Bilderbüchern im Kindergarten. In: Thiele, Jens/Steitz-Kallenbach, Jörg (Hrsg.): Handbuch Kinderliteratur. Grundwissen für Ausbildung und Praxis. Freiburg i. Br. 2003. S. 99–113.

Blei-Hoch, Claudia: Das Bilderbuch mit anderen Augen sehen. Zu Erzählformen in aktuellen Bilderbüchern und ihrer Vermittlung. In: kjl&m (2007) Heft 1. S. 11–18.

Blömeke, Sigrid/Kaiser, Gabriele/Lehmann, Rainer (Hrsg.): Professionelle Kompetenz angehender Lehrerinnen und Lehrer. Wissen, Überzeugungen und Lerngelegenheiten deutscher Mathematikstudierender und -referendare – Erste Ergebnisse zur Wirksamkeit der Lehrerausbildung. Münster 2008.

Blömeke, Sigrid/Kaiser, Gabriele/Lehmann, Rainer: TEDS-M: Messung von Lehrerkompetenzen im internationalen Vergleich. In: Zlatkin-Troitschanskaia, Olga (Hrsg): Lehrprofessionalität – Bedingungen, Genese, Wirkungen und Messung. Weinheim 2009. S. 181–210.

Bromme, Rainer: Der Lehrer als Experte: zur Psychologie des professionellen Wisens. Bern 1992.

Bühner, Markus: Einführung in die Test- und Fragebogenkonstruktion. München 2006.

Clausen, Marten/Reusser, Kurt/Klieme, Eckhard: Unterrichtsqualität auf der Basis hoch inferenter Unterrichtsbeurteilungen. Ein Vergleich zwischen Deutschland und der deutschsprachigen Schweiz. Unterrichtswissenschaft 31 (2003) Heft 2. S. 122–141.

Dehn, Mechthild: Unsichtbare Bilder – Visual literacy als Aufgabe des Deutschunterrichts? In: Plath, Monika/Gerd Mannhaupt (Hrsg.): Kinder – Lesen – Literatur. Analysen – Modelle – Konzepte. Baltmannsweiler 2008. S. 1–32.

Dehn, Mechthild/Merklinger, Daniela/Schüler, Lis: Texte und Kontexte. Schreiben als kulturelle Tätigkeit in der Grundschule. Seelze 2011.

DeutschenBahn, ZEIT, Stiftung Lesen: Vorlesestudie 2011. Die Bedeutung des Vorlesens für die Entwicklung von Kindern. Repräsentative Befragung von 10- bis 19-Jährigen. Eine Studie der Stiftung lesen, der Deutschen Bahn und der ZEIT. URL: http://www.stiftunglesen.de/vorlesestudie (letzter Zugriff: 2.4.2012).

Doonan, Jane: Sharing Picture Books with Adolescent Students. A Training in Visual Literacy. In: Schweizerisches Jugendbuch-Institut (Hrsg.): Siehst Du das? Die Wahrnehmung von Bildern in Kinderbüchern – Visual Literacy. Zürich 1997. S. 53–72.

Doucet, Sharon A./Wilsdorf, Anne: Lucy rettet Mama Kroko. Hamburg: Oetinger 2005.

Eggert, Hartmut/Garbe, Christine: Literarische Sozialisation. Stuttgart 2003.

Elias, Sabine: Väter lesen vor. Soziokulturelle und bildungstheoretische Aspekte der frühen familialen Lesesozialisation. Weinheim/München 2009.

Garbe, Christine: Wie werden Kinder zu engagierten und kompetenten Lesern? In: Schulz, Gudrun (Hrsg.): Lesen lernen in der Grundschule. Berlin 2010. S. 9–23.

Graf, Werner: Fiktionales Lesen und Lebensgeschichte. Lektürebiografien der Fernsehgeneration. In: Rosebrock, Cornelia (Hrsg.): Lesen im Medienzeitalter. Weinheim 1995. S. 97–126.

Graf, Werner: Lesegenese in Kindheit und Jugend. Einführung in die literarische Sozialisation. Schneider: Baltmannsweiler 2007.

Härle, Gerhard: Lenken – Steuern – Leiten. Theorie und Praxis der Leitung literarischer Gespräche in Hochschule und Schule. In: Härle, Gerhard / Steinbrenner, Marcus (Hrsg.): Kein endgültiges Wort. Baltmannsweiler 2004. S. 107–139.

Hollstein, Gudrun / Sonnenmoser, Marion: Werkstatt Bilderbuch. Allgemeine Grundlagen, Vorschläge und Materialien für den Unterricht in der Grundschule. Baltmannsweiler 2010.

Hopp, Margret: Bilderbücher und die Entwicklung kindlicher Medienkompetenz. In: kjl&m (2007) Heft 1. S. 28–34.

Hurrelmann, Bettina / Hammer, Michael / Nieß, Ferdinand: Leseklima in der Familie. Gütersloh 1993.

Hurrelmann, Bettina: Literarische Figuren. Wirklichkeit und Konstruktivität. In: Praxis Deutsch 30 (2003) Heft 177. S. 4–12.

Hurrelmann, Bettina / Groeben, Norbert: Textwissenschaftliche Grundlagen. In: Groeben, Norbert / Hurrelmann, Bettina (Hrsg.): Empirische Unterrichtsforschung in der Literatur- und Lesedidaktik. Ein Weiterbildungsprogramm. Weinheim und München 2006. S. 31–51.

Jantzen, Christoph: Warum haben Bilderbücher eigentlich Bilder? In: Lieber, Gabriele (Hrsg.): Lehren und Lernen mit Bildern. Ein Handbuch zur Bilddidaktik. Baltmannsweiler 2008. S. 235–245.

König, Johannes: Lehrerprofessionalität – Konzepte und Ergebnisse der internationalen und deutschen Forschung am Beispiel fachübergreifender, pädagogischer Kompetenzen. In: König, Johannes / Bernhard Hofmann (Hrsg.): Professionalität von Lehrkräften. Was sollen Lehrkräfte im Lese- und Schreibunterricht wissen und können? Berlin 2010. S. 40–105.

Kruse, Iris: Eigenes in verfremdetem Gewand. Realistische Kinderliteratur als Herausforderung für den Literaturunterricht. In: kjl&m (2010a) Heft 4. S. 70–78.

Kruse, Iris: Das Vorlesen lernförderlich gestalten. Astrid Lindgrens Märchen „Sonnenau" – Ein Unterrichtsbeispiel zum „Höreraktivierenden Vorlesen". In: Grundschulunterricht Deutsch (2010b) Heft 1. S. 18–22.

Kruse, Iris / Gabriel, Katrin: Hoch inferentes Rating: Qualität angeleiteter Bilderbuchrezeption. In: Lotz, Miriam / Lipowsky, Frank / Faust, Gabriele (Hrsg.): Technischer Bericht zu den PERLE-Videostudien. In: Lipowsky, Frank / Faust, Gabriele (Hrsg.): Dokumentation der Erhebungsinstrumente des Projekts „Persönlichkeits- und Lernentwicklung von Grundschulkindern" (PERLE) (Materialien zur Bildungsforschung, 23/3). Frankfurt am Main 2012. (in Vorb.)

Kruse, Norbert: Literarisches Lernen in der Grundschule – Textschreiben als Herausforderung literarischen Lernens bei Kindern. In: Brinkmann, Erika / Norbert Kruse / Claudia Osburg (Hrsg.): Kinder schreiben und lesen. Beobachten – Verstehen – Lehren. Freiburg im Breisgau 2003. S. 233–254.

Kruse, Norbert: Zur Poetik von Kindertexten in schulischen Lernprozessen. Ein Vorschlag zur Erweiterung des sprachlichen Rahmens für die Analyse. In: Kohl, Eva Maria / Ritter, Michael (Hrsg.): Die Stimmen der Kinder. Kindertexte in Forschungsperspektiven. Baltmannsweiler 2011. S. 73–82.

Lieber, Gabriele: Bilderbücher im Medienzeitalter – ein didaktischer Anachronismus? In: Ganguin, Sonja / Pöttinger, Ida (Hrsg.): „Lost? – Orientierung in Medienwelten. Konzepte zur Pädagogik und Medienbildung, Bielefeld 2008. S. 113–123.

Ockel, Eberhard: Vorlesen als Aufgabe und Gegenstand des Deutschunterrichts. Baltmannsweiler 2000.

Rabus, Silke: Das vielseitige Spiel mit der Assoziation … oder die Gleichzeitigkeit der ganzen Welt. Das Bilderbuch in der Medienwelt. In: ide 26 (2002) Heft 2. S. 52–64.

Ritter, Alexandra: Kindliche Lesarten von Bilderbüchern. In: Kohl, Eva Maria / Ritter, Michael (Hrsg.): Die Stimmen der Kinder – Kindertexte in Forschungsperspektiven. Baltmannsweiler 2011. S. 61–72.

Schmitz, Ulrich: Bildung für Bilder. Text-Bild-Lektüre im Deutschunterricht. In: Jonas, Hartmut / Josting, Petra (Hrsg.): Medien – Deutschunterricht – Ästhetik. München 2004. S. 219–232.

Seidel, Tina: Überblick über Beobachtungs- und Codierverfahren. In: Seidel, Tina/Prenzel, Manfred/ Duit, Reinders/Lehrke, Manfred (Hrsg.): Technischer Bericht zur Videostudie „Lehr-Lernprozesse im Physikunterricht". Kiel 2003. S. 201–228.

Shulman, Lee S.: Knowledge and teaching: Foundations of the new reform. Havard Educational Research (1987) Heft 57. S. 1–22.

Spinner, Kaspar H.: Gesprächseinlagen beim Vorlesen. In: Härle, Gerhard/Marcus Steinbrenner (Hrsg.): Kein endgültiges Wort. Baltmannsweiler 2004. S. 291–308.

Spinner, Kaspar H.: Höreraktivierung beim Vorlesen und Erzählstruktur. In: Wieler, Petra (Hrsg.): Narratives Lernen in medialen und anderen Kontexten. Freiburg im Breisgau 2005. S. 153–166.

Spinner, Kaspar H.: Literarisches Lernen. Basisartikel. In: Praxis Deutsch 33 (2006) Heft 200. S. 6–16.

Thiele, Jens: Zwischen Lackbild und Laptop. Der veränderte Ort des Bilderbuchs. In: ide (2002) Heft 2. S. 44–51.

Thiele, Jens: Das Bilderbuch. Ästhetik – Theorie – Analyse – Didaktik – Rezeption. Bremen/Oldenburg 2003a.

Thiele, Jens: Das Bilderbuch. In: Thiele, Jens/Steitz-Kallenbach, Jörg (Hrsg.): Handbuch Kinderliteratur. Grundwissen für Ausbildung und Praxis. Freiburg/Basel/Wien 2003b. S. 70–98.

Thiele, Jens: Das Bilderbuch. In: Lange, Günter (Hrsg.): Kinder- und Jugendliteratur der Gegenwart. Baltmannsweiler 2011. S. 217–230.

Waldt, Kathrin: Literarisches Lernen in der Grundschule. Herausforderung durch ästhetisch-anspruchsvolle Literatur. Baltmannsweiler 2003.

Wieler, Petra: Vorlesen in der Familie. Fallstudien zur literarisch-kulturellen Sozialisation von Vierjährigen. Weinheim/München 1997.

Wieler, Petra: Vorlesen, Erzählen – Gespräche im Literaturunterricht. In: Frederking, Volker/ Krommer, Axel/Meier, Christel (Hrsg.): Taschenbuch des Deutschunterrichts. Band 2: Literatur und Mediendidaktik. Baltmannsweiler 2010. S. 283–298.

Ysewijn, Pierre: GT-Programm für Generalisierbarkeitsstudien. Neuchâtel: Institut de recherche et de documentaion pédagogique, 1997. URL: http://www.irdp.ch/methodo/generali.htm (letzter Zugriff: 2.4.2012).

HEIKE M. BUHL

Perspektiven übernehmen

Textverstehen verbessern

Abstract

Im vorliegenden Beitrag werden Zusammenhänge zwischen der Fähigkeit zur Perspektivenübernahme und dem Textverstehen dargestellt. Auf der Grundlage von Arbeiten zum Textverstehen, zur Perspektivenübernahme sowie ihrer Entwicklung und Förderung wurde ein positiver Zusammenhang erwartet. Diese Hypothese konnte empirisch an einer Stichprobe von 67 Schülerinnen und Schülern bestätigt werden.

Einleitung: *Der Hase und der Igel*

> Damit waren sie beim Acker angelangt, der Swinegel wies seiner Frau ihren Platz zu und ging nun den Acker hinauf. Als er oben ankam, war der Hase schon da. „Kann es losgehen?" fragte der Hase. „Jawohl", erwiderte der Swinegel. „Dann nur zu!" Und damit stellte sich jeder in seine Furche. Der Hase zählte „Eins, zwei, drei!" und los ging er wie ein Sturmwind den Acker hinunter. Der Swinegel aber lief nur ungefähr drei Schritte, dann duckte er sich in die Furche nieder und blieb ruhig sitzen. Als nun der Hase im vollen Lauf unten am Acker ankam, rief [...] dem Swinegel seine Frau: „Ich bin schon hier!" Der Hase stutzte [...]. Er meinte [...], es wäre der Swinegel selbst, [...].
> (Grimm 1977, S. 160)

Wer als Leser oder Zuhörer das Märchen vom Hasen und vom Igel versteht, erbringt eine beträchtliche Leistung. Er übernimmt die Perspektive des Hasens, der weniger weiß als er selbst, und er koordiniert die Perspektiven der beiden Protagonisten, wodurch er den Text und seinen Reiz erfasst. Dieses Beispiel zeigt, dass sich die Perspektivenübernahme in die Reihe bedeutsamer kognitiver und metakognitiver Voraussetzungen des Textverstehens einreiht. Wer über gute Fähigkeiten zur Perspektivenübernahme verfügt, dem fällt es leichter, Texte zu verstehen. Diesen Zusammenhang deutlich zu machen, ist das Ziel des Beitrags. Dazu werden zunächst die Fähigkeiten der Perspektivenübernahme und des Textverstehens sowie ihre Interdependenz in der Entwicklung erläutert. Auf dieser Grundlage wird dann eine Studie beschrieben und diskutiert, die den Zusammenhang beider Kompetenzen untersucht.

1. Perspektivenübernahme und Textverstehen

In der Tradition der kognitiven Psychologie meint *Perspektive* die kognitive Struktur einer Person bzw. die ihr zur Verfügung stehende Information, verbunden mit Wissensbeständen, Meinungen und Bewertungen (vgl. Keysar 1998). Weiter zielt *Perspektivenübernahme* auf die Antizipation und Berücksichtigung anderer Perspektiven (vgl. Nückles 2001), im Kontext der Kognitions- und Leseforschung und der Literaturdidaktik auf die Übernahme der Perspektive einer Figur sowie auf das Verständnis von Erzählperspektiven (vgl. Genette 1998; Köster 2002). Das Konzept der Perspektivenübernahme ist vielfältig, wobei zumeist drei zusammenhängende Bereiche unterschieden werden: visuelle, emotionale und sozial-kognitive Perspektivenübernahme (vgl. Steins/Wicklund 1993). Gegenstand des Beitrags ist die sozial-kognitive Perspektivenübernahme in ihrer Bedeutung für das Textverstehen. Die Fähigkeit zur Perspektivenübernahme entwickelt sich mit verschiedenen Vorläufern über die Kindheit bis ins Erwachsenenalter (vgl. Silbereisen/Ahnert 2002; Sodian/Thoermer 2006) und weist auch dann noch eine beträchtliche Varianz auf (vgl. Buhl 1996).

Das *Textverstehen* wird in der Allgemeinen Psychologie in der Regel bei entwickelten Lesern und längeren bzw. komplexeren Texten untersucht. Im Mittelpunkt des Forschungsinteresses steht dabei der Prozess vom Verarbeiten der Textoberfläche bis zu einer mentalen Repräsentation des Textes (vgl. Schnotz 2010). Bei Leseanfängern und anhand einfacher Texte wird dagegen das *Leseverständnis* untersucht, das zwar auch auf die Sinnentnahme zielt, aber stärker auf das Produkt, die Erfassung des Lesens und seine Förderung gerichtet ist (vgl. Rost/Buch 2010). Im Weiteren wird von *Textverstehen* gesprochen, um den Prozesscharakter des Lesens zu betonen. Zudem gelten Teile der Argumentation nicht nur für das Lese-, sondern auch für das Hörverstehen, so dass der Begriff als übergeordneter verwendet wird (vgl. Buhl/Möller/Oebser 2009; Kürschner/Schnotz 2008).

Die Literaturdidaktik sieht seit Längerem einen Zusammenhang zwischen Lesen und Perspektivenübernahme (vgl. Spinner 1987 und 1989), da Lesen die Fähigkeit zur Perspektivenübernahme fördert und das Fremdverstehen positiv beeinflusst (vgl. Schubert-Felmy 2001). In diesem Beitrag wird der Zusammenhang aus einer auch psychologischen Perspektive reflektiert und empirisch untersucht. Dabei werden kognitive Aspekte zwischenmenschlichen Verstehens in den Blick gerückt, so dass es nicht wie beim involvierten Lesen um das Mitschwingen bei fremden Emotionen, um die Empathie, geht (vgl. Steinhauer 2010).

Auch in der grundlagenwissenschaftlichen Psychologie finden sich Hinweise darauf, dass die Perspektivenübernahme den Leseprozess beeinflusst. Dem Modell von Kintsch folgend entspricht das Verstehen eines Textes dem Aufbau einer mentalen Repräsentation (vgl. Kintsch 1998). So verfügt eine junge Leserin möglicherweise nicht über das nötige Vorwissen zu Buchweizen und Lerchen, so dass die folgende Passage am Beginn des Märchens von Hase und Igel nicht vollständig in ihre mentale Repräsentation überführt wird:

> Es war an einem Sonntagmorgen in der Herbstzeit, just als der Buchweizen blühte: die Sonne war golden am Himmel aufgegangen, der Morgenwind ging warm über die Stoppeln, die Lerchen sangen in der Luft, die Bienen summten in dem Buchweizen, und die Leute gingen in ihrem Sonntagsstaat in die Kirche, [...]. (Grimm, 1977, S. 158)

Auch wird in der abgespeicherten Repräsentation auf Details verzichtet, so dass sich letztlich beispielsweise das Vorstellungsbild eines angenehm warmen Sonntagmorgens bildet. Zwischen dem Erlesen der Textoberfläche und dem Aufbau der mentalen Repräsentation finden also verschiedene Inferenzprozesse statt, bei denen aus dem Text relevante Informationen ausgewählt und entsprechend dem eigenen Vorwissen aufbereitet werden. Als ein Teil dieser Schlussfolgerungen können Prozesse der Perspektivenübernahme angenommen werden, die dazu führen, dass die im Vorwissen, der Aufgabenstellung oder im Text enthaltene Perspektive das resultierende mentale Modell beeinflusst (vgl. Albrecht / O'Brien / Mason u. a. 1995; Rinck 2000; Sanford / Garrod 1998; Zwaan / Magliano / Graesser 1995).

2. Perspektivenübernahme und Textverstehen in der Entwicklung

In der Entwicklungspsychologie finden sich zahlreiche Arbeiten zur Perspektivenübernahme (vgl. Piaget / Inhelder 1975), zur *Rollenübernahme* (vgl. Flavell 1975) und in den letzten Jahrzehnten vor allem zur *Theory of Mind*, einer Voraussetzung für die Fähigkeit, Perspektiven zu übernehmen. Die Theory of Mind bezeichnet das Wissen um die Existenz auch unterschiedlicher, mentaler Repräsentationen und ihre handlungsleitende Funktion (vgl. Sodian 2008). Kinder, die noch nicht über dieses Wissen verfügen, unterscheiden zum Beispiel nicht zwischen ihren eigenen Wünschen und Überzeugungen und denen anderer. Sie verstehen also nicht, dass andere Menschen etwas anderes und möglicherweise weniger wissen als sie selbst. Für den vorliegenden Beitrag ist die Theory of Mind als Voraussetzung für Perspektivenübernahme relevant. Im Grundschulalter fallen je nach Untersuchungsmethode Theory of Mind und Perspektivenübernahme zusammen. Da sich die einschlägigen Forschungsaktivitäten in den vergangenen Jahren stark auf die Theory of Mind konzentriert haben und dabei auch zentrale Methoden entwickelt wurden, wird im Folgenden maßgeblich auch von ihr die Rede sein.

Die Entwicklungen von Sprache und Theory of Mind verlaufen interdependent. So weisen längsschnittliche Untersuchungen (vgl. Astington / Jenkins 1999; Schneider / Lockl / Fernandez 2005) und experimentelle Trainingsstudien mit Kindern im Alter zwischen drei und fünf Jahren (vgl. Guajardo / Watson 2002; Lohmann / Tomasello 2003) darauf hin, dass der Spracherwerb den Aufbau der Theory of Mind vorantreibt (vgl. Milligan / Astington / Dack 2007). Das heißt, sprachliche Kompetenzen sind eine Voraussetzung für die Entwicklung der Theory of Mind. Die Theory of Mind wird wiederum als Voraussetzung dafür gesehen, Handlungen mit Gedanken, Einschätzungen und Intentionen von Protagonisten einer Geschichte zu verbinden. Da sie empirisch deutliche Zusammenhänge zwischen Theory of Mind und der Verbindung von Gedanken und Handlungen beim Nacherzählen von Geschichten durch Vier- bis Fünfjährige fanden, diskutierten Janette Pelletier und Janet Wilde Astington die Theory of Mind als Voraussetzung für die Perspektivenkoordination und das Textverstehen im Vorschul- und Schulalter und damit als einen Ansatzpunkt zur Förderung des Textverstehens (vgl. Pelletier / Astington 2004). Für eine erste Prüfung der Annahme testete Pelletier bei

Kindern zwischen vier und sieben sowie acht und neun Jahren korrelative Zusammenhänge unter anderem zwischen Textverstehen und Theory of Mind, die sich vor allem bei den jüngeren Kindern, schwachen SchülerInnen sowie in der Zweitsprache zeigten: Je besser die Theory of Mind, desto besser das Textverstehen (vgl. Pelletier 2006).

Diese Untersuchung ist für die hier thematisierte Fragestellung, inwiefern die Fähigkeit zur Perspektivenübernahme eine Voraussetzung für das Textverstehen darstellt, äußerst relevant, zugleich ist sie aber auch mit methodischen Problemen behaftet, die es in weiteren Untersuchungen auszuräumen gilt. Als erster Kritikpunkt haben die Operationalisierungen von Theory of Mind und Textverstehen möglicherweise zu einer Überlappung der Konstrukte beigetragen. So wurde die Theory of Mind sehr sprachlastig erfasst, indem gefragt wurde, „was denkt X, was Y tun wird?". Zugleich wurden zur Erfassung des Textverstehens Fabeln verwendet, die mit Lüge und Täuschung arbeiten. Sie setzten also mehr Theory of Mind-Erfahrungen voraus als andere Texte. Um den Zusammenhang von Theory of Mind bzw. Perspektivenübernahme einerseits und Textverstehen andererseits aussagekräftiger zu untersuchen, sollten diese beiden Konstrukte in ihrer Erfassung deutlich voneinander getrennt werden. Als zweiter Kritikpunkt ist an Drittvariablen zu denken, von denen bekannt ist, dass sie sowohl das Textverstehen als auch die Fähigkeit zur Perspektivenübernahme beeinflussen, allen voran die Intelligenz. So wird das Textverstehen von SchülerInnen am besten durch ihre kognitive Grundfähigkeit, die Intelligenz, aufgeklärt (vgl. Baumert / Klieme / Neubrand 2001; Bos / Lankes / Prenzel 2003). Kognitive Fähigkeiten beeinflussen zugleich aber auch den Erwerb von Perspektivenübernahme-Fähigkeiten und Theory of Mind (vgl. Flavell 2000; Sodian 2005; Symons 2004). Es ist insofern nicht auszuschließen, dass vermeintliche Zusammenhänge zwischen Textverstehen und Perspektivenübernahme nur oder vorrangig durch kognitive Fähigkeiten als Drittvariable gestiftet wurden. Bortz spricht in einem solchen Fall von einer „Scheinkorrelation" (Bortz 1999, S. 430). Um die Wirkung der potentiellen Drittvariable zu kontrollieren, wird die Korrelation um ihre Einflüsse bereinigt. Dazu sollte die Intelligenz mit erhoben und dann statistisch auspartialisiert werden.

Um diesen Kritikpunkten Rechnung zu tragen, wurden zwei Untersuchungen durchgeführt, in denen sowohl die Aufgaben zur Erfassung der Theory of Mind / Perspektivenübernahme und des Textverstehens inhaltlich keine direkten Überschneidungen aufwiesen als auch Intelligenz als potentielle Drittvariable kontrolliert wurde (vgl. Buhl / Möller / Oebser 2009). In einer ersten Untersuchung beantworteten 37 Vorschulkinder Fragen zu vorgelesenen Geschichten sowie Perspektivenübernahme-Aufgaben. Zwischen den Bereichen fand sich eine deutliche positive Korrelation, die bei Kontrolle der Intelligenz erhalten blieb. An der zweiten Studie nahmen Grundschulkinder der dritten Jahrgangsstufe teil. Sie lasen die Texte selbst und bearbeiteten die Verstehensaufgaben dazu schriftlich. Interessanterweise fand sich der erwartete Zusammenhang zwischen Perspektivenübernahme und Textverstehen ausschließlich in der Teilgruppe der guten Leser. Wiederum blieb der Zusammenhang bei der Kontrolle der Intelligenz erhalten. Damit liefern diese Befunde weitere Evidenzen für einen Zusammenhang von Perspektivenübernahme und Textverstehen. Die in der Grundschuluntersuchung vorgefundene

Beschränkung auf die guten Leser ist allerdings problematisch, zumal die Befunde heterogen waren. Bei Pelletier wiesen gerade die schwächeren SchülerInnen deutliche Zusammenhänge von Theory of Mind und Textverstehen auf (vgl. Pelletier 2006). In der im vorliegenden Beitrag beschriebenen Untersuchung wurde daher der Zusammenhang von Perspektivenübernahme und Textverstehen im Grundschulalter erneut geprüft, um zu einer eindeutigeren Befundlage zu gelangen.

Fasst man das bisher Gesagte in groben Zügen zusammen, so kristallisiert sich die Interdependenz von Perspektivenübernahme und Sprache heraus: Ein gewisser sprachlicher Entwicklungsstand ist Voraussetzung für die Ausbildung einer Theory of Mind und damit letztlich für die Fähigkeit zur Perspektivenübernahme. Die Existenz einer Theory of Mind ist wiederum Voraussetzung dafür, Texte vollständig zu verstehen. Zugleich fördert das Lesen aber die Bereitschaft und die Fähigkeit sich in andere hineinzuversetzen. Hier sei noch einmal an das Eingangsbeispiel erinnert. Kindern, die noch nicht über eine Theory of Mind verfügen, denen also nicht bewusst ist, dass sie als HörerInnen bzw. LeserInnen mehr wissen als der Hase, gelingt es nicht, die Perspektive des Hasens einzunehmen und die Perspektiven des Hasens und des Igels zu koordinieren. Sie können das Märchen folglich nicht verstehen.

Die Verwobenheit von Perspektivenübernahme und Textverstehen wird auch dadurch unterstrichen, dass beide Bereiche durch dieselben Faktoren positiv beeinflusst werden. Neben den bereits angesprochenen kognitiven Voraussetzungen handelt es sich um Einflüsse der sozialen Umwelt. Auf der einen Seite beeinflussen familiale Faktoren die Ausbildung der Theory of Mind und der Perspektivenübernahme (vgl. Astington/Barriault 2001; Flavell 2000). Ein förderliches familienstrukturelles Merkmal ist ein hohes Bildungsniveau (vgl. Cole/Mitchell 1998). Betrachtet man die dahinter stehenden familialen Prozessmerkmale, so erweisen sich kommunikative und sozio-emotionale Beziehungen als günstig: eine sichere Bindung (vgl. Fernyhough 1996), ob Eltern die mentalen Zustände ihrer Kinder korrekt berücksichtigen (Meins/Fernyhough/Wainwright 2002) und über eigene Gefühle sprechen (vgl. Dunn/Brown/Slomkowski 1991). Eine positive Wirkung auf die Theory of Mind ist auch gegeben, wenn beim Bilderbuch-Lesen über die mentalen Zustände der literarischen Figuren gesprochen wird (vgl. Symons 2004). Auf der anderen Seite weist das Textverstehen Unterschiede in Abhängigkeit vom Bildungsniveau der Eltern auf. Die familiale Lesesozialisation bis zum Schulalter wirkt sich positiv auf die Lesefertigkeit, das Leseverständnis, die Lesemotivation und -häufigkeit aus (vgl. Hurrelmann/Hammer/Nieß 1993). Langfristige Einflüsse von Mutter-Kind-Interaktionen im Vorschulalter auf das Textverstehen fanden sich noch in der dritten Klassenstufe. Wichtiger als die Zeit für gemeinsame (Lese-)Aktivitäten war dabei die Qualität der mütterlichen Interaktionen und das sozio-emotionale Klima beim Lesen (vgl. de Jong/Leseman 2001). Auch im Verlauf der Schulzeit fördern Eltern über das eigene Modell wie auch das Interesse am Leseverhalten des Kindes die Lesemotivation und -häufigkeit, was sich wiederum auf die Lesekompetenz positiv auswirkt (vgl. Hurrelmann/Hammer/Nieß 1993). Daher wurden in der nachfolgend beschriebenen Untersuchung die Lesesozialisation und das Bildungsniveau des Elternhauses berücksichtigt.

3. Empirische Untersuchung

Fragestellung

Die empirische Untersuchung ging von der zentralen Hypothese aus, dass es einen bedeutsamen positiven Zusammenhang zwischen der Fähigkeit zur Perspektivenübernahme und dem Textverstehen gibt. Um den Einfluss kognitiver Fähigkeiten auf beide Bereiche zu berücksichtigen, wurde weiter angenommen, dass ihr Zusammenhang durch die Kontrolle kognitiver Fähigkeiten zwar geschwächt wird, aber doch erhalten bleibt. Ebenso wurde geprüft, ob das Bildungsniveau der Eltern eine Drittvariable darstellt, die das Textverstehen wie auch die Fähigkeit zur Perspektivenübernahme beeinflusst. Ein zweiter Fragenkomplex galt dem Zusammenhang von Leseverhalten einerseits und der Perspektivenübernahme und dem Textverstehen andererseits. Da dem Vorlesen im Vorschulalter eine große Relevanz für die spätere Lesekompetenz zukommt, wurde weiter angenommen, dass es einen positiven Zusammenhang zwischen retrospektiv berichtetem Vorlesen und dem Textverstehen im Schulalter gibt. Weil das Vorlesen einen Wert für die Ausbildung der Theory of Mind und Perspektivenübernahme-Fähigkeit besitzt, wurden hier ebenfalls positive Effekte angenommen. Auch bei diesen Analysen galt es, das elterliche Bildungsniveau zu kontrollieren. Schließlich wurde dem Leseverhalten der Kinder selbst sowie ihren weiteren Freizeitaktivitäten ein Wert für die Ausbildung von Textverstehen und Perspektivenübernahme zugesprochen, so dass hier ebenfalls Zusammenhänge betrachtet wurden. Explorativ wurde der Frage nachgegangen, ob Präferenzen für verschiedene Textgenres in unterschiedlichem Ausmaß mit dem Textverstehen und vor allem mit der Fähigkeit zur Perspektivenübernahme einhergehen. Dabei wurde angenommen, dass Präferenzen für Belletristik wie für Comics, die Perspektivenübernahme nahelegen, in einem positiven Zusammenhang mit Perspektivenübernahme stehen. Um diesen Fragen nachzugehen, wurde eine Untersuchung mit Schülerinnen und Schülern durchgeführt.

Methode

Es nahmen 67 Kinder der dritten Jahrgangsstufe aus drei Thüringer Grundschulen teil. Mädchen und Jungen waren gleichermaßen häufig vertreten. Die Kinder waren zwischen 7 und 11 Jahre alt. Das Bildungsniveau der Elternhäuser war hoch: 49,3 % der Mütter und 44,8 % Väter verfügten über einen (Fach-)Hochschulabschluss.

Zur Erfassung des *Textverstehens* konnte auf Daten des Thüringer Kompetenztests zurückgegriffen werden. Es handelt sich um einen thüringenweit durchgeführten Test verschiedener Lernstandsbereiche, von denen der Subtest zum Leseverstehen herangezogen wurde. Er bestand aus drei verschiedenen Texten, dem afrikanischen Märchen *Kalulu und Schildkröte*, dem Gedicht *Die Schildkröte Grete* und dem Sachtext *Verschiedene Schildkröten*, zu denen insgesamt 18 Fragen zur Erfassung des Leseverstehens gestellt wurden (vgl. Kompetenztest 2008). Dabei gab es offene wie auch geschlossene Antwortformate. Die interne Konsistenz der Aufgaben war gut. Sie betrug in der untersuchten Stichprobe $\alpha = .81$. Diese Angabe zeigt an, dass die Aufgaben in engem Zusammenhang stehen und es sinnvoll ist, aus ihnen eine Skala zu bilden.

Zur Erfassung der sozial-kognitiven *Perspektivenübernahmefähigkeit* wurden zwei Aufgaben nach dem Paradigma der privilegierten Information (vgl. Silbereisen 1976; Silbereisen/Ahnert 2002) sowie eine soziomoralische Dilemma-Aufgabe (vgl. Selman/Byrne 1974) verwendet. Die Kinder wurden einzeln getestet, jede Testung dauerte ungefähr 30 Minuten. Bei den Aufgaben nach dem Paradigma der privilegierten Information erhielt das teilnehmende Kind eine aus sieben Karten bestehende Bilderserie, zu der es eine Geschichte erzählen sollte. Anschließend wurden entscheidende Bilder entfernt und das Kind erhielt die Aufgabe, die Geschichte aus der Perspektive eines uninformierten Dritten zu erzählen. Das heißt, das Kind musste sein zusätzliches Wissen außer Acht lassen. Die Antworten wurden tontechnisch aufgezeichnet, transkribiert und in der Auswertung Kategorien zugeordnet (vgl. Braun-Laeser 2008; Silbereisen 1976). Die Kinder konnten in der Auswertung 0 Punkte (Die Bildserie wurde in ihrer nicht reduzierten Form wiederholt) bis 4 Punkte (Die reduzierte Bildserie wurde korrekt und mit selbständiger Nennung einer Alternativerklärung an Stelle der entfernten Information dargestellt) erzielen. Bei der Aufgabe zum soziomoralischen Dilemma handelte es sich um den Klassiker *Holly, die Baumkletterin* (vgl. Selman/Byrne 1974). Die Aufgabe erfasste auf fünf Stufen die Fähigkeit der Kinder zur Perspektivenübernahme (vgl. Selman 1982). Dazu wurde den Kindern eine Geschichte mit folgender Dilemma-Situation vorgelesen: Holly, die gut klettern kann, der es aber vom Vater verboten wurde, wird von einer Freundin gebeten, ihre Katze von einem Baum zu retten. Nach dem Vorlesen dieser Geschichte folgte ein Interview mit Fragen zum Situationsverständnis und zur Situationseinschätzung, zu deren Beantwortung unterschiedliche Ausprägungen von Perspektivenübernahme erforderlich waren. Dieses Interview wurde ebenfalls tontechnisch aufgezeichnet, transkribiert und kategorisiert. Die Antworten der Kinder wurden der Stufe 1 (sozial-informationale Rollenübernahme), 2 (reziproke Rollenübernahme) oder 3 (wechselseitige Rollenübernahme) zugeordnet (vgl. Braun-Laeser 2008). Die drei Aufgaben deckten die Perspektivenübernahme umfassend ab und erreichten dabei eine interne Konsistenz von $\alpha = .67$, was bei einem solch heterogenen Konstrukt als zufriedenstellend bewertet werden kann. Damit beide Aufgabentypen gleichgewichtig in die Gesamtvariable *Perspektivenübernahme* eingehen, wurden die Einzeltests vorab standardisiert, so dass sich die Gesamtvariable zwischen 0 und 1 bewegt.

Die *kognitiven Fähigkeiten* wurden anhand des Kognitiven Fähigkeitstests in der Grundschulform für die dritte Jahrgangsstufe (KFT 1–3) von Kurt Heller und Hans-Jürgen Geisler mit den vier Subskalen Sprachverständnis, Beziehungserkennen, schlussfolgerndes Denken und rechnerisches Denken erfasst (vgl. Heller/Geisler 1983). Der Test wurde als Gruppenuntersuchung durchgeführt. Pro Subtest konnten 12 bis 15 Punkte erreicht werden. Die interne Konsistenz des Gesamttests kann als gut beurteilt werden ($\alpha = .78$).

Zur Beurteilung der *Lesesozialisation* und des aktuellen *Lese- und Freizeitverhaltens* der Kinder wurde an Eltern und Kinder ein Fragebogen ausgegeben. Die Eltern wurden mit einem Item danach befragt, „wie häufig Sie Ihrem Kind in der Kindergartenzeit" vorgelesen haben, was auf einer fünfstufigen Ratingskala anzugeben war. Die Kinder wurden nach ihren Freizeitaktivitäten gefragt und zwar, ob sie „jeden oder fast jeden Tag" lesen, fernsehen, am Computer spielen oder Hörspiele hören – und wie viele Minuten sie damit jeweils verbringen. Beim Leseverhalten wurde weiter unterschieden, was jenseits der Schule gelesen wird: „Comics", „Geschichten oder Romane", „Bücher, die etwas erklären (Sachbücher)", „Zeitschriften oder Zeitungen", „Anleitungen oder Gebrauchsanweisungen", „Untertitel im Fernsehen oder von Computerspielen" (jeweils auf 5 Stufen von „gar nicht gerne" bis „sehr gerne"). Die Eltern wurden nach ihrem *Bildungsniveau* befragt: Hauptschulabschluss – Regelschulabschluss – Abitur – (Fach-)Hochschulabschluss.

Durchführung

Die Untersuchung wurde im Mai und Juni 2008, also im 2. Schulhalbjahr, von Ellen Braun-Laeser und Cornelia Hinkel durchgeführt und dokumentiert (vgl. Braun-Laeser 2008; Hinkel 2008). Die Gruppentests (Kognitiver Fähigkeitstest) fanden mit den Kindern einer Schulklasse im Klassenraum statt, die Einzeltests (Perspektivenübernahme) in einem ruhigen Raum der Schule. Für die Erfassung des Textverstehens konnte mit Zustimmung der Eltern und des Kultusministeriums auf die Daten des im April durchgeführten Thüringer Kompetenztests zurückgegriffen werden. Die Fragebögen zu den demographischen Variablen und dem Leseverhalten füllten Kinder und Eltern zu Hause aus.

Ergebnisse

Die nachfolgende Tabelle (vgl. Tab. 1) zeigt Mittelwerte und Standardabweichungen für die Perspektivenübernahme, Lesekompetenz, kognitive Fähigkeiten und das Bildungsniveau des Vaters sowie die Korrelationen zwischen diesen Variablen.

	M	*SD*	TV	PÜ	KFT
				Korrelationen	
TV	0.73	0.20			
PÜ	0.59	0.21	0.51*		
KFT	44.83	5.84	0.54*	0.36*	
Bildung	2		0.15	0.34*	0.56*

Tab. 1 *Mittelwerte, Standardabweichungen und Interkorrelationen von Textverstehen, Perspektiven-übernahme, kognitiven Fähigkeiten und Bildungsniveau des Vaters*

(M = Mittelwert, SD = Standardabweichung, TV = Textverstehen, PÜ = Perspektivenüber-nahme, KFT = Kognitiver Fähigkeitstest, Bildung = Bildungsniveau des Vaters, *p < .05. Beim Bildungsniveau werden Median und Spearman Rangkorrelation angegeben.)

Wie angenommen, wiesen Perspektivenübernahme und Textverstehen einen signifikanten und praktisch bedeutsamen Zusammenhang auf ($r = 0.51^*$). Die deutlichen Zusammenhänge beider Variablen auch mit der Intelligenz (KFT-Wert) machten es besonders notwendig, ihren Zusammenhang ohne Einflüsse der Intelligenz als mögliche Drittvariable zu betrachten. Wurde dementsprechend Intelligenz kontrolliert, so resultierte eine Partialkorrelation von $r = 0.41^*$. Diese lässt sich so interpretieren, dass der deutliche Zusammenhang von Perspektivenübernahme und Lesekompetenz nur zu einem sehr geringen Teil auf Intelligenz als Drittvariable zurückzuführen ist. Ebenso wurde das Bildungsniveau als mögliche Drittvariable betrachtet. Es wies Zusammenhänge besonders mit der Fähigkeit zur Perspektivenübernahme auf, in nicht signifikantem Ausmaß mit dem Textverstehen. Die Werte für die Mutter gingen jeweils in dieselbe Richtung, waren aber geringer. Dementsprechend wurde das väterliche Bildungsniveau kontrolliert. Die resultierende Partialkorrelation von Perspektivenübernahme und Textverstehen lag bei $r = 0.46^*$. Das Bildungsniveau ist als Drittvariable also kaum von Bedeutung.

Der zweite Auswertungskomplex befasste sich mit dem Zusammenhang zwischen dem Leseverhalten einerseits und der Perspektivenübernahme und dem Textverstehen andererseits. Hierzu wurde im Elternfragebogen retrospektiv nach der Häufigkeit des Vorlesens im Kindergartenalter gefragt: 12 Eltern gaben an, ihrem Kind „sehr oft, in der Regel mehrmals täglich" vorgelesen zu haben, 40 „oft, mindestens einmal täglich" und 15 „gelegentlich, mehrmals in der Woche". Die Antwortalternativen „eher selten, mindestens einmal wöchentlich" und „selten, weniger als einmal in der Woche" wurden nicht genutzt. Das berichtete Vorlesen im Kindergartenalter steht in deutlichem Zusammenhang sowohl mit Textverstehen ($r = 0.36^*$) wie auch mit Perspektivenübernahme ($r = 0.31^*$). Für beide Zusammenhänge konnte sichergestellt werden, dass sie nicht auf die Wirkung des Bildungsniveaus zurückzuführen sind. Die Kinder selbst wurden nach ihren aktuellen Lesegewohnheiten gefragt. Sie gaben an, pro Tag zwischen 5 und 70 Minuten zu lesen, der Mittelwert lag bei 30.07 Minuten ($SD = 17.27$). Diese Zeit stand in signifikantem Zusammenhang mit ihrer Lesekompetenz ($r = 0.25^*$) und tendenziell in Zusammenhang ihrer Fähigkeit zur Perspektivenübernahme ($r = 0.21$). Die Unterscheidung nach Genres erbrachte, dass die Kinder besonders gerne Geschichten und Romane, gefolgt von Sachbüchern und Zeitschriften bzw. Zeitungen sowie mit signifikantem Abstand zu diesen Favoriten auch Comics lasen. Anleitungen und Gebrauchsanweisungen sowie Untertitel im Fernsehen oder bei Computerspielen werden dagegen nicht gerne gelesen. Wurden die unterschiedlichen Genres in Zusammenhang zur Lesekompetenz und zur Perspektivenübernahme gebracht, so wies der Spaß am Lesen von Comics einen bedeutsamen Zusammenhang mit der Fähigkeit zur Perspektivenübernahme auf und einen tendenziellen Zusammenhang mit der Lesekompetenz, nicht aber die Freude am Lesen von Geschichten, von Sachbüchern oder von Zeitschriften/ Zeitungen.

Nach ihrem weiteren Freizeitverhalten befragt, gaben 63 Kinder an täglich fernzusehen, 36 Kinder gaben an Zeit am Computer zu verbringen, 39 nutzten ihre freie Zeit für Hörspiele. Von diesen Freizeitaktivitäten stand nur die Zeit für Hörspiele in einem bedeutsamen Zusammenhang mit der Fähigkeit zur Perspektivenübernahme ($r = 0.35^*$): Kinder, die mehr Zeit mit Hörspielen verbrachten, verfügten über eine bessere Fähigkeit zur Perspektivenübernahme. Ansonsten zeigten sich keine weiteren – positiven oder negativen – signifikanten Zusammenhänge zwischen den Freizeitaktivitäten einerseits und der Lesekompetenz und/oder der Perspektivenübernahmefähigkeit andererseits.

4. Diskussion und Ausblick

Die Ergebnisse der vorgestellten Untersuchung stützen die aus der Deutschdidaktik (vgl. Spinner 1989) und Psychologie (vgl. Albrecht/O'Brien/Mason 1995; Pelletier 2006) abgeleitete Annahme eines engen Zusammenhangs zwischen der Fähigkeit zur Perspektivenübernahme und dem Textverstehen. Auch die für beide Bereiche bekannten Einflussgrößen Intelligenz (vgl. Bos/Lankes/Prenzel 2003; Sodian 2005) und Bildungsniveau im Elternhaus (vgl. Baumert/Schümer 2001; Cole/Mitchell 1998) ließen sich bestätigen: Eine höhere Intelligenz und ein höheres Bildungsniveau wirken sich positiv auf das Textverstehen und die Fähigkeit zur Perspektivenübernahme aus.

Da der Verdacht nahe lag, dass der statistische Zusammenhang von Perspektivenübernahme und Textverstehen durch diese Drittvariablen gestiftet wird, weil z.B. intelligentere Kinder besser zur Perspektivenübernahme in der Lage sind und auch Texte besser verstehen als weniger intelligente Kinder, wurden die Intelligenz und das Bildungsniveau statistisch *kontrolliert*. Die verbleibenden signifikanten Partialkorrelationen können den Verdacht ausräumen. Es gibt also eine deutliche Evidenz dafür, dass die Perspektivenübernahme das Textverstehen und/oder dass das Textverstehen die Perspektivenübernahme-Fähigkeit beeinflusst. Um klarer zu sehen, welche Einflussrichtung die stärkere ist, braucht es im nächsten Schritt ein längsschnittliches Design, mit dem die Variablen zu mehreren Messzeitpunkten erfasst werden. Des Weiteren muss auch der Effekt des *Bildungsniveaus*, welches als strukturelles Familienmerkmal nichts darüber aussagt, was in der Familie geschieht und Wirkung hat, konkreter untersucht werden. Ein erster Schritt in diese Richtung ist der Blick auf die Sozialisation in der Familie. Die Häufigkeit, mit der im Kindergartenalter vorgelesen wurde, geht in der dritten Klassenstufe mit besserem Textverstehen und besserer Perspektivenübernahme-Fähigkeiten einher. Dies stützt die Forschungslinie sowohl zur Lesesozialisation (vgl. Hurrelmann/Hammer/Nieß 1993) wie auch zum Aufbau der Theory of Mind durch die Auseinandersetzung mit Geschichten (vgl. Symons 2004).

Der Blick auf das aktuelle Leseverhalten der Kinder in der dritten Klasse leistet einen weiteren Beitrag zum vielfach replizierten Befund, dass häufiges Lesen mit besserer Lesekompetenz einhergeht (vgl. Schaffner 2009). Darüber hinaus stand die Häufigkeit, mit der gelesen wurde, aber auch in einem tendenziellen Zusammenhang mit der Fähigkeit zur Perspektivenübernahme, was die Argumentation stützt, wonach Lesen das Fremdverstehen fördert (vgl. Spinner 1989). Neue Einblicke erlauben die weitergehenden Analysen zu den Textgenres. Die befragten Kinder wiesen sehr unterschiedliche

Präferenzen auf. Nur die Vorlieben für Sachbücher und Zeitschriften oder Zeitungen hingen nennenswert zusammen.

Für die hier diskutierte Fragestellung ist die Sonderrolle von Comics interessant. Kinder, die gerne Comics lasen, verfügten sowohl über höhere Perspektivenübernahme-Fähigkeiten als auch ein besseres Textverstehen. Da sich diese Sonderrolle in anderen Studien zur Lesekompetenz nicht zeigte (vgl. Pfost/Dörfler/Artelt 2010), wäre zu überlegen, inwieweit es sich um einen Alterseffekt handelt. Möglicherweise spielt bei der Aussage, gern Geschichten zu lesen, soziale Erwünschtheit eine Rolle, während Kinder, die Comics angeben, diese wirklich selbst lesen. Gerade der Zusammenhang zwischen Comic-Lesen und Perspektivenübernahme stimmte dagegen mit den Hypothesen überein, da Comics durch ihre Gestaltung den Blick auf Perspektivität eröffnen. Neben dem Lesen wurde auch nach weiteren Freizeitaktivitäten gefragt. Hier erwiesen sich Hörspiele zwar als nützlich für die Ausbildung der Fähigkeit zur Perspektivenübernahme, standen aber nicht in Zusammenhang mit dem Textverstehen. Interessant wäre es, diesen Befund für ältere Kinder bzw. Jugendliche zu festigen, wenn möglicherweise auch Computerspiele die Entwicklung von Perspektivenübernahme-Kompetenzen vorantreiben.

Wenn das Zusammenspiel von Perspektivenübernahme und Textverstehen auch noch weiterer Untersuchung bedarf, so können mit den hier vorgelegten Befunden doch bereits einige in der Literatur formulierten Annahmen gestützt werden, die sich zudem als Ansatzpunkte für literaturdidaktische Maßnahmen eignen. Es liegt nahe, Lesen nicht nur durch Lesen und die Förderung lesebezogener Kognitionen und Metakognitionen (vgl. Streblow 2004), sondern auch durch den Aufbau sozialer Kognitionen zu verbessern. Dies fällt umso leichter, als Perspektivenübernahme und Empathie häufig Bestandteile von Trainingsprogrammen für prosoziales Verhalten sind, etwa des populären Programms *Faustlos* (vgl. Cierpka 2004). Mit der hier berichteten Untersuchung deutet sich an, dass von diesen Maßnahmen nicht nur soziale Interaktionen, sondern auch das Textverstehen profitiert. Zur Förderung sozialer Kognitionen und speziell von Perspektivenübernahme haben sich bislang Rollenspiele und Gruppendiskussionen bewährt (vgl. Chalmers/Townsend 1990; Mischo/Arnold/Clausen 2004). Für den Anfangsunterricht ist dabei vor allem an Rollenspiele (vgl. den Aufsatz von Czerny in diesem Band) und (Bilder-)Bücher (vgl. Eckhardt, in diesem Band) als unterstützende Medien zu denken. Dass auch jüngere Kinder von solchen Trainings mit Blick auf ihre Perspektivenübernahme profitieren, zeigen Maßnahmen zum Aufbau der Theory of Mind (vgl. Guajardo/Watson 2002). In eigenen Untersuchungen mit Vorschulkindern (vgl. Buhl/Barth/Dünzl 2010) konnte bereits nachgewiesen werden, dass davon indirekt auch das Textverstehen profitiert. Auch jenseits umfassender Fördermaßnahmen können Elemente in den Unterricht integriert werden, indem Lehrerinnen und Lehrer alternative Perspektiven präsentieren und für die kindliche Situationsdefinition sensitiv sind (vgl. Fernyhough 1996). Konkret für die Literaturdidaktik laden die Befunde ein, stärker auch unkonventionelle Medien wie Comics wertzuschätzen und neben die Förderung des eigenen Lesens weiterhin auch das Vorlesen und Zuhören für literarische Lernprozesse zu nutzen (vgl. Belgrad/Grütz/Pfaff 2004).

Literatur

Albrecht, Jason E./O'Brien, Edward J./Mason, Robert A. u.a.: The role of perspective in the accessibility of goals during reading. In: Journal of Experimental Psychology: Learning, Memory, and Cognition (1995) Heft 21. S. 364–372.

Astington, Janet Wilde/Jenkins, Jennifer M.: A longitudinal study of the relation between language and theory-of-mind development. In: Developmental Psychology 35/1999. S. 1311–1320.

Baumert, Jürgen/Klieme, Eckhard/Neubrand, Michael u.a. (Hrsg.): PISA 2000 – Basiskompetenzen von Schülerinnen und Schülern im internationalen Vergleich. Opladen 2001.

Baumert, Jürgen/Schümer, Gundel: Familiäre Lebensverhältnisse, Bildungsbeteiligung und Kompetenzerwerb. In: Baumert, Jürgen/Klieme, Eckhard/Neubrand, Michael u.a. (Hrsg.): PISA 2000. Basiskompetenzen von Schülerinnen und Schülern im internationalen Vergleich. Opladen 2001. S. 323–407.

Belgrad, Jürgen/Grütz, Doris/Pfaff, Harald: Verstehen von Sachtexten. Eine Studie in der Grundschule 4. Klasse. In: Didaktik Deutsch (2004) Heft 17. S. 26–43.

Bortz, Jürgen: Statistik für Human- und Sozialwissenschaftler. Heidelberg 1999.

Bos, Wilfried/Lankes, Eva-Maria/Prenzel, Manfred u.a.: Erste Ergebnisse aus IGLU – Schülerleistungen am Ende der vierten Jahrgangsstufe im internationalen Vergleich. Münster 2003.

Braun-Laeser, Ellen: Zusammenhänge zwischen sozial-kognitiver Perspektivenübernahme und Leseverständnis – Eine Untersuchung an Drittklässlern. Unveröffentlichte Diplomarbeit. Universität Jena 2008.

Buhl, Heike M.: Wissenserwerb und Raumreferenz. Ein sprachpsychologischer Zugang zur mentalen Repräsentation. Tübingen 1996.

Buhl, Heike M./Barth, Sandra/Dünzl, Julia: Training preschoolers in perspective taking improves their text comprehension. Poster presented at the 4th Biennial Meeting of the EARLI (European Association for Research on Learning and Instruction) Special Interest Group 16 Metacognition. Münster 2010.

Buhl, Heike M./Möller, Franziska/Oebser, Manuela u.a.: Zusammenhänge zwischen der Fähigkeit zur Perspektivenübernahme und dem Textverstehen im Vor- und Grundschulalter. In: Diskurs Kindheits- und Jugendforschung 1/2009. S. 75–90.

Brüder Grimm: Kinder-Märchen. Stuttgart 1977.

Chalmers, Jennifer B./Townsend, Michael A.R.: The effects of training in social perspective taking on socially maladjusted girls. In: Child Development 61/1990. S. 178–190.

Cierpka, Manfred (Hrsg.): Faustlos – Ein Curriculum zur Förderung sozial-emotionaler Kompetenzen und zur Gewaltprävention für den Kindergarten. Göttingen 2004.

Cole, Kristina/Mitchell, Peter: Family background in relation to deceptive ability and understanding the mind. In: Social Development 7 (1998) Heft 2. S. 181–198.

de Jong, Peter F./Leseman, Paul P.M.: Lasting effects of home literacy on reading achievement in school. In: Journal of School Psychology 39 (2001) Heft 5. S. 389–414.

Dunn, Judy/Brown, Jane/Slomkowski, Cheryl/u.a.: Young children's understanding of other people's feelings and beliefs: Individual differences and their antecedents. In: Child Development 62/1991. S. 1352–1366.

Fernyhough, Charles: The dialogic mind: A dialogic approach to the higher mental functions. In: New Ideas in Psychology 14 (1996) Heft 1. S. 47–62.

Flavell, John H.: Rollenübernahme und Kommunikation bei Kindern. Weinheim 1975.

Flavell, John H. Development of children's knowledge about the mental world. In: International Journal of Behavioral Development 24 (2000) Heft 1. S. 15–23.

Genette, Gérard: Die Erzählung 2. Aufl. München 1998.

Guajardo, Nicole R. / Watson, Anne C.: Narrative discourse and theory of mind development. In: Journal of Genetic Psychology 163 (2002) Heft 3. S. 305–325.

Heller, Kurt / Geisler, Hans-Jürgen: Kognitiver Fähigkeitstest für 1. bis 3. Klassen (KFT 1–3). Göttingen 1983.

Hinkel, Cornelia: Zusammenhänge zwischen sozial-kognitiver Perspektivenübernahme und Leseverständnis – Eine Untersuchung an Drittklässlern. Unveröffentlichte Diplomarbeit. Universität Jena 2008.

Hurrelmann, Bettina / Hammer, Michael / Nieß, Ferdinand: Lesesozialisation. Leseklima in der Familie. Gütersloh 1993.

Keysar, Boaz: Language users as problem solvers: Just what ambiguity problem do they solve? In: Fussell, S. R. / Kreuz, R. J. (Hrsg.): Social and cognitive approaches to interpersonal communication. Mahwah, NJ 1998. S. 175–200.

Kintsch, Walter: Comprehension. A paradigm for cognition. Cambridge 1998.

Köster, Juliane: PISA-Aufgaben sind anders. Ein Vergleich mit deutschen Prüfungsaufgaben und eine Anregung für den Unterricht. In: Praxis Deutsch (2002) Heft 176. S. 2–9.

Kompetenztest 2008. Zuletzt abgerufen unter http://www.thueringen.de/de/tmbwk/bildung/informationen/vergleiche/kompetenztest/#2008 am 20.02.2012.

Kürschner, Christian / Schnotz, Wolfgang: Das Verhältnis gesprochener und geschriebener Sprache bei der Konstruktion mentaler Repräsentationen. In: Psychologische Rundschau 59 (2008) Heft 3. S. 139–149.

Lohmann, Heidemarie / Tomasello, Michael: The role of language in the development of false belief understanding: A training study. In: Child Development 74 (2003) Heft 4. S. 1130–1144.

Meins, Elisabeth / Fernyhough, Charles / Wainwright, Rachel: Maternal mind-mindedness and attachment security as predictors of theory of mind understanding. In: Child Development 73 (2002) Heft 6. S. 1715–1726.

Milligan, Karen / Astington, Janet Wilde / Dack, Lisa Ain: Language and Theory of Mind: Meta-Analysis of the relation between language ability and false-belief understanding. In: Child Development 78 (2007) Heft 2. S. 622–646.

Mischo, Christoph / Arnold, Rebecca / Clausen, Marten. Förderung sozialer Kognitionen in der Schule: Zur Wirksamkeit einer Kurzintervention. In: Psychologie in Erziehung und Unterricht 51/ 2004. S. 151–161.

Nückles, Matthias: Perspektivenübernahme von Experten in der Kommunikation mit Laien. Eine Experimentalserie im Internet. Münster 2001.

Pelletier, Janette: Relations among theory of mind, metacognitive language, reading skills and story comprehension in L1 and L2 learners. In: Antonietti, Allesandra / Sempio-Liverta, Olga / Marchetti, Antonella (Hrsg.): Theory of mind and language in developmental contexts. New York 2006. S. 77–92.

Pelletier, Janette / Astington, Janet Wilde: Action, consciouness and theory of mind: Children's ability to coordinate story characters' actions and thoughts. In: Early Education and Development 15 (2004) Heft 1. S. 5–22.

Pfost, Maximilian / Dörfler, Tobias / Artelt Cordula: Der Zusammenhang zwischen außerschulischem Lesen und Lesekompetenz. Ergebnisse einer Längsschnittstudie am Übergang von der Grund- in die weiterführende Schule. In: Zeitschrift für Entwicklungspsychologie und Pädagogische Psychologie 42 (2010) Heft 3. S. 167–176.

Piaget, Jean / Inhelder, Bärbel: Die Entwicklung des räumlichen Denkens beim Kinde. Stuttgart 1975.

Rinck, Mike: Situationsmodelle und das Verstehen von Erzähltexten: Befunde und Probleme. In: Psychologische Rundschau 51 (2000) Heft 3. S. 115–122.

Rost, Detlef. H. / Buch, Susanne R.: Leseverständnis. In: Rost, Detlef H. (Hrsg.): Handwörterbuch Pädagogische Psychologie. Weinheim 2010. S. 507–520.

Schaffner, Ellen: Determinanten des Leseverstehens. In: Lenhard, Wolfgang/Schneider, Wolfgang (Hrsg.): Diagnostik und Förderung des Leseverständnisses. Göttingen 2009. S. 19–43.

Schneider, Wolfgang/Lockl, Kathrin/Fernandez, Olivia: Interrelationships among theory of mind, executive control, language development, and working memory in young children: A longitudinal analysis. In: Schneider, Wolfgang/Schumann-Hengsteler, Ruth/Sodian, Beate (Hrsg.): Young children's cognitive development. Interrelationships among executive functioning, working memory, verbal ability, and theory of mind. Mahwah, NJ 2005. S. 259–284.

Schnotz, Wolfgang: Textverständnis. In: Rost, Detlef H. (Hrsg.): Handwörterbuch Pädagogische Psychologie. Weinheim 2010. S. 843–864.

Schubert-Felmy, Barbara: Wege der Imagination – Lesewege. Augsburg 2001.

Selman, Robert: Sozial-kognitives Verständnis: Ein Weg zu pädagogischer und klinischer Praxis. In: Geulen, Dieter (Hrsg.): Perspektivenübernahme und soziales Handeln. Frankfurt am Main 1982. S. 223–256.

Selman, Robert L./Byrne, Diane F.: A structural-development analysis of levels of role taking in middle childhood. In: Child Development 45/1974. S. 803–806.

Silbereisen, Rainer K.: Perzipierte mütterliche Erziehungseinstellungen und Rollenübernahme bei Kindern. In: Zeitschrift für Entwicklungspsychologie und Pädagogische Psychologie 8 (1976) Heft 4. S. 288–297.

Silbereisen, Rainer K./Ahnert, Lieselotte: Soziale Kognition – Entwicklung von sozialem Wissen und Verstehen. In: Oerter, Rolf/Montada, Leo (Hrsg.): Entwicklungspsychologie 5. Aufl. Weinheim 2002. S. 590–618.

Sodian, Beate: Entwicklung des Denkens. In: Oerter, Rolf/Montada, Leo (Hrsg.): Entwicklungspsychologie. 6. Aufl. Weinheim 2008. S. 436–479.

Sodian, Beate: Theory of mind – The case of conceptual development. In: Schneider, Wolfgang/Schumann-Hengsteler, Ruth/Sodian, Beate (Hrsg.): Young children's cognitive development. Interrelationships among executive functioning, working memory, verbal ability, and theory of mind. Mahwah, NJ 2005. S. 95–130.

Sodian, Beate/Thoermer, Claudia: Theory of Mind. In: Schneider, Wolfgang/Sodian, Beate (Hrsg.): Enzyklopädie der Psychologie. Entwicklungspsychologie. Bd. 2: Kognitive Entwicklung. Göttingen 2006. S. 495–608.

Spinner, Kaspar: Interpretieren im Deutschunterricht. In: Praxis Deutsch (1987) Heft 78. S. 17–23.

Spinner, Kaspar: Fremdverstehen und historisches Verstehen als Ergebnis kognitiver Entwicklung. In: Der Deutschunterricht (1989) Heft 4. S. 19–23.

Steinhauer, Lydia: Involviertes Lesen. Eine empirische Studie zum Begriff und seiner Wechselwirkung mit literarästhetischer Urteilskompetenz. Freiburg im Breisgau 2010.

Steins, Gisela/Wicklund, Robert A.: Zum Konzept der Perspektivenübernahme: Ein kritischer Überblick. In: Psychologische Rundschau (1993) Heft 44. S. 226–239.

Streblow, Lilian: Zur Förderung der Lesekompetenz. In: Schiefele, Ulrich/Artelt, Cordula/Schneider, Wolfgang (Hrsg.): Struktur, Entwicklung und Förderung von Lesekompetenz. Vertiefende Analysen im Rahmen von PISA 2000. Wiesbaden 2004. S. 275–305.

Symons, Douglas K.: Mental state discourse, theory of mind, and the internalization of self-other understanding. In: Developmental Review (2004) Heft 24. S. 159–188.

Zwaan, Rolf A./Magliano, Joseph P./Graesser, Arthur C.: Dimensions of situation model construction in narrative comprehension. In: Journal of Experimental Psychology: Learning, Memory, and Cognition 21 (1995) Heft 2. S. 386–397.

ANJA BALLIS

Phantastische Kinderliteratur

Fiktionalitätsbewusstsein entwickeln

Abstract

Der Beitrag wendet sich dem Fiktionalitätsbewusstsein von Grundschulkindern zu. Ausgehend von Pauls Maars Eine Woche voller Samstage *wird der Frage nachgegangen, wie Grundschulkinder phantastische Literatur rezipieren. Dazu werden zwei Sequenzen aus Gesprächen mit Neunjährigen detailliert analysiert, um ihre Vorstellungen von Fiktion bzw. Nicht-Fiktion sowie Wirklichkeitsnähe bzw. Wirklichkeitsferne zu erfassen. An die Ergebnisse schließen sich Überlegungen zum Potenzial phantastischer Literatur zur Stärkung des Fiktionalitätsbewusstseins im schulischen Unterricht an.*

1. Zum Stellenwert phantastischer (Kinder)Literatur im schulischen Unterricht

In aktuellen Publikationen zur Kinder- und Jugendliteratur und ihrer Didaktik wird die Relevanz des phantastischen Genres für die literarische Sozialisation und das literarische Lernen hervorgehoben. Eindrücklich belegen die empirischen, in Erfurt entstandenen Studien von Karin Richter und Monika Plath, wie groß das Interesse kindlicher Leser in der Grundschule an Texten mit märchenhaften und phantastischen Strukturen ist, die zudem noch Spannungsmomente enthalten und von Abenteuern erzählen (vgl. Richter / Plath 2005; Richter 2007). Oft sind es die Protagonisten der Texte, die das Interesse wecken: *Pippi Langstrumpf, Pu der Bär, Alice im Wunderland* und *Die kleine Hexe* sind noch heute sehr beliebt und gelten als Longseller auf dem kinderliterarischen Markt. Dabei fasziniert vor allem, dass die Protagonisten als Grenzüberschreiter erscheinen: Sie überwinden Ort und Zeit, besiegen Autoritäten und verfügen über magische Kräfte (vgl. Schulz 2010).

Die kindlichen Lektürepräferenzen – so ein weiteres wichtiges Ergebnis der *Erfurter Studie* – werden bei der schulischen Lektüre jedoch nur in Ansätzen berücksichtigt; dort dominieren wahre Geschichten; phantastische Literatur spielt nur am Rande eine Rolle, wenn Lehrkräfte Texte auswählen und für den Unterricht aufbereiten (vgl. Richter 2007). Solchermaßen wird eine wichtige Ressource literarischen Lernens nur in unzureichendem Maße genutzt, wie auch Bernhard Rank in seinen Überlegungen zur *Phantastischen Kinder- und Jugendliteratur* ausführt. Er nimmt eine Unterscheidung zwischen primären und sekundären Erfahrungen vor. Erstere zielen auf eine Erweiterung und Reflexion literarischer Erfahrungen. Darunter versteht er die Wirklichkeits-

modelle von Texten, wie Thematik, Figuren sowie Sprache und Form. Gerade märchenhafte und phantastische Texte eignen sich aufgrund ihrer „'intellektuellen Bastelei' mit
einem überschaubaren Repertoire an Figuren und Motiven [...] für intertextuelle (und
zunehmend auch intermediale) Anspielungen und Beziehungen." (Rank 2011, S.
190) Wegen ihrer spezifischen Strukturen und Funktionen werden sie aber auch dazu herangezogen, das Fiktionalitätsbewusstsein systematisch weiterzuentwickeln, Wirklich-
keitsmodelle zu vergleichen und Figurenkonstellationen zu problematisieren; auf diese
Weise erlangen die Leser sekundäre Erfahrungen, die explizit gemacht und reflektiert
werden.

In den letzten Jahren interessiert dabei immer wieder die Frage, wie das Verhältnis zwischen einer wunderbaren, über rationale Alltagserfahrungen hinausreichenden Welt,
und einer den außerliterarischen Gegebenheiten nachgebildeten Welt im literarischen
Text zu akzentuieren ist (vgl. Weinkauff/Glasenapp 2010). So heben Petra Büker und
Claudia Vorst in ihren Überlegungen zum Lese- und Literaturunterricht der Grundschule die Relevanz des Fiktionalitätsbewusstseins als grundlegende Rezeptionskompetenz hervor. Dabei setzen sie einen engen Zusammenhang zwischen dem Fiktionalen
und der Herausbildung personaler Identität voraus und betonen, dass im Grundschulalter die Grenze zwischen der so genannten realen und der phantastischen Welt in der
kindlichen Wahrnehmung noch fließend ist:

> Jüngere Kinder fassen Literatur noch nicht als Form uneigentlichen Aussagens auf. Sie können
> solche Übertragungen noch nicht oder nur punktuell vornehmen; sie sehen auch keinen Anlass
> dafür, weil es im imaginären Raum, in dem sich ihr Verstehen bewegt, diese Trennungen nicht
> gibt [...]. (Büker/Vorst 2010, S. 35)

Wie deutlich geworden ist, werden in der fachdidaktischen Forschung einerseits phantastische Texte als bedeutsam erachtet, da sie den Lektüreinteressen der Kinder entsprechen, eine wichtige Rolle bei der Entwicklung zum gewohnheitsmäßigen Leser spielen
und es ermöglichen, mit Kindern deren Fiktionalitätsbewusstsein zu thematisieren;
andererseits wird bislang noch nicht umfassend genug die Fiktionsproblematik zum
Gegenstand erhoben (vgl. Nickel-Bacon 2003[1]).

Der vorliegende Beitrag wendet sich diesem Desiderat zu: Am Beispiel von Paul Maars
Eine Woche voller Samstage geht er der Frage nach, wie Grundschulkinder phantastische Literatur rezipieren (vgl. Maar 2011). Dabei wird im Anschluss an Irmgard
Nickel-Bacon unter Fiktion ein kulturelles Konstrukt verstanden, das einen auf Empirie
und Vernunft basierenden Wirklichkeits- und Wahrheitsbegriff voraussetzt. Im Hinblick auf literarische Texte erscheint der Gegensatz von Fiktion und Wirklichkeit nur
bedingt hilfreich, da sich dahinter die These verbirgt, dass ein bestimmter medial oder
sprachlich vermittelter Inhalt unwirklich ist, wohingegen Wirklichkeit als das außerme-
dial immer schon Gegebene verstanden wird. Demzufolge wird im Folgenden zwischen
einer Werkkategorie (Fiktion vs. Nichtfiktion) und einer inhaltlichen Kategorie (Wirk-

---

[1] Der Aufsatz wird in der online verfügbaren Version zitiert. Vgl. http://www.germanistik.uni-wuppertal.de/
fileadmin/germanistik/Didaktik/NickelBacon/_Nr._2_Vom_Spiel_der_Realit%C3%A4ten_mit_
Fiktionen.pdf (aufgerufen am 01.03.2012).

lichkeitsnähe vs. Wirklichkeitsferne) unterschieden, um Aufschluss über das Fiktionalitätsbewusstsein von Grundschulkindern zu erlangen. Solchermaßen wird sowohl ein
Beitrag zur Rezeptionsforschung von Kinderliteratur geleistet als auch das Potenzial
dieser Texte für das literarische Lernen im Anfangsunterricht ausgelotet.[2]

2. Rahmenbedingungen der Studie – Gespräche über Literatur in der Grundschule

Um sich dem Fiktionalitätsbewusstsein von Grundschulkindern anzunähern, wurde
Paul Maars *Eine Woche voller Samstage* als Textgrundlage gewählt. Dieser im Jahr
1973 erstmals erschienene Band, der Illustrationen des Verfassers enthält, präsentiert
sich heute in einem Medienverbund aus Hörbuch und Hörspiel, Theaterstück, Musical
und Film, CD-ROMs und weiteren Sams-Bänden. Insofern konnte mit diesem Text an
die Rezeptionserfahrungen der Kinder angeknüpft werden, die sich in der Regel aus
multimedialen Angeboten speisen (vgl. Wieler 2005; Josting/Maiwald 2007).

Die Geschichte, die vom Einbruch des Sams in die Welt des Herrn Taschenbier erzählt,
entspricht aber auch den Lektürepräferenzen von Grundschulkindern, da sie phantastische Strukturen und einen mit magischen Kräften ausgestatteten Helden aufweist.
Gemäß den in der Forschung diskutierten Modellen phantastischer Literatur zeichnet
sie sich durch das handlungskonstituierende Element des Kontrastes zwischen einer alltäglichen, primären Welt – die Welt des Martin Taschenbier – und einem übernatürli-
chen Wesen bzw. Gegenstand – das Sams – aus. In der Systematik von Maria Nikolajeva
handelt es sich dabei um eine implizierte sekundäre Welt (vgl. Weinkauff/Glasenapp
2010), die als bekannteste Variante phantastischen Erzählens gilt (vgl. Gansel 2010).

Darüber hinaus ist der Text von intertextuellen Verweisen auf das Märchen *Rumpelstilz-
chen* durchzogen: Herr Taschenbier errät den Namen des Sams und wird auf diese
Weise zum Vater, während das Sams in der betreffenden Passage große Ähnlichkeit mit
dem Kobold des Märchens zeigt, der als lärmend und spukend dargestellt wird (vgl.
Lange 2007). Überdies findet sich eine Parallele zu E.T.A. Hoffmanns Märchen *Das
fremde Kind*, das in der Kinder- und Jugendliteratur eine wichtige Rolle spielt: Das
Kind kann als Freund, als Feind, als edler Wilder, als Gast oder als Spiegelbild auftreten.
In E.T.A. Hoffmanns Märchen steht es für die romantische Sehnsucht und Phantasie:
„Alle Dinge, mit denen es in Berührung kommt, verwandeln sich […]. In *Eine Woche
voller Samstage* hat das Sams eine vergleichbare Verwandlungs- bzw. Katalysator-
Funktion. Herr Taschenbier, der mit ihm in Berührung kommt, verändert sich […]."
(Lange 2007, S. 65) Bei der Lektüre können diese unterschiedlichen Referenzräume
aufscheinen, so dass das Anspruchsniveau des Sams-Textes nicht nur die Berücksichti-
gung kindlicher Lektürepräferenzen sichert, sondern auch die Thematisierung von

---

[2] Der Verfasserin ist bewusst, dass hier keine umfassende Studie mit repräsentativen Ergebnissen vorgestellt
werden kann. Der Beitrag versteht sich als ein auf qualitativer Forschung basierender Baustein, um das
Bewusstsein für die Auseinandersetzung mit Fiktionalität im Unterricht zu stärken. Weitere Forschungen zu
Themen der Empathie und des Fremdverstehens sollten folgen.

Fiktionalität in Gesprächen ermöglicht, wobei auch intertextuelle Verweise reflektiert werden können.

Gespräche über Literatur, die im Anschluss an das Vorlesen geführt wurden, sind für das Anliegen der Studie besonders geeignet gewesen, fördern sie doch literarische Lernprozesse, die Vorstellungsbildung und die Textwahrnehmung (vgl. Kruse 2010 und den Aufsatz von Kruse im vorliegenden Band). Im Vorfeld wurde dazu die Textgrundlage – in Anlehnung an die Kapiteleinteilung – in acht Einheiten gegliedert, die die Lehrkraft den Kindern vorlas. Einige Passagen wurden dabei unter Zuhilfenahme der Illustrationen durch Lehrererzählungen zusammengefasst, so dass die Vorlesephase im Durchschnitt 30 Minuten betrug. Im Anschluss an das Vorlesen fanden literarische Gespräche mit den Kindern statt, die ebenfalls etwa 30 Minuten dauerten und inhaltlich dem Fiktionalitätsbewusstsein galten.

In Anlehnung an Irmgard Nickel-Bacon wurde das Fiktionalitätsbewusstsein wie folgt operationalisiert:[3] Zum einen ging es mit Bezug auf die Werkkategorie um die Einordnung von Fiktion und Nicht-Fiktion, wobei die Erwartungen der Rezipienten auch durch Gattungszuschreibungen bestimmt wurden; die Kinder wurden gefragt, inwiefern ihnen bewusst sei, dass der Text fiktional ist und der phantastischen Kinderliteratur zugeordnet werden kann. Zum anderen wurde auf die inhaltliche Kategorie der Wirklichkeitsnähe bzw. Wirklichkeitsferne rekurriert, die in Abhängigkeit zur indizierten Werkkategorie gesehen werden kann. Damit sollte zum Ausdruck gebracht werden, dass Texte von eher wirklichkeitsnahen und wirklichkeitsfernen Fiktionen durchzogen sein können (vgl. Nickel-Bacon 2003). Mit Hilfe dieser Grundlegung wurde versucht, dem Konstruktcharakter von Fiktionen Rechnung zu tragen und eine vereinfachende Gegenüberstellung von Fiktion und Wirklichkeit zu vermeiden.

Die Gespräche fanden im Schuljahr 2010 / 11 in einer dritten Jahrgangsstufe in einer ländlich geprägten Grundschule in Baden-Württemberg statt. Es nahmen 20 Kinder (sieben Mädchen und 13 Jungen) teil, die zum Zeitpunkt der Datenerhebung im Durchschnitt neun Jahre alt waren.[4] Ausschlaggebend für die Wahl der Zielgruppe der Neunjährigen waren folgende Überlegungen: Im Hinblick auf die Lesesozialisation von Kindern kann im Alter zwischen acht und zwölf Jahren ein lustvolles Verhältnis zu fiktiven Geschichten ausgemacht werden, da Kinder in diesem Alter in fiktionale Welten eintauchen und Raum und Zeit um sich vergessen (vgl. Garbe 2009). Sprachpsychologisch bedeutsam erschien zudem der Umstand, dass Kinder ab acht Jahren ein explizites Sprachwissen erwerben, das eine Reflexion über Sprache und Erklärung von Sprachregularitäten eröffnet: Das über achtjährige Kind erlangt bewusst Annahmen über das

---

[3] Auf die formale Kategorie, die bei Irmgard Nickel-Bacon zu finden ist, wird nicht eingegangen, da diese in den Gesprächen nicht ausgemacht werden kann. Auch wird explizit darauf hingewiesen, dass lediglich die Rezeptionsseite – und nicht die Produktionsseite – in vorliegenden Überlegungen berücksichtigt werden.

[4] Die Daten wurden im Rahmen einer wissenschaftlichen Qualifizierungsarbeit an der Pädagogischen Hochschule Weingarten von einer studentischen Praktikantin erhoben. Patricia Neumann weiß ich mich für ihre engagierte Mitarbeit sowie Transkription und Überlassung der Daten verbunden. Eine Auswertung der Daten nach inhaltsanalytischen Kategorien, die an Wolfgang Meißners Studie *Phantastik in der Kinder- und Jugendliteratur der Gegenwart* (1989) anschließt, findet sich bei Patricia Neumann (vgl. Neumann 2011).

Funktionieren von Sprache (vgl. Weinert/Grimm 2008). Somit kommt dem Alter zwischen acht und neun Jahren eine gewisse Scharnierfunktion in Bezug auf die Reflexion von sprachlich-literarischen Phänomenen zu.

Die Gespräche wurden an acht Terminen durchgeführt, videographiert und im Anschluss transkribiert.[5] Die Analyse der Daten erfolgte mittels einer detaillierten Sequenzanalyse am Einzelfall (vgl. Deppermann 2008).[6] Dazu wurden aus dem Datenmaterial zwei kleinere Sequenzen herausgegriffen, die als ergiebig für die Thematisierung des Fiktionalitätsbewusstseins galten. Diese wurden in einem ersten Schritt inhaltlich paraphrasiert, um die Gesprächsthemen und Handlungen zu beschreiben. In einem weiteren Schritt wurde eine Verbindung von Kontextanalyse und interaktiven Konsequenzen angestrebt, die dem Gespräch als Interaktionsprozess Rechnung trägt. Da die Gespräche im Rahmen des schulischen Unterrichts stattfanden, war der Gesprächsverlauf stark von den dort institutionalisierten Bedingungen schulischen Lehrens und Lernens geprägt. Zudem führte die Lehrkraft die Gespräche unter der Maßgabe durch, sich dem Fiktionalitätsbewusstsein der Kinder anzunähern.

3. Analyse I – „Es ist einfach ein Sams"

Die erste Sequenz, die einer detaillierten Analyse unterzogen wurde, galt dem Beginn der Geschichte. Hier werden der schüchterne Herr Taschenbier und seine resolute Vermieterin Frau Rotkohl vorgestellt; zudem geht es in der Eröffnung um die Begegnung zwischen Herrn Taschenbier und dem Sams (vgl. Maar 2011). Die Lehrkraft beendete das Vorlesen mit der Passage, in der Herr Taschenbier zögert, das Sams mit zu sich nach Hause zu nehmen: „'Bei sich wohnen lassen?', fragte Herr Taschenbier entsetzt. Er dachte an Frau Rotkohl. 'Das ist unmöglich. Außerdem weiß ich gar nicht, was Samse essen.'" (Ebd., S. 22)

Anknüpfend an diese Passage eröffnete die Lehrkraft das Gespräch mit der Frage: „Was meint ihr, (--) was könnten Samse essen?" Die Schüler griffen die Frage zögerlich auf und nannten unterschiedliche Möglichkeiten, wie „Pizza", „Samsessen" und „Nudeln". Bedeutsam erschien der Beitrag von Fim: „Die essen Gläser, Holz, Boden." Auf die Rückfrage der Lehrkraft explizierte der Schüler, dass er diese Informationen aus *Das Sams. Der Film* kenne, was andere Kinder zu folgenden Kurzantworten inspirierte: „Plastik", „Wasserfarben" und „einfach alles".

---

[5] Es wurde ein Basistranskript angefertigt, ohne Akzentuierung und Tonhöhenbewegung am Einheitsende zu berücksichtigen (vgl. Deppermann 2008). Die GesprächsteilnehmerInnen wurden anonymisiert: Die Lehrkraft wird mit „Lew", die Kinder werden mit zwei bzw. drei Buchstaben ihres Vornamens abgekürzt; daran wird ein „m" für männlich und ein „w" für weiblich angefügt. Folgende Abkürzungen finden sich in den hier abgedruckten Auszügen der Transkripte: Gesprächspausen: (-), (--), (---); Unverständliches: ( ).

[6] Von den bei Arnulf Deppermann aufgeführten sieben Analysegesichtspunkten werden nur diejenigen berücksichtigt, die im Hinblick auf die Fragestellung ertragreich sind. Demzufolge wird auf die „Äußerungsgestaltung und Formulierungsdynamik" (II) ebenso verzichtet wie auch „Folgeerarbeitung" (VI) und „Sequenzmuster und Makroprozesse" (VII).

Die Lehrkraft setzte daraufhin einen neuen inhaltlichen Impuls, indem sie nachfragte, wie das Sams diese Gegenstände denn vertilgen könne. Hierbei erwies sich Soms Äußerung als zielführend, die ebenfalls auf die Verfilmung verwies: „Vielleicht wurde im Film (-) ja irgendwie (-) schon der Teller zerbrochen, (-) und dann hat man den nur so hingehalten." Einige Schüler tauschten daraufhin die Materialien aus, die das Sams im Film vertilgt.[7] Die Äußerungen kommentierte die Lehrkraft nicht, vielmehr knüpfte sie an die vorab genannten Möglichkeiten an und fragte, wie das Sams denn diese Gegenstände zerkleinern könne; daraufhin dachten einige Kinder darüber nach, ob das Sams die Gegenstände eigentlich kaue oder nur schlucke. Auf den Einwand der Lehrkraft – „Das tut doch weh, wenn man so eine (-) so eine Glasvase hinunterschluckt?!" – reagierten die Kinder jedoch einhellig mit „Nein"; dafür boten sie unterschiedliche Begründungsmuster an, die von „es ist einfach ein Sams" bis zum Hinweis, es handle sich um ein „Menschtier" reichten:

1	Fim	Ja, (-) weil er ein Sams ist. (-) ((lacht)) (--)
2	Som	Ah! (-) Ich weiß ( ) (-) weil er (-) er ist einfach kein Mensch. (--)
3		Sondern bei denen geht (-) ist einfach vieles anders wie beim Mensch. (---)
4	Lew	Ja. (--)
5	Fim	Zum Beispiel dass er dann nicht einfach (-) ( ) da nicht blutet. (---)
6	Lew	Also der ist (-) also kein Mensch. (-) Was ist er dann? (--) ((ruft auf)) Kaw. (-)
7	Kaw	Es ist einfach ein Sams. (-) Irgendwas. (-) Und bei einer Szene isst er
8		sogar Wasserfarbe auf. (-)
9	Lew	Iihh. (-) Ja, (-) und was ist ein Sams? (-) Was ist denn ein Sams? (--)
10	Rhm	Eine Art Schweinchen. ((Schüler lachen)) (--) Der hat so eine Nase. (--)
11	Lew	((ruft auf)): Law (-) Was meinst du? (--) Was ist ein Sams?
12	Law	Ein Mensch (--)
13	Lew	Ein Mensch? (--)
14	Mow	Nein! Bloß der ist klein. (--)
15	Lew	Was glaubst du, Som? (-)
16	Som	Ein Menschtier. (--)
17	Lew	((wiederholt)) Ein Menschtier. (--)
18	Sim	Ah! (---)
19	Lew	Sim. (-)
20	Sim	Darf ich schon mal weitererzählen? Also (-)
21	Lew	Nein, (-) «mit Nachdruck» nein nein nein. (--)

In der Folge wurde die Aufmerksamkeit mit der Frage „Woher kam denn der?" auf die Herkunft des Sams. Viele Schüler hatten dafür eine Antwort parat, die sie in die Runde warfen: Aus dem „Sack", aus der „Unterwelt", aus dem „Weltraum", aus der „Kanalisation" und aus der „Samsversammlung". Die Variante der „Samsversammlung" wurde

---

[7] Die Schüler beziehen sich auf den ersten Film *Das Sams. Der Film*, der im Jahr 2000 in die Kinos kam. Der zweite Film *Sams in Gefahr* wurde im Jahr 2003 abgedreht (vgl. Lange 2007). Ein dritter Film *Sams im Glück* wird seit 2012 in den Kinos gezeigt.

von Bem genauer erklärt. Vermutlich kannte er den Band *Onkel Alwin und das Sams*; dort wird das Sams in die Samsversammlung zitiert, wo ihm von anderen Samsen Vorhaltungen gemacht werden, da er sich schon zu lange bei der Familie Taschenbier aufhält (vgl. Maar 2009)[8]. Bem bezog sich auf diese Passage:

1	Bem	Nein, (-) weil der (-) in einer (-) in einem Teil da kommt es vor (-), dass die
2		dann zu (-) dass der zu so einem Rat geht (--) und dann mit den anderen (-)
3		sich (-) zusammen bespricht (-) und dass (--) und dann sagen die irgendwie so,
4		(-) dass man nicht immer den gleichen Mensch (-) nehmen soll (-) eigentlich.

Das Gespräch wurde mit Überlegungen zur Namensgebung des Sams beschlossen, die hier nicht weiter dargestellt werden. Fasst man die Ergebnisse der Paraphrase zusammen, dann war die Gesprächssequenz inhaltlich von der Auseinandersetzung um die körperlichen Eigenschaften und den Status des Sams bestimmt, wobei es vor allem um die Ernährung des Sams, sein Wesen und seine Herkunft ging. Die impulsgebenden Fragen zogen in der Regel eine Fülle von Kurz- bzw. Einwort-Antworten nach sich, die auf weitere Nachfragen von den Kindern expliziert wurden. Dabei selektierte die Lehrkraft die Antworten, die mit der Verfilmung und dem Fortgang der Geschichte zusammenhingen, und richtete den Fokus immer wieder auf das Sams und seine Besonderheiten, um die Kinder zur Hypothesenbildung über das Sams und seine Eigenschaften zu animieren. Des Weiteren sicherte sie durch eine Wiederholung von Antworten und das Aufrufen Einzelner, dass es zu inhaltlichen Vertiefungen kam. Rekonstruiert man die Kontexte und Interaktionen der Gesprächssequenz wird deutlich, dass die Lehrkraft die fokalen Äußerungen bestimmte. Anknüpfend an die vorgelesene Passage wurde zunächst die Frage nach dem Essen des Sams gestellt. Die Kinder antworteten mit Hypothesen, die sich aus ihrem eigenen Erfahrungshintergrund speisten. Einen weiterführenden Impuls erhielt das Gespräch durch den Beitrag von Fim, der das Sams als „Allesesser" einführte; dadurch wurden andere Kinder animiert, ihr Wissen aus den Verfilmungen beizusteuern. Hier zeigte sich, dass sich insbesondere die Szene mit den Wasserfarben eingeprägt hatte, die es aber nur im Film *Das Sams* und nicht in den Büchern gibt. Der Hinweis auf die Verfilmung inspirierte weiter über Spezialeffekte nachzudenken, die es dem Sams möglich machen, unterschiedliche Gegenstände zu vertilgen. In diesen Überlegungen ließen sich die Kinder von ihrem Alltagswissen und weniger von Möglichkeiten der Computeranimation leiten. Dieser Umstand ist insofern bemerkenswert, als für die Innenaufnahmen und zahlreichen Szenen mit Digital- und Spezialeffekten gearbeitet worden ist, die den Streifen zum teuersten deutschen Film des Jahre 2000 machten (vgl. Lange 2007).

---

[8] Das Kapitel ist mit „Die Samsversammlung" überschrieben, und eine Illustration zeigt die verschiedenen Samse: „'Hoppla!', sagte das Sams und blickte ein wenig verwirrt in die Runde. 'Habt ihr mich etwa geholt?' Es schien so, als hätten sich sämtliche Samse versammelt. Dicht gedrängt saßen sie in einem weiten Rund. [...] Das Übersams saß wie üblich auf einem großen, blau gepunkteten Kürbis." (Maar 2009, S. 189).

1	Som	Vielleicht wurde im Film (-) ja irgendwie (-) schon der Teller
2		zerbrochen, (-) und dann hat man den nur so hingehalten. (--)
3	Sim	Nein, ich weiß, wie es ist. (--)
4	Lew	Also du meinst, (-) dass das nur im Film so ist und in echt nicht?
5	Sim	Ne, aber wie man das so gemacht hat. (--)
6	Som	Ich weiß, wie das im Film ist. (-)
7	Sim	Im Film, (-) da (-) da (-) machen sie das aus Marzipan und letztes Mal
8		war es halt so, (--) dass es wie echt aussieht, (-) dann können sie es aufessen. (--)
9	Som	Ich glaub der Mülleimer war aus Schokolade. (--)

Die Lehrkraft kommentierte diese Aussagen nur geringfügig und lenkte die Aufmerksamkeit auf das Wesen des Sams. Darauf reagierten die Kinder mit der Logik der Geschichte: Das Sams ist ein Sams und kann daher mehr als Menschen und Tiere, so dass sie es auch als „Menschtier" bezeichneten. Die Schülerin Kaw kam in diesem Zusammenhang noch einmal auf die filmische Adaption zu sprechen: „Es ist einfach ein Sams. (-) Irgendwas. (-) Und bei einer Szene isst er sogar Wasserfarbe auf. (--)" Die letzte fokale Äußerung war thematisch von der Herkunft des Sams dominiert, die im Band *Eine Woche voller Samstage* nicht aufgelöst wird. In der vorgelesenen Passage ist das Sams auf einmal da, ohne dass weitere Erklärungen und Begründungen gegeben werden. Als Herkunftsort wird im Text der Planet Mars erwähnt, was allerdings vom Studienrat Groll verworfen wird. Dieses plötzliche, aus fernen Welten kommende Auftauchen des Sams spiegelte sich auch in den Antworten wider. Eine inhaltliche Erweiterung stellte der Beitrag von Sim dar, der auf die Samsversammlung des Bandes *Onkel Alwin und das Sams* Bezug nahm: „( ) andere (-) ( ) plötzlich mehrere Samse. (-) Und (-) und (-) die können sich plötzlich herholen, zu einer Samsversammlung, (-) vielleicht können sie sich dann auch plötzlich wegschicken. (--)" Diesen Beitrag griff Bem auf, indem er auf die Aufenthaltsdauer der Samse bei Menschen einging, woraufhin die Lehrkraft das Augenmerk auf den Namen des Sams lenkte und das Gespräch zum Ende kam.

4. Analyse II – „Vielleicht hat sich die Geschichtenschreiberin das so ausgedacht"

Die nächste Gesprächssequenz, die einer detaillierten Analyse unterzogen werden soll, schloss sich an die zweite Vorleseeinheit an: Die Lehrkraft las bis zu der Passage vor, in der Frau Rotkohl ihrem Vermieter – trotz gegenteiliger Beteuerung – ein Mittagessen auftischt und damit einen von Herrn Taschenbier geäußerten Wunsch erfüllt, der seinen ersten anstrengenden Tag mit dem Sams verbracht hat:

> 'Weil Sie heute nicht in der Küche gegessen haben, bringe ich Ihnen ausnahmsweise das Essen aufs Zimmer', sagte sie und stellte das Tablett auf den Tisch. 'Was gibt es denn?', fragte Herr Taschenbier, als er sich etwas von seinem Staunen erholt hatte. 'Heute gibt es Kartoffelsalat und zum Nachtisch Eis', sagte Frau Rotkohl. 'Ich wünsche guten Appetit!' (Maar 2011, S. 30)

Das Gespräch wurde mit der Frage eröffnet: „Wie kommt das denn jetzt, (-) dass der (-) Herr Taschenbier genau das Essen bekommt, das er auch wollte?" Eine Schülerin antwortet darauf: „Er hat es sich ja gewünscht." Diese Antwort veranlasste die Nachfrage: „Ja (-), aber wie (-) funktioniert das denn?", worauf die Kinder auf die Wunschpunkte und ihre Kraft verwiesen. Dabei unterstützte die Lehrkraft die Schüler in ihren Antworten und versuchte, sie zu weitergehenden Überlegungen zu führen: „Wie kommt es überhaupt, (-) dass das Sams Wünsche erfüllen kann?" Hierauf wurden Lösungen angeboten, die erneut von „weil es ein Sams ist" bis zu der magischen Kraft der Wunschpunkte reichten. An dieser Stelle des Gesprächs verweilte die Lehrkraft und fasste noch einmal die Argumentation zusammen. Nach einer Gesprächspause entspann sich dann folgender Dialog zwischen den Kindern. In diesem ging es um den Verfasser der Geschichte:

1	Lew	Das Sams hat ja die Wunschpunkte, (-) also erfüllt eigentlich das Sams
2		die Wünsche. (-) Mam. (-)
3	Mam	Vielleicht hat sich die Geschichtenschreiberin das so ausgedacht.
4	Jom	[Wer hat das Buch geschrieben?
5	Lew	Also meinst du, das Sams gibt es nicht?]
6	Baw	[Paul Maar.
7	Bem	Nein, (...) gibt es auf jeden Fall nicht.]
8	Lew	«zustimmend» [Die gibt es auf jeden Fall nicht.
9	Som	Ja.]
10	Lew	Steht doch hier drin. (-)
11	Rhm	Warum, (-) es gibt schon (--) ( )
12	Lew	Es ist ja eine Geschichte. (--)
13	Svm	Märchen. (--)
14	Lew	Es ist ein Märchen? (--)
15		((Schüler gemeinsam)) Ja
16	Pam	Eine Erzählung ist es. (--)
17	Svm	Nein, das ist ein Märchen. (--)
18	Lew	Märchen fangen immer mit: (-) „Es war einmal ..." an. (--)
19	Svm	Es war einmal ein Sams. (-)
20	Lew	Sim.
21	Sim	Also einfach eine erfundene Geschichte. (-) Eine ausgedachte. (--)
22	Lew	Aha. (--)
23	Tom	Und es gibt nur (-) es kann auch (-) es gibt auch wirklich blaue Wunschpunkte. (-) Die klebt man sich einfach so hin. (-) ( )

Um die Frage nach dem Wünschen aufzulösen, bezog sich Mam auf die „Geschichtenschreiberin" [sic], was zu einem Nachdenken über die Gattung anregte: Die Kinder boten „Geschichte", „Märchen", „Erzählung" und „erfundene Geschichte" an. Dieses Nachdenken endete mit einem Beitrag von Tom, in dem er hervorhob, dass es „wirklich blaue Wunschpunkte" gibt. Diesen Beitrag griff die Lehrkraft auf und fragte, ob sie sich mit aufgeklebten blauen Punkten im Gesicht auch etwas wünschen könne. Die Kinder verneinten dies mehrheitlich, wobei auch folgende Begründung gegeben wurde: „Das Sams (-) also (-) das ist halt etwas anderes wie (-) beim Sams, (-) weil das Sams, (-) das (-) das kann das einfach. Das ist halt so ein ( ), dass das kann." Damit endete diese Gesprächssequenz, die inhaltlich wieder an ihren Ausgangspunkt – das Sams kann Wünsche erfüllen, weil es Wunschpunkte hat und weil es ein Sams ist – angelangt war.

Die inhaltliche Paraphrase des Gesprächs zusammenfassend sind an fokalen Äußerungen das Erfüllen von Wünschen und das Nachdenken über die Gattungszugehörigkeit von *Einer Woche voller Samstage* zu nennen. Strukturell und inhaltlich wurden die Äußerungen durch die Wunschpunkte zusammengehalten, die die Kinder immer wieder ins Feld führten. Das Gespräch war ebenfalls von den Fragen der Lehrkraft geprägt, auf die die Kinder abermals mit Kurz- bzw. Einwortantworten reagierten. In der Regel wurden sie dazu aufgerufen, zuweilen sprachen sie aber auch gleichzeitig. Zudem begleitete die Lehrkraft die Ausführungen wieder mit gesprächsunterstützenden Äußerungen und wiederholte ihre Aussagen und Fragestellungen.

Im Hinblick auf die Kontexte und Interaktionen fällt auf, dass sich die Lehrkraft zwar bemühte, ein Gespräch über das Wünschen zu initiieren, die Kinder jedoch immer wieder auf die Wunschpunkte zurückkamen und dazu ihre Gedanken darlegten. Die Frage nach den blauen Tupfen führte in der Folge zu einem Nachdenken über die Gattungszugehörigkeit des Textes: Mams Hinweis auf die „Geschichtenschreiberin" [sic] wurde von den Kindern aufgenommen und weitergeführt; Svm hielt an seiner Meinung fest, dass es ein Märchen sei – eine Meinung, die von vielen in der Klasse geteilt wurde. Auch der Hinweis auf prototypische Anfänge des Märchens, der zwar in seiner allgemeinen Formulierung sachlich nicht korrekt war, änderte daran nichts. Lediglich Sim bemühte sich um die Klärung der Gattungsfrage, indem er *Eine Woche voller Samstage* als „ausgedachte" und „erfundene Geschichte" bezeichnete. Die Lehrkraft goutierte diese Äußerung mit einem „Aha", zu einer weiteren inhaltlichen Vertiefung kam es an dieser Stelle aber nicht.

5. Interpretation und Schlussfolgerungen – Das Fiktionalitätsbewusstsein bei Lehrkräften und SchülerInnen stärken

Welche Rückschlüsse erlauben die analysierten Gesprächssequenzen im Hinblick auf das Fiktionalitätsbewusstsein der Grundschulkinder? Deutet man die Ergebnisse unter Berücksichtigung der von Irmgard Nickel-Bacon herausgearbeiteten Kategorien des Werkes und der Wirklichkeitsnähe bzw. -ferne ergeben sich interessante Aufschlüsse über das Rezeptionsverhalten der Kinder. Eingedenk der Werkkategorie *Fiktion* und *Nicht-Fiktion* zeigt die Analyse der Gesprächssequenzen, dass die Kinder durchaus implizite Fiktionalitätshinweise aufnahmen: Sie stellten Fragen nach dem Autor und seiner Intention, und sie reflektierten die Gattungszugehörigkeit des Textes. Bedeutsam erscheint der Umstand, dass ein Schüler mit Nachdruck auf die Fiktionalität des Textes verwies: Die allgemein gehaltene Bezeichnung „Geschichte", die fiktionale und nicht-fiktionale Texte umschließen kann, wurde von ihm mit den Adjektiven „erfunden" und

„ausgedacht" spezifiziert. Der Gesprächsverlauf belegte des Weiteren, dass viele Kinder über Gattungsvorstellungen verfügten, die – wie ihre Klassifikation als Märchen dokumentierte – an ihren vorschulischen Erfahrungen anknüpfte. Wie eingangs ausgeführt wurde, ist der Text, aber auch von intertextuellen Verweisen durchzogen. Dass hier keine weiteren Explikationen forciert wurden, ist insofern bedauerlich, als dadurch ungeklärt blieb, warum die Kinder zu ihrer Zuordnung gelangten. Ebenso wenig wurde auf die kindlichen Hinweise zur Verfilmung und auf das Werk *Onkel Alwin und das Sams* eingegangen (vgl. Maar 2009). Ferner bewahrheitete sich in vorliegendem Fall, dass die Schüler Literatur heute im Medienverbund rezipieren. Zudem wurde offenkundig, dass Fragen der Fiktion mit Kenntnissen aus weiteren fiktionalen Medien erläutert werden. So erklärten die Kinder die Herkunft des Sams mit Hilfe eines Folgebandes, wo eine Samsversammlung stattfindet, und mit der filmischen Vorlage begründeten sie, wie das Sams unterschiedliche Gegenstände vertilgen kann; im Film sind diese aus essbaren Materialien – Marzipan und Schokolade – hergestellt und den Kindern bestens vertraut. Die Begründungen der Kinder blieben also einerseits innerhalb der Fiktion, wobei sie unterschiedliche Medien aufeinander bezogen. Andererseits näherten sie sich aber auch wirklichkeitsnahen Deutungen an, die in der Regel nicht mit der Einordnung des Werkes als fiktional konfligierte. Solche Spuren wirklichkeitsnaher Rezeption zeigten sich an jenen Stellen des Gesprächs, an denen die Kinder – so eine vorsichtige Einschätzung – eine erste Äußerung auf die Frage der Lehrkraft wagten. Inhaltlich offenbarten diese Äußerungen, dass die Vorstellungsbildung der Kinder ohne vertiefende Kenntnisse des Textes bzw. seiner medialen Adaptionen auf ihrer Alltagswelt basiert. Hypothesen über die kulinarischen Vorlieben des Sams orientierten sich daher an eigenen, realen Lieblingsspeisen. Als Personifikation wirklichkeitsferner Aspekte des Werkes *Eine Woche voller Samstage* hat das Sams mit seinen Wunschpunkten zu gelten. Dabei lag der Argumentation der Kinder eine Samslogik zugrunde: Das Sams ist ein Wesen mit besonderen Eigenschaften, die sich rationalen Maßstäben entziehen; weil es ein Sams ist, hat es magische Wunschpunkte; weil es magische Wunschpunkte hat, ist es ein Sams. Diese Argumentation tauchte mehrfach auf und war für die Grundschulkinder durchaus schlüssig.

Die Gespräche dokumentierten insofern, dass Neunjährige über ein Fiktionalitätsbewusstsein verfügen. Dieses umfasst sowohl die Problematisierung der Werkkategorie als auch die Auseinandersetzung mit wirklichkeitsfernen und wirklichkeitsnahen Aspekten der Gestaltung, die bereits aufeinander bezogen werden können. Darüber hinaus zeigte sich, dass sich Kinder in diesem Alter von einer inhaltlichen Auseinandersetzung lösen und sich mit Fragen der Fiktionalität auseinandersetzen können. Deutlich wurde jedoch auch, dass diese Auseinandersetzung einer Anleitung bedarf, die besondere Anforderung an die Gesprächsführung und die fachliche Kompetenz von Lehrkräften stellt.

Für die schulische Praxis lassen sich damit zwei Ergebnisse zusammenfassen: Zum einen bewahrheitet sich, dass Schulanfänger Interesse, Freude und Vergnügen an phantastischen Protogonisten haben und Paul Maar mit der Figur des Sams einen besonders gelungenen Vertreter geschaffen hat: Das Sams mit seinen Wunschpunkten führt Kinder in eine besondere Welt mit einer eigenen Logik; in diese fiktive Welt können sie eintauchen und sich auf sie einlassen. Diese wirklichkeitsferne Rezeption von Literatur zu ermöglichen, ist eine wichtige Aufgabe des Deutschunterrichts. Zum anderen haben sich Bernhard Ranks Überlegungen bestätigt, wenn er konstatiert, dass märchenhafte und phantastische Texte intertextuelle und zunehmend auch intermediale Anspielungen und Beziehungen eröffnen (vgl. Rank 2011). Grundschulkinder nutzen, wie die protokollierten Gesprächssequenzen dokumentieren, vielfältige Quellen, um sich fiktionale Texte zu erschließen. Dabei füllen sie nicht nur Unwägbarkeitsstellen fiktionaler Texte mit ihrem filmischen Wissen und ihren Lektürekenntnissen anderer Werke, sondern schaffen gleichzeitig auch Beziehungen zwischen den Medien. Solcherart gelingt ihnen mühelos ein fiktionales Spiel mit und in medialen Welten.

Diese Fähigkeiten der Kinder müssen für die Thematisierung von Fiktionalität im Deutschunterricht von Anfang an stärker als bisher genutzt werden. Der Medienverbund sowie der Verweis auf intertextuelle Bezüge erfordert dabei eine sorgfältige Analyse der im Unterricht verwendeten Medien, um die Vorstellungen und Antworten der Kinder adäquat zu würdigen. Daher ist es wichtig, dass sich die Auseinandersetzung mit literarischen Texten nicht auf die Beantwortung inhaltsbezogener Fragen beschränkt. Zudem muss es darum gehen, dass Kinder bereits in den ersten Grundschuljahren mit einer Welt von Texten vertraut gemacht werden, die ihren Lektüre- und Medienpräferenzen entsprechen und die ihnen Literatur als Fiktion bewusst erfahrbar machen. Dazu ist es nötig, dass kinderliterarische Texte sorgsam ausgewählt, analysiert und nach ihren (medialen) Referenzstrukturen befragt werden. Solchermaßen kann Fiktionalität auch im Anfangsunterricht explizit zum Gegenstand werden, um einer simplifizierenden Bearbeitung von literarischen Texten und einer verkürzenden Darstellung von Gattungen vorzubeugen. Gerade das phantastische Genre bietet dafür ein vielgestaltiges Repertoire an Texten, das es gewinnbringend zu erschließen gilt.

Literatur

Primärliteratur

Maar, Paul: Eine Woche voller Samstage. Hamburg: Oetinger 2011.

Maar, Paul: Onkel Alwin und das Sams. Hamburg: Oetinger 2009.

Verbong, Bernd: Sams. Der Film. DVD. 2001.

Sekundärliteratur

Büker, Petra / Vorst, Claudia: Kompetenzen und Unterrichtsziele im Lese- und Literaturunterricht der Grundschule. In: Kämper-van den Boogaart, Michael / Spinner, Kaspar H.: Lese- und Literaturunterricht. Teil 2. Baltmannsweiler 2010. S. 21–48.

Deppermann, Arnulf: Gespräche analysieren. Eine Einführung. 4. Aufl. Wiesbaden 2008.

Garbe, Christine: Lesesozialisation. In: Garbe, Christine / Holle, Karl / Jesch, Tatjana: Texte lesen. Lesekompetenz – Textverstehen – Lesedidaktik – Lesesozialisation. Paderborn 2009.

Gansel, Carsten: Moderne Kinder- und Jugendliteratur. Vorschläge für einen kompetenzorientierten Unterricht. 4. Aufl. Berlin 2010.

Josting, Petra/Maiwald, Klaus (Hrsg.): Kinder- und Jugendliteratur im Medienverbund. Grundlagen, Beispiele und Ansätze für den Deutschunterricht. München 2007 (kjl&m 07.extra).

Kruse, Iris: Das Vorlesen lernförderlich gestalten. In: Grundschulunterricht (2010) Heft 1. S. 18–22.

Lange, Günter: Paul Maars Kinder- und Jugendbücher in der Grundschule und Sekundarstufe I. Baltmannsweiler 2007.

Meißner, Wolfgang: Phantastik in der Kinder- und Jugendliteratur der Gegenwart. Würzburg 1989.

Neumann, Patricia: Die reale und phantastische Welt des Sams aus kindlicher Perspektive. Eine empirische Studie. Weingarten 2011.

Rank, Bernhard: Phantastische Kinder- und Jugendliteratur. In: Lange, Günter (Hrsg.): Kinder- und Jugendliteratur der Gegenwart. Ein Handbuch. Baltmannsweiler 2011. S. 168–192.

Reichardt, Ulfried: Globalisierung. Literaturen und Kulturen des Globalen. Berlin 2010.

Richter, Karin: Kinderliteratur im Literaturunterricht der Grundschule. Befunde – Konzepte – Modelle. 2. Aufl. Baltmannsweiler 2007.

Richter, Karin/Plath, Monika: Lesemotivation in der Grundschule. Empirische Befunde und Modelle für den Unterricht. Weinheim/München 2005.

Schulz, Gudrun: Mit Geschichten zum Leser werden. In: Schulz, Gudrun (Hrsg.): Lesen lernen in der Grundschule. Berlin 2010. S. 101–114.

Weinert, Sabine/Grimm, Hannelore: Sprachentwicklung. In: Oerter, Rolf/Montada, Leo (Hrsg.): Entwicklungspsychologie. 6. Aufl. Weinheim/Basel 2008. S. 502–534.

Weinkauff, Gina/Glasenapp, Gabriele von: Kinder- und Jugendliteratur. Paderborn 2010.

Wieler, Petra: Gespräche mit Grundschulkindern über Buch- und Mediengeschichten. In: Wieler, Petra (Hrsg.): Narratives Lernen in medialen und anderen Kontexten. Freiburg im Breisgau 2005. S. 135–152.

Internetquelle

Nickel-Bacon, Irmgard: Vom Spiel der Fiktionen mit Realitäten. In: Praxis Deutsch 30 (2003) Heft 180. S. 4–12. Verfügbar unter http://www.germanistik.uniwuppertal.de/fileadmin/germanistik/Didaktik/Nickel-Bacon/_Nr._2_Vom_Spiel_der_Realit%C3%A4ten_mit_Fiktionen.pdf, aufgerufen am 01.03.2012.

NATASCHA NAUJOK

Lesepatenschaften zwischen verschiedenen Lesekulturen

Abstract

Lesepatinnen und Lesepaten, die an Grundschulen mit Kindern lesen, sind häufig unsicher in Bezug auf ihr Vorgehen und auf die Ziele, die sie in der Lesepatenschaft verfolgen möchten. Damit verbunden stellen sie sich die Frage, welche Rolle sie ihren Lesekindern gegenüber einnehmen möchten. Sie orientieren sich hierbei in der Regel an der Vorstellung zweier vermeintlich gegensätzlicher Lesekulturen: einer familialen und einer schulischen. Der Beitrag erläutert, weshalb es sinnvoller ist, eine offenere einer geschlosseneren Lesekultur gegenüberzustellen, und gibt vor diesem Hintergrund Hinweise zur Gestaltung von Lesepatenschaften in der Praxis.

Einleitung

Die Ausgangssituation von Lesepatenschaften lässt sich als Konvergenz zweier gesellschaftlicher Entwicklungen charakterisieren. Zum einen ist eine große Bereitschaft zu ehrenamtlichem Engagement auszumachen, zum anderen ist das Thema Bildung durch das schlechte Abschneiden deutscher SchülerInnen im Rahmen der internationalen Leistungsvergleichsstudien PISA und IGLU in den letzten Jahren verstärkt in den Fokus gerückt. Dies betrifft insbesondere den Bereich der Lesekompetenz und hier wiederum besonders die Gruppe männlicher Jugendlicher mit Migrationshintergrund. Das Zusammentreffen dieser beiden Tendenzen hat zu einem Aufschwung von Vorlese- und Lesepatenschaftsinitiativen geführt. Mit dem allgemeinen Ziel der Leseförderung gehen Ehrenamtliche in der Regel einmal wöchentlich in Einrichtungen wie Kindergärten, Bibliotheken und Schulen, um dort mit Kindern zu lesen.

Darüber, dass positive (Vor-)Leseerlebnisse für die Ausbildung wie für den Erhalt von Lesemotivation unverzichtbar sind, herrscht in der Fachwelt Konsens. Lesepatenschaften sind in diesem Sinne geeignet, motivierende (Vor-)Leseerlebnisse zu ermöglichen, und können an Grundschulen eine systematische Ergänzung zum literarischen Anfangsunterricht darstellen. Da sie nicht in den Kern des Unterrichtsgeschehens fallen, wird ihnen in der Deutschdidaktik allerdings wenig Aufmerksamkeit zuteil. Die folgenden Ausführungen sollen dazu beitragen, diese Lücke zu schließen; sie fokussieren stärker die LesepatInnen und deren Anliegen als die Kinder und deren Lernfortschritte.

LesepatInnen, die an Grundschulen aktiv sind, überlegen häufig, wie sie dabei vorgehen, welche Ziele sie anstreben und, in Verbindung damit, welche Rolle sie ihren Lesekindern gegenüber einnehmen wollen oder sollen. Der Beitrag geht den Fragen nach, an welchen Vorstellungen sich die LesepatInnen dabei orientieren, in welchem Verhältnis diese Vorstellungen zu wissenschaftlichen Befunden stehen und inwiefern sich daraus Empfehlungen für eine potenziell förderliche Lesepatenschaftspraxis ableiten lassen. Konkret setzt er bei Entwicklungen und Beobachtungen aus der Praxis an und gibt einen Überblick über typische Fragen und Anliegen von LesepatInnen (Kapitel 1). Dies bildet den Ausgangspunkt für eine auf empirischen Forschungen zum Lesen in Familie und Grundschule basierende Gegenüberstellung von Lesekulturen (Kapitel 2) sowie für eine Auseinandersetzung mit Konzepten von Lesen bzw. Lesekompetenz und Zielen von Leseförderung in Bildungsforschung und Deutschdidaktik (Kapitel 3). Die Ausführungen münden schließlich in mögliche Empfehlungen für eine potenziell förderliche Lesepatenschaftspraxis (Kapitel 4).

1. Lesepatenschaften in der Praxis – Entwicklungen, Ziele und Fragen

In der Bundesrepublik sind in den letzten Jahren zahlreiche Initiativen und Organisationen entstanden, die im weitesten Sinne das Ziel verfolgen, Kinder (und Jugendliche) darin zu unterstützen, sich zu LeserInnen zu entwickeln. Von der Struktur her sind im Wesentlichen lokale von (über)regionalen Initiativen zu unterscheiden. Erstere bemühen sich vor Ort um Lese-Aktivitäten, letztere versuchen im Allgemeinen lokale Aktivitäten durch die Bereitstellung infrastruktureller Angebote zu stärken. Die systematische Sichtung dieser Entwicklungen im Feld von Lesepatenschaften zeigt neben dem Engagement von unten (*buttom up*/lokal) und von oben (*top down*/[über]regional) auch, wie die Initiativen synergetisch ineinandergreifen und dass mit den verschiedenen Leseförderungsaktivitäten insgesamt im Wesentlichen zwei Lese-Ziele angestrebt werden: das Lesen-Können und das Lesen-Wollen – wobei Lesen-Wollen und Lesen-Können untrennbar zusammenhängen.

Dass viele LesepatInnen zwischen diesen beiden Zielen schwanken, illustrieren die folgenden Beobachtungen aus der Praxis. Sie stammen aus drei verschiedenen Kontexten: Im Schuljahr 2002/03 lernte ich als Lesepatin die Innenperspektive kennen. Im Folgejahr führte ich an einer Kreuzberger Brennpunktschule mit StudentInnen des Grundschul-Lehramts der Freien Universität Berlin ein Projektseminar zu Lesepatenschaften durch, in dessen Rahmen wöchentliche Lese-Treffen mit den Kindern kombiniert waren mit anschließenden Reflexions- und Diskussionssitzungen zu den unterschiedlichen Erfahrungen sowie zu entsprechender Fachliteratur. Schließlich unterstützte ich ab 2004 als Dozentin am Zentrum für Weiterbildung der Freien Universität Berlin ehrenamtliche LesepatInnen und hörte, was und wie sie über ihre Tätigkeit (nach)dachten. Diese Vielfalt der Beobachtungen begünstigt die Rekonstruktion von Lesepaten-Perspektiven und deren wissenschaftliche Reflexion, die im Folgenden zusammenfassend dargestellt wird.

Im Rahmen der verschiedenen Seminare äußerten LesepatInnen wiederholt dieselben Fragen, Unsicherheiten und Einstellungen. Im Folgenden werden fünf beispielhafte Äußerungen aus Aufzeichnungen von Weiterbildungsveranstaltungen wiedergegeben, um daraus das Spektrum von Perspektiven auf die eigene Rolle und Tätigkeit im Rahmen von Lesepatenschaften zu rekonstruieren und reflektieren und in einem weiteren Schritt auf verschiedene lesekulturelle Orientierungen bzw. auf die Suche danach zurückzuführen:

1. Ich weiß oft nicht, wie und wo ich die richtigen Texte finden kann.
2. Manchmal erzählen die Kinder einfach drauf los, und dann rede ich mit ihnen, und danach denke ich dann: 'Mensch, jetzt hast du wieder die Lesezeit vertrödelt.'
3. Zuerst habe ich immer vorgelesen, jetzt erzähle ich eigentlich nur noch frei. Da hören die Kinder viel besser zu.
4. Die Kinder möchten oft gar nicht, dass ich vorlese, sie möchten selber vorlesen.
5. Ich wollte zum Vorlesen in die Schule gehen, jetzt soll ich mit den Kindern Leseübungen machen. Ich bin aber doch keine Hilfslehrerin. Ich weiß auch gar nicht, wie man Kindern lesen beibringt.

In allen zitierten Äußerungen werden Fragen des Vorgehens thematisiert. Diese Fragen unterscheiden sich im Grad ihrer Grundsätzlichkeit. Die Äußerung Nr. 1 („Ich weiß oft nicht, wie und wo ich die richtigen Texte finden kann.") geht ins Detail der Literaturauswahl und impliziert keine grundsätzliche Frage in Bezug auf die Art des (Vor-)Lesens oder die eigene Rolle. Andere Äußerungen offenbaren, dass sich die Praxis der Tätigkeit mitunter anders gestaltet, als die LesepatInnen sich das ursprünglich vorgestellt hatten. Solche Erwartungsabweichungen können verschiedene Ursachen haben. Die tatsächliche Realisierung von Lesepatenschaften ist letztlich immer ein gemeinsames *Produkt*, das heißt das Ergebnis von Aushandlungsprozessen. Das *Aushandeln* bleibt dabei häufig implizit; die Interaktionen scheinen mitunter eher zu geschehen als gestaltet zu werden. Hierfür steht die Äußerung Nr. 2: „Manchmal erzählen die Kinder einfach drauf los und dann rede ich mit ihnen, und danach denke ich dann: 'Mensch, jetzt hast du wieder die Lesezeit vertrödelt.'" Diese Art der Gestaltung von Lesepatenschaftsinteraktionen ist sehr offen: Vorgehen, Ziele und Rollen(verteilung) sind vorab kaum festgelegt.

Es kann sich bei Erwartungsabweichungen auch um gezieltere Modifizierungen der eigenen Vorgehensweise aufgrund von Erfahrungen handeln, die die LesepatInnen in den Interaktionen mit den Kindern machen. So kann die Erfahrung, dass Kinder beim freien Erzählen viel besser zuhören als beim Vorlesen, dazu führen, dass in Lesepatenschaften mehr erzählt als (vor)gelesen wird (Nr. 3: „Zuerst habe ich immer vorgelesen, jetzt erzähle ich eigentlich nur noch frei. Da hören die Kinder viel besser zu."). Mitunter tragen Kinder auch Vorstellungen und Wünsche in die Lesepatenschaft hinein, die denen der LesepatInnen nicht entsprechen (Nr. 4: „Die Kinder möchten oft gar nicht, dass ich vorlese, sie möchten selber vorlesen."). Die LesepatInnen müssen dann überlegen, wie sie mit dieser Diskrepanz umgehen möchten.

Am grundsätzlichsten kommt der Ziel- und Rollenkonflikt in der Äußerung Nr. 5 zum Ausdruck. Das Phänomen des Schwankens zwischen Vorlesen und Lesen-Üben wird hier ganz deutlich expliziert: „Ich wollte zum Vorlesen in die Schule gehen, jetzt soll ich mit den Kindern Leseübungen machen. Ich bin aber doch keine Hilfslehrerin. Ich weiß auch gar nicht, wie man Kindern lesen beibringt." Dass das Lesen-Üben dabei der Schule zugeschrieben und als eine für LesepatInnen unangemessen anspruchsvolle, professionelle Tätigkeit gerahmt wird, legt nahe, dass das Vorlesen auf der anderen Seite dem nicht-schulischen, privaten, wenn nicht familialen Bereich zugeordnet wird.

In diesem Sinne ist aus der alltagstheoretischen Perspektive der LesepatInnen zwischen zwei über den sozialen Kontext definierten Lesekulturen zu unterscheiden: einer eher privaten, familialen, die auf Lesefreude zielt und dadurch zum selbstständigen Lesen motivieren kann, und einer eher schulischen, die primär die Beherrschung von Lesefertigkeiten anstrebt (vgl. Tab. 1):

	Familiale Lesekultur	Schulische Lesekultur
Vorgehen	Vorlesen in gemütlichem, intimem Rahmen	Unterrichtsähnliche Leseübungen
Ziel	Lesefreude und Lesemotivation	Lesefertigkeiten
Rolle der Lese-patInnen	Familiäre bzw. private Bezugsperson wie Tante/Onkel, Oma/Opa, Patin/Pate	Professionelle Lehrperson wie LehrerIn, HilfslehrerIn

Tab. 1 *Lesekulturen in der Alltagstheorie von LesepatInnen*

LesepatInnen empfinden sich häufig als zwischen diesen Kulturen stehend und stellen sich mehr oder weniger direkt die Frage, an welcher dieser Kulturen sie sich beim Lesen mit den Kindern orientieren sollen bzw. wollen. – Inwieweit kann diese Gegenüberstellung im Licht empirischer Forschung bestehen?

2. Lesekulturen – Ergebnisse empirischer Forschungen

Aus wissenschaftlicher Perspektive basiert die Gegenüberstellung einer familialen und einer schulischen Lesekultur auf einer unzulässigen Verkürzung. Empirische Lese-Studien zeigen, dass sowohl innerhalb der Familie als auch innerhalb von Schule bzw. Deutschunterricht unterschiedliche Kulturen vorzufinden sind, die sich grob als eine *offenere* und eine *geschlossenere* bezeichnen lassen.

Familiale Lesekulturen

Petra Wieler zeigte in ihrer Studie zum Vorlesen in der Familie auf, dass und wie sich die Interaktionsroutinen vorlesender Eltern und ihrer vierjährigen Kinder in Abhängigkeit von der sozialen Schichtzugehörigkeit der Familie voneinander unterscheiden, wobei Wieler die soziale Schichtzugehörigkeit in Anlehnung an die sozio-kulturelle Grundorientierung im Sinne Bourdieus (vgl. Bourdieu 1982) über die Ausbildung und Berufstätigkeit der Eltern bestimmte (vgl. Wieler 1997). So ist in bildungsferneren Familien eine geschlossenere Vorlesepraxis zu beobachten, in der das Mitteilen von Inhalten und Bedeutungen eines Textes im Zentrum steht und das Kind als Zuhörer behandelt wird. In bildungsnäheren Familien hingegen herrscht Wieler zufolge eine offenere Vorlesepraxis vor, bei der es um die gemeinsame (Re-)Konstruktion von Geschichten (von Inhalten und Bedeutungen) geht und in der das Kind als aktiver Rezeptions- und Gesprächspartner, als Mitgestalter der Geschichte angesprochen wird. Karin Richter und Monika Plath (vgl. Richter/Plath 2005) fanden in ihrer Lesemotivationsstudie unter anderem heraus, dass Vorlesen in diesen Familien häufiger stattfindet als in bildungsferneren. Für den vorliegenden Beitrag lassen sich diese Ergebnisse als Gegenüberstellung von Geschlossenheit und Offenheit veranschaulichen (vgl. Tab. 2):

Familiale Lesekulturen	
Durch Geschlossenheit geprägt	*Durch Offenheit geprägt*
Vorlesestudie (vgl. Wieler 1997)	
Bildungsfernere Familien	Bildungsnähere Familien
Geschlossenere Vorlesepraxis	Offenere Vorlesepraxis
Mitteilen eines Textes	Gemeinsame (Re-)Konstruktion einer Geschichte
Kind als Zuhörer	Kind als aktiver Rezeptions- und Gesprächspartner, als Mitgestalter der Geschichte
Lesemotivationsstudie (vgl. Richter/Plath 2005)	
Vorlesen findet seltener statt.	Vorlesen findet häufiger statt.

Tab. 2 *Familiale Lesekulturen zwischen Geschlossenheit und Offenheit*

Aus der vergleichenden Analyse der verschiedenen Interaktionsstile geht bei Wieler hervor, dass die Kinder in den durch Offenheit geprägten rezeptionsbegleitenden Gesprächen durch die Hilfestellungen ihrer Eltern in die Lage versetzt werden, ihre Ideen und ihre Verständnisschwierigkeiten zur Sprache zu bringen. Im Sinne der Medienrezeptionsforschung handelt es sich um Anschlusskommunikationen (vgl. Sutter 2002), in denen die Kinder die Zone der nächsten Entwicklung (vgl. Wygotski 1969) erreichen können. Ähnliche Differenzierungen zwischen einem pragmatischen bzw. repetitiven, auf einzelne Informationen zielenden im Gegensatz zu einem elaborativen, also entfaltenden Interaktionsstil sind im Rahmen empirischer Untersuchungen zu Mutter-Kind-Gesprächen über gemeinsame Erinnerungen getroffen worden (vgl. Fivush/Fromhoff 1988; Nelson 1993). In diesem Sinne unterschieden sich auch die Vorlesepraxen der LesepatInnen.

Schulische Lesekulturen

Bei näherer Betrachtung schulischer Lesekulturen muss unterschieden werden zwischen den ersten Schuljahren, an deren Ende die Fertigkeiten des Lesens und Schreibens im Wesentlichen erworben sein sollen – Zielzeitpunkt ist das Ende des zweiten Schuljahres – und den späteren Schuljahren, in denen davon ausgegangen wird, das die SchülerInnen über diese Fertigkeiten verfügen. Die oben zitierten Äußerungen der LesepatInnen lassen leider erkennen, dass die SchülerInnen, mit denen sie lesen, häufig auch dann noch nicht über die erwarteten Fertigkeiten verfügen, wenn sie bereits die Klassenstufe 3 oder 4 besuchen; in den Stufen 5 und 6 sind dann nur noch vergleichsweise wenige LesepatInnen tätig. In Bezug auf das Lesenlernen bzw. den Schrifterwerb lassen sich für den schulischen Rahmen zwei Positionen gegenüberstellen, die wie in der Gegenüberstellung familialer Lesekulturen durch eine unterschiedlich ausgeprägte Geschlossen- bzw. Offenheit charakterisierbar sind (vgl. Tab. 3):

Schulische Kulturen des Lesenlernens	
Durch Geschlossenheit geprägt	*Durch Offenheit geprägt*
Lehrgangsorientiert (auch *fibelorientiert*)	Spracherfahrungsorientiert (z. B. *Lesen durch Schreiben*)
Ausgangspunkt: Schriftsystem	Ausgangspunkt: Lernende

Tab. 3 *Schulische Kulturen des Lesenlernens*

In der Fachdiskussion lässt sich insgesamt eine Tendenz zur Orientierung an den individuellen Spracherfahrungen ausmachen; in Reinform werden Extrempositionen wie das sehr verbreitete, aber von KollegInnen wie Gerheid Scheerer-Neumann (vgl. Scheerer-Neumann 1995) und Heiko Balhorn (vgl. Balhorn 1998) deutlich kritisierte *Lesen durch Schreiben* von Jürgen Reichen (vgl. Reichen 1988) kaum noch vertreten – weder in der Theorie noch in der Praxis. Die meisten AutorInnen plädieren für eine Mischung von Anleitung und Orientierung an der Schrift einerseits und Offenheit und Orientierung an den Spracherfahrungen der Lernenden auf der anderen Seite (vgl. Hüttis-Graff 2000). Dass der Spracherfahrungsansatz den LesepatInnen in der Regel fremd ist und viele ihm skeptisch begegnen, ist nicht weiter verwunderlich, wenn man berücksichtigt, wie diese Erwachsenen selbst das Lesen und Schreiben gelernt haben. Auch mit Blick auf das literarische Lernen sind im Rahmen schulischer Lesekultur zunächst zwei Positionen zu unterscheiden, die sich grob als durch Geschlossenheit bzw. durch Offenheit geprägt beschreiben lassen. Auf der einen Seite steht primär das literarische Werk im Zentrum, auf der anderen sind es die RezipientInnen und deren Rezeptionsweisen (vgl. Tab. 4):

Schulische Kulturen des literarischen Lernens	
Durch Geschlossenheit geprägt	*Durch Offenheit geprägt*
Primär text-/werkorientiert (vgl. Paefgen 1999)	Primär rezipientenorientiert, individualisiert (vgl. Wieler 1989; Christ u.a. 1995; Wiprächtiger-Geppert 2009)

Tab. 4 *Schulische Kulturen literarischen Lernens*

In den letzten Jahren ist im Zusammenhang mit der Diskussion um Kompetenzen eine dritte Orientierung hinzugekommen. Kaspar Spinner schreibt hierzu:

> In einem kompetenzorientierten Literaturunterricht richtet man den Blick nicht primär darauf, ob man (zum Beispiel) zu einer angemessenen Interpretation gelangt, sondern darauf, ob die Schülerinnen und Schüler Fähigkeiten erwerben, die dann im Umgang mit anderen Texten wieder zum Einsatz kommen können. (Spinner 2006, S. 7)

Die Kompetenzorientierung zielt zwar mittelbar auf die lernenden Subjekte; sofern das Kompetenzkonstrukt jedoch vor dem Hintergrund der internationalen, niveaustufenbezogenen Leistungsvergleichsstudien normativ gerahmt wird, ist diese Orientierung als vergleichsweise geschlossener Ansatz zu betrachten.[1] Eine implizite Bestätigung findet diese Einschätzung bei Maja Wiprächtiger-Geppert, die in ihrer „empirische[n] Studie zur literarischen Rezeptionskompetenz von Förderschülerinnen und -schülern in Literarischen Unterrichtsgesprächen" extra hervorhebt, von einem „deskriptiven Kompetenzmodell" auszugehen (Wiprächtiger-Geppert 2009, S. 8); eine solchermaßen deskriptive Perspektive ist wieder eher als offen zu charakterisieren. In seiner Abhandlung zu literarischem Lernen – dies sei hier mit Bezug auf die Lesepatenäußerung Nr. 1 die Auswahl der Lektüre betreffend erwähnt – geht Spinner auch auf die Abgrenzung verschiedener Textsorten ein:

> Zu relativieren ist auch die strenge Abgrenzung literarischer Texte von Sachtexten [...] Literarisches Lernen bezieht sich also, wenn man es genauer fasst, nicht nur darauf, literarischen Texten gerecht zu werden, sondern es zielt auf eine Leseweise, die bei literarischen Texten ihre prototypische Entfaltung erfährt, die aber auch bezogen auf andere Texte seine [sic] Funktion haben kann. [...] Gerade in Hinblick auf die Leseförderung von Jungen ist es wichtig, sich klarzumachen, dass sie bei ihrer Vorliebe für Sachbücher durchaus auch imaginative Bedürfnisse befriedigen. (Spinner 2006, S. 14f.)

Die (meist schon etwas älteren) LesepatInnen werden mit schulischem Literaturunterricht tendenziell eine werkorientierte Vorgehensweise assoziieren, die Spinner als „die herrschende Praxis des Literaturunterrichts" bezeichnet (ebd., S. 7). In den Fortbildungsseminaren für LesepatInnen, in denen die unteren Jahrgangsstufen im Vordergrund standen, kam dieses Thema allerdings gar nicht zur Sprache; vielmehr bestand das Anliegen in einer reflektierten Abwägung zwischen der Förderung von Lesefertigkeiten auf der einen und von Lesemotivation auf der anderen Seite.

---

[1] Diese Überlegung geht auf ein Gespräch mit Jeanette Hoffmann zurück, der an dieser Stelle herzlich gedankt sei.

Zur Gegenüberstellung familialer und schulischer Lesekulturen

Im Ergebnis lässt sich festhalten, dass es nicht reicht, die Lesekulturen einfach nach ihrem sozialen Kontext in eine vermeintlich familiale und eine vermeintlich schulische Lesekultur zu differenzieren, sondern dass vielmehr sowohl in der Familie als auch in der Schule – und in der Schule sowohl im Bereich des Schrifterwerbs als auch im Bereich des literarischen Lernens – eine eher eng geführte Lese-, Lern- und Interaktionskultur auf der einen Seite einer eher geöffneten auf der anderen Seite gegenübersteht. Dabei können die Engführungen meines Erachtens als stärker kognitions- und informationsorientiert, die geöffneten Ansätze als stärker ganzheitlich orientiert gelten. Im Zusammenhang mit der Gegenüberstellung von familialen mit schulischen Praxen ist ausgesprochen bemerkenswert, dass der immer noch vorwiegend praktizierte, fragend-entwickelnde Unterricht, der den LesepatInnen aus eigener Erfahrung besonders vertraut ist, paradoxerweise dem eng geführten Interaktionsstil bildungs*fernerer* Familien ähnelt (vgl. Wieler 1997). Interessant ist in diesem Zusammenhang auch ein Befund der Hamburger Studie *Großstadt-Grundschule* von Ingrid Gogolin und Ursula Neumann (vgl. Gogolin/Neumann 1997), in deren Rahmen Iris Jäger (vgl. Jäger 1997) aufzeigt, dass LehrerInnen Grundschulkindern mit Migrationshintergrund im Erzählkreis häufiger geschlossene Fragen der Art „Oder hast du draußen gespielt?" stellen und an Kinder ohne Migrationshintergrund häufiger offene Fragen der Art „Was hast du da gemacht?" richten, als dies die jeweils andere Gruppe erfährt (vgl. Hoffmann 2003).

3. Ziele der Leseförderung in Bildungsforschung und Deutschdidaktik

Im ersten Teil des vorliegenden Beitrags wurden aus der Praxis heraus zwei Zielvorstellungen von LesepatInnen rekonstruiert: Lesefreude und -motivation sowie Lesefertigkeiten. Der folgende Abschnitt wendet sich nun Konzepten von Lesen und damit einhergehend möglichen Zielen der Leseförderung in Bildungsforschung und Deutschdidaktik zu. Die internationalen Vergleichsstudien PISA und IGLU etwa stellen den Kompetenzbegriff in den Mittelpunkt. Unter Berufung auf die angelsächsische *Reading Literacy*-Forschung werden sogenannte Basiskompetenzen erfasst, von denen angenommen wird, dass sie dazu verhelfen, die Herausforderungen des gesellschaftlichen Wandels von der Industrie- zur Wissensgesellschaft zu bewältigen. Den Studien liegt damit eine „funktionale Sicht auf Kompetenzen als basale Kulturwerkzeuge" zugrunde (Artelt/Stanat/Schneider 2001, S. 78). In der Zusammenfassung zentraler Befunde der PISA-Studie wird Lesekompetenz definiert als

> die Fähigkeit, geschriebene Texte unterschiedlicher Art in ihren Aussagen, ihren Absichten und ihrer formalen Struktur zu verstehen und in einen größeren Zusammenhang einordnen zu können, sowie in der Lage zu sein, Texte für verschiedene Zwecke sachgerecht zu nutzen. (Artelt/Baumert/Klieme 2001, S. 11)

Der Schwerpunkt wird also auf die kognitiven Fähigkeiten der Informationsentnahme und -verarbeitung gelegt und Lesekompetenz entsprechend „als *verstehender Umgang mit Texten gemessen*" (Artelt/Stanat/Schneider 2001, S. 79; Hervorhebung im Original) – wobei die AutorInnen selbst darauf verweisen, dass die sprachlich-literarische Grundbildung damit nicht erschöpfend beleuchtet werde. Die in der Studie beleuchteten Aspekte von Lesekompetenz beziehen sich auf eine vergleichsweise ältere Schülerschaft – PISA erhebt bekanntlich Daten von 15-Jährigen. IGLU, die internationale Leistungsvergleichsstudie zum Lesen von Grundschulkindern, ist ebenso kompetenzorientiert, wenngleich in ihr das Lesen literarischer Texte mit in den Blick genommen wird (vgl. Bos/Valtin/Voss 2007). Im Rahmen des DFG-Schwerpunktprogramms *Lesesozialisation in der Mediengesellschaft* wurde dem Lesekompetenz-Begriff der PISA-Studie eine eingeschränkte Fokussierung auf die Leseleistung im Sinne kognitiver Prozesse der Informationsverarbeitung vorgeworfen. Dies führte zu einem didaktischen Gegenentwurf, in dem Lesen als kulturelle Praxis und Lesenlernen als Sozialisationsprozess verstanden wird. Diese Dimensionen kommen in der Publikation PISA 2000 zwar auch zur Sprache, finden aber keinen Niederschlag in der Definition von Lesekompetenz. Das im DFG-Schwerpunktprogramm entwickelte, didaktisch erweiterte Modell *Lesekompetenz im Sozialisationskontext* orientiert sich in Anlehnung an Habermas (vgl. Habermas 1981) an der normativen Idee des *gesellschaftlich handlungsfähigen Subjekts* (vgl. Hurrelmann 2002). Als Dimensionen der Lesekompetenz umfasst es neben Kognitionen und Reflexionen auch die Motivation, Emotionen und Anschlusskommunikationen. Als umfassend lesekompetent gilt also nur, wer auch gern liest, sich das Lesen zunutze zu machen weiß und sich über Lektüren auszutauschen vermag.

Möglichkeiten der Leseförderung in Lesepatenschaften lassen sich auch vor dem Hintergrund des *Emergent Literacy*-Konzepts entwerfen. In diesem theoretischen Rahmen wird davon ausgegangen, dass Kinder bereits über ihre mündlichen Interaktionserfahrungen mit der Welt der Schrift in Berührung kommen, etwa indem sie narrative, das heißt Erzählstrukturen kennenlernen. In Bezug auf das Schreibenlernen, und das lässt sich auch auf das Lesenlernen übertragen, spricht Mechthild Dehn hier von dem Aspekt der *Literarität* (vgl. Dehn 1999). Kinder machen Literaritätserfahrungen noch bevor sie ein Verständnis für Schriftzeichen entwickeln; Letzteres nennt Dehn *Literalität*. Auf welche Weise Kinder in mündlichen Interaktionen Erfahrungen mit der Welt der Schrift machen, hängt von ihrem Umfeld ab. Die ethnographisch ausgerichteten *Emergent Literacy*-Studien verweisen „auf die maßgebliche Bedeutung des Zusammenspiels sozial-interaktiver, [...] dialogischer und narrativer Komponenten für die Ausbildung von Sprache und Bewusstsein" (Wieler 2003, S. 48). Dass sich dieses Konzept sprachlich-kulturellen Lernens kompetenztheoretisch schwer fassen (vgl. ebd.) und noch schwerer messen lässt, liegt auf der Hand. Im Zusammenhang mit der Frage nach einer potenziell fruchtbaren lesekulturellen Orientierung in Lesepatenschaften soll hier eine Kritik stark gemacht werden, die Wieler an dem didaktisch erweiterten Lesekompetenz-Modell äußert (vgl. ebd.). Es ist problematisch, die Teilhabe an Anschlusskommunikationen und die Motivation als zu erwerbende Kompetenzdimensionen zu modellieren, weil die Anschlusskommunikationen für das Hineinwachsen des Kindes in die Schriftkultur unverzichtbare sozialisatorische Interaktionen darstellen. Die Entwicklung der Motivation wiederum hängt eng mit den Anschlusskommunikationen und deren Stil zusammen.

Karin Richter und Monika Plath untersuchen die Entwicklung von Lesemotivation bei Zweit-, Dritt- und ViertklässlerInnen. Ihre repräsentative empirische Studie *Lesemotivation in der Grundschule* basiert auf schriftlichen Befragungen von Kindern, LehrerInnen und Eltern. Zu den Vorlieben in Bezug auf *Lesekommunikationen* stellen die Autorinnen fest, dass der Wunsch der Kinder nach häufigerem Vorlesen zunächst groß ist (38 %), bei Mädchen größer als bei Jungen (43 % zu 33 %), und dann mit zunehmender Lesekompetenz abnimmt. Die Kinder favorisieren als Partner für Anschlusskommunikationen Freunde, gefolgt von Eltern, Geschwistern und LehrerInnen; dabei nimmt das Bedürfnis nach Anschlusskommunikation mit LehrerInnen von Klasse 2 zu 4 deutlich ab (39 % zu 21 %). Es wird angenommen, dass dies mit dem in der Schule vorherrschenden Stil des Literaturunterrichts zusammenhängt. Bezüglich der Textvorlieben ergab die Studie, dass märchenhafte, phantastische und Abenteuer-Literatur besonders beliebt ist. Den zweiten Rang belegt bei Jungen wie Mädchen die Sachliteratur, wohingegen realistische Literatur kaum als Lieblingsliteratur genannt wurde. Zusammenfassend stellen die Autorinnen einen Zusammenhang fest zwischen der Entwicklung von Lesefreude und „der Wahl ästhetisch anspruchsvoller Lektüre, der Vielfalt unterrichtlicher Zugänge [und] der Berücksichtigung kindlicher (Medien-)Interessen" (Richter/Plath 2005, S. 91). Dieses Ergebnis wird in den nachfolgenden Hinweisen zur Gestaltung von Lesepatenschaften noch einmal aufgegriffen.

4. Empfehlungen für eine förderliche Lesepatenschaftskultur

Ausgangspunkt der obigen Ausführungen waren die unter LesepatInnen verbreiteten Fragen nach Möglichkeiten des Vorgehens während der Lesetreffen, nach der eigenen Rolle und angemessenen Zielen. Dargelegt wurde, dass es nicht *die eine* familiale Lesekultur oder *die eine* schulische Lesekultur gibt; vielmehr lassen sich in Familie und Schule – und in letzter sowohl beim Erlernen der Lesefertigkeiten als auch im literarischen Anfangs- und im Literaturunterricht – jeweils ein eher offener, dialogischer, die Lernenden zu Konstruktionen einladender Stil von einem eher geschlossenen, primär am Sachinhalt orientierten Stil des Transports von Inhalten oder der Vermittlung universeller Kompetenzen unterscheiden. Vor dem skizzierten Hintergrund der empirischen Erzähl- und Rezeptionsforschung erscheint es sinnvoll, die Gestaltung von Interaktionen in Lesepatenschaften insgesamt an der offeneren Seite der familialen und schulischen Lesekulturen auszurichten und damit die mündlichen Interaktionen zwischen Lesepatin bzw. -paten und Kind bewusst in den Mittelpunkt zu stellen. Diese Einschätzung lässt sich auch mit Irmgard Nickeln-Bacon und Dieter Wrobel stützen, die schreiben, das Fundament von Lesekultur sei die kommunikative Einbettung des Lesens in Gesprächsprozesse mit kompetenten Anderen, die die Möglichkeit des Förderns und Forderns im Rahmen der individuellen Möglichkeiten, Bedürfnisse und Notwendigkeiten möglichst realistisch einschätzen. (Nickel-Bacon/Wrobel 2012, S. 7)

Als ein Beispiel für eine wünschenswerte Öffnung von Schule hin zu Interaktions-formaten, „die außerhalb der üblichen Praxen des Fachunterrichts liegen" (ebd., S. 7), nennen sie Lesepatenschaften. Wenn Nickel-Bacon und Wrobel fortfahren, dass „Lese-patenschaften die erfolgreiche Praxis familialer Lesekulturen in die Schulen hinein-tragen" (ebd., S. 7), so bleibt dies im Sinne der obigen Ausführungen zu differenzieren.

Grundsätzlich ist zu berücksichtigen, dass es den Kindern häufig nicht nur an Lese-oder Vorleseerfahrungen mangelt, sondern noch viel elementarer auch an Erzähl- und Dialogerfahrungen und damit an Gelegenheiten, Vorstellungen zu entwickeln. Beden-ken, mit den Kindern manchmal *nur* zu sprechen (Lesepatenäußerung Nr. 2), lassen sich damit mühelos zerstreuen. Das gemeinsame Lesen wäre in diesem Sinne als Anlass zu betrachten, sich über Deutungen (und eigene Erfahrungen) zu verständigen; Vorlese-gespräche sind besonders reichhaltige sprachliche Anregungen. Empfehlungen für die Praxis können nicht direkt aus der Theorie abgeleitet werden. Sie müssen auch Bedürf-nisse und Möglichkeiten der an der Praxis Beteiligten berücksichtigen, um eine Chance auf Umsetzung zu haben. Was möchten und was können die LesepatInnen leisten, was wünschen sich die Lesekinder? Da die Bedürfnisse und Möglichkeiten einzelner Lese-patInnen nicht identisch sind, müssen derartige Empfehlungen relativ offen gehalten werden. In jedem Fall gilt, dass sich LesepatInnen und deren Lesekinder dort wirklich begegnen können, wo die LesepatInnen sich sicher fühlen und die Lesekinder sich auf-geschlossen zeigen. Mit der Äußerung von Wünschen zeigen Kinder, wo sie gerade besonders aufnahme- bzw. lernbereit sind. Eine weitere Empfehlung für LesepatInnen kann also dazu ermutigen, in Lesepatenschaften die besondere Chance zur Orientierung an den individuellen Interessen der Kinder zu nutzen. Wenn Kinder beispielsweise sel-ber lesen möchten (Lesepatenäußerung Nr. 4), sollten sie nach Möglichkeit darin unter-stützt werden. Das freie Erzählen (Lesepatenäußerung Nr. 3) kann als förderlich und unterstützenswert gelten, weil es die Kinder an Literarität als einen Aspekt des Lesens heranführt. Schließlich sollte auch die Auswahl konkreter Lektüren an die Bedürfnisse der Kinder anknüpfen. Wenn Kinder auf Nachfrage nicht selber Hinweise für die Aus-wahl von Literatur geben, könnten LesepatInnen es in Anlehnung an die Ergebnisse der Lesemotivationsstudie von Richter und Plath mit phantastischen oder Sachgeschichten versuchen (vgl. Plath/Richter 2005).

Die Empfehlung für eine tendenziell offene, auf Kommunikation und persönlichen Gewinn einschließlich literar(ästhet)ischem Genuss zielende Lesepatenschaftskultur lässt sich wie angedeutet auch damit begründen, dass ehrenamtliche LesepatInnen diese Rolle in der Regel lieber übernehmen und besser meistern als die Herausforde-rung, als ZweitlehrerInnen zu agieren. Auf die in der fünften Lesepatenäußerung ent-haltene Frage, ob weiter vorgelesen werden könne oder dem Wunsch der Lehrerin, Leseübungen anzuleiten, nachgekommen werden solle, ließe sich vor diesem Hintergrund antworten: Lesen Sie ruhig weiter vor, aber tun Sie dies dialogisch. Gegen den Wunsch der Lehrerin wäre das allerdings problematisch. LehrerInnen ist sehr zu empfehlen, (Vor-)Lese-Angebote anzunehmen; sie sollten aber auch bereit sein, selbst Zeit in die Lesepatenschaften zu investieren. Zu einer fruchtbaren Lesepatenschaftskultur mit Ehrenamtlichen an Grundschulen gehört ein begleitender, gegebenenfalls beratender, auf Einvernehmen zielender und auf fundierte Fachargumente gestützter Austausch zwischen den beteiligten LehrerInnen und LesepatInnen. Dazu bieten die obigen Ausführungen beiden Seiten Anregungen und Argumente.

Literatur

Artelt, Cordula / Stanat, Petra / Schneider, Wolfgang: Lesekompetenz: Testkonzeption und Ergebnisse. In: Deutsches PISA-Konsortium (Hrsg.): PISA 2000. Basiskompetenzen von Schülerinnen und Schülern im internationalen Vergleich. Opladen 2001. S. 69–137.

Artelt, Cordula / Baumert, Jürgen / Klieme, Eckhard (Hrsg.): PISA 2000. Zusammenfassung zentraler Befunde der PISA-Studie. Berlin 2001.

Balhorn, Heiko: Heiko Balhorn fragt nach. In: Balhorn, Heiko / Bartnitzky, Horst / Büchner, Inge (Hrsg.): Schatzkiste Sprache 1. Von den Wegen der Kinder in die Schrift. Frankfurt am Main / Hamburg 1998. S. 333–336.

Bos, Wilfried / Valtin, Renate / Voss, Andreas: Konzepte der Lesekompetenz in IGLU 2006. In: Bos, Wilfried / Hornberg, Sabine / Arnold, Karl-Heinz (Hrsg.): IGLU 2006. Lesekompetenzen von Grundschulkindern in Deutschland im internationalen Vergleich. Münster / New York / München 2007. S. 81–107.

Bourdieu, Pierre: Die feinen Unterschiede. Kritik der gesellschaftlichen Urteilskraft. Frankfurt am Main 1982.

Christ, Hannelore / Fischer, Eva / Fuchs, Claudia: „Ja, aber es kann doch sein …" In der Schule literarische Gespräche führen. Frankfurt am Main / Berlin / Bern 1995.

Dehn, Mechthild: Texte und Kontexte. Schreiben als kulturelle Tätigkeit in der Schule. Berlin 1999.

Fivush, Robin / Fromhoff, Fayne A.: Style and structure in mother-child conversations about the past. In: Discourse Processes (1988) Heft 8. S. 177–204.

Gogolin, Ingrid / Neumann, Ursula (Hrsg.): Großstadt-Grundschule. Eine Fallstudie über sprachliche und kulturelle Pluralität als Bedingung der Grundschularbeit. Münster / New York 1997.

Habermas, Jürgen: Theorie kommunikativen Handelns. 2 Bde. Frankfurt am Main 1981.

Hoffmann, Jeanette: „Es war einmal ein Junge namens Harry Potter". Sprachliches, literarisches und interkulturelles Lernen in der Leseförderung. In: Busch, Rolf (Hrsg.): Nach PISA: Teamarbeit in Schule & Bibliothek. Bad Honnef 2003. S. 109–123.

Hüttis-Graff, Petra: Rechtschreiblernen unter den Bedingungen von Mehrsprachigkeit – Plädoyer für Schriftorientierung im Unterricht. In: Valtin, Renate (Hrsg.): Rechtschreiben lernen in den Klassen 1–6. Grundlagen und didaktische Hilfen. Frankfurt am Main 2000. S. 104–110.

Hurrelmann, Bettina: Leseleistung – Lesekompetenz. Folgerungen aus PISA, mit einem Plädoyer für ein didaktisches Konzept des Lesens als kultureller Praxis. In: Praxis Deutsch 29 (2002) Heft 176. S. 6–18.

Jäger, Iris: Die Geographie der Klasse. Über Interaktionsstrukturen und Prozesse der Gruppenbildung in der multilingualen Lerngruppe. In: Gogolin, Ingrid / Neumann, Ursula (Hrsg.): Großstadt-Grundschule. Eine Fallstudie über sprachliche und kulturelle Pluralität als Bedingung der Grundschularbeit. Münster / New York 1997. S. 124–147.

Nelson, Katherine: Ereignisse, Narrationen, Gedächtnis: Was entwickelt sich? In: Petzold, Hillarion (Hrsg.): Frühe Schädigungen – späte Folgen? Psychotherapie und Babyforschung Bd. 1. Paderborn 1993. S. 195–233.

Nickel-Bacon, Irmgard/Wrobel, Dieter: Lesekultur. In: Praxis Deutsch 39 (2012) Heft 231. S. 4–12.

Paefgen, Elisabeth: Einführung in die Literaturdidaktik. Stuttgart/Weimar 1999.

Reichen, Jürgen: Lesen durch Schreiben. Wie Kinder selbstgesteuert lesen lernen. 3. Aufl. Zürich 1988.

Richter, Karin/Plath, Monika: Lesemotivation in der Grundschule. Empirische Befunde und Modelle für den Unterricht. Weinheim/München 2005.

Scheerer-Neumann, Gerheid: ein offener Brief an Jürgen Reichen. In: Les-Bar 1 (1995) S. 13–15.

Spinner, Kaspar: Literarisches Lernen. In: Praxis Deutsch 33 (2006) Heft 200. S. 6–16.

Sutter, Tilmann: Anschlusskommunikation und die kommunikative Verarbeitung von Medienangeboten. Ein Aufriss im Rahmen einer konstruktivistischen Theorie der Mediensozialisation. In: Groeben, Norbert/Hurrelmann, Bettina (Hrsg.): Lesekompetenz. Bedingungen, Dimensionen, Funktionen. Weinheim/München 2002. S. 80–105.

Wieler, Petra: Sprachliches Handeln im Literaturunterricht als didaktisches Problem. Frankfurt am Main/Bern/New York 1989.

Wieler, Petra: Vorlesen in der Familie. Fallstudien zur literarisch-kulturellen Sozialisation von Vierjährigen. Weinheim/München 1997.

Wieler, Petra: Varianten des Literacy-Konzepts und ihre Bedeutung für die Deutschdidaktik. In: Abraham, Ulf/Bremerich-Vos, Albert/Frederking, Volker (Hrsg.): Deutschdidaktik und Deutschunterricht nach PISA. Freiburg im Breisgau 2003. S. 47–68.

Wiprächtiger-Geppert, Maja: Literarisches Lernen in der Förderschule. Eine qualitativ-empirische Studie zur literarischen Rezeptionskompetenz von Förderschülerinnen und -schülern in Literarischen Unterrichtsgesprächen. Baltmannsweiler 2009.

Wygotski, Lew S.: Denken und Sprechen. Mit einer Einleitung von Thomas Luckmann. Frankfurt am Main 1969. [1934]

UNTERRICHTSPRAKTISCHE ENTWÜRFE

JULIANE ECKHARDT

Produktiver Umgang mit Weltliteratur

Abstract

Nach einem Überblick über die historische Entwicklung und die wissenschaftliche Diskussion der Bearbeitung von Weltliteratur im Kinder- und Jugendbuch werden Möglichkeiten und Grenzen produktionsorientierter Verfahren im literarischen Anfangsunterricht thematisiert. Auf dieser Grundlage erfolgen literarische, didaktische und methodische Analysen zum Textbilderbuch Romeo liebt Julia *von Wolfram Hänel und Christa Unzner. Konkrete Umsetzungsmöglichkeiten der produktiven Verfahren werden exemplarisch anhand von Schülerergebnissen veranschaulicht.*

Einleitung

Shakespeare im Anfangsunterricht? Angesichts des in diesem Beitrag fokussierten Klassikers, *Romeo und Julia*, drängt sich die Frage auf, ob und inwiefern weltliterarische und noch dazu literaturhistorische Stoffe für Schulanfänger geeignet sind. Weltliteratur wird dabei insofern in einem traditionellen Sinn verstanden, als damit Werke gemeint sind, die – vornehmlich im europäischen Kulturraum – über nationalliterarische Grenzen und Epochen hinweg Geltung erlangt und zu intertextuellen Einflüssen und Forschungsansätzen geführt haben (vgl. Gossens 2010). Zur Beantwortung der Frage nach der Eignung von Weltliteratur für Kinder werden im Folgenden zunächst Tradition und Diskussion der Literaturbearbeitungen für die junge Generation umrissen, um auf diesem Hintergrund gegenwärtige Tendenzen einordnen zu können. Dabei werden mit Blick auf den Anfangsunterricht literarische Bearbeitungen im Textbilderbuch ins Zentrum gerückt.[1]

1. Literaturbearbeitungen für Kinder und Jugendliche

Erscheinungsformen und Überblick

Die Bearbeitung von Literatur ist ein seit Beginn der Kinder- und Jugendliteraturgeschichte praktiziertes Verfahren, das jungen Lesern Texte zugänglich machen soll, die sie in der – für Erwachsene gedachten – Originalversion (noch) nicht verstehen können

---

[1] Unter den Begriff des Textbilderbuchs (im Unterschied zum bloßen Bilderbuch) werden im Folgenden diejenigen Formen des illustrierten Kinderbuchs mit subsumiert, bei denen die Bebilderung nicht auf eine rein illustrative Funktion beschränkt bleibt.

(vgl. Eich 1984). Gemeint sind damit in der Regel solche Bearbeitungen, die sich auf einzelne Werke beziehen und diese durch inhaltliche Kürzungen und sprachliche Vereinfachungen leichter rezipierbar machen. Um – didaktisch begründete – Bearbeitungen handelt es sich faktisch auch bei Anthologien, die an die junge Generation adressiert sind und Texte enthalten, die für jene nicht speziell geschrieben, wohl aber verständlich und nachvollziehbar sind. Dazu gehören Textsammlungen jeglicher Art, so im Prinzip auch schulische Lesebücher.

Zu den Bearbeitungen einzelner Werke zählen Übersetzungen, von denen einige mittlerweile gar nicht mehr als Literatur für Erwachsene, sondern als populäre Kinder- und Jugendbücher betrachtet werden. Dies gilt z. B. für *Oliver Twist* von Charles Dickens, *Lederstrumpf* von James Fenimore Cooper, *Gullivers Reisen* von Jonathan Swift, *Robinson Crusoe* von Daniel Defoe und *Don Quijote* von Miguel de Cervantes. Bearbeitungen deutscher Literatur finden sich vor allem in Anthologien. Neben Sammlungen von Schwänken (z. B. Eulenspiegel), Volksmärchen (Brüder Grimm) und Lügengeschichten (Münchhausen) gibt es vor allem Sagen-Bearbeitungen, darunter auch Bearbeitungen der antiken Klassiker wie die von Gustav Schwab. Zu den früh bearbeiteten deutschen Klassikern gehört die *Faust*-Sage, die Berthold Otto bereits 1902 in Altersmundart herausbrachte.

Aktuelle Formen der Bearbeitung deutscher und ausländischer Klassiker werden verstärkt seit dem 21. Jahrhundert veröffentlicht. Aus historischer Perspektive wird erkennbar, dass der seit den 1970er Jahren zu beobachtende Anstieg des literarästhetischen Niveaus der Kinder- und Jugendliteratur auch bei diesem Genre zu verzeichnen ist. Denn anders als ihre literaturhistorischen Vorläufer sind die neuen Bearbeitungen durch eine ästhetisch sensible Auseinandersetzung mit den Textoriginalen geprägt und zeugen auch in didaktischer Hinsicht von einer anspruchsvollen Aufbereitung. Terminologisch schlägt sich das neue Verständnis der Literaturbearbeitung in Begriffen wie Nach- oder Neuerzählung nieder, wodurch der – gegenüber dem Textoriginal – vollzogene Gattungswechsel (oft von der Dramatik zur Epik/Prosa) dokumentiert und zugleich signalisiert wird, dass es sich bei den Bearbeitungen nicht um bloße Simplifizierung handelt, sondern um produktive Adaptionen relativ eigenständiger Werke.

Zu den neueren Textsammlungen gehört z. B. die mit Erläuterungen versehene Weimarer Reihe *Bertuchs Weltliteratur für junge Leser*, seit 2005 herausgegeben von Wolfgang Brekle. Diese bringt Jugendlichen ab 15 Jahren Autoren nahe wie Georg Büchner, Fjodor Dostojewski, Heinrich Heine, E.T.A. Hoffmann, Erich Kästner, Franz Kafka, Heinrich von Kleist, Rainer Maria Rilke, Friedrich Schiller, Anna Seghers und Leo Tolstoi. Die Berliner Reihe *Weltliteratur für Kinder* richtet sich ebenfalls an eine junge Leserschaft, die jedoch auch Kinder im Grundschulalter einschließt. Sie trägt diesem Adressatenkreis durch Textbilderbücher bzw. illustrierte Kinderbücher Rechnung, in denen ausgewählte Werke sprachlich vereinfacht nacherzählt werden, ohne dass dabei deren Substanz unzulässig verkürzt oder verändert wird. Deutsche Klassiker, die Barbara Kindermann neu erzählt, sind Kleists *Der zerbrochene Krug* und *Das Käthchen von Heilbronn*, Schillers *Die Räuber* und *Wilhelm Tell*, Kellers *Kleider machen Leute*,

Lessings *Nathan der Weise* sowie Goethes *Götz von Berlichingen*, *Der Zauberlehrling* und *Faust*. Den *Faust*-Stoff haben auch Paul Maar und der Nürnberger Regisseur Christian Schidlowsky aufgegriffen und danach das Kindertheaterstück *F.A.U.S.T.* konzipiert und inszeniert, wobei mit dem Untertitel *Furiose Abenteuer und sonderbare Träume* signalisiert wird, dass jenes sich nicht an Goethes *Faust*, sondern direkt an der historischen *Faust*-Sage orientiert.

Auch die Neuerzählungen von Shakespeares Werken richten sich nicht nur an erwachsene Leser, sondern ebenso an die junge Generation. Dazu gehören sowohl deutschsprachige Veröffentlichungen wie der erstmals 2004 erschienene Erzählband *Shakespeare erzählt* von Michael Köhlmeier (vgl. Köhlmeier 2011) als auch Übersetzungen aus dem Englischen wie der neu herausgegebene Erzählband *Shakespeare für Eilige* von Mary und Charles Lamb (vgl. Lamb 2008) und insbesondere auch der mit Illustrationen versehene Erzählband *Die schönsten Shakespeare-Geschichten* von Andrew Matthews (vgl. Matthews 2006). Das vorhandene Shakespeare-Angebot an Textbilderbüchern ist wegen des hohen Bildanteils prinzipiell auch Kindern zugänglich. Bezeichnend für den derzeitigen Trend sind Neuauflagen der Shakespeare-Märchen von Franz Fühmann wie die erstmals 1968 erschienenen Textbilderbücher *Ein Sommernachtstraum* und *Das Wintermärchen*, illustriert von Jacky Gleich (vgl. Fühmann/Gleich 2007 und 2009). Barbara Kindermann hat von Shakespeare bislang *Ein Sommernachtstraum*, *Viel Lärm um nichts*, *Hamlet* und *Romeo und Julia* als Bilderbuch-Bearbeitungen herausgebracht, wobei *Romeo und Julia* in zwei Versionen mit verschiedenen Illustratorinnen vorliegt (vgl. Kindermann 1995 und 2011).

Mit Shakespeares *Romeo und Julia* wird den kindlichen Lesern ein Thema zugemutet, das in der Kinderliteratur, insbesondere auch im Bilderbuch, eher selten vorkommt. Dies gilt insbesondere für das tragische Schicksal des Liebespaars, welches die Erzählung von Barbara Kindermann bis zum Selbstmord originalgetreu adaptiert. Als positiver Ausblick bleibt (wie bei Shakespeare) nur, dass sich die verfeindeten Familien angesichts der schrecklichen Ereignisse versöhnen:

> Doch sie hatten daraus gelernt: Über dem Grab ihrer toten Kinder reichten sich die Capulets und die Montagues reuevoll die Hände, um von diesem traurigen Tag an endlich in Frieden und Freundschaft miteinander zu leben. Für immer im Tod vereint jedoch blieben Romeo und Julia. (Kindermann 2011, letzte Seite)

Vor diesem Hintergrund hat die schlichte und mit klassischen Anspielungen durchdrungene Sprache, die für eine historisch-überzeitliche Atmosphäre sorgt, eine ebenso wirksame Entlastungsfunktion wie die Bilder von Christa Unzner,[2] die das erzählte Geschehen teils ganzseitig, teils ausschnitthaft begleiten und künstlerisch spiegeln. Vor allem die historisch-authentisch skizzierten Requisiten und Modeerscheinungen (Kleidung, Frisuren) schaffen Distanz, indem sie den märchenhaft-fiktionalen Charakter des Erzählten signalisieren. Hinzu kommt, dass durch die bildliche Konkretisierung der

---

[2] Die von Catrin Rothe illustrierte Erstausgabe von 1995 bietet eine bildästhetisch völlig andere Umsetzung. Der Text beider Ausgaben ist im Wesentlichen identisch.

Emotionen (Liebe, Hass, Trauer) Identifikations- und Imaginationsprozesse ausgelöst werden, die auch ästhetisch-visuell genossen werden können.

Eine weniger stofforientierte Adaption von Shakespeares *Romeo und Julia* liegt mit Wolfram Hänels und Christa Unzners *Romeo liebt Julia* vor (vgl. Hänel/Unzner 2009). Dieses Textbilderbuch greift den Shakespeare-Stoff zwar werkadäquat auf, macht aus der Tragödie jedoch eine konflikthaltige Liebesgeschichte mit offenem Schluss. Dabei wird das Geschehen mit Hilfe einer phantastischen Symbolik komprimiert, was – trotz komplexer Aussagedimension – zu einer deutlichen Reduktion des Textumfangs führt. Aus didaktischer Sicht sind damit spezifische Voraussetzungen gegeben, die diese Bearbeitungsvariante bereits für (fortgeschrittene) Leseanfänger ab dem zweiten Schuljahr als geeignet erscheinen lassen. Das relativ groß gedruckte und kurzzeilige Textformat unterstützt diesen Eindruck.[3] Hänels und Unzners phantastisches Textbilderbuch wird deshalb im zweiten Teil des vorliegenden Beitrags als Beispiel für einen produktiven Umgang mit Weltliteratur im literarischen Anfangsunterricht näher analysiert.

Literaturbearbeitungen in der wissenschaftlichen Diskussion

Die Kritik an Literaturbearbeitungen hat eine fast ebenso lange Tradition wie die Bearbeitungen selbst. Sie richtet sich zumeist gegen eine Entstellung und Verkürzung literarischer Werke und die damit einhergehende pädagogische Funktionalisierung von Literatur. Zu den ersten und schärfsten Kritikern einer außerliterarisch motivierten Literaturbearbeitung gehört der Reformpädagoge Heinrich Wolgast. In dessen Streitschrift *Das Elend unserer Jugendliteratur* (1896) heißt es dazu:

> Solche, das ursprüngliche Kunstwerk zerstörende Umarbeitungen gibt es in Menge vom Defoeschen Robinson, von Don Quichotte u. a. Sind sie notwendig? Das könnte doch nur behauptet werden, wenn das Verständnis der Kinder oder die Rücksicht auf ihre Sittlichkeit Änderungen und Auslassungen erheischte und wenn zugleich der unentrinnbare Zwang vorläge, schon die Kinder mit diesen Stoffen bekannt zu machen [...] Entweder ist das Buch der Auffassungsgabe der Kinder angemessen, was z. B. für den Robinson in seiner ursprünglichen Gestalt [...] feststeht – dann soll es in seiner ihm vom Autor gegebenen Form gelesen werden, oder es übersteigt die intellektuelle und moralische Tragfähigkeit des Kindes, wie der Don Quichotte und Gullivers Reisen, dann muß die Lektüre anstehen, bis die Kräfte für diese Aufgabe erstarkt sind. (Wolgast 1950, S. 103)

Wolgasts Warnung vor der pädagogischen Vereinnahmung von „Weltliteratur" gipfelt in der weitsichtigen Prognose: „Wir sind nicht sicher, daß nicht eines Tages der Wilhelm Meister oder gar der Faust in seiner Bearbeitung für die Jugend auf dem Büchermarkt erscheint" (ebd., S. 103) – wobei er mit Goethes *Faust* schon zu Lebzeiten und erst recht aus heutiger Sicht Recht behalten sollte. Über 70 Jahre später greift Rolf Geißler mit seiner Anspielung auf das „Elend unserer Bearbeitungen" Wolgasts Kritik wieder auf und unternimmt den Versuch einer differenzierten Bewertung. Offensichtlich angeregt

---

[3] Ein zu diesem Buch vorliegendes Antolin-Angebot (mit Fragen von Gertraud Schmid) ist ebenfalls für den Anfangsunterricht vorgesehen.

von den seit Ende der 1960er Jahre herausgebildeten Neuansätzen der literaturwissenschaftlichen Rezeptionsästhetik, setzt er den Bearbeitungsbegriff in Beziehung zum Verstehensbegriff:

Verstehen läßt sich […] beschreiben als ein Vorgang der Horizontverschmelzung. Diese Horizontverschmelzung entfaltet zugleich die Wirkungsgeschichte des Werkes und seine Möglichkeiten im Bereich unserer konkreten zeitlichen Bedingtheiten. So ist jedes Verstehen ein produktives, veränderndes Umgehen mit einem Text, oder […] jedes Verstehen ist Bearbeiten. Verstehen schlägt nicht nur die Brücke zwischen einem objektiv Gegebenen und einem isolierten Subjekt, sondern es vollzieht sich aus den geschichtlich-sozialen Bedingungen unseres gegenwärtigen Horizonts in Hinblick auf die Historizität eines Werkes und schafft so dessen Wirklichkeit erst eigens mit. (Geißler 1970, S. 70)

Auf dieser Grundlage plädiert Geißler gegen eine „erkenntnisfeindliche" und für eine literaturwissenschaftlich fundierte Bearbeitung, bei der die „Substanz der Weltliteratur" im Sinne einer optimalen weltliterarischen Bildung erhalten bleibt (ebd., S. 73).

Mit dem Aufkommen der aktuellen Neubearbeitungen nimmt das Interesse an diesem literarischen Phänomen zwar deutlich zu, die wissenschaftliche Diskussion steckt jedoch noch in den Anfängen und bleibt derzeit weitgehend auf die Literaturkritik in (Fach-)Presse und Internet-Foren oder hochschulinterne Qualifikationsvorhaben wie Examensarbeiten und Dissertationen beschränkt. Die von Presse und Internet kommunizierte Kritik würdigt die heutigen Bearbeitungen von Weltliteratur überwiegend positiv. Neben der literarischen Qualität wird dabei vor allem die lesemotivationale Funktion der neuen Nacherzählungen hervorgehoben, von denen man sich einen positiven Wiedererkennungseffekt in höheren Schuljahren verspricht (vgl. www.kindermannverlag.de).

Die zu *Romeo und Julia* verfassten Examensarbeiten bestehen schwerpunktmäßig aus Unterrichtsversuchen und -konzepten, die die Eignung der betreffenden Neuerzählungen für die Grundschule belegen bzw. reflektieren sollen. So berichtet Yvonne Flerlake in einer schulpraktischen Studie, die seit 2000 auch in Printform erhältlich ist (vgl. Flerlake 2000), über eine erfolgreiche Unterrichtseinheit mit Kindermanns erster *Romeo und Julia*-Ausgabe in einem 3. Schuljahr. Sarah Heger entwirft in ihrer Staatsexamensarbeit zur zweiten Kindermann-Ausgabe eine wissenschaftlich breit angelegte Unterrichtseinheit, die für ein 4. Schuljahr angedacht ist, jedoch nicht evaluiert wurde (vgl. Heger 2009). Mit Marlene Zöhrers 2008 vorgelegter Dissertation *Weltliteratur im Bilderbuch* (vgl. Zöhrer 2010) liegt dagegen eine umfassend aufgearbeitete literaturwissenschaftliche Untersuchung vor. Zöhrer, die ihre theoretischen Prämissen und Resultate auf Vorarbeiten anlässlich einer Ausstellung des Frankfurter Goethe-Museums zum Thema *Goethe und Schiller für Kinder* stützen kann, verortet die Adaption von Weltliteratur im Kinder- und Jugendbuch im Kontext der Klassiker-Diskussion (vgl. Zöhrer 2012). Sie spricht in diesem Zusammenhang von „Transformationen" und berücksichtigt neben Werken der klassischen deutschen Literaturepoche (z.B. Goethe) und populären Klassikern der Kinderliteratur (z.B. Campes *Robinson*) auch Bearbeitungen von Shakespeare. Dabei werden die verschiedenen Bilderbuch-Fassungen von Shakespeares *Sommernachtstraum* einer detaillierten vergleichenden Analyse unterzogen (vgl. Zöhrer 2010). Mit der Reaktion heutiger Schülerinnen und Schüler beschäftigt sich ein Hochschul-Praxisbericht von Karin Richter, der sich zwar nicht auf Shake-speare bezieht, wohl aber auf deutsche Klassiker der Kindermann-Reihe, so auf Goethes *Zauberlehrling* und *Faust* (vgl. Richter 2011). Richter, die zu diesem Thema mit Lehramtsstudierenden zahlreiche Unterrichtsprojekte in den Klassen 3 bis 6 veranstaltet hat, bestätigt aufgrund ihrer Erfahrungen die positive Resonanz auf die weltliterarischen Kinderbücher. Sie führt diese nicht zuletzt auf die Qualität der Bilder zurück und stellt fest:

> „Die von mir angeleiteten Projekte von Studierenden im Master-Studium 'Lehramt an Grundschulen' übertrafen nicht nur meine Erwartungen, sondern überraschten mich geradezu durch die begeisterten Reaktionen der Kinder" (ebd., S. 43).

Als vorläufiges Ergebnis kann somit festgehalten werden, dass sowohl die ästhetische Qualität als auch die Akzeptanz bei Kindern eine weiterführende Auseinandersetzung mit der weltliterarischen Neuerzählung und eine umfassende empirische Rezeptions-forschung auf diesem Gebiet rechtfertigen und erforderlich machen. Die vorliegende Untersuchung soll dazu insofern einen Beitrag leisten, als am Beispiel des Textbilder-buchs *Romeo liebt Julia* von Hänel und Unzner für den literarischen Anfangsunterricht Möglichkeiten eines produktiven Umgangs mit Weltliteratur aufgezeigt werden. Nach einem kurzen Blick auf die grundschulspezifischen Besonderheiten der Produktions-orientierung werden im Folgenden zunächst eine literarische Analyse und ausgewählte didaktische Hinweise geliefert, um für die methodischen Überlegungen einen Begrün-dungszusammenhang zu schaffen. Mögliche Schülerergebnisse der dabei reflektierten Aufgabenbeispiele werden abschließend anhand von zwei Unterrichtsversuchen exem-plarisch konkretisiert.

2. Produktiver Umgang mit Weltliteratur am Beispiel von *Romeo liebt Julia* von Wolfram Hänel und Christa Unzner

Produktionsorientierte Verfahren in der Grundschule

Produktionsorientierte Verfahren sind im Literaturunterricht der Grundschule weitge-hend etabliert (vgl. Vorst 2007). Sie lassen sich als ein Methodenkomplex verstehen, der neben anderen Verfahren älterer und neuerer Herkunft für die Literaturvermittlung zur Verfügung steht (vgl. Eckhardt 2014a). Dazu gehören Varianten des Erlesens und Erspielens, antizipierende Verfahren (Vorgestalten), handlungsorientierte Verfahren (z. B. Email-Korrespondenz mit Autoren, literarische Quiz-Projekte oder Vorlesewett-bewerbe) sowie textanalytische Verfahren wie Leitaufgaben, welche bei der Erarbei-tung schwieriger Fragen erforderlich sein können. Mit produktionsorientierten Verfah-ren sind im vorliegenden Beitrag Methoden gemeint, wie sie – anknüpfend an die Rezeptionsästhetik der 1970er Jahre (Iser, Ingarden, Jauß) – erstmals von Günter Wald-mann theoretisch und praktisch aufgearbeitet und entwickelt worden sind (vgl. Wald-mann 1984). Die spezifische Funktion und Leistung dieser Verfahren bieten die Chance einer Verknüpfung literarischer Bildungsziele mit Zielen der Leseförderung (vgl.

Eckhardt 2014b), was für den Umgang mit Weltliteratur eine optimale didaktische Voraussetzung darstellt.

In der Grundschule und insbesondere im Anfangsunterricht sind den produktionsorientierten Verfahren Grenzen gesetzt, sofern es um die schriftliche Umsetzung textproduktiver Aufgabenstellungen geht. Da die für diese Verfahren relevanten rezeptionsästhetischen Prämissen eine mündliche Realisierung nicht ausschließen, ist es aber möglich, selbst anspruchsvolle methodische Varianten wie die produktive Veränderung und die produktive Konkretisation von Leerstellen bereits in den ersten Grundschuljahren wissenschaftlich vertretbar umzusetzen. So kann die produktive Veränderung wie die Veränderung des Ausgangs einer Erzählung und die Veränderung der Gattung auch durch mündliches Erzählen oder durch Rollenspiele umgesetzt oder zumindest vorbereitet werden. Eine mündliche Konkretisation wie die Konkretisation von Gedanken und Gefühlen literarischer Figuren kann über Dialoge erfolgen, dies auch in Form von Telefongesprächen oder Interviews. Ebenso ist eine außersprachliche Konkretisation durch pantomimische Standbilder oder gemalte Bilder möglich. Im Anfangsunterricht bietet sich insofern eine differenzierende Kombination mündlicher und schriftlicher Produktionsaufgaben an, als auf diese Weise heterogene Lernvoraussetzungen berücksichtigt werden können.

Romeo liebt Julia im Anfangsunterricht: Unterrichtskonzept

Fachwissenschaftliche Grundlagen

Das erstmals 1995 erschienene Textbilderbuch *Romeo liebt Julia* von Wolfram Hänel wurde von Christa Unzner illustriert (vgl. Hänel/Unzner 2009)[4], die später auch die Illustration der zweiten *Romeo und Julia*-Ausgabe von Barbara Kindermann übernommen hat. Es gehört damit zu den ersten Kinderbüchern, die die weltberühmte Liebesgeschichte von Shakespeare aufgreifen. Hänel erzählt diese nicht nur kindgerecht nach, sondern setzt literarisch und inhaltlich neue Akzente. Das von *Bulletin Jugend & Literatur* mit der *Eule des Monats* ausgezeichnete Buch stellt insofern eine im rezeptionsästhetischen Sinn produktive Veränderung von Shakespeares Tragödie dar.

Gegenüber dem dramatischen Original nimmt Hänel zunächst einmal eine Veränderung der Gattung vor. Anders als bei denjenigen Bearbeitungen, die im Rahmen fiktional-realistischen Erzählens verbleiben, handelt es sich hier um eine phantastische Erzählung bzw. um ein phantastisches Textbilderbuch. Dieses weist insofern fabelähnliche Züge auf, als darin Tierfiguren auftreten, die wie Menschen handeln und sprechen. Die phantastischen Tierfiguren gewinnen auf dem weltliterarischen Hintergrund eine symbolische Funktion. So stehen die Hunde- und Katzenfiguren für die verfeindeten Familien von Montague und Capulet. Die Tier-Auswahl nutzt dabei die sprichwörtliche Feindschaft von Hund und Katze, wobei die Liebe zwischen Hund Romeo und Katze

---

[4] Eine neue Veröffentlichung ist anvisiert und wird zu gegebener Zeit auf der Homepage des Autors und der Illustratorin angekündigt (siehe www.haenel-buecher.de und www.christa-unzner.de). Für die Beschaffung von Klassensätzen ist ein preiswertes Angebot von Jokers interessant (4.99 Euro), aktuell erhältlich unter www.jokers.de.

Julia in der Realität ihr Pendant in den eher seltenen Freundschaften zwischen Hunden und Katzen hat.

Neben der Phantastik ist die Komik ein wesentliches Element des Buches, die sowohl von den sprachlich-literarischen als auch von den künstlerischen Bildern ausgeht. Die sprachlich-literarisch erzeugte Komik resultiert auf der vordergründigen Handlungs-ebene aus den heterogenen Fügungen, die sich aus der Übertragung menschlicher Eigenschaften, Gefühle und Handlungen auf die Tierfiguren ergeben. So „ärgert sich" Hund Romeo über seinen Hundefreund Paolo, Hund Paolo „kichert" über die gelun-gene Überlistung der Katzengesellschaft, Hund Romeo „stottert" und Katze Julia „seufzt" vor Liebesglück. Die komischen Kontraste, die mit Bildern wie „heiße Katzen-ohren" und „Katzenmusik" sprachspielerisch verstärkt werden, erhalten auf dem Hin-tergrund der klassischen Textvorlage [5] durch zahlreiche literarische Anspielungen eine tiefergehende Dimension. So wird aus dem Maskenball von Shakespeare ein „Katzen-ball", aus Romeos Frage nach dem „Fräulein" die Frage nach der „Kleinen mit dem seidigen Fell" und die berühmte Balkon-Szene wird auf ein Dach bzw. eine Dachrinne verlegt. Bei der Schilderung der Liebesnacht erfährt die kontrastive Komik durch An-näherung an die poetisch-gebundene Sprache („Ach könnte ich die Pfote sein, die deine Wange streichelt") und Variationen bekannter Zitate („Das ist nicht die Nachtigall, die da singt, es ist die Lerche") eine weitere Zuspitzung. Die komikerzeugenden intertextu-ellen Bezüge, die je nach Lesart auch als Parodie wahrgenommen werden können, blei-ben im Übrigen nicht auf Shakespeares Drama beschränkt. So präsentiert Hänel – in Anspielung auf Grimms *Bremer Stadtmusikanten* – Shakespeares Franziskanerbruder Lorenzo als gleichnamigen Esel, der das verzweifelte Liebespaar mit der bekannten Wendung „Etwas Besseres als den Tod findet ihr allemal!" berät und damit – anders als bei Shakespeare – erfolgreich zur gemeinsamen Flucht ermuntert.

Die Bilder von Christa Unzner bestehen aus aquarellierten Federzeichnungen, die durch ausdrucksstarke Präzision und dynamische Konturierung geprägt sind. Ersteres ist vor allem am Augenausdruck der Figuren festzumachen, letzteres an der Wiedergabe gestischer und pantomimischer Bewegungsabläufe. Im Erzählkontext haben die Bilder – neben illustrativen und komikerzeugenden Wirkungsaspekten – spezifisch künstleri-sche Funktionen, die sich audiovisueller Medieneffekte bedienen.

Eine illustrative Funktion haben die blau / rötlich / ocker / weiß-dominierten Farbzeich-nungen, wenn die Tierfiguren mit betont menschlicher Mimik und Gestik ausgestattet werden. Typisch hierfür sind der verliebt-schwärmerische Gesichtsausdruck, der auf-rechte Gang und die übereinander geschlagenen Beine bei der Erstbegegnung von Romeo und Julia auf dem Katzenball (vgl. Abb. 1).[6]

---

[5] Zum vergleichenden Nachlesen im übersetzten Original eignet sich die handliche Reclam-Ausgabe (vgl. Shakespeare 2010).

[6] Die Verfasserin dankt Benjamin Weyel für die Unterstützung bei der Formatierung der in diesen Beitrag aufgenommenen Bilder.

Abb. 1 *Wolfram Hänel: „Romeo liebt Julia", Illustrationen von Christa Unzner*

Komische Effekte und deren entlastende Funktion resultieren zum einen aus inhaltlich begründeten Kontrasten (z. B. den als Katzen maskierten Hunden) und zum anderen aus der Kombination vermenschlichter Züge mit tiertypischen Merkmalen, wenn etwa der Zorn von Kater Tiger sowohl durch menschlich-wütende Mimik als auch durch angelegte Katzenohren zum Ausdruck gebracht wird. Die künstlerisch-audiovisuellen Mittel dienen dagegen insbesondere der Wiedergabe dynamischer Handlungsprozesse. Die an filmische Umsetzung erinnernden Inszenierungen wirken teilweise ebenfalls komisch, so z. B. die comicstripartig skizzierten Freudensprünge des verliebten Romeo (vgl. Abb. 2).

Darüber hinaus dient die dynamische Gestaltung von Bewegungsabläufen einer erlebnismäßigen Steigerung der dramatischen Erzählhandlungen zu Action-Szenen. Dies gilt vor allem für die drastisch gezeichneten Prügelszenen der verfeindeten Familien. An filmische Kameraführung erinnert dabei, wenn die Aggressivität des Katers Tiger durch die Fokussierung der Rückansicht aus der Froschperspektive konkretisiert wird. Die übergroße Statur, der feiste Nacken, der breitbeinige Stand und die kampfbereite Armhaltung lassen die Figur in dieser Situation als besonders bedrohlich erscheinen.

Das potentielle literarische Wirkungsspektrum lässt sich zudem festmachen an der Spannung zwischen den Übereinstimmungen mit der klassischen Vorlage und den vor-

Abb. 2 *Wolfram Hänel: „Romeo liebt Julia", Illustrationen von Christa Unzner*

genommenen Änderungen. Zu den Übereinstimmungen gehört ein Großteil des Figu-
renarsenals. So tauchen Romeo, Julia und Lorenzo namensgleich auf. Paolo repräsentiert Romeos Freund Mercutio, Bruder Tiger den Neffen Tybalt und der Kellner den bei
Shakespeare auftretenden „Bedienten". Weitere Übereinstimmungen bestehen in
Bezug auf zentrale Ereignisse und Motive, so die Familien-Fehde, die mit einem Kuss
besiegelte Liebe auf den ersten Blick, die Rivalität zwischen Romeo und Tybalt / Tiger,
Julias Warnung vor den rachsüchtigen Brüdern und ihre Angst vor der Verheiratung mit
einem familiären Freier sowie nicht zuletzt die Selbstmordgedanken des Liebespaars.

Die vorgenommenen Änderungen erweisen sich als Indikatoren für die neue literarische Intention. Dies betrifft vor allem die Eskalation der Gewalt und den Schluss.
Anders als Shakespeares Tybalt, der von Romeo in Gegenwehr getötet wird, überlebt
Hänels Kater Tiger Romeos Attacke, wenn auch schwer verletzt. Es geht bei Hänel mithin um Hass und Verfolgung aus Rache, jedoch nicht zwingend um Leben und Tod.
Während Shakespeares Liebespaar infolge schicksalhafter Verstrickungen Selbstmord
begeht, gelingt Hänels Tierpärchen die gemeinsame Flucht. Der weitere Lebensweg der
beiden bleibt zwar offen, angesichts der harmonisch gezeichneten Zweisamkeit und des
optimistischen Erzählkommentars (sie „blicken in die Ferne. / Und lieben sich sehr")
endet die Geschichte jedoch mit einem aussichtsreichen Sieg der Liebe: Die Liebenden
bleiben nicht nur im Tode, sondern im Leben vereint. Die produktive Veränderung
gegenüber der tragischen Originalversion kann damit auch als eine emanzipatorisch
ausgerichtete Aktualisierung verstanden werden.

Didaktische Konsequenzen für den Anfangsunterricht

Inwieweit die erörterten literarischen Phänomene im Anfangsunterricht erschlossen werden können, hängt von den Lernvoraussetzungen der konkreten Schulklassen ab, wobei für den Erfolg literarischen Lernens inhaltliches Verstehen maßgeblich ist und nicht die Bewusstmachung durch wissenschaftliche Begrifflichkeit. Auf die Bezug-nahme zur weltliterarischen Stoffgrundlage kann, muss aber nicht völlig verzichtet wer-den, zumal dadurch der von Hänel gewählte offene Schluss in seiner vergleichsweise positiven Stoßrichtung verstärkt ins Blickfeld gerät. So können fortgeschrittene Schüle-rinnen und Schüler den Auftrag erhalten, sich anhand der klassischen *Romeo und Julia*-Bearbeitung von Kindermann über den ursprünglichen Verlauf des Geschehens zu informieren und dem Klassenplenum darüber zu berichten.

Da die tiefergehende Durchdringung von Hänels phantastischer Erzählung eine Trans-ferkompetenz erfordert, die im Anfangsunterricht in der Regel noch entwickelt werden muss, sollten über den werkspezifischen didaktischen Kontext entsprechende Voraus-setzungen geschaffen werden. So kann die symbolische Funktion von Tierfiguren als Träger menschlicher Charaktere zuvor z. B. anhand geeigneter Tierfabeln eingeführt werden. An die dabei zu leistende Übertragung auf die menschliche Ebene kann ange-knüpft werden, so dass einem verkürzten Textverständnis als bloße Tiergeschichte ent-gegengewirkt und ein erster Zugang zu dem klassisch-menschlichen Konflikt ange-bahnt wird.

Zur vertiefenden Aktualisierung bietet sich eine Vernetzung mit interkulturellen Erzie-hungskonzepten an, die im Fach Deutsch über spezifische Kinderliteratur zum Thema kindliche Freundschaften umsetzbar sind. Für Schulanfänger eignen sich in dieser Hin-sicht realistische Bilderbücher wie Ursula Kirchbergs *Selim und Susanne*, aber auch ein phantastisches Bilderbuch wie *Irgendwie anders* von Kathryn Cave und Chris Riddell, in dem es ebenfalls um die Freundschaft zwischen einander fremden Wesen geht. Eine direkte Bezugnahme auf das *Romeo und Julia*-Motiv bietet außerdem Astrid Lindgrens Kinderroman *Ronja Räubertochter*, dessen werkadäquate Verfilmung auch jüngeren Kindern zugänglich ist. Der literarische Anfangsunterricht kann durch derartige curri-culare Zusammenhänge Grundlagen für die weiterführende literarische und interkultu-relle Bildung schaffen, so z. B. für den späteren Umgang mit den konfliktträchtigen Figurenkonstellationen in Peter Härtlings *Ben liebt Anna* und Paul Maars *Neben mir ist noch Platz*.

Mit dem Thema Liebe bzw. Freundschaft zwischen Kindern divergierender Herkunft ergibt sich in jedem Falle ein zentraler Erfahrungsbezug für die heutige junge Genera-tion. Dies gilt auch und gerade für Grundschulkinder, die in interkulturell heterogen zusammengesetzten Klassen oft vom ersten Schuljahr an entsprechende Konflikte (mit)erleben. Hänels Erzählung liefert Anregungen zur kritischen Reflexion der damit verbundenen Intoleranz und Gewalt und ermuntert zur individuellen Selbstbehauptung.

Produktiver Umgang mit Romeo liebt Julia im Anfangsunterricht

Voraussetzung für eine adäquate Erstrezeption ist insbesondere im Anfangsunterricht ein sinngestaltendes, durch die Bilder begleitetes Vorlesen durch die Lehrkraft. Dies ist nicht einfach, weil die Spannung zwischen dem ernsthaften Grundmotiv, so der Diskriminierung einer unkonventionellen Liebesbeziehung, und den komikerzeugenden Anspielungen und Kontrasten zum Ausdruck gebracht werden muss, um zu signalisieren, dass trotz des ernsten Themas gelacht werden darf.[7] Als Beispiele für den produktiven Umgang werden im Folgenden Möglichkeiten der produktiven Konkretisation und Veränderung reflektiert.

Möglichkeiten der produktiven Konkretisation: Zur Konkretisation eignen sich insbesondere Leerstellen in Bezug auf die Gedanken und Emotionen der beiden Hauptfiguren. Dabei lassen sich zugleich geschlechtsspezifisch differenzierende Aufgabenstellungen formulieren, die den Schülerinnen und Schülern zur Auswahl gestellt werden können. Eine Aufgabe zur produktiven Konkretisation von Julias Gefühlsleben bietet sich z. B. nach dem abendlichen Schäferstündchen mit Romeo an: Anders als bei Romeo, dessen Verliebtheit in Text und Bild gleichermaßen vorgeführt wird, stellen Julias Eindrücke nach dieser Nacht eine Leerstelle dar, die per Tagebuch-Eintrag gefüllt werden kann. Eine Aufgabe dazu könnte lauten: *Nach Romeos nächtlichem Besuch holt Julia ihr Tagebuch und schreibt: „Liebes Tagebuch, heute habe ich jemanden kennen gelernt, der ganz anders ist als alle anderen …".*

In Bezug auf Romeos Gedanken und Gefühle gibt es dagegen eine Leerstelle nach der Szene, in der er seinen Hundekumpel Mario gegen Tiger verteidigen muss, den er dabei schwer verletzt. Als er mit Friedhofswärter Lorenzo zusammentrifft, weiß man noch nichts über die Verzweiflung Romeos angesichts seiner ebenso unverschuldeten wie folgenreichen Tat. Eine Aufgabe, die zur Reflexion seiner misslichen Lage motivieren kann, wäre: *Während Romeo auf dem Friedhof auf Julia wartet, erzählt er dem Esel Lorenzo, warum er gegen Kater Tiger kämpfen musste und welche Folgen das für Julia und ihn hat. „Ich wollte Tiger wirklich nichts tun, Lorenzo, ich weiß ja, dass er sowieso wütend auf mich ist und was das für Julia und mich bedeutet …".*

Möglichkeiten der produktiven Veränderung: Die Tatsache, dass Hänels Erzählung selbst eine literarisch-produktive Veränderung des *Romeo und Julia*-Stoffes darstellt, kann zum Anlass für alternative literarische Entwürfe genommen werden. So geht vom offenen Schluss insofern ein Impuls zur Veränderung aus, als dadurch Überlegungen über ein potentielles Ende der Geschichte provoziert werden. Ob Romeo und Julia wohl ein Land finden, wo es – wie Julia hofft – „keinen stört, dass Romeo ein Hund ist und Julia eine Katze"? Eine produktionsorientierte Aufgabe, die hier ansetzt, könnte lauten: *Ob Romeo und Julia ein Land finden werden, in dem sie friedlich und unbehelligt zusammen leben dürfen, erfährt man nicht. Schreibe auf, wie die Geschichte deiner*

---

[7] An die Stelle des Lehrervortrags kann auch das gemeinsame Hören einer Autorenlesung auf einer Audio-CD treten (vgl. Hänel 2006).

Meinung nach zu Ende gehen könnte und beginne mit: „Nachdem Romeo und Julia viele Wochen auf dem Schiff unterwegs waren, ...".

Mit Blick auf die tiefergehende Aussagedimension der Erzählung ist außerdem eine Veränderung der Gattung von der phantastischen (Tier-)Erzählung in eine realistische Kindererzählung sinnvoll. Dadurch wird zugleich der erforderliche Transfer auf die menschliche Ebene forciert. Voraussetzung für die Bewältigung einer solchen Aufgabe ist, dass die Symbolfunktion der Tierfiguren im Prinzip als solche verstanden worden ist. Abgesehen davon sollte grundsätzlich eine fiktionale Umsetzung ermöglicht werden, damit niemand zur (ungewollten) Offenbarung eigener Erlebnisse genötigt wird. Eine entsprechende Aufgabenstellung wäre: *Schöne Freundschaften und bösen Streit gibt es auch unter den Menschen. Erfinde eine Geschichte oder erzähle ein Erlebnis über gute Freunde, die nicht zusammen bleiben durften!* Im didaktischen Kontext mit interkulturellen Themen gewinnt diese Aufgabe ihren besonderen Erziehungswert, aber auch ihre spezifische Brisanz, die Sensibilität und Freiwilligkeit erforderlich macht.

3. Evaluation der textproduktiven Aufgabenstellungen

Zu den Unterrichtsversuchen

Anhand der im Folgenden skizzierten Unterrichtsversuche wird abschließend exemplarisch gezeigt, wie Schülerergebnisse zu den angeführten Aufgabenbeispielen aussehen können. Die dazu durchgeführten Unterrichtsstunden wurden in einer zweiten Klasse (27 Schüler) und einer dritten Klasse (29 Schüler) in zwei Grundschulen verschiedener Regionen Nordrhein-Westfalens erteilt.[8] Die Unterrichtsversuche verstehen sich als stichprobenartige Studien, die die potentielle Spiegelung der theoretischen Prämissen in der Praxis exemplarisch veranschaulichen. Ihre Befunde sind also weder repräsentativ noch kann oder soll im gegebenen Rahmen eine vollständige Auswertung geleistet werden. Letztere beschränkt sich vielmehr auf die Realisierung der textproduktiven Methoden. Mit Blick auf den Anfangsunterricht bilden dabei die Resultate des zweiten Schuljahrs den Schwerpunkt der Betrachtung. Hier wurden die oben erläuterten Aufgabenbeispiele komplett umgesetzt.

In Bezug auf beide Unterrichtsversuche lässt sich vorab festhalten, dass die Erprobung der Methoden-Beispiele jeweils durch das Vorlesen und Ansehen des Textbilderbuchs mit Hilfe von Farbfolien sowie unterschiedlich gewichtete Fragen zum Textverständnis vorbereitet bzw. begleitet wurde. Dabei hat sich die zentrale Bedeutung eines angemessenen Lehrervortrags bestätigt, was in einigen Schülertexten der dritten Klasse sogar ausdrücklich hervorgehoben wird. Auch die Annahme, dass der Einsatz rezeptionsästhetisch begründeter produktionsorientierter Methoden im Anfangsunterricht einer

---

[8] Die Verfasserin dankt in diesem Zusammenhang den Lehrerinnen Melanie Bitterberg und Ute Buchstein (geb. Dickgreber) für ihre professionelle Unterstützung. Zur Evaluation unterrichtsmethodischer Verfahren vgl. auch Dickgreber 2008. Die Auswahl dieser beiden Schulklassen erfolgte aufgrund vorhandener Arbeitszusammenhänge.

ergänzenden Behandlung durch Leitaufgaben bedarf, hat sich als richtig herausgestellt. So wurde insbesondere das inhaltliche Textverständnis in beiden Klassen über Leitfragen gesichert. Bestätigt hat sich schließlich vor allem auch die Annahme, dass beim Einsatz produktionsorientierter Verfahren im Anfangsunterricht die schriftlichen Aufgabenstellungen zwecks Differenzierung mit mündlichen Aufgabenstellungen kombiniert werden sollten, damit dem schriftsprachlich heterogenen Leistungsspektrum Rechnung getragen werden kann.

Schülerergebnisse[9]

Ergebnisse zur produktiven Konkretisation der Hauptfiguren: Die Tagebuch-Einträge von Julia lassen in der zweiten Klasse erkennen, dass die Schülerinnen und Schüler stark von Julias Liebe zu Romeo beeindruckt sind und die auf den ersten Buchseiten signalisierten Konflikte damit noch nicht in einen Zusammenhang bringen. Ein Problem wird eher darin gesehen, dass Julia sich in jemanden verliebt hat, den sie nicht kennt:

> Ich weiß nicht, wer er ist, aber ich liebe ihn sehr und ich glaube, dass er mich auch lieb hat. Und er hat gesagt, dass er mir den Mond schenken will und die Sonne. Ich liebe ihn wirklich sehr, ich würde am liebsten ihn küssen. (2. Schj.)

Der drohende Konflikt klingt nur vereinzelt an, wenn über das Anderssein der beiden Liebenden nachgedacht wird:

> Ich weiß zwar nicht, wie er heißt, aber ich liebe ihn so toll, weil er ist so nett und scharmant, schlau und gut. Er ist so anders als die anderen. Nur schade, dass meine Brüder ihn immer vertreiben werden [...]. (2. Schj.)

Dass dieser Befund möglicherweise etwas über die spezifische Rezeption im Anfangsunterricht aussagt, zeigt der Vergleich mit einem Ergebnis aus der dritten Klasse, in der die aus dem Anderssein resultierenden Konflikte bereits viel deutlicher wahrgenommen werden:

> [...] ich glaube, dass ich ihn heiraten will, aber ich kann ihn nicht heiraten, weil meine Brüder ihn schlagen würden und ich glaube, dass er ein Hund ist und jeder weiß, dass Hunde und Katzen nicht heiraten dürfen. Aber zum Glück kann ich ihn noch sehn und er kann mich sehn, aber wir müssen ganz vorsichtig sein, weil wenn sie Romeo sehn, kann ich ihn nie wieder sehn [...]. (3. Schj.)

In Bezug auf die zweite Klasse bleibt also festzuhalten, dass die Konkretisation derjenigen Handlungsszenen, die noch vor der gewaltsamen Auseinandersetzung zwischen Romeo und Tiger angesiedelt sind, bei den Kindern in erster Linie Identifikation und Empathie mit den beiden Liebenden provoziert. Die Monologe von Romeo gegenüber Lorenzo ergeben infolge der inhaltlich später angesetzten Aufgabenstellung ein anderes Bild. Denn in der Situation, als sich Romeo – nach der Verletzung von Julias Bruder – auf dem Friedhof bei Lorenzo befindet und diesem seine tragische Lage erläutert, gerät

---

[9] Die im Folgenden zitierten Schüler-Texte wurden orthographisch und nötigenfalls auch grammatisch überarbeitet. Die Quellenverweise erfolgen aus formalen Gründen ohne weitere Differenzierung, so auch ohne geschlechtsspezifische Zuordnung.

der heraufbeschworene Konflikt zwangsläufig mit in den Blick. Angesichts dieser Handlungszusammenhänge erkennen auch die Zweitklässler die darin begründete Gefahr:

> Ich will jetzt nicht, dass Tiger Julia von mir wegtut. Julia bedeutet mir Vieles, ich könnte mich sogar vor ihr töten. Aber dann verletze ich ihre Gefühle. Ich möchte mich mal mit ihr treffen, dann hätten wir viel Spaß gehabt. Wir könnten Eis essen. Wir können es nicht machen nur wegen Tiger. Er lässt uns nichts zusammen machen. Sie ist soo nett, nur wegen Tiger ich konnte sie nicht mal sehen. (2. Schj.)

Insgesamt machen die Schülerergebnisse zur Konkretisation der Hauptfiguren damit deutlich, dass die produktive Textaneignung auch und gerade im Anfangsunterricht in hohem Maße von der Aufgabenstellung abhängig ist. So hat die Berücksichtigung verschiedener Leerstellen nicht nur geschlechtsspezifisch divergierende Identifikationsprozesse, sondern auch eine unterschiedliche Qualität der literarischen Durchdringung zur Folge.

Ergebnisse zur produktiven Veränderung des Endes: Sowohl die Zweitklässler als auch die Drittklässler haben – der konstruktiven Perspektive des Buches folgend – überwiegend ein positives Ende der Liebesgeschichte favorisiert. Zu den Lösungen, die mehrfach ausgeführt wurden, gehören:

– Romeo und Julia gelangen mit dem Schiff nach langer Odyssee in ein Land (z. B. England, Holland, Schweden...) oder in eine Stadt (z. B. Paris als Stadt der Liebe), wo Beziehungen von Katzen und Hunden geduldet werden und die Liebenden daher heiraten können.

– Romeo und Julia landen auf einer einsamen Insel, wo sie sich für immer niederlassen.

– Romeo und Julia kehren nach einer weltweiten Odyssee (z. B. Mexiko, Amerika...) in ihre Heimat zurück, wo sich Hunde und Katzen inzwischen angefreundet haben, so dass sie dort nunmehr in Frieden zusammen leben können.

Für die Zweitklässler gilt diese positive Perspektive ausnahmslos. Ein glücklicher Ausgang der Liebesgeschichte wird beispielsweise in einem harmonischen Familienalltag gesehen:

> [Nachdem Romeo und Julia viele Wochen mit dem Schiff unterwegs waren,] sind sie bei einem Land angekommen, aber sie wissen nicht, wie das Land heißt. Julia sagt: Südafrika, Romeo sagt: nein, das ist Berlin. Julia sagt, jetzt weiß ich es: Paris ist das romantische Land, wir haben soo ein Glück, ein verliebtes Paar! Und dann kriegen wir Kinder und dann sind wir eine glückliche Familie. Romeo sagt: Wir haben doch gar kein Haus, wo solln wir denn Fernsehgucken, apropos: Fernsehen, heute läuft mein Lieblingsfilm „Verbotene Liebe" – das ist sooo schön. (2. Schj.)

Ein Happy End in der alten Heimat wird literarisch ermöglicht, indem ein Ende der ehemaligen Feindschaften zugunsten allgemeiner Toleranz anvisiert wird. Das folgende Beispiel bringt eine derartige Lösung pointiert auf den Punkt:

> [Nachdem Romeo und Julia viele Wochen mit dem Schiff unterwegs waren,] und tolle Abenteuer erlebt haben [...] waren [sie] erst in Mexiko, da war es zu heiß, und dann hatten sie Lust auf Amerika und da gefiel es ihnen und da blieben sie für ein paar Wochen. Und danach kehrten

sie wieder zurück und da riss Romeo die Augen auf: Tiger hat sich mit allen Hunden in der Stadt angefreundet und so lebten [sie] friedlich. (2. Schj.)

Anders als die Zweitklässler schenken einige Drittklässler auch einer möglichen sexuellen Seite der Liebesbeziehung Beachtung. Exemplarisch kann dies an folgendem Schülertext festgemacht werden, dessen dramaturgisch geschickt angebahnte Perspektive auch den Fortschritt der sprachlichen Entwicklung erkennen lässt:

[Nachdem Romeo und Julia viele Wochen mit dem Schiff unterwegs waren,] setzte der Kapitän sie auf Hawaii ab, dort fand ein Mädchen namens Ria sie auf. Eines Tages fragten sie Ria: „Können wir dein altes, schönes, großes Puppenhaus haben?" Ria sagte: „Na klar. Aber was möchtet ihr mit dem Puppenhaus machen?" Da sagten beide gleichzeitig: „Na, drin wohnen." Sie paarten sich und kriegten Junge. Ein paar waren Katzen und manche Hunde. Plötzlich kam Post von Julias Eltern und von Tiger. Tiger schrieb: „Na ihr Hawaii-Ratten, wir haben uns jetzt mit den Hunden vertragen, hab auch [eine] schnuckelige Freundin gefunden. Unser Hobby ist jetzt Sex. P.S.: Sie heißt Sissy. Und so lebten alle glücklich bis [an] ihr Lebens-ENDE. (3. Schj.)

Dagegen sind die von einigen Drittklässlern erdachten negativen Schlussvarianten vermutlich durch einschlägigen Medienkonsum inspiriert. So sterben die Protagonisten z. B. qualvoll bei einem Schiffsunglück, werden von Tiger verfolgt, der dann von Romeo getötet wird, oder Romeo wird nach der Heimkehr des Liebespaars von Tiger niedergemetzelt. Diesen Horror-Varianten stehen andere Geschichten entgegen, die trotz heraufbeschworener Gefahren positiv enden. In folgendem Text gelingt dies durch eine gewitzte Wendung des Geschehens, die indirekt auch auf ein Interesse an den sexuellen Motiven der Figuren schließen lässt:

[Nachdem Romeo und Julia viele Wochen mit dem Schiff unterwegs waren,] entdeckten sie endlich Land. Es war Hawaii. Romeo und Julia liefen in ihre Kajüte und packten ein paar Sachen zusammen, die ihnen der Kapitän gegeben hatte. Sie gingen von Deck, und waren überrascht. Dort waren fast alle Katzen und Hunde zusammen. Doch sie waren nicht alleine, Tiger war ihnen heimlich gefolgt. Als er gerade zubeißen wollte, entdeckte ihn Julia. Sie waren sofort auf der Flucht. Doch da kam eine Hundedame. Tiana hieß sie. Tiger war sofort Feuer und Flamme. So lebten sie glücklich bis an ihr Ende. (3. Schj.)

Dass die Zweitklässler mit dem potentiellen Ende der Geschichte ausschließlich konstruktiv umgegangen sind, kann natürlich ebenso wenig verallgemeinert werden wie die Tatsache, dass sie die Liebesbeziehung allenfalls als erotisch, nicht jedoch in ihrer sexuellen Dimension wahrgenommen bzw. zum Ausdruck gebracht haben. Der ergänzende Blick auf die Resultate des dritten Schuljahrs gibt insofern Aufschluss über ein mögliches kindliches Aneignungsspektrum, das je nach Entwicklungsstand auch für den Anfangsunterricht relevant sein kann.

Ergebnisse zur produktiven Veränderung der Gattung: Ein Großteil der Zweitklässler [10] zeigt sich nur begrenzt in der Lage, diese Aufgabenstellung zu bewältigen, weil dabei ein Transfer auf die menschliche Ebene unabdingbar ist. Allerdings thematisieren viele Schülerinnen und Schüler allgemeine Trennungserlebnisse mit Freunden, verursacht

---

[10] In der dritten Klasse wurde diese Aufgabenstellung nicht evaluiert.

durch äußere Umstände (Schulwechsel), familiäre Situationen (Trennung der Eltern) oder erlebte Ge- und Verbote (z. B. Einschränkung der Freizeit). Diese Ergebnisse zeigen zum einen, dass die betreffenden Kinder den Symbolcharakter des erzählten Geschehens faktisch begriffen haben (Abstraktion von der Tier-Ebene) und zum anderen, dass die Abhängigkeit kindlicher Freundschaften von der Entscheidungsgewalt Erwachsener als Problem verstanden und vermutlich auch schon erfahren wurde. Von einschlägigen (Vor-)Erfahrungen zeugen vereinzelt auch solche Schülertexte, die offensichtlich einen spezifischen Transfer im Sinne des *Romeo und Julia*-Motivs zu leisten versuchen. Beispielhaft dafür ist folgende kindliche Kurzgeschichte:

> Zwei Kinder waren die besten Freunde und mochten sich sehr. Aber ihre Eltern sagten, diese Familie ist komisch und ihr dürft euch nicht mehr treffen. (2. Schj.)

Zusammengefasst geben die vorliegenden Schülerergebnisse Anlass für die These, dass bei phantastischen Erzählhandlungen mit Tierfiguren Symbolverstehen und Transfer-Überlegungen für Kinder ab dem zweiten Schuljahr prinzipiell leistbar, aber noch förderungsbedürftig sind (vgl. den Beitrag von Anja Pompe im vorliegenden Band). Als Maßnahme zur Förderung der betreffenden Kompetenzen kommt die Vorbereitung durch geeignete Tierfabeln in Betracht, über deren Erschließung die Abstraktion von fiktionalen Tier-Handlungen trainiert werden kann. Eine empirische Verifizierung, ob und inwieweit sich damit eine didaktische Strategie der literarischen Verstehensförderung begründen lässt, steht noch aus, erscheint jedoch angesichts der exemplarischen Befunde durchaus aussichtsreich.[11]

Fazit

Auf dem erörterten Hintergrund muss die eingangs aufgeworfene Frage „Shakespeare im Anfangsunterricht?" differenziert beantwortet werden. Einerseits stellen weltliterarische Nach- und Neuerzählungen, so auch diejenigen zu Shakespeares Werken, für Schul- und Leseanfänger eine anspruchsvolle Herausforderung dar, die umfassende literarische Kompetenzen voraussetzt. Andererseits kann als gesichert gelten, dass in der Grundschule ein hohes literarisches Leistungsniveau prinzipiell durchaus erreichbar ist (vgl. Waldt 2003). Dies dürfte insbesondere dann zutreffen, wenn bereits im Anfangsunterricht durch regelmäßiges Vorlesen und gezielte Literaturauswahl mit der Motivation zur literarischen Bildung begonnen wird.

Aus den Resultaten des vorliegenden Beitrags kann abgeleitet werden, welche Bedeutung dabei auch und gerade klassischer Weltliteratur zukommt. So besteht ein grundlegender didaktischer Vorzug einer frühen Begegnung mit den weltliterarischen Bearbeitungen potentiell darin, dass die Schülerinnen und Schüler keine Scheu vor hoher Literatur entwickeln und den Originalwerken in späteren Schuljahren mit einer positiven Erwartungshaltung begegnen. Auch vorhandenen Vorbehalten gegenüber Literatur aus vergangenen Epochen kann auf diese Weise vorgebeugt werden. Die für den Aneig-

---

[11] Eine ergänzende Studie zu dieser These plant Ute Buchstein für das kommende Schuljahr.

nungsprozess nötige Anstrengungsbereitschaft wird durch die kindgerechte literar- und bildästhetische Umsetzung in den für den Anfangsunterricht geeigneten Textbilderbüchern unterstützt, so dass literarische Bildung als Lesevergnügen erlebt wird. Durch den produktiven Umgang mit den überzeitlich gültigen Menschheitsthemen wird für die Schulanfänger zugleich deutlich, dass Weltliteratur auch mit ihrem Leben etwas zu tun haben kann.

Eine wichtige Funktion von Weltliteratur im Anfangsunterricht resultiert schließlich aus der Teilnahme am literarischen Leben, die durch die Begegnung mit den weltberühmten Werken angebahnt werden kann. So ermöglicht die Präsenz populärer Weltliteratur in den Medien motivierende Wiedererkennungseffekte, wenn auf das Theater- und Kinoprogramm vor Ort oder auf die lebhafte Diskussion der vielfältigen Adaptionen im Internet aufmerksam gemacht wird. Schon die Schulanfänger entwickeln auf diese Weise ein literarisches Expertenbewusstsein und erfahren, was es heißt, bei Gesprächen über Literatur und Kultur mitreden zu können.

Literatur [12]

Primärliteratur

Fühmann, Franz / Gleich, Jacky: Ein Sommernachtstraum – Ein Märchen nach Shakespeare. Rostock: Hinstorff 2007.

Fühmann, Franz / Gleich, Jacky: Das Wintermärchen – Ein Märchen nach Shakespeare. Rostock: Hinstorff 2009.

Hänel, Wolfram / Unzner, Christa: Romeo liebt Julia. Eine Geschichte von Liebe, Flucht und Abenteuer. Zürich: bohem press 2009.

Hänel, Wolfram: Das Kind, das dauernd Kopfstand machte und andere Geschichten und Gedichte. Mit den Klassikern *Romeo und Julia, Der Zauberlehrling, Der kleine Häwelmann*. Audio-CD. ABC-Roxxon-Medienservice 2006.

Kindermann, Barbara: Romeo und Julia. Nach der Tragödie von William Shakespeare. Mit Bildern von Catrin Rothe. Berlin: Kindermann 1995.

Kindermann, Barbara: Romeo und Julia nach William Shakespeare. Mit Bildern von Christa Unzner. 5. Aufl. Berlin: Kindermann 2011.

Köhlmeier, Michael: Shakespeare erzählt. 8. Aufl. München: Piper 2011.

Lamb, Mary und Charles: Shakespeare für Eilige. Die zwanzig besten Stücke als Geschichten. Hrsg. von Günther Klotz. 7. Aufl. Berlin: Aufbau 2008 (dt. 2001).

Matthews, Andrew: Die schönsten Shakespeare-Geschichten. Deutsche Erstausgabe. Aus dem Englischen von Mirjam Pressler. Mit Bildern von Angela Barrett. 8. Aufl. Freiburg im Breisgau: Kerle bei Herder 2006 (engl. 2001).

Shakespeare, William: Romeo und Julia. Übersetzt von August Wilhelm Schlegel. Hrsg. von Dietrich Klose. Stuttgart: Reclam 2002.

---

[12] In das Verzeichnis der Primärliteratur wurden nur die im Text angesprochenen Titel von oder nach Shakespeare aufgenommen. Die Verfasserin dankt Claudia Kukulenz (wissenschaftliche Mitarbeiterin an der Universität Paderborn) für die professionelle Unterstützung bei den Literaturrecherchen.

Sekundärliteratur

Dickgreber, Ute: Intensivierung ästhetischer Lernprozesse im Fach Deutsch – produktionsorientierte und textanalytische Methoden im Vergleich. In: Vorst, Claudia / Grosser, Sabine / Eckhardt, Juliane (Hrsg.): Ästhetisches Lernen. Fachdidaktische Grundfragen und praxisorientierte Konzepte im interdisziplinären Kontext von Lehrerbildung und Schule. Frankfurt am Main 2008. S. 231–248.

Eckhardt, Juliane: Methoden des Literaturunterrichts. In: Goer, Charis / Köller, Katharina (Hrsg.): Fachdidaktik Deutsch. München 2014a (in Vorb.).

Eckhardt, Juliane: Leseförderung durch Kinder- und Jugendliteratur. In: Goer, Charis / Köller, Katharina (Hrsg.): Fachdidaktik Deutsch. München 2014b (in Vorb.).

Eich, Hans: Bearbeitung von Texten für Kinder und Jugendliche. In: Doderer, Klaus (Hrsg.): Lexikon der Kinder- und Jugendliteratur. Bd. 1. Weinheim 1984. S. 119–121.

Flerlake, Yvonne: Romeo und Julia (B. Kindermann) – Ein Kinderbuch für die Grundschule?! Staatsexamensarbeit. Norderstedt 2000 (Dok. V29711 Grin Verlagsprogramm).

Geißler, Rolf: Bearbeitung von Weltliteratur – Sakrileg oder Notwendigkeit? In: Doderer, Klaus (Hrsg.): Jugendliteraturforschung international. Weinheim 1970. S. 65–75.

Gossens, Peter: Weltliteratur: Eine historische Perspektive. In: Informationen zur Deutschdidaktik (ide). Themenheft Weltliteratur 34 (2010) Heft 1. S. 9–28.

Heger, Sarah: Romeo und Julia in der Grundschule – eine Unterrichtseinheit anhand Barbara Kindermanns Kinderbuch „Romeo und Julia". Staatsexamensarbeit. Pädagogische Hochschule Schwäbisch-Gmünd 2009.

Richter, Karin: Klassik für Kinder oder Was Bilder alles bewegen können. In: Volkacher Bote. Zeitschrift für Kinder- und Jugendliteratur (2011) Heft 95. S. 43–48.

Vorst, Claudia: Textproduktive Methoden im Literaturunterricht. Eine fachdidaktische Studie zur Spiegelung fachdidaktischer Theorien und Konzepte in Lehrplänen, Lesebüchern und Unterrichtspraxis der Primarstufe. Frankfurt am Main 2007.

Waldmann, Günter: Grundzüge von Theorie und Praxis eines produktionsorientierten Literaturunterrichts. In: Hopster, Norbert (Hrsg.): Handbuch „Deutsch" für Schule und Hochschule. Sekundarstufe I. Paderborn 1984. S. 98–141.

Waldt, Kathrin: Literarisches Lernen in der Grundschule. Herausforderung durch ästhetischanspruchsvolle Literatur. Baltmannsweiler 2003.

Wolgast, Heinrich: Das Elend unserer Jugendliteratur. Ein Beitrag zur künstlerischen Erziehung der Jugend. 7. Aufl. Hamburg 1950.

Zöhrer, Marlene: Weltliteratur im Bilderbuch. Wien 2010.

Zöhrer, Marlene: Klassiker der Kinderliteratur oder Kinderbuchklassiker? Spielarten des Klassischen. In: kjl&m. „Nicht nur Lindgren, nicht nur Lear …" – Klassiker der Kinder- und Jugendliteratur 2012. Heft 1. S. 3–10.

Internetquellen

www.antolin.de (unter „Ich lese selber")

www.kindermannverlag.de

www.haenel-buecher.de

www.christa-unzner.de

GABRIELE CZERNY

Theaterspielen

Literatur erleben

Abstract

Verstehensprozesse bei Schülern können durch Theaterspiel in spezifischer Weise entwickelt werden: Im Spiel setzen sich Schüler mit dem Text handelnd auseinander, d. h. er wird nicht nur in ihrer Vorstellung lebendig, sondern im Spiel zur Wirklichkeit für die Schüler. So können sie sich in Figuren verwandeln, miteinander in Beziehung treten, Textstellen weiterdenken und immer wieder damit experimentieren, ein anderer zu sein. Auf diese Weise werden Schüler schon sehr früh für das Spannungsverhältnis von Fiktionalität und Wirklichkeit sensibilisiert. Im nachfolgenden Beitrag wird vor dem Hintergrund des theaterpädagogischen SAFARI-Modells ein Unterrichtsbeispiel für das Bilderbuch mutig, mutig *(2009) von Lorenz Pauli und Kathrin Schärer vorgestellt.*

1. Das *SAFARI*-Modell: Bedeutung und Funktion

Bereits der Titel *Theaterspielen. Literatur erleben* impliziert, dass Verstehensprozesse durch das Theaterspielen in spezifischer Weise entwickelt werden können. In einem motivierenden sowie handlungs- und produktionsorientierten Anfangsunterricht kommt dem Theaterspiel eine wichtige Bedeutung zu. Denn im Spiel setzen sich Kinder mit literarischen Texten intensiv auseinander, wodurch diese nicht nur in ihrer Vorstellung lebendig werden, sondern zur Wirklichkeit der Kinder selbst. Dies insofern, als dass sie sich in Figuren verwandeln, miteinander in Beziehung treten, Textstellen weiterdenken und immer wieder auch damit experimentieren können, ein anderer zu sein. Daher bietet das Theaterspielen die Möglichkeit, Kinder früh für das Spannungsverhältnis von Fiktionalität und Wirklichkeit zu sensibilisieren.

Darüber hinaus kommen beim Theaterspiel alle Formen körperlich-sinnlicher Erfahrung zum Tragen, und es werden Fähigkeiten mobilisiert, um eigene Textdeutungen und -gestaltungen zu entwickeln, Wahrnehmungs- und Verhaltensgewohnheiten zu durchbrechen, neue kennenzulernen und auszuprobieren. Diese Tatsache macht den Prozess des Spielens auch zu einem Erprobungsfeld für Perspektivenübernahmen und für Begegnungen mit dem eigenen Selbst. Insofern kann das Theaterspiel das kindliche Selbstbewusstsein entwickeln helfen, weil es die Möglichkeit bietet, neue Eigenschaften und Haltungen an sich selbst zu entdecken.

Ferner lassen sich durch das Theaterspiel im Anfangsunterricht reflexive Fähigkeiten anbahnen. Das hängt damit zusammen, dass jedes Spiel, und somit auch das Theaterspiel, nach Regeln verläuft und eine Struktur benötigt, damit der Spielrahmen als solcher erhalten bleibt und das Spiel in Abgrenzung zur Realität des Alltags möglich ist. Schließlich schult das Theaterspielen die körperliche und emotionale Ausdrucksfähigkeit der Kinder. Zudem ermöglicht es nicht nur, ein sicheres Auftreten vor einer Gruppe zu entwickeln, sondern hat auch Einfluss auf die Fähigkeit und Bereitschaft, mit anderen gemeinsam etwas gestalten zu wollen und zu können. Damit grenzt sich das Theaterspiel von anderen, den Schülern bereits bekannten Spielformen ab. So wird das Rollenspiel nicht aufgeführt und bedarf auch keiner Vorbereitung seitens des Lehrers, denn die Schüler schlüpfen hier spontan in bestimmte Rollen und spielen Situationen aus ihrer unmittelbaren Lebenswelt nach. Man denke nur an die Spiele im Kaufladen oder in der Puppenecke.

Das Theaterspiel erfordert außerdem vom Lehrenden die Fähigkeit, Schüler zum Spielen anleiten zu können. Kenntnisse über die Strukturierung von theaterpädagogischen Prozessen sind daher genauso erforderlich wie ein Gespür für die szenische Gestaltung von literarischen Texten. Für die Strukturierung von theaterpädagogischen Prozessen bietet sich das *SAFARI*-Modell (vgl. Czerny 2004 und 2010) in besonderer Weise an. Es gliedert sich in einzelne Bausteine und zielt im Wesentlichen auf eine Erweiterung bzw. Vertiefung der kindlichen Ausdrucks-, Gestaltungs- und Symbolfähigkeit.

Bildungstheoretisch gesehen, bündelt das Modell personale, ästhetische und sozialbildende Prozesse. Der *Stoff* (S) ist die literarische Vorlage. Der *Auftakt* (A) sensibilisiert die Schüler für ihren eigenen Körper, den Raum und die Gruppe. Diese Fähigkeiten bringen sie in der *Figur* (F) zum Ausdruck. Hinter der *Aktion* (A) steht die szenische Erarbeitung des Textes, die dann für die *Inszenierung* (I) in eine Handlungsabfolge gebracht wird. Die beim Theaterspiel gewonnenen Erfahrungen der Schüler werden zum Gegenstand der *Reflexion* (R) gemacht. Die Schüler erfahren durch das Reflektieren ihrer individuellen Wahrnehmungen, Gefühle und Vorstellungen mögliche Zusammenhänge oder Differenzen. Dies bedarf der Unterstützung des Lehrers, so dass die Schüler die Fähigkeit entwickeln lernen, in Distanz zu treten, d. h. den Blick nach außen und nach innen zu richten. Im Folgenden soll dieses Modell exemplarisch veranschaulicht werden.

2. Das *SAFARI*-Modell am Beispiel

Der *Stoff*: *mutig, mutig* von Lorenz Pauli und Kathrin Schärer

Als literarische Textgrundlage bietet sich das Bilderbuch *mutig, mutig* von Lorenz Pauli und Kathrin Schärer an (vgl. Pauli/Schärer 2009). Es erzählt von vier Tieren, einem Frosch, einer Maus, einem Spatzen und einer Schnecke, die aus Langeweile beschließen, mit einer Mutprobe zu ermitteln, wer von ihnen am mutigsten ist. Die Maus beginnt und taucht einmal durch den Weiher hindurch. Zunächst ist der Frosch enttäuscht, denn für ihn ist diese Tat keineswegs mutig, für ihn ist das ein Vergnügen. Als die Maus wieder auftaucht, erkennt er aber ihren Mut und gratuliert ihr, wie die anderen, mit einem kräftigen Applaus. Der Frosch ist der Nächste und beschließt, eine ganze Seerose zu fressen, anstelle einer kleinen Mücke. Die Schnecke ist enttäuscht, da sie täglich viel Grünzeug frisst. Aber schließlich nickt sie doch anerkennend und klatscht mit den anderen mit. Die Schnecke möchte aus ihrem Haus herauskommen, einmal außen herumkriechen und wieder das Haus anziehen. Nun ist der Spatz enttäuscht, denn er hat schon am ersten Lebenstag seine Eierschale verlassen. Aber als die Schnecke es geschafft hat und ihr Haus nun etwas schief auf dem Rücken sitzt, ist der Spatz begeistert, und die Schnecke erhält ihren verdienten Applaus. Schließlich ist der Spatz an der Reihe, und alle sind sehr gespannt, da Spatzen besonders frech und mutig sind. Nach langem Zögern eröffnet der Spatz, dass er nicht mitmachen möchte. Nach anfänglicher Verunsicherung und erstem Unverständnis begreifen die Maus, die Schnecke und der Frosch, dass auch dieses Handeln sehr mutig ist und jubeln dem Spatzen zu.

Die Geschichte wird ohne erhobenen Zeigefinger erzählt und ist daher besonders geeignet, die Kinder zum Nachdenken anzuregen. Ihre farbigen Bilder unterstreichen das Erzählte. Da Kathrin Schärer, die Illustratorin, mit einem feinen Gespür für Einzelheiten gezeichnet hat, wirken die Tiere nahezu lebendig. Aus den dargestellten Gesichtsausdrücken können die Kinder die Emotionen der Tiere gut herauslesen.

Die einzelnen Textpassagen sind sehr kurz gehalten, und jede neue Mutprobe beginnt mit einer neuen Seite, wodurch die Mutproben auch als einzelne Geschichten gelesen und eventuell auch so bearbeitet werden können. Da die verwendete Schriftart, *Century Gothic*, für Leseanfänger gut geeignet ist, weil sie der zu erlernenden Druckschrift ähnelt, sind die Kinder zudem in der Lage, die Geschichte eigenständig nachzulesen.

Thematisiert wird in ihr nicht nur der Mut, sondern auch das Nein-Sagen, denn aufgeworfen wird zum Beispiel die Frage, ob es mutiger sei, bei einer Mutprobe mitzumachen oder sich gegen die Mehrheit der Mutprobenden zu stellen. Die Geschichte zeigt ferner, dass Mut immer etwas anderes bedeuten kann. So findet eine Mutprobe, die zuerst abgelehnt wird, letztlich doch Anerkennung. Sie kommt in dem leitmotivisch wiederholten Satz „Mutig, mutig! Das ist wirklich etwas ganz Besonderes." zum Ausdruck.

Solcherart bietet die Geschichte von Pauli und Schärer vielfältige Anknüpfungspunkte an die kindliche Erfahrungswelt, denn Kinder messen sich gern untereinander. Für sie ist es wichtig zu wissen, wer der Stärkste, der Mutigste, der Schnellste ist. Zugleich haben sie aber auch schon erfahren, dass Mut eine Eigenschaft ist, die viel Überwindungskraft und Stärke erfordert und der in alltäglichen wie besonderen Situationen enorme Bedeutung zukommt. So braucht es nicht nur Mut, um sich gegen Stärkere durchzusetzen, sondern auch, um eigene Fehler einzugestehen und sich dennoch zu akzeptieren. Zudem sind Kinder im Alltag häufiger Situationen ausgesetzt, in denen andere versuchen, sie zu Dingen zu bewegen, die sie eigentlich ablehnen, dann aber doch akzeptieren, sei es, weil sie zu einer Gruppe dazugehören, von anderen nicht ausgelacht werden oder sich nicht allein fühlen wollen. Die literarische Identifikationsfigur für dieses *Nein-Sagen* ist in der Geschichte von Pauli und Schärer der Spatz. Er verweigert sich der Mutprobe, indem er nach einer Weile des Nachdenkens erklärt, dass er nicht mitmachen werde (vgl. Pauli / Schärer 2009).

Der *Auftakt*: Die Vorbereitung auf das Spiel

Für die Erarbeitung der Geschichte sind zehn Doppelstunden vorgesehen. In der Auftaktphase, die zwei bis drei Unterrichtsstunden umfasst, geht es darum, die Schüler für das Theaterspielen zu sensibilisieren. Dazu gehören die Vorbereitung des Raumes, erste grundlegende Übungen zur körperlichen Ausdrucksfähigkeit und zum Vorstellungsvermögen sowie Spiele, die das Vertrauen zueinander stärken sollen. In der Regel kann jede Theaterstunde mit einem kleinen Ritual im Kreis eröffnet und beendet werden. Das Anfangsritual signalisiert den Kindern, dass jetzt die Stunde beginnt, und das Endritual ermöglicht ihnen, wieder in den Alltag zurückzukehren.

Als Anfangsritual empfiehlt es sich, einen Ball, mit dem die Schüler aus ihrer Alltagswelt vertraut sind, im Kreis weitergeben zu lassen, wobei sich jeder Schüler mit seinem Namen vorstellt. An diese Vorstellungsrunde ließe sich ein rhythmisches Klatschen des eigenen Namens anschließen. Dann wäre es möglich, allen Kindern eine Karte zu geben, auf der ein Tier abgebildet ist. Dabei würden die Kinder aufgefordert werden, sich zu ihrem Tier eine Bewegung zu überlegen und diese im Kreis den anderen Kindern vorzustellen. Dazu könnte man ihnen folgenden Satzanfang vorgeben: „Ich bin ein Hase und mache so …" Die Klasse wiederholt daraufhin die vorgeführte Bewegung und spricht gemeinsam: „Peter ist ein Hase und macht so …" Auf diese Weise würden die Kinder lernen, genau zu beobachten; sie würden neue Bewegungen ausprobieren und sich im chorischen Sprechen üben.

Die nächsten Übungen sollten sich auf die Raumwahrnehmung konzentrieren. Dazu könnte die Lehrkraft die Schüler anhalten, sich durcheinander im Raum zu bewegen und auf ein gemeinsam vereinbartes Signal in gespannter Körperhaltung im so genannten *Freeze* stehen zu bleiben. Verschiedene Impulse, wie *Geht zu zweit durch den Raum! Bildet eine lange Reihe! Versammelt euch zu einem Pulk in der Mitte! Teilt euch in vier Ecken gleichmäßig auf!* können dabei den Kindern helfen, den Raum zu strukturieren und sich in ihm ganz bewusst zu orientieren.

Im Anschluss daran sollten die Schüler den vier Tieren der Geschichte in Form einer Entdeckungsreise begegnen. Dazu wäre es möglich, dass sie unter Anleitung den Weg zu einem Weiher imaginieren, wo sie auf eine Schnecke, eine Maus, einen Frosch und einen Spatzen treffen. Vorab ließe sich ein imaginäres Fernrohr verteilen, das nun mit einer großen Bewegung und einem stimmungsvollen „Oooh" von allen Kindern ausgefahren wird. Die entsprechenden Impulse kann die Lehrkraft setzen, aber auch einzelne Schüler können etwas entdecken und die Reise mithin gestalten. Entsprechend ließen sich einzelne Kinder nacheinander bestimmen, um durch ihr Fernrohr zu schauen und auf eine Entdeckung mit einem bedeutungsvollen „Aaah" zu zeigen.

Die Reise selbst könnte damit beginnen, dass alle Schüler in einer langen Schlange hintereinander gehen. Dabei überqueren sie zunächst eine Landstraße, müssen also auf

vorbeifahrende Autos achten. Dann erreichen sie einen großen Wald. Auf dem Wald-
boden bemerken sie, wie angenehm das Gehen sich dort anfühlt. Daraufhin könnte der
Lehrer die Kinder über kleine Waldpfützen springen, auf einem Baumstamm balancie-
ren und einen Specht, einen Fuchs oder andere Tiere entdecken lassen, begleitet von
einem „Oooh", das dem gemeinsamen Staunen Ausdruck verleiht. Schließlich finden
die Kinder aus dem Wald heraus und gehen an einem Bauernhof vorbei. Auch dort gibt
es noch einmal viel zu entdecken: Hühner, Kühe, Pferde geraten nun in den Blick.

Von hier aus ließe sich die Reise über eine Wiese fortsetzen. Dort ist das Gras angenehm
warm, gleichzeitig gibt es Blumen zu entdecken und Schmetterlinge zu beobachten. In
der Mitte der Wiese befindet sich ein kleiner Weiher, an dem die Kinder nun eine Maus,
eine Schnecke, einen Frosch und einen Spatz bemerken. Ein Signal beendet dann die
Reise, an die sich eine Gesprächsrunde anschließt, in der die Schüler sich gegenseitig
erzählen, was sie unterwegs erlebt und gesehen haben.

Anschließend wäre es möglich, die Schüler in vier Tiergruppen aufzuteilen: Frosch,
Spatz, Maus und Schnecke. Es ist nicht davon auszugehen, dass sie die Lebensgewohn-
heiten des jeweiligen Tieres kennen. Um die Mutproben der einzelnen Tiere in der
Geschichte auch als solche verstehen zu können, ist es notwendig, die Tiere genauer
kennen zu lernen. Fragen wie: *Wer kann beschreiben, was typisch für eine Schnecke,
einen Frosch, einen Spatz, eine Maus ist? Wer weiß, wo diese Tiere wohnen, was sie
fressen, wie sie sich bewegen und was für Geräusche sie machen?*, können dabei
helfen.

Dafür bietet sich eine Gruppen-
arbeit zu den Tieren an. Denkbar
wäre, dass jede Gruppe ein
Arbeitsblatt erhält, auf dem
Informationen zu den Tiere
abgebildet sind (vgl. Abb. 1). So
ließe sich der Frosch mit einer
Fliege und einem Teich visualisieren, die kriechende Schnecke
mit einem angefressenen Blatt
und einer typischen Blumen-
wiese, der Spatz mit einem
Baum und ein paar Körnern und
die Maus mit einem Käse und
einem Mauseloch. Die Schüler
können mit Hilfe dieser Abbildungen den anderen Kindern ihr

Abb. 1 *Beispiel für ein Arbeitsblatt*

Tier vorstellen. Mit einem Spiel, bei dem sich die Kinder als Schnecke, Frosch, Spatz
oder Maus durch den Raum bewegen und entsprechende Tierlaute simulieren, ließe sich
die Stunde beenden. Dabei wäre es möglich, ein Signal einzusetzen, das eine Gefahr
symbolisiert und alle Tiere daher veranlasst, sich schnellstmöglich in einer Ecke
gemeinsam zu verstecken.

Die *F*igur: Textbegegnung und Figurenentwicklung

In zwei weiteren Stunden erfolgt die Textbegegnung. Das Vorlesen kann durch entsprechende Gesprächsimpulse zur Antizipation, zum Interpretieren oder auch zum Perspektivenwechsel unterbrochen werden. Auf diese Weise würden die Kinder aktiv an der Geschichte beteiligt werden und könnten schon frühzeitig ihre eigenen Vorstellungen zum Thema Mut äußern. Zur Verständnissicherung ließe sich ein Satzanfang vorgeben wie „Die Maus/der Frosch/die Schnecke/der Spatz ist mutig, weil ...".

Daran kann sich, je nach Lesefähigkeit der Kinder, ein gemeinsames Lesen der Geschichte anschließen. Zur weiteren Annäherung empfiehlt es sich, die Klasse mit dem *Hot chair* vertraut zu machen. Dazu setzt sich ein Kind, das sich in eine bestimmte Figur einfühlt, auf einen Stuhl und wird von anderen Kindern zu seiner Rolle befragt. Es können mehrere Kinder hintereinander in dieselbe Figur schlüpfen. Die fragenden Schüler müssen sich ebenfalls in die Figur, die von ihnen befragt wird, hineinversetzen, um geeignete Fragen stellen zu können. Die erste Frage könnte dabei jeweils lauten: „Wer bist du?" Mit ihr und den sich daran anschließenden Fragen wird die kindliche Fähigkeit zur Perspektivenübernahme, die ein wichtiger Bestandteil des literarischen Lernens darstellt, aufgegriffen und entscheidend entwickelt.

Die *A*ktion und *R*eflexion: Improvisationen zur Geschichte

An die Texterarbeitung und Figurenentwicklung sollten sich in einer weiteren Doppelstunde szenische Improvisationen in der Gruppe anschließen. Dazu könnte jede Gruppe eine Mutprobe darstellen, gefolgt von einem Reflexionsgespräch, in dem die Kinder die jeweilige Bedeutung der Mutprobe ihres Tieres erklären. Danach ließe sich über den Mut als Zeichen von Vertrauen sprechen und über den Status als wichtiges Element von Mutproben. Entsprechend würde die Lehrkraft zum einen ein Gespräch darüber initiieren, dass Mut manchmal auch bedeutet, jemandem zu vertrauen, wobei man nicht immer sicher sein kann, dass dieses Vertrauen auch gerechtfertigt ist, zum anderen darüber, dass Mutproben immer auch von Statusrollen bestimmt werden.

Anschließend ließen sich Vertrauensübungen durchführen, die sowohl zur Thematik passen und zur Darstellung im Theaterstück hinführen sollen, als auch dazu dienen, dass sich die Kinder auf eine andere Art und Weise kennen lernen, dass sie einander Vertrauen schenken und sich einmal denen annähern, mit denen sie sich sonst im Schulalltag weniger verbunden fühlen. Ferner ermöglichen sie, ein Gespräch mit den Kindern darüber führen zu können, wie sie sich dabei gefühlt haben, Macht zu haben oder einmal völlig ausgeliefert zu sein.

Als Einstieg empfiehlt sich dazu zum Beispiel die sogenannte *Raute*-Spiegelübung, bei der sich vier Schüler in Form einer Raute aufstellen. Ein Schüler steht vorn und macht Bewegungen vor, die anderen wiederholen diese, wobei durch möglichst fließende Bewegungen die vier Schüler eine Gruppe bilden. Eine andere Übung, die sich in diesem Zusammenhang anbietet, ist *Blind durch den Wald-Übung*. Hier schließt zunächst ein Schüler die Augen und stellt sich vor, er sei in einem Wald. Die anderen Schüler stellen den Wald um ihn herum dar, indem sie sich in Bäume, Büsche und anderes mehr verwandeln. Der blinde Schüler muss durch den Wald gehen, klettern oder kriechen. Die Anderen haben die Aufgabe, sich immer wieder neu aufzustellen, damit der Wald endlos groß erscheint.

Mit weiteren Übungen sollten neue Statusperspektiven erprobt werden. So ließe sich ein Schüler veranlassen, in die Hocke zu gehen, während ein anderer aufrecht steht und sich beide dabei gegenseitig anschauen und den Blickkontakt halten. Bei einer sich daran anschließenden Übung würde ein Schüler seinen Partner mittels Anweisungen durch den Raum führen. Für die Übung *Folge dem Ton* vereinbaren die Kinder dazu einen bestimmten Ton. Hier geht es darum, dass ein Schüler die Augen schließt, der andere sich einen Platz im Raum sucht und diesen in einer bestimmten Körperhaltung einnimmt. Der sehende Schüler fängt daraufhin an zu tönen, und der blinde folgt dem tönenden Ruf des Partners. Nach dieser Sensibilisierung wäre es angebracht, sich darüber zu verständigen, was Mut alles bedeuten kann. Dazu wäre es möglich, den Schülern abermals Satzanfänge vorzugeben, mit deren Hilfe sie sich erklären und bestimmte Situationen beschreiben können.

Die *Inszenierung*

Zu Beginn der Inszenierung könnte die Lehrkraft alle Kinder als Figuren in der Mitte des Raumes versammeln. Dann würde sie veranlassen, dass Einzelne hervortreten und den Beginn der Geschichte erzählen, während die anderen Kinder das Erzählte durch entsprechende Haltung und Gesten darstellen. Dabei kann den sprechenden Kindern der folgende Text helfen: „Eine Maus, eine Schnecke, ein Frosch und ein Spatz sitzen am Ufer eines Weihers. Die Maus ist da, weil sie nicht wusste, wohin sie gehen sollte. Die Schnecke ist da, weil die Maus da ist. Der Frosch ist einfach auf einen Sprung vorbeigekommen und der Spatz will wissen, was die anderen tun."

Daraufhin wird eine Gruppe aufgefordert, chorisch zu sprechen. Sie sagt: „Ja, ja, ja, ja. Es ist so langweilig. Was sollen wir tun?" Dann könnten die Frösche hervortreten und gemeinsam erklären: „Wir machen einen Wettkampf, wer von uns am mutigsten ist." Die Aussage ließe sich von den übrigen Tieren durch begeisterte Rufe kommentieren, worauf nach und nach auch die anderen Tiergruppen auftreten und ihre Mutproben zeigen, wobei der Beginn der Mutproben von den übrigen Tieren immer durch folgende Sätze kommentiert werden kann: „Gute Idee! Zeig mal!" oder „So ein Quak. Das hat doch nichts mit Mut zu tun! Das ist doch ein Vergnügen!" Nach der Mutprobe ließe sich dann von allen Kindern chorisch und rhythmisch sprechen: „Mutig, mutig! Mutig, mutig! Mutig!". Die letzte Mutprobe des Spatzen endet damit, dass alle Tiere rufen: „Ja, das ist Mut!".

3. Theaterspielen und Literatur erfahren mit dem *SAFARI*-Modell

Wenn Kinder den Text *mutig, mutig* nicht nur gemeinsam lesen, sondern mit dem SAFARI-Modell auch szenisch gestalten, sammeln sie literarische Erfahrungen. Dies insofern, als dass es ihnen möglich wird, sich spielend in die Welt des Textes hineinzuversetzen und diese zum Ausdruck zu bringen. Dadurch können sich die Schüler eigener Erfahrungen bewusst werden und daran anknüpfend zu neuen Haltungen und Einstellungen finden. Das Spiel fordert die Kinder darüber hinaus zur Abstraktion heraus, denn die jeweiligen Aussagen müssen in mimische und gestische Darstellungsweisen übersetzt werden. Gerade für Schüler mit geringem Wortschatz oder für jene, die Deutsch als Zweitsprache erlernen, ist dieser Aspekt des Theaterspielens in besonderer Weise relevant, weil er Verstehensfähigkeiten auf andere Weise entwickeln hilft. Entsprechend fördert das Theaterspielen von Geschichten einerseits das Selbstbewusstsein, die emotionale Ausdrucksfähigkeit und das soziale Miteinander der Kinder, andererseits aber auch die kindlichen Verstehensfähigkeit auf vielfältige Weise.

Literatur

Primärliteratur

Pauli, Lorenz / Schärer, Kathrin: mutig, mutig. Weinheim / Basel: Atlantis 2009.

Sekundärliteratur

Czerny, Gabriele: Theaterpädagogik. Ein Ausbildungskonzept im Horizont personaler, ästhetischer und sozialer Dimension. Augsburg 2004.

Czerny, Gabriele: Theater-SAFARI. Praxismodelle für die Grundschule. Braunschweig 2010.

Liebau, Eckart / Zirfas, Jörg: Die Sinne der Künste. Perspektiven ästhetischer Bildung. Bielefeld 2008.

Spinner, Kaspar H.: Kreativer Deutschunterricht. Seelze 2001.

Spinner, Kaspar H. (Hrsg.): SynÄsthetische Bildung in der Grundschule. Donauwörth 2002.

Spinner, Kaspar H.: Literarisches Lernen. In: Praxis Deutsch (2006) Heft 200. S. 6–16.

ANNEMARIE NIKLAS

(Trick)Filme und (Bilder)Bücher

Lesewelten öffnen

Abstract

Schulanfänger verfügen bereits über ein breites Repertoire an Rezeptionserfahrungen von Texten, die aber – je nach sozialem Umfeld – sehr unterschiedlich sind. Im Unterricht erreicht man Kinder, die von zuhause wenig Unterstützung in diesem Bereich erhalten, indem man an ihre medialen Vorerfahrungen anknüpft, die laut empirischer Studien besonders bei Zeichentrickfilmen im Fernsehen liegen. Im vorliegenden Beitrag wird anhand dreier Beispiele, Jim Knopf, *einem Auszug aus* Janoschs Traumstunde *und dem* Grüffelo, *gezeigt, wie über den Bezug auf verschiedene mediale Formen der Geschichten auch für diese Kinder ein literarästhetisch anspruchsvoller Erstunterricht möglich ist.*

1. Medial-literale Vorerfahrungen von Schulanfängern

Die medialen Vorerfahrungen von Schulanfängern werden zentral von ihrem familiären Umfeld geprägt und sind damit „nicht nur, aber immer auch, Mechanismen partieller Reproduktion sozialer Ungleichheit" (Lange / Zerle 2010, S. 56). Das zeigt sich etwa daran, dass das Medienhandeln sozial benachteiligter Kinder durch eine überdurchschnittlich häufige und intensive Zuwendung zum Programmfernsehen gekennzeichnet ist und eine Steuerung durch elterliche Bezugsperson(en) oft vermissen lässt (vgl. Paus-Hasebrink / Bichler 2008). Der Fernseher bietet diesen Kindern einen den Alltag begleitenden Klang- und Bildteppich, der unterschiedlich aufmerksam rezipiert wird. Dabei sind die Fernsehvorlieben oft an geschlechtsspezifische Zugangsweisen gekoppelt (vgl. Flimmo 2007), und Zeichentrickfilme stehen deutlich im Mittelpunkt des Interesses (vgl. Flimmo 2005). Insofern können gerade bei sozial benachteiligten Kindern durch den Einsatz von Zeichentrickfilmen im Anfangsunterricht Vorerfahrungen aufgegriffen werden, um Zugänge zu literalen Angeboten zu erleichtern.

Gleichzeitig muss jedoch bedacht werden, dass die im Fernsehprogramm angebotenen Sendungen, etwa die von vielen Kindern favorisierte Serie *Sponge Bob* (vgl. Flimmo 2005 und 2007), aufgrund ihrer Machart, vor allem der schnell aneinander folgenden Schnitte, der grellen Farbgebung und der zum Teil schrillen lautlichen Untermalung, Vorschulkinder und Schulanfänger nicht selten überfordern. Zudem stehen sie – wie eine Studie von Angeline S. Lillard und Jennifer Peterson nahelegt (vgl. Lillard/ Peterson 2011) – dem literarischen Lernen eher entgegen, wenn man davon ausgeht, dass dieses auf die Entwicklung eigener Vorstellungen bei der Rezeption, auf die Verknüpfung von subjektiver Involviertheit und genauer Wahrnehmung wie auch auf die aufmerksame Erfassung der ästhetischen Gestaltung zielt (vgl. Spinner 2006). Für den Literaturunterricht gilt es daher, solche Angebote zu unterbreiten, die zwar die medialen Vorerfahrungen aller Kinder auch unter genderspezifischem Blickwinkel berücksichtigen, gleichzeitig aber das literarische Lernen im Anfangsunterricht fördern.

2. Bilderbücher im Medienverbund als Einstiegsliteratur

Bilderbücher als klassische Einstiegsliteratur basieren in der Regel auf einer Verbindung von Text und Bild (vgl. Kümmerling-Meibauer 2007). Neben den Text-Bilderbüchern gibt es aber auch Hybridformen, wie Bilderbücher, bei denen der Fernseher oder der Computer die Funktion des Vorlesenden übernimmt, wobei die Bilder entweder statisch gezeigt werden und ein Umblättern simuliert wird, oder die Kamera auf den Bildern gleichsam spazieren geht. Darüber hinaus gibt es die Möglichkeit, dass im Bild kleine Animationen gezeigt werden.[1] Außerdem präsentieren sich Bilderbücher inzwischen in verschiedenen Filmgenres und als Hypertexte.

Im Unterricht der Grundschule kommen dem klassischen Bilderbuch unterschiedliche Funktionen zu. So kann es als Grundlage für die Besprechung problemorientierter Themen genutzt werden, der Leseförderung ebenso wie einer ganzheitlichen literarischen Erziehung dienen oder in seinem ästhetischen Gehalt unter kunstpädagogischen Gesichtspunkten wahrgenommen werden (vgl. Thiele 2005). Liegt der Fokus auf dem literarischen Lernen, steht im Bilderbuch in allen seinen medialen Formen die Frage nach dem literarästhetischen Anspruch im Mittelpunkt. Dabei macht sich bei der Ausgestaltung von Printangeboten besonders der doppelte Adressat bemerkbar, denn kommerziell spielen die Eltern als potenzielle Käufer eine entscheidende Rolle. Thiele konstatiert in diesem Zusammenhang: „Das traditionelle Bilderbuch ist ein Auslaufmodell auf der postmodernen Bildermesse, aber ein Renner auf der kommerziellen Buchmesse". Und: „Der Markt regelt das ästhetische Angebot" (Thiele 2000, S. 16). Für den Zeichentrickfilm im privaten Kinderfernsehen gilt dies nicht. Er zielt in der Regel direkt auf den kindlichen Rezipienten und weist wesentlich weniger erzieherische Intentionen auf. Hier geht es vor allem darum, das Bedürfnis der Kinder nach Unterhaltung, Witz und Spaß bzw. nach einem Angebot von überschaubaren Abenteuern mit attraktiven Figuren zu befriedigen (vgl. Flimmo 2007).

---

[1] Mittlerweile gibt es mit „pikcha.tv" einen eigenen „Kanal", der in dieser Weise verfilmte Bilderbücher als Download oder auf DVD anbietet. Vgl. http://www.pikcha.tv/index.php/de/ (25.5.2012).

3. Rezeptionsästhetische Voraussetzungen und Ziele

Literarisches Lernen wird auch in ein Konzept von *literacy* eingeordnet, das alle Formen des Umgangs mit Symbolen innerhalb einer Kultur umfasst und mit der Geburt beginnt. Vorteil des *literacy*-Konzepts ist die Integrationsleistung des Begriffs, der verschiedene Akte des Symbolverstehens zusammenfasst, wobei sich in der Forschung zeitgleich eine Ausdifferenzierung in Bezugnahme auf visuelle und mediale[2] sowie literarische[3] *literacy* findet (vgl. Rau 2009). Für Vorschulkinder sieht Marian Whitehead als eine zentrale Entwicklungsaufgabe einer durchaus integrativ gedachten *literacy* „Sachen [zu] verstehen" und damit das Einüben von „typische[n] Denkweisen, insbesondere die Fähigkeit innezuhalten und Ideen und Begebenheiten zu reflektieren […]" (Whitehead 2007, S. 60). In der Begegnung mit dem Bilderbuch geschieht das bei Kleinkindern zunächst über die Betrachtung der Bilder:

> Mit den ersten Bilderbüchern beginnt der Prozess, Bilder lesen zu lernen […]. Das Kind lernt allmählich die Bedeutung von Formen, Bewegungen, Positionen im Bild. […] Wenn das Kind Leseerfahrung gesammelt hat und Bilder deuten kann, wird die Geschichte in Bildern schneller und überzeugender erzählt, beziehungsweise verstanden. (Rau 2009, S. 89)

Dabei fördert gerade das Bilderbuch das Innehalten und Verweilen beim Einzelbild. Auch Kinder, deren Ersterfahrungen durch das Fernsehen geprägt sind, machen Leseerfahrungen mit Bildern, die in diesem Fall aber untrennbar an akustische Wahrnehmungen gekoppelt sind. Zudem gewährleistet das Bilderbuch durch die Möglichkeit einer wiederholten Rezeption, die im günstigsten Fall durch eine Bezugsperson begleitet wird, eine Annäherung an visuelle Codes, wogegen die Vielfalt an flüchtigen visuellen und akustischen Reizen filmischer Angebote oft eine Herausforderung für Kinder darstellt, vor allem dann, wenn sie nicht über eine Anschlusskommunikation zu den jeweiligen Hör- und Seherlebnissen begleitet werden, wie es bei Kindern aus sozial benachteiligten Familien häufiger der Fall ist (vgl. Paus-Hasebrink / Bichler 2008).

Umso mehr gilt es, die Kompetenzen zu würdigen, die Kinder aus ihrer medialen Rezeption eigentätig gewinnen. Um eine Vertiefung dieser vorschulischen Rezeptionserfahrungen zu ermöglichen und eine reflexive Auseinandersetzung anzubahnen, sollte im Anfangsunterricht daher ein mediales Angebot gewählt werden, das zwar nicht beim Einzelbild stehen bleibt, aber, aufgrund einer gegenüber den meisten aktuellen Zeichentricksendungen im privaten Programmangebot geringeren Geschwindigkeit, eine intensivere Betrachtung zulässt. Dies ist der Fall bei einer maßvollen Sprechgeschwindigkeit des Erzählers, bei spärlichen und langsamen Schnitten, einer ruhigen Kameraführung, wenigen Handlungssträngen, linearen Handlungsführungen und bei einem sparsamen Einsatz von Geräusch-, Farb- und Spezialeffekten. Hinsichtlich der Auswahl sollte also der Forderung nach Einfachheit als Kategorie der Kinderliteratur entsprochen werden, womit keine spannungslos-triviale Gestaltung, sondern eine Kom-

---

[2] Im Hinblick auf das Fernsehen bzw. die Filmrezeption spricht Patricia Greenfield schon 1987 von *viewing literacy* (Greenfield 1987, S. 20).

[3] Im Rahmen der Lesekompetenzforschung wird auch der Begriff der *reading literacy* gebraucht (vgl. Garbe / Holle / Jesch 2009).

primierung auf das Wesentliche gemeint ist (vgl. Lypp 1984; Thiele 2000). Verwiesen sei auch auf die Kriterien, die Ulf Abraham für „gute Kinder- und Jugendfilme" anführt, etwa die kindliche Erzählperspektive, den Entwurf von Welten, die zum „Symbolverstehen und Denken in Möglichkeiten" anregen und einen ästhetischen Mehrwert besitzen (Abraham 2002, S. 15). Im Folgenden soll an drei Klassikern der Kinderliteratur konkretisiert werden, wie literarisches Lernen mit (Trick)Filmen und (Bilder)Büchern unter Berücksichtigung der genannten Aspekte im Anfangsunterricht gelingen kann.

4. *Jim Knopf und Lukas der Lokomotivführer*

Michael Endes *Jim Knopf und Lukas der Lokomotivführer* (vgl. Ende 1960) und *Jim Knopf und die Wilde 13* (vgl. Ende 1962) begründeten seinen Ruf als Kinderbuchautor. Unmittelbar nach dem Erscheinen werden beide Bücher von der Augsburger Puppenkiste zusammen mit dem hessischen Rundfunk verfilmt, 1976 erscheint eine zweite, farbige Version des Marionettenfilms. 1996 entsteht ein 52-teiliger Zeichentrickfilm als deutsch-französische Koproduktion, die erst kürzlich wieder in der *ARD* und auf *KiKa* ausgestrahlt wurde. Ab 2006 bringt der Thienemann Verlag zudem eine Bilderbuchreihe zu *Jim Knopf* heraus, die die Motive des Originals aufgreift und die Bücher unter dem Namen von Michael Ende veröffentlicht. Die Mitautorin ist Beate Dölling. Außerdem werden zwei *Jim Knopf*-Musicals (vgl. Moser/Schneider 1970; Berg/ Wecker 1999), Computerspiele (vgl. Terzio 2003) und andere Spiele (vgl. *Nimm uns mit, Jim Knopf*, Kosmos 2004) sowie eine Reihe weiterer *Merchandising*-Produkte, wie ein Originalhörspiel, auf den Markt gebracht.

Die Qualität der einzelnen Angebote divergiert: Die anspruchsvollste ästhetische Offerte macht wohl der Marionettenfilm, der den Originaltext komprimiert und mit theatralen Elementen anreichert. Natürlich zählt auch das Buch selbst nicht von ungefähr zu den Klassikern der Kinderliteratur. Michael Ende entwirft hier in unnachahmlich fantasievoller Weise einen kindgemäßen „Bildungsroman" (Decker 2004, S. 2), der in mehrfacher Hinsicht geeignet ist, zur Identitätsentwicklung beizutragen. Die Unnachahmlichkeit wird besonders im Vergleich mit den Bilderbüchern deutlich, in denen Mathias Weber zwar die Motivik aufgreift und in Anlehnung an die Originalillustration von Franz Josef Tripp gelungen umsetzt, die Texte von Beate Dölling jedoch etwas zu lang ausfallen und an den Kerngedanken des Originals vorbeigehen, ohne dass hier Wesentliches neu geschöpft wird. Der Zeichentrickfilm folgt der speziellen Dramaturgie von Fernsehserien (vgl. Paus-Haase 1991), wobei die Handlung nur noch in Grundzügen an die literarische Vorlage erinnert. Die Serie ist eher grob gezeichnet und teilanimiert. Da jedoch davon auszugehen ist, dass die seit 1999 im Programmfernsehen in verschiedenen Sendern mehrfach jedes Jahr gezeigte Folge vielen Kindern vertraut ist, bietet es sich an, diese Vorerfahrung aufzugreifen.

Als Einstieg empfehlen sich dazu verschiedene Bilder von Jim Knopf und Lukas dem Lokomotivführer, darunter Bilder aus der Serie, aus dem Bilderbuch, von den Marionetten, eventuell auch von den eher realistischen Illustrationen Reinhard Michels. Der

Übertrag auf die Bildsprache des Marionettenfilms kann mit Hilfe des Bilderbuchs *Jim Knopf und Lukas der Lokomotivführer machen einen Ausflug* (vgl. Ende 2005) erfolgen. Hier werden der Reihe nach alle Figuren und die Orte auf Lummerland vorgestellt. Ferner wird auf jeder Doppelseite die zentrale Figur wie in einem Foto abgebildet, das sich gut als Einzelbild herausgreifen lässt. Auch Kinder, die nur die Serie kennen, dürften in der Lage sein, die Fotos korrekt zu benennen. Die Lehrkraft kann mit diesem Ziel den roten Faden, den das Buch über den *Ausflug* als Thema vorgibt, aufgreifen und im Sitzkreis mit den Kindern die vertiefende Textrezeption vorbereiten. Im Anschluss ließen sich die ersten vier Kapitel des Buchs über mehrere Tage hinweg vorlesen, und zwar bis zu der Textstelle, da der Leser erfährt, dass Jim und Lukas mit der Lokomotive Emma in See stechen. Fachübergreifend ließe sich anregen, die Kinder im Kunst- bzw. Werkunterricht eine Jim Knopf- oder Lukas-Marionette[4] oder eine Fingerpuppe[5] basteln zu lassen.

Unmittelbar nach dem Lesevortrag des vierten Kapitels können die Kinder dann selbst Geschichten über Abenteuer von Lukas und Jim erfinden und mit ihren Puppen darstellen. Dabei wäre es möglich, dass sie entweder Ideen aus der Zeichentrickserie oder zum Buch weitererzählen oder eigene Geschichten erfinden, so dass die mediale Vorerfahrung als Zugang dient, gleichzeitig aber auch eine Brücke zum Marionettenfilm hergestellt wird, den die Kinder anschließend erkunden. Dazu sollten die Ausschnitte aus dem Marionettenfilm mehrfach rezipiert werden. Zunächst kann der Handlungsverlauf im Vordergrund stehen, wobei damit gerechnet werden muss, dass die Kinder, deren Sehgewohnheiten durch Zeichentrickserien geprägt sind, die Bildsprache des Marionettenfilms als befremdlich erleben. Über die Frage nach der Entstehung und Konstruktion des Films, die nicht nur das Puppenspiel, sondern auch die Kameraführung und den Einsatz von Licht und Musik thematisiert, können die Kinder jedoch zu einer bewussteren Wahrnehmung veranlasst werden, die ihrerseits dazu führt, das ästhetische Angebot des Marionettenfilms zu würdigen. Besonders geeignet wäre die actionreiche Sequenz des Besuchs in der Drachenstadt, die sich auch als Einzelszene betrachten lässt. Hier wäre ein Vergleich mit der Machart des Zeichentrickfilms möglich, allerdings ohne die häuslichen Seherlebnisse der Kinder abzuwerten. Abgeschlossen werden kann die Sequenz über das Vorlesen weiterer Auszüge bis zum Ende der Geschichte. Gleichzeitig wird über die Bilderbuchserie, die aktuell acht Bände zählt, die Möglichkeit einer eigenen Textrezeption eröffnet. Eine schöne Ausweitung wäre entweder über die Gestaltung eigener kleiner Marionetten-Filmausschnitte oder den Besuch der Augsburger Puppenkiste gegeben.

---

[4] Eine Bastelanleitung für einfache Marionetten, die schon von 6-jährigen gestaltbar sind, findet sich unter: http://www.kidsweb.de/basteln/waltrau.htm (25.5.2012).
[5] Vgl. http://shop.puppenkiste.com (25.5.2012).

5. Der Grüffelo

Das Bilderbuch *Der Grüffelo* von Julia Donaldson und ihrem kongenialen Illustrator Axel Scheffler erschien 1999 und avancierte schnell zum Bestseller, der für den Anfangsunterricht bereits wertgeschätzt und in verschiedenen Unterrichtsmodellen empfohlen wird (vgl. Jeschonneck 2007; Miess/Riegg 2006). Auch für dieses Bilderbuch gibt es inzwischen Hörversionen, Adaptionen für das Theater, zahlreiche *Merchandising*-Produkte und einen Film. Dabei handelt es sich um eine Koproduktion von BBC und ZDF unter der Regie von Max Lang und Jakob Schuh, die in Deutschland erstmals 2010 ausgestrahlt wurde und 2011 für den Oskar in der Kategorie bester animierter Kurzfilm nominiert war. Es kann davon ausgegangen werden, dass der Film auf einem prominenten Sendeplatz des öffentlichen Fernsehprogramms wiederholt und damit Familien zugänglich sein wird, die Sendungen bewusst auswählen. Das Bilderbuch, das in Kindergärten bekannt ist, dürfte in einem Großteil der leseaffinen Elternhäuser ebenfalls vorgelesen werden. Insofern lässt sich vermuten, dass es viele Kinder geben wird, die das Buch bereits kennen. Nichtsdestotrotz eignet sich der Text für eine wiederholte und wiederholende Rezeption, die die Vertrautheit mit der rhythmisch fließenden, schlichten Sprache vertieft und zunehmend den symbolischen Gehalt erschließt. Dabei zeichnet sich der fast 30-minütige Film dadurch aus, dass, abgesehen von einer kurzen Rahmenhandlung, die eine Erzählinstanz einführt, dem Text des Bilderbuchs entsprochen wird. Jeder Satz des Originaltextes bekommt dadurch ein enormes Gewicht. Parallel dazu erzählen die technisch hochwertigen Bilder wesentlich ausführlichere Geschichten, die sich vor allem durch eine inspirierte Umsetzung der Schefflerschen Illustrationen auszeichnen und die Detailfreude des Buchs sowohl aufgreifen als auch vertiefen. Einen besonderen Stellenwert hat ferner die ruhige Musik des französischen Komponisten René Aubry, die den Erzählfluss an den zentralen Stellen mit zurückhaltenden Akzenten unterbricht. Kinder, die eher durch marktübliche Zeichentrickfilme sozialisiert sind, werden im *Grüffelo* vor allem die *Disney*-Zitate goutieren, etwa wenn die Ameisen im Rhythmus der Musik von einem Specht aufgepickt werden oder eine Szene, in der die Maus auf einem Baumstamm den Fluss hinunterfährt und von der Eule in letzter Minute am Wasserfall ergriffen wird. Damit entspricht dieser Kurzfilm jenen Kategorien, die Claudia Rathmann als wesentliche Attraktionen des Zeichentrickfilms für Kinder benannt hat: Alles ist möglich; alles ist lustig; alles ist irgendwie vertraut (vgl. Rathmann 2010). Als Beispiel für die grenzenlosen Möglichkeiten nennt sie u. a. die Anthropomorphisierung der Figuren; auch im *Grüffelo* tragen viele der Figuren menschliche Züge. Lustig an Zeichentrickfilmen finden Kinder oft, wenn jemand geschädigt wird; so entreißt im *Grüffelo* ein Vogel der Maus die eben gefundene Nuss. Zudem bedient auch der *Grüffelo* vorhersagbare Handlungsschemata, die das Gefühl von Vertrautheit wecken, etwa die Rettung in letzter Sekunde am Wasserfall. Prozentual sind solche Akzente aber eher spärlich gesetzt, ein Gutteil des Films führt stilisierte Natur – den *tiefen, tiefen Wald* – vor und lädt ein, genau hinzusehen, um den Detailreichtum zu entdecken. Unter ästhetischen Gesichtspunkten kann gerade hier ein Schwerpunkt gesetzt werden, indem man das verweilende

Betrachten mit den Schülern übt und an ausgewählten Filmausschnitten gemeinsam möglichst viele Einzelheiten aufspürt und benennt.

Die Bilderbuch-Vorlage ist von ihrer Grundstruktur an das klassische Volksmärchen angelehnt. Darauf verweisen nicht nur der lineare Weg des Protagonisten und die Dreizahl seiner Begegnungen, sondern auch die Flächigkeit der Charaktere und die formelhafte, auf Wiederholungen basierende Sprache. Der Film reichert diese märchenhafte Struktur bildsprachlich an. So enthält der zielführende Weg der Maus Vorausblicke sowie Irr- und Umwege, während die Gefühlsdimensionen der Figuren durch eine ausdrucksstarke Körpersprache vertieft werden, was, betont durch die intensive Musik, Kinder emotional nachhaltiger bindet und das Furchteinflößende des Erzählten noch verstärkt. Den Grundgedanken, dass der Schwache durch List den Mächtigen besiegen kann, vermittelt aber auch die Bilderbuch-Version, und zwar über das deutliche Identifikationsangebot, das die kleine Maus gewährt. Allerdings dürfte für manche Kinder hier eine Schwierigkeit darin bestehen, dass die drei Tiere, denen die Maus begegnet, nur indirekt andeuten, dass sie die Maus fressen wollen. So lockt der Fuchs die Maus mit den Worten „Bei mir im Bau gibt's Götterspeise." (Donaldson 1999, S. 2); „Ich lad dich zum Tee ein auf meinem Ast." (ebd. S. 6), sagt die Eule, und zum „Schlangen-Mäuse-Fest" (ebd. S. 10) bittet die Schlange. Der Film ist hier deutlicher. Er zeigt, wie der Fuchs die Maus in einen Topf schubsen, die Eule sie als Teebeutel benutzen und die Schlange die Maus fressen will.

Als Ziel einer Unterrichtssequenz bietet sich die schrittweise Vertiefung einer Entwicklung eigener Vorstellungen bei der Rezeption literarischer Texte an. Dazu kann mit dem *Grüffelo*-Song begonnen werden, den Beltz auf der *Grüffelo*-Homepage[6] zum Download anbietet und der als Text die wörtliche Beschreibung des Grüffelo (Donaldson 1999, S. 13) hat. Kinder, die den Grüffelo – in welcher Form auch immer – schon kennen, können an dieser Stelle von ihren Erfahrungen erzählen, alle anderen werden durch den gruseligen Song auf die merkwürdige Fantasiegestalt neugierig gemacht. Im Anschluss daran kann die Lehrkraft das Bilderbuch bis zu eben dieser Beschreibung vorlesen und die Bilder in einem Bilderbuchkino vorstellen, ohne den Grüffelo zu präsentieren. Nach einer spontanen Aussprache legen die Kinder dann den Kopf auf die Bank und stellen sich den Grüffelo vor, wobei man auch den *Grüffelo*-Song noch einmal abspielen kann. Zum Abschluss dieser ersten Unterrichtsstunde werden die Kinder angehalten, den Grüffelo nach ihren eigenen Vorstellungen zu malen und die entstandenen Bilder anschließend zu erklären. In der Folgestunde wird den Kindern dann der Film präsentiert. Dabei sehen sie sich als Hinführung und Anknüpfung an die vorangegangene Stunde mehrfach den Vorspann an und entdecken, dass hier die Naturdarstellungen Elemente des Grüffelo antizipieren, etwa, dass der Ast wie ein gruseliges Gesicht aussieht, die Blüten auf dem Baumstamm an Stacheln auf einem Rücken erinnern und die Baumwurzel einer schrecklichen Tatze gleicht. Im Anschluss sehen sie den Film bis zu der Stelle, da die Maus den Grüffelo erblickt. In einem literarischen Gespräch ließe sich in der Folge auf die jeweiligen Rezeptionserfahrungen der Kinder

---

[6] Vgl. http://www.grueffelo.de/ (25.5.2012).

eingehen. Dabei kann davon ausgegangen werden, dass vor allem die emotionalen Eindrücke zur Sprache gebracht und besondere Spannungsmomente aufgezählt werden. Die Klugheit der Maus, die durch ihre Fantasie die Fressfeinde austrickst, sollte in diesem Zusammenhang ganz bewusst thematisiert werden. Im Anschluss können die Kinder dann noch einmal ihre Zeichnungen vom Grüffelo zur Hand nehmen und darüber sprechen, ob sich ihre Vorstellungen vom Grüffelo durch den Film verändert haben. Daraufhin ließen sich die Illustrationen aus dem Bilderbuch (Donaldson 1999, S. 14), der Ersteindruck der Maus im Film und die bereits entstandenen Kinderzeichnungen vergleichen. In der kurzen Filmsequenz arbeitet der Trickfilm mit einer Reihe filmsprachlicher Mittel, die auch Kindern schon formulieren können: „Man sieht immer abwechselnd die Maus und den Grüffelo. Vom Grüffelo werden nur einzelne Körperteile gezeigt. Man sieht im Film besonders deutlich, wie viel größer der Grüffelo ist, wenn er die Maus hochhebt." Ferner ließe sich die Wirkung der unterschiedlichen medialen Mittel thematisieren, indem man die Kinder selbst entscheiden lässt, ob sie den weiteren Verlauf der Geschichte lieber vorgelesen bekommen oder im Film sehen möchten. Wenn sie sich für eines der beiden Medien entscheiden und ihre Entscheidung begründen, könnte deutlich werden, dass das Bilderbuch zwar eigenen Vorstellungen mehr Raum lässt und die Möglichkeit gewährt, Spannungsmomente auf ein erträgliches Maß zu reduzieren, der Film dagegen aber eine Reihe an witzigen Details enthält, die einen ansprechenden Sehgenuss bieten. Eine Vertiefung der Buch- bzw. Filmrezeption könnte schließlich im szenischen Spiel unter Einsatz einer *Grüffelo*-Maske geschehen. Als Möglichkeit eigenen Erlesens sollte auf jeden Fall der Folgeband *Das Grüffelokind* angeboten werden.

6. Die Grille und der Maulwurf

An letzter Stelle sei auf einen Text von Janosch verwiesen, dessen Bilderbücher vor allem durch die Verfilmungen für das Fernsehen ihren Bekanntheitsgrad erreicht haben. In einer 26-teiligen Zeichentrickserie *Janoschs Traumstunde* unter der Regie von Jürgen Egenolf, Uwe-Peter Jeske und Wolfgang Urchs wurden sie ab Oktober 1986 in der ARD gesendet. 2008 waren sie zum letzten Mal auf *arte* im öffentlich-rechtlichen Fernsehen zu sehen. Wechselnde Janosch-Figuren stehen jeweils im Mittelpunkt der abgeschlossenen Geschichten. Die Filme sind gemächlich und von Hans-Joachim Krietsch als Erzähler außergewöhnlich bedächtig erzählt. Dadurch stehen sie in großem Kontrast zu gängigen Cartoons. Vermutlich werden manche Kinder die Tigerente aus dem Tigerentenclub kennen, ohne dass ihnen die Geschichte *Die Grille und der Maulwurf* (vgl. Janosch 1979) bekannt ist.

Der Text selbst geht in seinen Grundzügen auf eine Fabel zurück, die sich schon bei Äsop findet und unter verschiedenen Vorzeichen immer wieder aufgegriffen worden ist: In der Antike wird einer fleißigen Ameise ein fauler Mistkäfer gegenübergestellt, der sich im Sommer ausruht und daher im Winter um Hilfe bitten muss, weil er nichts zu essen hat. Das Epimythion, die Lehre oder Moral der Fabel, zielt darauf, dass eine reine Gegenwartsorientierung zu überwinden sei und vorausschauend gehandelt werden müsse. Entsprechend heißt es bei Äsop: „Ebenso geraten diejenigen, die im Überfluss nicht für die Zukunft vorsorgen, mit dem Wechsel der Zeiten ins größte Unglück" (Äsop 2005, S. 113). In der Aufklärung bei La Fontaine wird aus dem Mistkäfer eine Grille, die sich nicht einfach ausruht, sondern zirpt und singt. Die fleißige Ameise zieht hier folgendes Resümee: „'Was hast/Du im Sommer denn getrieben?' –/'Tag und Nacht hab ich ergetzt/Durch mein Singen alle Leut.' –/'Durch dein Singen? – Sehr erfreut!/Weißt du was? Dann – tanze jetzt!'" (de la Fontaine 1978, S. 13).

Die Fabel ist bereits mehrfach als Trickfilm umgesetzt worden, das erste Mal 1913 in Russland, in Anlehnung an die Adaption des russischen Schriftstellers Iwan Krylow unter der Regie von Wladislaw Starewicz (UdSSR 1913). Hier wird eine um Hilfe suchende Libelle von der Ameise abgewiesen, die Notleidende legt sich daraufhin in den Schnee und stirbt. In der darauffolgenden Verfilmung von Walt Disney wird die Fabel unter dem Titel *The Grashopper and the Ants* (USA 1934) herausgebracht und läuft auf die Pointe hinaus, dass bei den Ameisen nur leben darf, wer arbeitet. Das Musizieren des Grashüpfers erscheint in dieser Bearbeitung als Arbeit, so dass der Bedürftige bleiben darf, wenn er für die Ameisen aufspielt. Auch bei Janosch wird die Grille im Winter zum Bittsteller, den ein Hirschkäfer und eine Maus abweisen. Der Maulwurf aber freut sich über den Besuch und bittet die Grille zu bleiben, da er ihre Musik sehr schätzt.

Trotz der Unterschiede enthalten alle Texte eine Moral, die den Kindern nahegebracht werden kann. Bei Äsop geht es in erster Linie um das vorausschauende Handeln, wobei der Mistkäfer als faul kritisiert wird, da er es vorzieht, sich auszuruhen. La Fontaine konturiert mit dem Musizieren der Grille eher den Gegensatz zwischen einem leichtlebigen, gegenwartsorientierten Leben auf der einen und einem fleißigen und vorausschauenden Leben auf der anderen Seite. In der Verfilmung von 1913 wird diese Tugendhaftigkeit hinterfragt: Die Ameise lässt die Libelle unbarmherzig sterben. Der filigranen Schönheit wird mithin ein nicht zweckorientiertes Leben zugestanden. Walt Disney als typischer Vertreter des protestantischen Arbeitsethos umgeht diesen Anwurf der Unbarmherzigkeit geschickt: Die fleißigen Ameisen haben sich ihre Winterruhe durch Arbeit verdient; die Heuschrecke muss für sie aufspielen, um bei ihnen überwintern zu dürfen. Damit ist der Gerechtigkeit wie der Barmherzigkeit Genüge getan und die Heuschrecke hat ihre Lektion gelernt.

Bei Janosch wird dies jedoch in Frage gestellt. Das gelingt, indem der Komplementärentwurf zur Arbeit nicht mehr die faule Untätigkeit des Mistkäfers oder das Herumgehüpfe der Heuschrecke ist, sondern das Geigenspiel der Grille. La Fontaine lässt seine Grille zwar auch musizieren, jedoch erscheinen Musik und Tanz bei ihm als reine Zeitverschwendung. Bei Janosch wird die Musik der Grille zwar auch in den Kontrast zur Arbeit als Vorsorge für den Winter gestellt, wenn es heißt: „Und als dann der Winter kam, hatte sie nichts zu essen, denn sie hatte das Feld nicht bestellt, also auch keine Ernte." (ebd., S. 4 ff.). Die Verwendung von Zeit auf eine *brotlose* Kunst macht also auch die Grille zu einem Bittsteller, der in dieser Rolle vom Hirschkäfer und von der

Maus gedemütigt wird. Doch der Maulwurf gibt der Grille ihre Würde zurück. Im Gegensatz zu den Ameisen in Walt Disneys Film, nimmt er sie weder aus Barmherzigkeit auf noch muss sie sich ihren Aufenthalt verdienen. Vielmehr schätzt der Maulwurf die Kunst der Grille und versteht sich als Profiteur des Arrangements. Janoschs Lehre zielt darauf ab, dass sich Brotgeber und Künstler ergänzen können und sich im gemeinsamen Lebensvollzug die Lebensqualität für beide Seiten erhöht. Zudem geht es um die gegenseitige Wertschätzung. So wird der andere jeweils mit seinen Eigenschaften angenommen, wodurch echte Freundschaft entstehen kann.

Ein Vorschlag zum Vergleich unterschiedlicher Versionen der Fabel findet sich bereits in Inge Schmidtkes Band *Lesekompetenz entwickeln. Erzähltexte für die Grundschule ab 2. Schuljahr* (vgl. Schmidtke 2009), wo tatsächlich *Die Grille und der Maulwurf* neben *Die Grille und die Ameise* gestellt wird. *Die Grille und die Ameise* wird allerdings in einer Fassung aufgenommen, die zwar Äsop zugesprochen wird, de facto aber eine kindgemäße Umschrift der Version nach La Fontaine darstellt. Im Anschluss folgen *multiple choice*-Aufgaben oder Rätsel, bei denen Begriffe, die wörtlich im Text stehen, gesucht werden müssen. Der Vergleich der beiden Texte ist in einer Tabelle angelegt, deren Leitfragen ebenfalls auf der Oberfläche bleiben, z. B. „Welche Probleme hat die Grille?" (ebd., S. 80) und in der Frage nach der jeweiligen Lehre gipfeln. Damit werden hierarchieniedrige Prozesse der Lesekompetenz gefördert, für ein literarisches Lernen ist dieser Zugang jedoch nicht geeignet.

Um sich der Fabel unter diesem Blickwinkel anzunähern, kann mit dem fünfminütigen Trickfilm nach Janosch begonnen werden, der insofern Brücken baut, als dass sich die Kinder zwar in einem vertrauten Medium wiederfinden, ihre Sehgewohnheiten jedoch erweitern und durch die bedächtige Erzählweise, den linearen Handlungsstrang und die zeichnerische Ästhetik des Films an das Bilderbuch herangeführt werden. Nach einer spontanen Aussprache bekommen sie die Bilder des Bilderbuchs, die sie aus dem Film bereits kennen, um diese zu ordnen und die Geschichte nachzuerzählen. Das kann gemeinsam geschehen, um hier noch einmal das Textverständnis zu vertiefen und Fragen zu klären, oder in Partnerarbeit. Anhand ausgewählter Bilder wird nun im Gespräch vertieft, dass es gut war, dass der Maulwurf für den Winter vorgesorgt hat, dass aber erst das Geigen der Grille den Winter für beide schön macht und aus der wechselseitigen Anerkennung die Freude und Freundschaft für Maulwurf und Grille entstehen. Darauf aufbauend könnten die SchülerInnen ein Haus für den Winter malen oder als Collage gestalten und anschließend erzählen, wen sie über Winter gern zu Gast hätten und welche Talente sich dabei jeweils ergänzen würden. Auch ein Geschichtenbuch mit Bildern und kleinen Wintergeschichten ließe sich erarbeitet.

Nachdem die Schüler den Text in der Fassung von Janosch kennengelernt haben, könnte er entweder mit der Printversion nach Äsop oder La Fontaine oder mit einem der beiden anderen Trickfilme verglichen werden. Der mit einfachsten Mitteln umgesetzte, stumme Puppentrickfilm von 1913 regt in besonderer Weise zum Nacherzählen und Nachgestalten an. Dazu ließe sich im Schuhkarton die Welt der Libelle und der Ameise in Anlehnung an den Film mit Naturmaterialien nachempfinden, wobei die Tiere aus

Draht gebogen und bewegt werden könnten. Die Kinder sollten dabei angehalten werden, über das traurige Ende des Films zu sprechen und diesen, in Anlehnung an Janosch,
mit einem positiven Ausgang zu erzählen. Auch eine Fotostrecke, quasi als Vorläufer
der bewegten Bilder, wäre gut möglich und würde die Entstehungsgeschichte des Trick-
films eindringlich illustrieren.

7. Literarisches Lernen anhand medial differenter Texte

Vor allem an weiterführenden Schulen gilt schon seit langem, dass Literatur in allen
medialen Gestalten Gegenstand des Literaturunterrichts sein sollte. Die vorliegenden
Beispiele zeigen, dass sich diese Forderung auch auf den Anfangsunterricht übertragen
lässt und dass sich im breiten Spektrum der Zeichentrickfilme bzw. der als Trickfilme
verfilmten Bilderbücher durchaus literarisch anspruchsvolle und ansprechende Texte
finden. Diese schlagen für die Kinder eine Brücke zwischen ihren Vorerfahrungen aus
den aktuellen Kinderprogrammen und den Zielen literarischen Lernens. Die Filme
haben dabei einen Eigenwert, gleichzeitig spielt aber auch das Buch eine wichtige
Rolle. An den vorgestellten Beispielen wird deutlich, wie sich dieser Zusammenhang
herstellen lässt: Bei *Jim Knopf* geht es um die Förderung der Imagination und Kreativität (vgl. Spinner 2001); Ausgangspunkt ist der Zeichentrickfilm im Programmfernsehen, der einen Wiedererkennungseffekt hat. Der Marionettenfilm steht anschließend im
Mittelpunkt und bietet als Figurentheater eine besondere Projektionsfläche. Buch und
Bilderbücher ergänzen und erweitern diese Erfahrungen. *Der Grüffelo* bietet sich an,
um das bewusste Wahrnehmen literarischer Texte zu schulen und über die Veränderungen nachzudenken, die durch die Präsentation in verschiedenen Medien entstehen (vgl.
Spinner 2006; Abraham/Kepser 2006). Die schlichte Komposition und die eindringli-
che (Bild)Sprache des Bilderbuchs, die im Film durch den bewussten, jedoch sparsa-
men Einsatz filmsprachlicher Mittel noch verstärkt werden, lassen sich gut an kurzen
Ausschnitten bzw. ausgewählten Details beschreiben und in ihrer unterschiedlichen
Ausprägung in beiden Medien vergleichen. Ziel der Auseinandersetzung mit der
Geschichte *Die Grille und der Maulwurf* ist die Beschäftigung mit anthropologischen
Grundfragen (vgl. Spinner 2001); es geht um die Frage nach dem Leben in der Gegen-
wart versus der Vorsorge für die Zukunft, den Stellenwert von Arbeit versus Spiel bzw.
Kunst, aber auch den Umgang mit Bedürftigen und die Merkmale echter Freundschaft.
Für Schulanfänger, die in der Schule zum ersten Mal damit konfrontiert werden, für das
Leben zu lernen, sind das wichtige Themen. Die vorgestellten, ganz unterschiedlich
gestalteten filmischen Umsetzungen regen zur Reflexion an, die durch handlungs- und
produktionsorientierte Methoden vertieft werden kann. Insgesamt zeigt sich so, dass
gerade die divergierende mediale Gestalt von Literatur die Chance gewährt, alle Kinder
im Literaturunterricht anzusprechen. Entscheidendes Kriterium ist dabei freilich eine
dem Medium gemäße, sorgfältige Auswahl des literarischen Angebots.

Literatur

Primärliteratur

Äsop: Fabeln, Stuttgart: Reclam 2005.

de la Fontaine, Jean: Sämtliche Fabeln, München: Winkler 1978.

Donaldson, Julia: Der Grüffelo. Weinheim: Beltz & Gelberg 1999.

Donaldson, Julia: Das Grüffelokind. Weinheim: Beltz & Gelberg 2007.

Ende, Michael: Jim Knopf und Lukas der Lokomotivführer. Stuttgart: Thienemann 1960.

Ende, Michael: Jim Knopf und die Wilde 13. Stuttgart: Thienemann 1962.

Ende, Michael: Jim Knopf und Lukas der Lokomotivführer machen einen Ausflug. Stuttgart, Wien: Thienemann 2005.

Janosch: Die Grille und der Maulwurf. Weinheim: Beltz 1979.

Sekundärliteratur

Abraham, Ulf: Kino im Klassenzimmer. Klassische Filme im Deutschunterricht. In: Praxis Deutsch (2002) Heft 175. S. 6–18.

Abraham, Ulf/Kepser, Matthis: Literaturdidaktik Deutsch. Berlin 2006.

Garbe, Christine/Holle, Karl /Jesch, Tatjana: Texte lesen. Textverstehen, Lesedidaktik, Lesesozialisation. Paderborn 2009.

Greenfield, Patricia M.: Kinder und neue Medien. Die Wirkungen von Fernsehen, Videospielen und Computern. Weinheim 1987.

Jeschonneck, Birgit: Dabei gibt's ihn doch gar nicht, den Grüffelo. In: Grundschulunterricht. Sonderheft 2/2007. S. 2–5.

Kümmerling-Meibauer, Bettina: Überschreitung von Mediengrenzen: theoretische und historische Aspekte des Kindermedienverbunds. In: Josting, Petra/Maiwald, Klaus (Hrsg.): Kinder- und Jugendliteratur im Medienverbund. Grundlagen, Beispiele und Ansätze für den Deutschunterricht. München 2007. S. 11–21.

Lange, Andreas/Zerle, Claudia: Zwischen Sponge Bob und Sportverein: Freizeitgestaltung von Kindern heute. In: Heinzel, Friederike (Hrsg.): Kinder in Gesellschaft. Was wissen wir über aktuelle Kindheiten. Frankfurt a.M. 2010. S. 54–66.

Lypp, Maria: Einfachheit als Kategorie der Kinderliteratur. Frankfurt a.M. 1984.

Miess, Evelyn/Riegg, Silke: Der Grüffelo. In: Grundschulmagazin (2006) Heft 5. S. 53–55.

Paus-Haase, Ingrid (Hrsg.): Neue Helden für die Kleinen: das (un)heimliche Kinderprogramm des Fernsehens. Münster/Hamburg 1991.

Paus-Hasebrink, Ingrid/Bichler, Michelle: Mediensozialisationsforschung. Theoretische Fundierung und Fallbeispiele sozial benachteiligter Kinder. Innsbruck/Wien/Bozen 2008.

Rathmann, Claudia: „Alles ist möglich!?" Zeichentrickserien im Deutschunterricht. In: Maiwald, Klaus/Josting, Petra: Comics und Animationsfilme. Jahrbuch Medien im Deutschunterricht. München 2010. S. 94–107.

Rau, Marie Luise: Literacy. Vom ersten Bilderbuch zum Erzählen, Lesen und Schreiben. Bern/Stuttgart/Wien 2009.

Ruf, Andrea: Advent feiern mit der Augsburger Puppenkiste. Stuttgart 2007.

Schmidtke, Inge: Lesekompetenz entwickeln. Erzähltexte für die Grundschule ab 2. Schuljahr. 6. Aufl. Buxtehude 2009.

Spinner, Kaspar H.: Kreativer Deutschunterricht. Seelze 2001.

Spinner, Kaspar H.: Literarisches Lernen. In: Praxis Deutsch (2006) Heft 200. S. 6–16.

Thiele, Jens: Das Bilderbuch. Ästhetik, Theorie, Analyse, Didaktik, Rezeption. Oldenburg 2000.

Thiele, Jens: Das Bilderbuch. In: Lange, Günter (Hrsg.): Taschenbuch der Kinder- und Jugendliteratur. Baltmannsweiler 2005. S. 228–245.

Whitehead, Marian R.: Sprache und Literacy von 0 bis 8 Jahren. Troisdorf 2007.

Internetquellen

Decker, Jan-Oliver: Michael Ende. Jim Knopf. In: Klassiker der Kinderliteratur. Ringvorlesung der Universität Kiel 2004. http://www.literaturwissenschaft-online.uni-kiel.de/veranstaltungen/ringvorlesungen/kinderliteratur/130704.pdf (25.5.2012)

Flimmo- Kinderbefragung 2007: Vorschulkinder und ihre Fernsehvorlieben mit Blick auf geschlechtsspezifische Zugangsweisen und die Bedeutung des Konsummarktes.
http://www.flimmo.de/downloads/File/Bericht%20Geschlecht%281%29.pdf (25.5.2012)

Flimmo-Kinderbefragung 2005: Fernsehen im Vorschulalter. Gruppenerhebung und Einzelinterviews mit 3- bis 6-Jährigen.
http://www.flimmo.de/downloads/BerichtVorschulalter.pdf (25.5.2012)

Lillard, Angeline S./Peterson, Jennifer: The Immediate Impact of Different Types of Television on Young Children's Executive Function. In: Pediatrics (2011)
http://pediatrics.aappublications.org/content/early/2011/09/08/peds.2010-1919.full.pdf+html (25.5.2012)

JULIA KNOPF

Detektivgeschichten und Lesekompetenz

Abstract

*Gegenstand des Beitrags ist die Frage, wie Detektivgeschichten in den Anfangsun-
terricht integriert werden können, damit sie zu einer Förderung der Lesekompetenz
beitragen. Durch die Auswahl geeigneter Detektivgeschichten und entsprechender
Aufgaben erfahren Schüler von Anfang an das Lesen als buchstäbliche Schlüsselkompetenz bei der Aufklärung eines Falls.*

1. Lesen als Schlüsselkompetenz

Gemeinsam mit dem Schreiben gilt das Lesen als Schlüsselkompetenz und stellt die
Grundlage für die selbstständige Teilnahme an der Schriftkultur dar. Vor diesem Hintergrund ist es die Aufgabe des Schriftspracherwerbs, den Kindern nicht nur Lesetechni-
ken zu vermitteln, sondern ihnen vor allem auch Anregungen für das außerschulische
Lesen aufzuzeigen. Damit die Schüler Lesen als bedeutsam erfahren, empfiehlt beispielsweise der bayerische Lehrplan eine einfühlende, handelnde, produktive und ana-
lysierende Auseinandersetzung mit verschiedenen Textsorten (vgl. Lehrplan für die
Grundschulen in Bayern 2000). Bei Detektivgeschichten handelt es sich um eine Textsorte, anhand derer Lesen als buchstäbliche Schlüsselkompetenz erlebt werden kann.
Die Auswahl geeigneter Detektivgeschichten und die Konstruktion guter Aufgaben
führen dazu, dass Schüler das Lesen im wahrsten Sinne des Wortes als Schlüssel zur
Aufklärung eines Falls erfahren können.

Nachfolgend wird daher die Frage thematisiert, wie eine Integration von Detektivgeschichten in den Anfangsunterricht gelingen kann, so dass alle Teilprozesse des Lesens
im Blick sind, insbesondere auch hierarchieniedrigere Prozesse des Erstleseunterrichts.
Dabei wird auf die für Detektivgeschichten typischen Merkmale wie Geheimschriften
ebenso eingegangen wie auf die besondere Rolle der Bilder, da auch sie zur Förderung
des Lesens beitragen können. Im Anschluss daran geraten andere mediale Darstellungs-
varianten wie Hörspiele/-bücher und deren Verwendung im Leseunterricht in den
Blick.

2. Detektivgeschichten im Deutschunterricht

Wann immer Verbrechen auf spannend-unterhaltsame Weise thematisiert werden (vgl.
Suerbaum 1984), haben sich mittlerweile die Bezeichnungen „Kriminalroman", „Kri-

minalerzählung" oder „Krimi" durchgesetzt (vgl. Lange 2002 und 2004). Aufgrund
struktureller Unterschiede werden innerhalb der Gattung „Krimi" Verbrechens- und
Detektivgeschichten voneinander abgegrenzt (vgl. Alewyn 1998; Gerber 1998).
Gemeinsam ist beiden Textsorten zunächst der begrenzte Personenkreis; meist handelt
es sich um Detektive, Verbrecher, Opfer, Zeugen, Verdächtige und Täter. Charakteris-
tisch ist zudem die spezifische Spannung erzeugende Erzählstruktur. Sie entsteht unter
anderem dadurch, dass die Geschichten in eine vermeintlich realistische Situation ein-
gebettet sind. Der Leser soll immer im Glauben daran gelassen werden, dass die Handlung nicht fiktiv, sondern real ist (vgl. Suerbaum 1984). Die besondere Anteilnahme des
Lesers am Geschehen kann sowohl bei der Rezeption von Verbrechens- als auch Detektivgeschichten beobachtet werden und gilt als weitere Gemeinsamkeit.

Daneben gibt es Unterschiede zwischen den beiden Formen. So thematisiert die Verbre-
chensgeschichte die Planung, Durchführung und Aufklärung eines Verbrechens, die
Detektivgeschichte hingegen spart die Planung und Durchführung aus und setzt stattdessen unmittelbar mit dem Verbrechen ein (vgl. Alewyn 1998). Marsch differenziert
innerhalb dieser Form zwei weitere Typen in Abhängigkeit von der Anordnung der einzelnen Bestandteile und der Positionierung des Erzähleinsatzes. Beim ersten Typus
beginnt die Handlung mit dem Verbrechen, und durch die Detektion werden die Vorgeschichte und der Tathergang sowie die Motive des Täters allmählich aufgedeckt. Dieser
Fall entspricht in der Klassifikation von Alewyn der klassischen Detektivgeschichte.

Beim zweiten Typus liegen das Verbrechen und seine Vorgeschichte im Unerzählten.
Nur durch Zufall oder durch unbedeutende Hinweise beginnt eine Detektion, in deren
Verlauf das Verbrechen nachträglich erst entdeckt wird (vgl. Marsch 1983). Der Weg bis
zur Aufklärung des Verbrechens ist dabei von Verzögerungen, überraschenden Wen-
dungen und schrittweisen Enthüllungen gekennzeichnet. Hier muss sich der Detektiv
bewähren: Er greift auf Indizien zurück, kombiniert Hinweise und zieht daraus logische
Schlussfolgerungen. Dies dauert so lange, bis er den oder die Täter identifiziert hat. Als
Aufklärer mit äußerst guter Intuition steht er im Mittelpunkt des Interesses und fungiert
als Identifikationsfigur, da der Leser während des Rezeptionsprozesses seine Wünsche
– vor allem die Wiederherstellung der alten Ordnung – auf den Detektiv projiziert. Ist
der Fall gelöst, ist der Leser beruhigt und fühlt sich bestätigt. Meist kann er die
Lösungsschritte nachvollziehen und manchmal sogar schon während der Rezeption
vorwegnehmen.[1] Stenzel bezeichnet die Rezeption einer Detektivgeschichte daher als
„intellektuelles Vergnügen" (Stenzel 2002, S. 21) für den Leser.

Dieses Vergnügen kann der Anfangsunterricht nutzen. Allerdings wurde das Potential
der Detektivgeschichte für die Primarstufe erst spät erkannt. Mit Enid Blytons *Fünf
Freunde*, Astrid Lindgrens *Kalle Blomquist* und Erich Kästners *Emil und die Detektive*
entdeckte man die Vorzüge dieser Gattung, wenn auch zunächst vor allem für die zweite
bis vierte Jahrgangsstufe. Im Anfangsunterricht spielten sie bisher kaum eine Rolle.
Dies verwundert, verfügen doch bereits Erstklässler über alle entwicklungspsychologi-

---

[1]   Ein offenes Ende ist in Detektivgeschichten für Kinder selten.

schen Voraussetzungen zur Rezeption von Detektivgeschichten. So verweist Dankert auf die „Loslösung vom frühkindlichen Egozentrismus sozialer wie intellektueller Art" (Dankert 1984, S. 148), was dazu führt, dass Schüler zunehmend zur Kooperation, Diskussion, Begründung, Rechtfertigung, zum Beweisen und zur Fähigkeit logischer Operationen in der Lage sind. Damit einher geht auch die Lust am logischen Kombinieren. Im Alter von sechs bzw. sieben Jahren entwickeln sich „Qualitäten mit Einfluss auch auf das Rezeptionsvermögen, die für den Genuss einer Detektivgeschichte unabdingbar erscheinen" (Oetken 2002, S. 71).

Die Vorteile des Einsatzes von Detektivgeschichten können auch für den Erstleseunterricht genutzt werden. Texte werden vor allem deswegen im Leseunterricht eingesetzt, weil sie das Leseverstehen verbessern und die Motivation am Lesen steigern können. Zwei Lesefunktionen von Detektivgeschichten hebt Peter Nusser hervor, die er auch als Unterhaltungsfunktionen bezeichnet: Zum einen durchlebe der Leser ein kalkuliertes Angstpotential. Das Gewohnte werde zwar zu Beginn in Frage gestellt, doch sei dem Leser stets bewusst, dass sich die anfängliche Verunsicherung – ähnlich wie im Märchen – am Ende auflöst. In der erlebten Spannung bestehe der zentrale Leseanreiz von Detektivgeschichten. Zum anderen gründe er im Identifikationsangebot, denn der Detektiv fungiere für den Leser als Vorbild (vgl. Nusser 1975). Ähnlich sieht es auch Günter Lange, wenn er hervorhebt, dass die Kinder- und Jugendbuchkritiker der Gattung „eine wichtige Vorbildfunktion" zuschreiben, „da die Protagonisten die gesellschaftlichen Normen und Werte repräsentieren." (Lange 2002, S. 16). Tatsächlich verfügen Detektive in der Regel über ausschließlich positive Charakterzüge: Sie sind schlau, zielstrebig, mutig, neugierig und lassen sich selbst durch Rückschläge nicht von ihrem Vorhaben abbringen. Neben diesen beiden Funktionen – dem kalkulierten Angstpotential und dem Identifikationsangebot – führen sicher auch die ungewöhnlichen Lösungsansätze und die dadurch entstehende kognitive Herausforderung dazu, dass sich Kinder von diesem Genre angezogen fühlen.

Die folgende Übersicht enthält Detektivgeschichten, die speziell für den Anfangsunterricht der Grundschule (vgl. Conrady 2008) geeignet sind:[2]

Autor/in/Titel/Verlag	Materialien	Kurzbeschreibung
Bartl, Almuth; Wandrey, Guido: Wer hilft Inspektor Quak? (Cornelsen)	Lernspiel-Krimis	Der Frosch Amphibius Quak ist Oberinspektor in Quakenbrück und löst dort als Tierdetektiv die unterschiedlichsten Fälle.
Bauer, Insa: Knifflige Fälle für Pia und Mecki (Arena)	Buch	Pia und Mecki lösen zusammen die kniffligsten Fälle in ihrer Umgebung. Dabei können sie auch auf die Hilfe ihres Spürhundes Lilli zählen.
Boehme, Julia: Conni und die Detektive (Carlsen)	Buch, Hörspiel	In einem der bekannten Conni-Bände macht sich die Protagonistin Conni gemeinsam mit ihren Freunden Anna, Billi, Paul und dem Hund Nicki auf die Suche nach einem Dieb an ihrer Schule.

---

[2] Wegen der Vielzahl an Literatur erhebt diese Liste keinen Anspruch auf Vollständigkeit.

Kalwitzki, Sabine; Zimmer, Christian: Das Geheimnis der goldenen Schlangen (Arena)	Buch, Leseübungsheft	In der Detektivgeschichte zum Mitraten verfolgen Caro, Paul und der Hund Benno die Spur zu einem Kunstdieb, der die goldenen Schlangen einer ägyptischen Königin aus einem Museum gestohlen hat.
König, Christina/Beek-Gotzen, Betina: Vier Spürnasen im Baumhaus (Loewe)	Buch	Die drei Superspürnasen Marie, Aline und Paule sowie der Superspürhund Baffi haben in einem Baumhaus ihre Geheimzentrale. Von dort aus klären sie verschiedenste Vorkommnisse im Wald auf.
Königsberg, Katja et al.: Knifflige Fälle. Spannende Detektivgeschichten (Ravensburger)	Geschichtensammlung	Henri bekommt es in einer Geschichte mit einem Juwelendieb zu tun, Benjamin Katz ist einem Gespenst auf der Spur und das Detektivpaar Schnüff und Schnief sucht einen Wellensittich.
Pauls, Wolfgang: Kommissar Spaghetti und das Schwein im Lehrerzimmer (dtv)	Buch, Literaturseiten[3]	Kommissar Spaghetti ist Hausmeister der Erich-Kästner Schule und Hobbydetektiv. Gemeinsam mit den Kindern unternimmt er in mehreren Bänden alles, um die Rektorin Isabella Nothnagel zu verärgern.
Reider, Katja: Schnüffler und Schnauze (Ravensburger)	Buch	Superdetektiv Til und sein Assistent, der Hund Watson, machen sich gemeinsam auf die Suche nach einem verschwundenen Roller. In weiteren Geschichten lösen andere Detektivteams spannende Fälle.
Reider, Katja/ten Cate, Marijke: Detektivgeschichten zum Mitraten (Ravensburger)	Buch	Die einzelnen Fälle ereignen sich in der Schule. Da es keine Detektive gibt, müssen die Leser den Diebstahl der Torte beim Klassenfasching klären.
Sengelhoff, Barbara: Klug kombiniert, Spürnase (Arena)	Buch	In diesem Band lernen die Schüler die einzelnen Arbeitsbereiche eines Detektivs kennen und erproben diese (zum Beispiel das Erstellen von Fingerabdrücken oder das Entziffern von Geheimschriften).
Vogel, Maja von; Zimmer, Christian: Die Schuldetektive (Loewe)	Buch	Die Schuldetektive Ben, Anton und Caro klären gemeinsam seltsame Vorfälle an ihrer Schule auf. So machen sie sich auf die Suche nach dem entführten Schulfisch Blubb und entlarven einen Pausengeist.
Vogel, Maja von; Zimmer, Christian: Die Schuldetektive und das Schokomonster (Loewe)	Buch, Lesebegleitheft,[4]	Dieser Band der Serie ist Teil eines Literaturprojekts. Daher existieren verschiedene Zusatzmaterialien. Die Kinder Ben, Anton und Caro versuchen darin seltsame Vorfälle auf dem Schulfest aufzuklären.
Wehren, Bernd: Lesen mit Detektiv Pfiffig (Auer)	Kurze Texte mit Kopiervorlagen	Detektiv Pfiffig fungiert in diesem Band als Identifikationsfigur. Die Kinder lernen seinen Tätigkeitsbereich kennen und erkunden diesen eigenständig durch das Erlesen kleiner Aufgaben.

---

[3] Die Literaturseiten sind von Kohl 2011.
[4] Das Lesebegleitheft ist von Schulze 2007.

Wilke, Jutta: Klarer Fall für Anna Blum (Duden)	Buch mit Lösungsschlüssel	Anna Blum muss einige Fälle aufklären. Dabei braucht sie die Hilfe der Leser, denen zur Überprüfung ihrer Lösung Schablonen zur Verfügung stehen.
Wittenburg, Christiane: Die Spur zum Kellerfenster (Loewe)	Geschichtensammlung mit Arbeitsblättern	Das Detektivteam besteht aus Paula, den Zwillingen Jo und Hannes sowie dem Hund Frau Meier, die auf der Suche nach einem verschwundenen Hamster sind.

Tab. 1 *Geeignete Detektivgeschichten für den Anfangsunterricht*

Die Detektive in den Texten sind Kinder, die allein, wie etwa Anna Blum in Jutta Wilkes Geschichte *Klarer Fall für Anna Blum* (vgl. Wilke 2011) oder in der Gruppe ein Verbrechen aufklären, wie die *Vier Spürnasen im Baumhaus* von Christina König und Betina Beek-Gotzen (vgl. König / Beek-Gotzen 2003). Die Gruppen sind wiederum unterschiedlich zusammengesetzt: *Die Schuldetektive* etwa (vgl. von Vogel / Zimmer 2005) bestehen aus Jungen und Mädchen. Viele Detektivteams werden bei der Aufklärung von Tieren, vor allem Spürhunden, unterstützt, zum Beispiel *Conni und die Detektive* (vgl. Böhme 2011). Aber auch Erwachsene wie *Kommissar Spaghetti* (vgl. Pauls 2011) nehmen die Rolle eines Detektivs ein. Hier beteiligen sich allerdings Kinder als Identifikationsfiguren an der Aufklärung. Beliebt ist daneben die Struktur, dass Erwachsene von Kindern ausgespielt werden (vgl. Dahrendorf 1977). Die Erwachsenen verhalten sich in diesen Detektivgeschichten besonders ungeschickt und werden von den Kinderdetektiven vorgeführt. Tierdetektive wie Inspektor Quak (vgl. Bartl / Wandrey 2004) sind eher selten, dies liegt vielleicht daran, dass Tiere der Geschichte wieder verstärkt fiktionalen Charakter verleihen. In Detektivgeschichten zum Mitraten (vgl. Stenzel 2002) werden die Leser an der Auflösung des Falls beteiligt und fungieren selbst als Detektive. Dies hat Auswirkungen auf den Verlauf der Geschichte. Löst der Leser den Fall nicht, wird die Geschichte unterbrochen und kann nur dann fortgesetzt werden, wenn die Lösung, die sich meistens auf den letzten Buchseiten findet, nachgeschlagen wird. Beispielhaft sind hier die Geschichten zum Mitraten von Fabian Lenk und Wilfried Gebhard (vgl. Lenk / Gebhard 2010). Sind die Leser ein Teil des Detektivteams, wie bei *Klarer Fall für Anna Blum* (vgl. Wilke 2011), geben die Detektive nach einer kurzen Nachdenkzeit selbst die Lösung preis.

3. Möglichkeiten zur Förderung der Lesekompetenz durch Detektivgeschichten

Juliane Köster und Cornelia Rosebrock zufolge lesen Kinder erst mit etwa neun Jahren eigenständig solche Texte, die ihren Fähigkeiten zum Textverstehen entsprechen (vgl. Köster / Rosebrock 2009). Dies liegt vor allem darin begründet, dass im Anfangsunterricht die Automatisierung hierarchieniedriger Prozesse, etwa Dekodierübungen auf

Wortebene, im Mittelpunkt steht (vgl. Rosebrock/Nix 2008). Den Forderungen, die lustvoll erlebte Praxis des Vorlesens in der Grundschule zu erweitern (vgl. Graf 1995), Lesemotivation zu entwickeln oder bei Schülern ein „Lese-Engagement" aufzubauen (Guthrie/Wigfield 2000, S. 406), kann so aber kaum entsprochen werden. Daher verwundert es nicht, dass ein erster Leseknick teilweise schon nach der zweiten Klasse ermittelt wird (vgl. Richter/Plath 2005). „Wenn es in dieser Entwicklungsphase nicht gelingt, das Lesen als eine lustvolle und bereichernde Praxis der medialen Aneignung erfahrbar zu machen, dann entwickeln viele Kinder bereits während der Grundschulzeit eine Präferenz für auditive und audiovisuelle Medien." (Garbe 2010, S. 17). Im Folgenden soll deshalb gezeigt werden, wie mit Hilfe von Detektivgeschichten sämtliche Teilprozesse des Lesens als etwas Bereicherndes erfahrbar werden können. Dabei geraten insbesondere die Steigerung der Leseleistungen unter anderem durch Dekodierübungen auf Wortebene und die Verbesserung des Leseverstehens durch die Anwendung von Lesestrategien in den Blick (vgl. Rosebrock/Nix 2008).

Viele Detektivgeschichten zielen darauf ab, die Leseleistungen auf allen Prozessebenen zu steigern. Dies wird unter anderem durch unterschiedliche Dekodierübungen auf der Wortebene erreicht. Ein Beispiel hierfür findet sich in Christiane Wittenburgs *Die Spur zum Kellerfenster* (Wittenburg 2008, 14 f.). Abgebildet sind dort ein kurzer Text und eine Illustration mit den zentralen Textinhalten. In diese Illustration hat der Zeichner außerdem alle Buchstaben des Alphabets integriert. Die Leser haben nun die Aufgabe, die Buchstaben im Bild zu suchen, zu zählen und das korrekte Ergebnis innerhalb mehrerer vorgegebener Antwortalternativen zu identifizieren. Mit der richtigen Antwort ist ein Buchstabe verknüpft, der auf einer Detektivseite eingetragen wird. Es bietet sich an, die Aufgabenstellung dahingehend auszubauen, die Kinder auch im kurzen Begleittext vorgegebene Buchstaben aufspüren zu lassen. Die Buchstaben werden in einem ersten Schritt gezählt. Wenn dann die Zahl der Buchstaben der Zahl der Täter in der Geschichte entspricht, trägt das Ergebnis unmittelbar zur Lösung des Falls bei.

Eine andere Übung zum Dekodieren auf Wortebene bietet *Klug kombiniert, Spürnase* von Barbara Sengelhoff. Hier soll der Leser die Bilder berühmter Detektive vergleichen und übereinstimmende Bilder verbinden. Arbeitet er korrekt, erhält er durch die Kombination verschiedener Großbuchstaben ein Lösungswort, das synthetisiert und dekodiert werden muss (vgl. Sengelhoff 2009).

Gemeinsam mit einem anderen Detektiv, Detektiv Pfiffig, suchen die Leser in Bernd Wehrens *Lesen mit Detektiv Pfiffig* aus einer Tabelle die am Rand verschriftlichten Gegenstände, kreisen diese im dazugehörigen Bild ein und verbinden das Schriftbild mit dem abgebildeten Gegenstand. Zunächst handelt es sich hierbei nur um kurze, lauttreue Wörter. Schwieriger wird es, wenn verschiedene Suchbegriffe vorgegeben sind, die sich in einzelnen Graphemen voneinander unterscheiden. Kinder, die das Wort nicht vollständig dekodieren und stattdessen früh mit dem Erraten beginnen, suchen nach dem falschen Gegenstand im Bild (vgl. Wehren 2010).

Andere Detektivaufgaben beschäftigen sich mit dem Erkennen von Buchstabenfolgen und tragen damit zur Verbesserung der Leseflüssigkeit bei. Auch dies führt zu einer

Steigerung der Leseleistung. Als Antworten auf die Frage „Was trägt Anna?" in der Ganzschrift *Klarer Fall für Anna Blum* (vgl. Wilke 2011) werden den Kindern die folgenden Alternativen vorgegeben: ELLIRB, EILLRB und ERILLB. Hier ist genaues, buchstabenweises Erlesen gefordert, um zur richtigen Lösung zu gelangen. Die Lösung trägt zur Personenbeschreibung von Anna Blum bei. Eine andere Aufgabenstellung, die aber das gleiche Ziel verfolgt, bietet *Die Spur zum Kellerfenster*. Hier sollen die Leser aus unterschiedlichen Wörtern bestimmte Buchstabenfolgen identifizieren und die Häufigkeit des Vorkommens dieser Kombination korrekt ankreuzen. Die Zahl ist dann erneut bedeutsam für die Fortführung des Falls (vgl. Wittenburg 2008).

Zentral bei der Rezeption von Detektivgeschichten ist die Notwendigkeit, bereits zu einem frühen Zeitpunkt der Leseentwicklung erste Lesestrategien zur Verbesserung des Leseverstehens einzusetzen. Lesestrategien und damit das Verstehen von Sinnzusammenhängen auf der Satz- und Textebene sind im Kontext des Schriftspracherwerbs bisher nur wenig thematisiert worden. Empirische Befunde weisen aber darauf hin, dass der semantische Kontext gerade leseschwachen Kindern bei der Sinnentnahme hilft, weil er zur Aktivierung semantischer Felder im inneren Lexikon beiträgt (vgl. Marx 2007; Schründer-Lenzen 2009; Schenk 2009; Bredel/Fuhrop/Noack 2011).

So sind bei Detektivgeschichten Wörter wie Detektiv, Tatort, Täter, Dieb schon vorab aktiviert und erleichtern das Lesen. Wenn die Einzelwortdekodierung zu lange dauert, weichen die SchülerInnen aber nicht nur auf den semantischen Kontext aus, sondern nutzen auch die Satzstruktur. In dem Satz „Der Detektiv erwischt den XX" kann an der Leerstelle nur ein Nomen und evtuell ein Adjektiv stehen: „flüchtigen Dieb". Damit dies den Kindern gelingt, müssen sie frühzeitig über Lesestrategien unterschiedlichster Art verfügen (vgl. Beisbart/Popp 2010). Deren Anwendung erfolgt bei der Rezeption von Kriminalgeschichten automatisch: Sie müssen nicht eingefordert werden, weil die Geschichte selbst und der Wunsch zur Lösung des Falls zur Anwendung der Strategien motivieren.

Eine kognitiv-analytische Strategie ist zum Beispiel das genaue Lesen: „Die Beteiligung des Lesers an der Lösung des Falles verhindert [...], dass er nur flüchtig liest, denn jeder einzelne Hinweis im Text kann für die Lösung des Falles bedeutsam sein." (Lange 2002, S. 16). Diese Hinweise sind im Text verstreut und manchmal werden die Leser auch auf falsche Fährten gelockt (vgl. Stenzel 2002). Immer wird aber das genaue Lesen belohnt, indem die Leser der Aufklärung einen Schritt näher kommen. Zur Ermittlung wichtiger Informationen müssen sie sich entweder erinnern, über eine Gesamtvorstellung bzw. ein mentales Modell (vgl. Beisbart/Popp 2010) des Textes im Kopf verfügen oder noch einmal im Text nachlesen. Kognitiv-analytische Strategien sind auch dann erforderlich, wenn Hauptaussagen, zum Beispiel aus Zeugenberichten, in denen auch unwichtige Informationen vorhanden sind, gefiltert oder wenn Verknüpfungen zwischen einzelnen Sätzen und Textabschnitten hergestellt werden müssen (vgl. Rupp/Bonholt 2004).

Neben kognitiv-analytischen kommen auch ganzheitlich-imaginative Lesestrategien bei der Konstruktion des Textsinns zur Anwendung (vgl. Beisbart/Popp 2010). Hierzu gehören die Übernahme unterschiedlicher Perspektiven oder das Hineinversetzen in einzelne Figuren, zum Beispiel Verdächtige, um Verknüpfungen zwischen unterschiedlichen Indizien herzustellen und logische Schlussfolgerungen zu ziehen. Metakognitive Lesestrategien wie die Reflexion über das Gelesene sind besonders wichtig (vgl. Spinner 2010). Die Antwort auf die in diesem Zusammenhang oft gestellte Frage „Kann ich die Information nutzen?", ergibt sich automatisch: Die Kinder brauchen sämtliche Informationen, um die nächste Stufe auf dem Weg zur Lösung des Falls zu erreichen. So geht es zum Beispiel in der bereits erwähnten Geschichte *Klug kombiniert, Spürnase* um das genaue, sinnentnehmende Lesen. Die Kinder des Detektivteams fliehen darin in einen leeren Wandschrank. Dies ist eine entscheidende Information, denn sie dürfen von den Tätern in ihrem Versteck nicht entdeckt werden. Drei Antwortmöglichkeiten stehen auf die Frage „Wohin flüchten die Kinder?" zur Verfügung: „1. Die Kinder versteckten sich im anderen Zimmer. 2. Die Kinder flüchteten hinter einen Wandschrank. 3. Die Kinder flüchteten in einen leeren Wandschrank." (Sengelhoff 2009, S. 26 f.).

4. Bilder in Detektivgeschichten für den Erstleseunterricht nutzen

Wie in allen anderen Lesetexten für den Anfangsunterricht stößt man auch in Detektivgeschichten auf verschiedene Abbildungen. Michael Baum sieht den Vorteil diskontinuierlicher Texte unter anderem darin, dass Bilder den Rhythmus der Beobachtung nicht vorgeben, sondern frei sind für „geduldige kognitive oder produktiv-verändernde Unterrichtsarbeit" (Baum 2010, S. 204). Bei Detektivgeschichten ist interessant, in welcher Weise sich Bild und Text aufeinander beziehen (vgl. Baum 2006), da sich auch daraus gute Aufgaben für den Leseunterricht auf allen Prozessebenen konstruieren lassen. Folgende Funktionen von Bildern werden nachfolgend thematisiert: die Veranschaulichung des Gelesenen, die Überprüfung des Leseverständnisses, das Ersetzen ganzer Textteile, die Rolle der Bilder in Anleitungen und Geheimschriften als besondere Art von Bildern.

Bilder haben zunächst auch in Detektivgeschichten die Funktion, das Gelesene zu veranschaulichen. Dies zeigt sich vor allem in den unterschiedlichen Ganzschriften. Die kurzen Textpassagen werden hier durch die Darstellung des Geschehens so illustriert, dass Fragen, die auf das sinnentnehmende Lesen abzielen, zum Teil auch mit Hilfe des Bildes gelöst werden können. Da dies jedoch nicht immer möglich ist, lernen die Kinder frühzeitig, sich nicht nur – wie im Bilderbuch – ausschließlich auf die Abbildungen zu verlassen, sondern werden auch zur Anwendung kognitiv-analytischer Lesestrategien, hier vor allem dem wiederholenden Lesen, angehalten. Ein Beispiel dafür wäre das Buch *Klarer Fall für Anna Blum* (vgl. Wilke 2011). Eine Analyse der Illustrationen zeigt ferner, dass darin oft kleine schriftliche Hinweise versteckt sind. Auf diese Weise müssen die Kinder nicht nur das Bild genau betrachten, sondern darüber hinaus die kurzen Botschaften dekodieren. In der Detektivgeschichte *Das Geheimnis der goldenen Schlangen* (vgl. Kalwitzki 2010) sind die Umzugskartons beschriftet, in denen die aus dem Museum gestohlene Schlange der ägyptischen Königin versteckt ist, und in der Geschichte von König und Beek-Gotzen befindet sich der Briefinhalt, den die Försterin Frau Schulze an den Detektiv Hannes schreibt, harmonisch in die Illustration integriert (vgl. König/Beek-Gotzen 2003).

Bilder in Detektivgeschichten haben ferner die Funktion, das Leseverständnis zu überprüfen. Dies ist dann der Fall, wenn der Leser mit Hilfe der Informationen aus dem Text ein Phantombild des Täters malen (vgl. Putler 2003) oder den Täter aus einem Verdächtigenkreis identifizieren soll. Solche Phantombilder können auch auf verschiedenen Internetseiten eigenständig für den Unterricht erstellt werden. Die Nähe der Detektivgeschichten zur bereits bekannten Schatzsuche oder zur Schnitzeljagd spiegelt sich in den vielen Stadtplänen und Landkarten wieder, in die die Kinder ihren Weg zum Täter oder zur Beute einzeichnen, wie dies zum Beispiel in *Klug kombiniert, Spürnase* (vgl. Sengelhoff 2011) der Fall ist. Solche Karten werden lesebegleitend eingesetzt.

In Detektivgeschichten erfüllen Bilder noch eine dritte Aufgabe: Manchmal ersetzen sie ganze Textteile und zögern auf diese Weise die Lösung des Falls hinaus. So müssen die Leser zuweilen nach kurzen einführenden Texten erst den Unterschied zwischen zwei nahezu identischen Bildern entdecken, bevor sie das Verbrechen aufklären können. In anderen Fällen erstellen sie selbst ein Bild aus einzelnen Puzzleteilen, aus dem dann entscheidende Informationen hervorgehen, oder suchen in Wimmelbildern nach der richtigen Lösung (vgl. Press 2006).

Besonders häufig tauchen Bilder in Detektivgeschichten als Bestandteile von Anleitungen auf. Gemeinsam mit den komplexen Anweisungen bilden sie den Anleitungskern (vgl. Becker-Mrotzek 1997). Wenn Kinder zum Beispiel Fingerabdrücke erstellen oder Geheimbotschaften verfassen, greifen sie auf solche Anleitungen zurück. Sie werden hier selbst zu Detektiven und haben die Aufgabe, die einzelnen Teilschritte einer Anleitung zu erfassen und diese in der richtigen Reihenfolge auszuführen (vgl. Sengelhoff 2009). Bezüglich des Verhältnisses von Text und Bild in den Anleitungen bietet sich – je nach individueller Lesekompetenz – eine Differenzierung an. Schwächere Leser erhalten die Bilderabfolgen nur in Verbindung mit einzelnen, zentralen Begriffen oder Stichpunkten, stärkere Leser bekommen schon kurze Anweisungstexte (vgl. Kroth 2006). Hier dienen die Bilder dann nur noch der Absicherung.

Als besondere Art von Bildern können Geheimschriften angesehen werden, die ebenfalls oft Bestandteil der Lesetexte sind. Für den Einsatz von Geheimschriften im Leseunterricht finden sich in der Literatur unzählige Beispiele zur Förderung aller Stufen der Leseentwicklung. So können sowohl einzelne Buchstaben, kurze Wörter oder ganze Texte verschlüsselt werden. Bei kurzen Botschaften sind die Blindenschrift oder das Morsealphabet besonders geeignet. Auch Lösungsschablonen und Codierscheiben unterstützen die Dekodierung auf Wortebene, wenn Kinder mit Hilfe eines Lösungscodes die Zeichen in Buchstaben übersetzen, rekodieren, synthetisieren und die Botschaft dekodieren sollen. Stärkere Leser, deren Sichtwortschatz schon ausgeprägt ist, antizipieren allein auf der Basis erster Buchstabenkombinationen das Lösungswort.

Komplexere Botschaften lassen sich zudem mit Hilfe von Zaubertinte verschlüsseln. Auch Geheimschriften, die durch Präfigierung und/oder Suffigierung (*Verichung verkommeung verheuteung*) entstehen, oder Spiegelschrift (*sad kcetsreV tsi mi dlaW*) eignen sich und tragen zur Steigerung der Leseleistungen auf allen Ebenen bei. Besonders vorteilhaft für den Einsatz im Erstleseunterricht ist eine Geheimschrift, die die Buchstaben durcheinander würfelt (*Gsehcülttet, nhict grehrüt*). An dieser Geheimschrift zeigt sich der Unterschied zwischen geübten und ungeübten Lesern. Geübte Leser verzichten in der Regel auf die Rekodierleistungen unterer Ebenen und greifen unmittelbar auf das Wort und seine Bedeutung zurück. Die Wörter werden unabhängig von ihrer konkreten optischen bzw. typographischen Form ohne die Operationen der hierarchieniedrigen Leseprozessebene sofort erkannt. Wichtig ist nur, dass der erste und letzte Buchstabe mit dem ursprünglichen Wort übereinstimmen. Der geübte Leser verfügt über einen Sichtwortschatz, ein inneres Lexikon, das nicht visuell, sondern kognitiv gesteuert ist (vgl. Marx 2007; Schründer-Lenzen 2009; Schenk 2009; Bredel/Fuhrop/Noack 2011) und kann daher die Botschaft *Gsehcülttet, nhict grehrüt.* ohne Weiteres entschlüsseln. Bei Leseanfängern erfordert dies eine kognitive Leistung.

5. Medial inszenierte Detektivgeschichten als Unterstützung des Leseprozesses

Viele Detektivgeschichten sind auch als Hörspiel/-buch oder Film vorhanden. Die Rezeption solcher Darstellungsformen führt zu einer Entlastung des eigenen Lesens, was vor allem zu Beginn des Schriftspracherwerbs wichtig ist. Mechthild Dehn betont in diesem Zusammenhang:

> Wer Geschichten hört […], versetzt sich in seiner Vorstellung in andere Welten, erlebt mit, was Figuren erleben, erinnert sich an eigene Erfahrungen, kurz: Er gewinnt Abstand von der augenblicklichen Situation." (Dehn 2010, S. 136).

Dies gilt auch für die Rezeption von Detektivgeschichten im Medienverbund. Neben mediendidaktischen Zielen, verfolgt sie das Ziel, den Übergang zum eigenen Lesen zu begleiten (vgl. Graf 2010). Die Zahl der geeigneten Texte aus Tabelle 1 lässt sich insofern noch erweitern, weil sich Hörkrimis und Filme, deren Bücher erst für die zweite oder dritte Lesestufe gedacht sind, schon für die erste Lesestufe eignen. Am Beispiel der Hörspiele/-bücher kann dies verdeutlicht werden (vgl. Tab. 2):

Autor/in/Titel/Verlag	Kurzbeschreibung
Blyton, Enid: Die fünf Freunde (Hörspiel) (Europa)	Die Fünf Freunde Anne, Georg (die eigentlich Georgina heißt), Richard, Julius und der Hund Timmy versuchen in alten Gemäuern, dunklen Höhlen oder unterirdischen Gängen verborgene Schätze aufzuspüren oder sich gegen finstere Gestalten zu behaupten.
Kästner, Erich: Emil und die Detektive (Hörspiel) (Oetinger)	Emil Tischbein soll die Ferien bei Verwandten in Berlin verbringen. Auf der Bahnfahrt dorthin wird sein Geld gestohlen, während er schläft. Er verdächtigt den einzigen weiteren Fahrgast in seinem Abteil, und Emil folgt ihm quer durch Berlin. Seine Freunde helfen ihm dabei.

Lindgren, Astrid: Kalle Blomquist (Hörspiel) (Oetinger)	Der Meisterdetektiv Kalle Blomquist aus Kleinköping hilft der Polizei bei der Aufklärung eines Juwelendiebstahls. Endlich hat er die Möglichkeit, ein berühmter Detektiv zu werden.
Mai, Manfred: Detektivgeschichten (Hörbuch) (Jumbo)	Die verschiedenen Detektive stellen den Tätern Fallen, befragen Verdächtige oder legen sich auf die Lauer. Die einzelnen Geschichten sind mit Musik unterlegt und regen auch zum Mitsingen an.
Präkelt, Volker: Detektive / Geheimnis der Schrift (Hörspiel) (Der Hörverlag)	Ein blutroter Fleck im Studio! Marvi Hämmer traut seinen Augen kaum. Der Privatdetektiv Phil und die World Reporter machen sich mit Marvi auf Gangsterjagd. Kaum ist der Fall gelöst, erhält Marvi einen geheimnisvollen Brief, den sie nur mit der Schriftexpertin Seraphia Papyra entschlüsselt.
Weinman Sharmat, Marjorie: Nick Nase (Hörspiel) (Igel)	Gemeinsam mit seinem Detektivhund Schnuffel löst Nick Nase verschiedene Vorfälle am Strand, begegnet schaurigen Geistern oder sucht nach verschwundenen Gegenständen.

Tab. 2 *Geeignete Hörspiele und Hörbücher für den Anfangsunterricht*

Auch das Internet bietet viele Leseanreize für die erste Jahrgangsstufe. Auf Detektivseiten zu bekannten Detektivgeschichten – verwiesen sei etwa auf die *Fünf Freunde oder Kommissar Kugelblitz* – erwarten die Kinder weitere Detektivgeschichten und alle wichtigen Informationen zu den Kommissaren, die ergänzend im Unterricht eingesetzt werden können. Andere Anregungen zum Thema *Detektiv* finden sich zudem in Einführungen in die Arbeit mit Geheimschriften und für Detektivgeschichten zum Anhören. Mit ihnen lassen sich neben den Teilaspekten der Lesekompetenz auch die für hypermediale Texte charakteristische Kompetenz zur Rezeption diskontinuierlicher Texte fördern.

Zusammenfassend kann festgehalten werden, dass die Rezeption von Detektivgeschichten und die dazugehörigen Aufgaben zu einer Förderung der Lesekompetenz beitragen können. Die Möglichkeit zur Verbesserung der Leseanimation und damit zur Steigerung der Motivation (vgl. Rosebrock/Nix 2008) ist in allen Aufgaben gegeben. Die Kinder erfahren durch Detektivgeschichten frühzeitig den Genuss des Lesens. Dies gilt für Jungen und Mädchen gleichermaßen, da Detektivgeschichten dem Lesebedürfnis und den Leseinteressen beider Geschlechter entgegen kommen (vgl. Plath/Richter 2010). Voraussetzung ist jedoch eine sorgfältige Prüfung der Texte und der Aufgabenstellungen, da einige Materialien das Interesse der Kinder am Thema *Detektiv* mit getarnten Detektivaufgaben, die auch ohne die inhaltliche Einbettung in Detektivgeschichten funktionieren, ausnutzen. Wenn Kinder alle Adjektive im Text identifizieren müssen, erinnert das eher an einen traditionellen Grammatikunterricht und führt nicht dazu, dass sie Lesen als Schlüsselkompetenz erfahren.

Literatur

Primärliteratur

Bauer, Insa: Knifflige Fälle für Pia und Mecki. Detektivgeschichten. Würzburg: Edition Bücherbär im Arena Verlag 1997.

Bartl, Almuth/Wandrey, Guido: Wer hilft Kommissar Quak? Lernspiel-Krimis 1. Klasse. Berlin: Cornelsen Scriptor 2004.

Böhme, Julia: Conni und die Detektive. Hamburg: Carlsen 2011.

Kalwitzki, Sabine/Zimmer, Christian: Das Geheimnis der goldenen Schlangen. Eine Detektivgeschichte zum Mitraten. Würzburg: Arena 2010.

Kalwitzki, Sabine/Zimmer, Christian: Lesetiger Detektivgeschichten. Bindlach: Loewe 2006.

Kohl, Lynn-Sven: Literaturseiten zu Kommissar Spaghetti und das Schwein im Lehrerzimmer. Kerpen: Kohl Verlag 2011.

König, Christina/Beek-Gotzen, Betina: Vier Spürnasen im Baumhaus. Bindlach: Loewe 2003.

Kroth, Martina: Kommt, wir spielen Detektiv. Kleine Spürnasen lernen spielerisch das Detektivhandwerk. Münster: Ökotopia 2006.

Lenk, Fabian/Gebhard, Wilfried: Krimigeschichten zum Mitraten. Leichter lesen lernen mit der Silbenmethode. Ravensburg: Ravensburger 2010.

Pauls, Wolfgang: Kommissar Spaghetti und das Schwein im Lehrerzimmer. München: dtv 2011.

Press, Julian: Finde den Täter. Zwickau: Westermann-Druck 2006.

Putler, Susanne: Detektivgeschichten zum Selberlösen. Freising: Stark 2003.

Reider, Katja: Krimigeschichten. Bindlach: Loewe 2007.

Reider, Katja/ten Cate, Marijke: Detektivgeschichten zum Mitraten. Ravensburg: Ravensburger 2005.

Reider, Katja/Königsberger, Katja/Wiese, Petra: Knifflige Fälle! Spannende Detektivgeschichten. Ravensburg: Ravensburger 2010.

Schulze, Skadi: Literaturprojekt zu Die Schuldetektive und das Schokomonster. Kempen: Kempen Buch Verlag 2007.

Sengelhoff, Barbara: Klug kombiniert, Spürnase! Würzburg: Arena 2009.

Vogel, Maja von/Zimmer, Christian: Die Schuldetektive und das Schokomonster. Bindlach: Loewe 2005.

Wehren, Bernd: Lesen mit Detektiv Pfiffig. Donauwörth: Auer 2010.

Wilke, Jutta: Klarer Fall für Anna Blum. Mannheim: Duden 2011.

Wittenburg, Charlotte: Die Spur zum Kellerfenster. Deutsch 1. Schuljahr. Bindlach: Loewe 2008.

Hörspiele/-bücher

Blyton, Enid: Die fünf Freunde. München: Europa 2010.

Böhme, Julia: Conni und die Detektive. Hamburg: silberfisch 2011.

Kästner, Erich: Emil und die Detektive. Hamburg: Oetinger 2006.

Lindgren, Astrid: Kalle Blomquist Meisterdetektiv. Hamburg: Oetinger 2006.

Mai, Manfred: Detektivgeschichten. Hamburg: Jumbo 2004.

Präkelt, Volker: Detektive/Geheimnis der Schrift. München: Der Hörverlag 2007.

Weinman Sharmat, Marjorie: Nick Nase. Dortmund: Igel 2006.

Sekundärliteratur

Alewyn, Richard: Anatomie des Detektivromans. In: Vogt, Jochen (Hrsg.): Der Kriminalroman. Poetik, Theorie, Geschichte. München 1998. S. 52–72.

Baum, Michael: Bild-Text-Didaktik und -Ästhetik. In: Frederking, Volker / Krommer, Axel / Meier, Christel (Hrsg.): Taschenbuch des Deutschunterrichts. Band 2. Literatur- und Mediendidaktik. Baltmannsweiler 2010. S. 200–218.

Baum, Michael: Illustrationen lesen. Zur intermedialen und historischen Differenz am Beispiel von Gullivers Reisen. In: Marci-Boehncke, Gudrun / Rath, Matthias (Hrsg.): BildTextZeichen lesen. Intermedialität im didaktischen Diskurs. München 2006. S. 39–53.

Bayerisches Staatsministerium für Unterricht und Kultus (Hrsg.): Lehrplan für bayerische Grundschulen. München 2000.

Becker-Mrotzek, Michael: Schreibentwicklung und Textproduktion. Der Erwerb der Schreibtätigkeit am Beispiel der Bedienungsanleitung. Opladen 1997.

Beisbart, Ortwin / Popp, Kristina: Lesestrategien im Literaturunterricht. In: Frederking, Volker / Krommer, Axel / Meier, Christel (Hrsg.): Taschenbuch des Deutschunterrichts. Band 2. Literatur- und Mediendidaktik. Baltmannsweiler 2010. S. 340–356.

Bredel, Ursul / Fuhrop, Nanna / Noack, Christina: Wie Kinder lesen und schreiben lernen. Tübingen 2011.

Conrady, Peter: Stufe für Stufe zum Leseerfolg – Lesen lernen mit dem Bücherbär. In: Die Bücherbär-Leseschule. Ein Handbuch für Lehrer. Würzburg 2008. S. 4–5.

Dahrendorf, Malte: Kriminalgeschichten für Kinder und Jugendliche. In: Doderer, Klaus (Hrsg.): Lexikon der Kinder- und Jugendliteratur. Band 2. Weinheim / Basel 1977. S. 259–264.

Dankert, Birgit: Detektiv- und Kriminalgeschichten für junge Leser. In: Haas, Gerhard (Hrsg.): Kinder- und Jugendliteratur. Ein Handbuch. Stuttgart 1984. S. 139–151.

Dehn, Mechthild: Lesenlernen und Leseförderung. In: Schulz, Gudrun (Hrsg.): Lesen lernen in der Grundschule. Berlin 2010. S. 136–150.

Garbe, Christine: Wie werden Kinder zu engagierten und kompetenten Lesern? In: Schulz, Gudrun (Hrsg.): Lesen lernen in der Grundschule. Berlin 2010. S. 9–23.

Gerber, Richard: Verbrechensdichtung und Kriminalroman. In: Vogt, Jochen (Hrsg.): Der Kriminalroman. Poetik. Theorie. Geschichte. München 1998. S. 73–83.

Graf, Werner: Fiktionales Lesen und Lebensgeschichte. Lektürebiographien der Fernsehgeneration. In: Rosebrock, Cornelia (Hrsg.): Lesen im Medienzeitalter. Weinheim 1995. S. 97–126.

Graf, Werner: Lesegenese in Kindheit und Jugend. Einführung in die literarische Sozialisation. Baltmannsweiler 2010.

Guthrie, John T. / Wigfield, Allan: Engagement and motivation in reading. In: Kamil, Michael L. / Mosenthal, Peter B. (Hrsg.): Handbook of reading research. Volume III. Erlbaum 2000. S. 403–433.

Köster, Juliane / Rosebrock, Cornelia: Lesen – mit Texten und Medien umgehen. In: Bremerich-Vos, Albert / Behrens, Ulrike / Granzer, Dietlinde u.a. (Hrsg.): Bildungsstandards für die Grundschule: Deutsch konkret. Berlin 2009. S. 104–138.

Lange, Günter: Krimi – Analyse eines Genres. In: Josting, Petra / Stenzel, Gudrun (Hrsg.): Auf heißer Spur in allen Medien. Kinder- und Jugendkrimis zum Lesen, Hören, Sehen und Klicken. Beiträge Jugendliteratur und Medien. Weinheim 2002. S. 7–20.

Lange, Günter / Marquardt, Doris / Petzold, Leander u.a: Textarten – didaktisch. Eine Hilfe für den Literaturunterricht. Baltmannsweiler 2004.

Marsch, Edgar: Die Kriminalerzählung. Theorie, Geschichte, Analyse. Darmstadt 1993.

Marx, Peter: Lese- und Rechtschreiberwerb. Paderborn 2007.

Nusser, Peter: Kriminalromane zur Überwindung von Literaturbarrieren. In: Der Deutschunterricht (1975). Heft 27. S. 52–70.

Oetken, Mareile: Detektive im Bilderbuch: Am Beispiel Chatterton. In: Josting, Petra/Stenzel, Gudrun (Hrsg.): Auf heißer Spur in allen Medien. Kinder- und Jugendkrimis zum Lesen, Hören, Sehen und Klicken. Beiträge Jugendliteratur und Medien. Weinheim 2002. S. 70–81.

Plath, Monika/Richter, Karin: Literatur für Mädchen – Literatur für Jungen. In: Plath, Monika/Richter, Karin (Hrsg.): Literatur für Jungen – Literatur für Mädchen. Baltmannsweiler 2010. S. 27–62.

Richter, Karin/Plath, Monika: Lesemotivation in der Grundschule. Weinheim/München 2005.

Rosebrock, Cornelia/Nix, Daniel: Grundlagen der Lesedidaktik und der systematischen schulischen Leseförderung. Baltmannsweiler 2008.

Rupp, Gerhard/Bonholt, Helge: Mit dem Stift zum Sinn. Schreiben als Lesestrategie. In: Praxis Deutsch (2002) Heft 187. S. 48–52.

Schenk, Christine: Lesen und Schreiben lernen und lehren. Baltmannsweiler 2009.

Schründer-Lenzen, Agi: Schriftspracherwerb und Unterricht. Bausteine professionellen Handlungswissens. Wiesbaden 2009.

Spinner, Kaspar H.: Lesekompetenz ausbilden, Lesestandards erfüllen. In: Schulz, Gudrun (Hrsg): Lesen lernen in der Grundschule. Berlin 2010. S. 48–61.

Stenzel, Gudrun: Spannung pur zwischen zwei Buchdeckeln. Kinder- und Jugendkrimis der Jahrtausendwende. In: Josting, Petra/Stenzel, Gudrun (Hrsg.): Auf heißer Spur in allen Medien. Kinder- und Jugendkrimis zum Lesen, Hören, Sehen und Klicken. Beiträge Jugendliteratur und Medien. Weinheim 2002. S. 21–38.

Suerbaum, Ulrich: Krimi. Eine Analyse der Gattung. Stuttgart 1984.

AUTORINNEN UND AUTOREN DER BEITRÄGE

AUTORINNEN UND AUTOREN DER BEITRÄGE

Ballis, Prof. Dr. Anja: Professorin für literarisches Lernen an der Pädagogischen Hochschule Weingarten. Ihre Forschungsschwerpunkte liegen im Feld der literarhistorischen Vermittlung von Literatur, der empirischen Erforschung von Lehr- und Lernmedien im Literaturunterricht sowie der Didaktisierung von Holocaustliteratur.
Anschrift: Pädagogische Hochschule Weingarten, Kirchplatz 2, D-88250 Weingarten, ballis@ph-weingarten.de

Buhl, Prof. Dr. Heike M.: Dipl.-Psychologin und Professorin für Pädagogische Psychologie und Entwicklungspsychologie unter Berücksichtigung der Geschlechterforschung an der Universität Paderborn. Ihre Arbeitsschwerpunkte liegen im Bereich der Lesekompetenz, der Familienpsychologie und der Lehrerforschung.
Anschrift: Universität Paderborn, Warburger Straße 100, D-33098 Paderborn, Heike.Buhl@uni-paderborn.de

Czerny, Dr. Gabriele: Akademische Oberrätin an der Pädagogischen Hochschule Ludwigsburg. Ihre Arbeitsschwerpunkte liegen im Bereich der Spiel- und Theaterpädagogik, der Literaturdidaktik, der frühen literarischen Bildung und betreffen das interdisziplinäre Lehren und Lernen.
Anschrift: Pädagogische Hochschule Ludwigsburg, Reuteallee 46, D-71634 Ludwigsburg, czerny@ph-ludwigsburg.de

Eckhardt, Prof. em. Dr. Juliane: Emeritierte Professorin für Germanistik mit dem Schwerpunkt Fachdidaktik an der Universität Paderborn. Ihre Arbeitsschwerpunkte liegen in der Geschichte, Theorie und Praxis des Deutschunterrichts und der Geschichte, Theorie und Didaktik der Kinder- und Jugendliteratur.
Anschrift: Universität Paderborn, Warburger Straße 100, D-33098 Paderborn, Eckhardt@mail.upb.de

Frederking, Prof. Dr. Volker: Professor für Didaktik der deutschen Sprache und Literatur an der Friedrich-Alexander-Universität Erlangen-Nürnberg/ Campus Nürnberg. Seine Lehr-, Forschungs- und Publikationsschwerpunkte liegen in der Literatur- und Mediendidaktik, der ästhetischen Bildung, der Medienkulturgeschichte und der empirischen Kompetenz- und Unterrichtsforschung.
Anschrift: Friedrich-Alexander Universität Erlangen-Nürnberg, Didaktik der deutschen Sprache und Literatur, Regensburg Str. 160, D-90478 Nürnberg, volker.frederking@t-online.de

Härle, Prof. Dr. Gerhard: Professor für Literaturwissenschaft und Literaturdidaktik an der Pädagogischen Hochschule Heidelberg. Seine Arbeitsschwerpunkte liegen unter anderem im Bereich der Literaturtheorie, der Literaturgeschichte und des Literarischen Unterrichtsgesprächs.

Anschrift: Pädagogische Hochschule Heidelberg, Keplerstr. 87, D-69120 Heidelberg, haerle@ph-heidelberg.de

Knopf, Dr. Julia: Wissenschaftliche Assistentin am Lehrstuhl „Didaktik für deutsche Sprache und Literatur" an der Universität Bamberg. Sie studierte das Lehramt für Grundschulen in den Fächern Germanistik, Mathematik, katholische Religion und Musik. Ihre Arbeitsschwerpunkte liegen unter anderem in der Grammatikdidaktik sowie in der literar-ästhetischen Entwicklung von Kindern, Jugendlichen und jungen Erwachsenen.

Anschrift: Universität Bamberg, Didaktik der deutschen Sprache und Literatur, An der Universität 5, D-96047 Bamberg, julia.knopf@uni-bamberg.de

Kruse, Jun.-Prof. Dr. Iris: Juniorprofessorin für Didaktik der deutschen Sprache und Literatur an der Universität Hamburg seit 2010. Ihre Arbeitsschwerpunkte liegen in der Kinder- und Jugendliteraturdidaktik, der literatur- und mediendidaktischen Unterrichtsforschung sowie in der intermedialen Literaturdidaktik.

Anschrift: Universität Hamburg, Fakultät EPB, Fachbereich Erziehungswissenschaft 4, Didaktik der sprachlichen und ästhetischen Fächer, Von-Melle-Park 8, D-20146 Hamburg, Iris.Kruse@uni-hamburg.de

Kümmerling-Meibauer, apl. Prof. Dr. Bettina: Professorin am Deutschen Seminar der Universität Tübingen. Ihre Forschungsschwerpunkte betreffen die internationale Kinder- und Jugendliteratur, *Early Literacy* und die Bilderbuchforschung, darüber hinaus den Kinderfilm und die Schnittstellen zwischen der Kinder- und Erwachsenenliteratur.

Anschrift: Universität Tübingen, Deutsches Seminar, Wilhelmstr. 50, D-72074 Tübingen, bettina.kümmerling-meibauer@tübingen.de

Naujok, Prof. Dr. Natascha: Professorin für Sprache und Kommunikation an der Evangelischen Hochschule Berlin. Ihre Arbeitsschwerpunkte liegen im Erst-, Zweit- und Schriftspracherwerb, in den Zusammenhängen zwischen Interaktion, Narration und Lernen und in der Medienrezeption.

Anschrift: Evangelische Hochschule Berlin, Teltower Damm 118-122, D-14167 Berlin, naujok@eh-berlin.de

Niklas, Dr. Annemarie: Akademische Rätin für Deutschdidaktik an der Universität Augsburg. Sie studierte Lehramt für Grundschulen in München und promovierte dort in Pädagogik. Nach dem Referendariat arbeitete sie 10 Jahre als Lehrerin an bayerischen

Grundschulen, die letzten drei Jahre davon als Konrektorin. Von 2005–2007 war sie an den Lehrstuhl für „Didaktik der deutschen Sprache und Literatur" an die LMU München abgeordnet, seit 2007 ist sie als Akademische Rätin in Augsburg tätig. Ihr Forschungsschwerpunkt betrifft ethische Fragen des Deutschunterrichts.

Anschrift: Universität Augsburg, Lehrstuhl für Didaktik der deutsche Sprache und Literatur, Universitätsstraße 10, D-86135 Augsburg,
annemarie.niklas@phil.uni-augsburg.de

Spinner, Prof. em. Dr. Dr. h.c. Kaspar H.: Emeritierter Professor für Didaktik der deutschen Sprache und Literatur an der Universität Augsburg. Seine Arbeitsschwerpunkte sind die Literaturdidaktik, die Didaktik des kreativen Schreibens und die ästhetische Bildung.

Anschrift: Universität Augsburg, Phil. Hist. Fak., Universitätsstraße, D-86159 Augsburg, spinner@phil.uni-augsburg.de

Vorst, Prof. Dr. Claudia: Professorin für deutsche Literatur und ihre Didaktik an der Pädagogischen Hochschule Schwäbisch Gmünd. Ihre Lehr- und Forschungsschwerpunkte umfassen die Geschichte, Theorie und Praxis des Literaturunterrichts, die Kinder- und Jugendliteratur mitsamt ihren Medien sowie die empirische Forschung zum Lesen und zur Literaturvermittlung in der Grundschule.

Anschrift: Pädagogische Hochschule Schwäbisch Gmünd, Institut für Sprache und Literatur, Abteilung Deutsch mit Sprecherziehung, Oberbettringer Str. 200, D-73525 Schwäbisch Gmünd, claudia.vorst@ph-gmuend.de